신용한 행정학

실전과 가장 유사한

국가직 9급 모의고사

메가 공무원

PREFACE

이제는 실전보다 더 실전같이 연습해야 할 때입니다.
국가직 9급 합격을 위해 오늘도 열심히 공부 중인 여러분! 그동안 기출문제집과 약공기모를 통해 핵심 기출문제와 기출 변형 문제를 충분히 연습했다면, 이제는 잘 만들어진 전범위 모의고사로 실전에 대비할 때가 되었습니다. 여기서 중요한 것은 정말 '잘 만들어진' 모의고사를 풀어야 한다는 것입니다. 수험생의 하루 중 중요하지 않은 시간은 없지만, 지금부터 시험일까지 남은 이 시기는 금보다 귀하게 생각해야 합니다. 어떻게 시간을 채우느냐에 따라 합격과 불합격의 운명이 갈리는 중요한 시기이기 때문입니다. 여러분의 소중한 시간이 단 1분 1초도 허투루 쓰이지 않기를 바라는 마음을 담아 국가직 9급 대비에 최적화된 모의고사를 만들었습니다.

국구모는 정말 '잘 만들어진' 실전모의고사입니다.
잘 만들어진 실전 모의고사는 실제 시험에서 출제 가능성이 높은 영역을 빠짐없이 다루면서도 너무 익숙하지 않아야 하고, 최신 출제 경향을 놓치지 않고 반영하면서도 너무 생소해서는 안 됩니다. 국구모는 그동안 국가직 9급 행정학 시험의 기출 데이터를 기반으로 실제 국가직 9급 시험과 가장 유사하게 만들어진 모의고사입니다. 먼저 출제 가능성이 높은 기출문제의 비중을 60~70%(12~14문제)로 두어 꼭 알아야 할 선지들을 놓치지 않도록 구성하였습니다. 또한 기출 변형 문제의 비중을 20~30%(4~6문제)로 두어 중요한 내용이지만 너무 익숙하지만은 않게 구성하였습니다. 마지막으로, 꼭 알아야 하는 최신 개정법령 문제를 10%(2문제)의 비중으로 추가하여, 내용의 최신성을 유지하였습니다.

시험 당일에만 시험을 보는 사람은 매일이 시험이었던 사람을 절대 이길 수 없습니다.
매일 시험을 보고 결과를 마주하는 일은 쉽지 않습니다. 자신의 기대에 못 미치는 결과를 확인하는 날에는 크게 절망하기도 합니다. 하지만 전혀 그럴 필요 없습니다. 모의고사는 합격으로 가기 위한 훈련의 과정일 뿐입니다. 이 훈련을 하는 이유는 미처 발견하지 못한 약점을 미리 진단하고, 보완하기 위함입니다. 따라서 치열한 자세로 임하되, 훈련 과정에서 틀린 문제가 있다면 정말 다행이라 생각하고, 기쁘게 받아들이세요. 실제 시험에서 같은 유형의 문제를 만난다면 그때는 절대 틀리지 않을 것이기 때문입니다. 국구모로 하루하루 실력을 쌓아 4월 국가직 시험장에서는 누구보다 완벽한 실력을 발휘하시기를 바랍니다.

마지막으로,
기출문제집, 약공기모, 그리고 국구모까지 차례차례 성실하게 따라와 준 여러분, 고맙습니다. 하나하나의 과정이 결코 쉽지만은 않았을 텐데 선생님을 믿고 묵묵히 따라오느라고 정말 고생 많았습니다.
여러분! 이제 얼마 남지 않았습니다. 끝까지 포기하지 말고, 단단하게 마무리합시다. 그리고 국가직 9급 시험에 자신 있게 임하시길 바랍니다. 수험생으로서 힘들었던, 고통스러웠던 순간들도 있었겠지만, 최선을 다한 이 시간이 훗날 인생의 자랑스러운 기억으로 다가올 것이라고 확신하며, 여러분의 합격을 기원하겠습니다.

2025년 1월
신용한 드림

시골학교의 아이들

**문제
+
해설편**

제1회 국가직 9급 대비 모의고사 ⋯ 062

제2회 국가직 9급 대비 모의고사 ⋯ 080

제3회 국가직 9급 대비 모의고사 ⋯ 095

제4회 국가직 9급 대비 모의고사 ⋯ 111

제5회 국가직 9급 대비 모의고사 ⋯ 126

제6회 국가직 9급 대비 모의고사 ⋯ 141

제7회 국가직 9급 대비 모의고사 ⋯ 156

제8회 국가직 9급 대비 모의고사 ⋯ 170

CONTENTS

문제편

제1회 국가직 9급 대비 모의고사	··· 013
제2회 국가직 9급 대비 모의고사	··· 019
제3회 국가직 9급 대비 모의고사	··· 025
제4회 국가직 9급 대비 모의고사	··· 031
제5회 국가직 9급 대비 모의고사	··· 037
제6회 국가직 9급 대비 모의고사	··· 043
제7회 국가직 9급 대비 모의고사	··· 049
제8회 국가직 9급 대비 모의고사	··· 055

7 환류

	2021	2022	2023	2024
9급 국가직	• 행정통제의 유형	–	• 행정책임의 접근법 (Dubnic & Romzek)	–
7급 국가직	• 옴부즈만 제도 • 저항극복 방안	–	–	• 행정통제의 유형
9급 지방직	• 행정책임과 행정통제	–	–	–
7급 지방직	–	• 행정통제의 유형	–	–

8 지방

	2021	2022	2023	2024
9급 국가직	• 우리나라 지방자치권 • 주민소환제도	• 지방교부세 • 특별지방자치단체	• 지방공무원법 • 우리나라의 주민참여제도	• 지방행정제도(종합)
7급 국가직	• 우리나라 사무배분 기준 • 오츠(Oates)의 분권화정리	• 지방선거 • 우리나라 사무배분 기준 • 지방자치단체 기관구성	• 단체위임사무 등 • 지방의회 • 우리나라 지방재정	• 우리나라 지방자치 등 • 정부 간 관계모형(종합) • 집권–분권에 대한 역사적 원칙과 제도
9급 지방직	• 자치경찰제 • 지방자치단체의 기관구성 • 지방재정(예비비) • 지방재정(종합)	• 지방세	• 고유사무 vs 단체위임사무 vs 기관위임사무 • 정부 간 관계모형(Wright)	• 지방공기업
7급 지방직	• 중앙집권 vs 지방분권 • 지방조정제도	• 우리나라 자치재정권 • 정부 간 관계모형(종합)	• 주민의 참여(종합) • 지방재정력 평가모형(종합) • 지방정부 간 관계 (정부 간 갈등과 분쟁)	• 지방자치단체의 구역 • 지방재정조정제도 • 지방채

ANALYSIS

✔ 출제경향 분석

5 재무

	2021	2022	2023	2024
9급 국가직	• 다양한 형태의 예산 • 추가경정예산 • 우리나라의 예산과정	• 성립시기에 따른 예산의 구분 • 예산집행의 재정통제 제도 • 재무제표의 구성요소	• 통합재정 • 총체주의 vs 점증주의 • 재정사업 자율평가제도	• 국고채무부담행위 • 온실가스감축인지 예산제도 • 영기준 예산제도
7급 국가직	• 준예산 • 성인지 예산제도 • 예산의 집행(이용과 전용) • 계획예산제도 • 주민참여예산제도	• 의무지출 vs 재량지출 • 재무행정조직 • 예산제도(종합)	• 예산의 형식 • 우리나라 국가재정법 • 우리나라 국가채무 • 재정투명성	• 전통적 예산 원칙과 그 예외 • 예산집행의 신축성 유지방안 • 예산제도(종합)
9급 지방직	• 특별회계 vs 기금 • 예산제도(종합)	• 일반회계 vs 특별회계 vs 기금 • 예비타당성조사 • 정부회계(종합)	• 정부 총지출을 구성하는 세 가지 공공재원 • 다양한 형태의 예산 • 품목별 예산제도	• 프로그램 예산제도 • 우리나라 예산과정(종합) • 예산집행의 신축성 유지방안
7급 지방직	• 예산의 분류 • 예비타당성조사 등 • 우리나라 예산과정(종합)	• 예산의 분류 • 예산편성 과정 • 재정준칙	• 예산의 심의 • 우리나라 예산과정(종합)	• 전통적 예산의 원칙 • 발생주의 & 복식부기

6 정보화

	2021	2022	2023	2024
9급 국가직	–	• 정보기술아키텍처	• 우리나라 전자정부	• 4차 산업혁명
7급 국가직	• 빅데이터	• 전자정부의 사례	• 리엔지니어링	–
9급 지방직	• 4차 산업혁명	–	–	–
7급 지방직	• 우리나라 전자정부	–	–	–

3 조직

	2021	2022	2023	2024
9급직	• 대표성 조직 • 우리나라 중앙인사기관 • 동기부여 이론 • 조직목표의 기능	• 동기이론 • 목표관리제(MBO) • 베버의 관료제 • 조직이론	• 조직이론 • 동기이론(종합) • 이해관계자 자본주의 이론	• 매트릭스 조직 • 신고전적 조직이론 • 갈등관리(Thomas)
7급직	• 홉스테드(Hofstede)의 문화 차원 • 신고전적 조직이론 • 조직구조의 상황이론 • 공식조직 이론 • 동기이론 이론(종합)	• 조직구조의 상황이론 • 공식조직 이론 • 동기이론 • 동기이론(종합)	• 동기이론(종합) • 집권화 vs 분권화	• 기능적 조직구조(Woodward)
9급직	• 조직이론(종합) • 관료제 • 균형성과표(BSC) • 변혁적 리더십	• 관료제의 병폐 • 관료조직에 대응하는 새로운 조직설계 • 조직문화의 경쟁가치모형 • 변혁적 리더십	• 관료제의 병폐 • 변혁적 리더십(종합) • 이해관계자 자본주의 이론	• 조직구조론 • 애덤스(Adams)의 공정성 이론 • 민츠버그 – 다섯 가지 조직이론
7급직	• 모건(Morgan)의 조직 유형 • 수직적 조직화의 조정기제 • 관료제 • 리더십 이론(종합)	• 가시조직이론 • 애드호크라시(Adhocracy) • 동기이론(종합)	• 조직문화 • 가시조직이론 • 이해관계자 자본주의 이론 • 관료제	• 가시조직이론 • 우리나라 공공기관의 공공성 등 • 동기이론(종합)

7 인사

	2021	2022	2023	2024
9급직	• 근무성적평정의 오류 • 직위분류제 • 적극적 인사행정(종합)	• 직위분류제 • 적극적 인사행정 • 근무성적평정의 오류	• 엽관제 vs 실적제 • 동기부여 이론 • 적극적 인사행정 • 교육훈련 • 성과급의 이해득실 분석	• 엽관제 • 근무성적평정제 • 평정오류 • 성과급의 이해득실 분석
7급직	• 엽관제 • 다양성 관리 (diversity management) • 개방형 vs 폐쇄형 인사체계	• 엽관제 vs 실적제 • 직위분류 제도 • 동기부여 이론 • 직무평가 방법	• 근무성적평정의 오류 등 • 공직분류제(배치전환제도) • 공직분류제(재임용)	• 엽관제 vs 실적제 • 승진소요연수 • 적극적 인사행정의 속성 • 근무성적평정의 속성
9급직	• 엽관제 vs 실적제 • 교육훈련의 제도 • 근무성적평정 방법	• 유연근무제 • 근무평정제 • 직위분류제도	• 대표관료제 • 개방제 vs 폐쇄제 • 근무성적평정 오류	• 평정오류 • 다면평가 • 근무성적평정의 속성
7급직	• 엽관제 • 근무성적평정의 • 중앙인사행정기관 • 공직분류제도	• 근무성적평정의 속성 • 타인에 의한 오류 • 근무성적평정제	• 근무성적평정의 속성 • 시험의 효용 • 직위분류제	• 공직의 중립성 • 중앙인사기관 • 근무성적평정

ANALYSIS

출제경향 분석

1 총론

	2021	2022	2023	2024
9급 국가직	• 사결정의 합리성 • 과학적 관리 • 신공공관리론 vs 뉴거버넌스 • 가외성이론	• 운동경기규칙의 변동 • 공공선택론의 관점 • 정부실패의 원인 • 불확실성	• 이익집단(중동) • 정책결정의 합리성	• 신공공관리론 • 시장실패와 정부대응 • 정리
7급 국가직	• 가외성이론 • 사회적 자본 • 행정불응의 주요(정부직의 흐름) • 신공공관리론 vs 뉴거버넌스	• 정책결정모형 • 정부실패의 원인에 관한 관점 • 시장실패의 원인 • 신공공관리론	• 증문의 근거 • 추가–대표의 이론 • 일반화 • 행정의 PR • 증문의 가치 이론 • 차이점 • 신공공관리론 vs 신공공서비스론	• 정문 • 공공의 기의이론 • 피터스(Peters)의 정부 • 신공공서비스론 • 신공공행정론론(Moore)
9급 지방직	• 신공공관리론 • 신뢰도주의 • 정부실패의 원인	• 정부실패이론(타기거) • 연합 실제성 vs 과정적 • 사이먼(Salamon)	• 증문관리의 현대적 가치적 특징 • 운동기전등론(Moore)	• 운동사례이론의 유형적 특징 • 연합 실제성 vs 과정적 • 운동거버넌스(중동) • 차이점
7급 지방직	• 무치재의 유형 등	• 시장정의론 • 한계의정과 • 운동이론(중동)	• 정부거버넌스 • 기가(중동) • 운동사례성론	• 운동사례이론의 유형적 특징 • 연합 실제성 vs 과정적 • 신공공관리론 vs 뉴거버넌스 • 차이점

2 정책

	2021	2022	2023	2024
9급 국가직	• 정책학습(Low) • 미충돌이론 • 의사결정모형의 요인	• 정책증영가 • 립스키(Lipsky)의 일선관료가 • Nakamura & Smallwood의 집행유형 • 정책평가가	• 앞이자자 • 연구의 리나다 • 정책증영가(중동)	• 정책의 유형 • 정책결정의 정사 • 하위정부론(정책)
7급 국가직	• 정책의 유형 • 정책결정(제의 & 게로프의 순환) • 정책변동(모델) • 의사결정모형	• 정책의 특징 • 정책증영가적인 • 정책결정(자의 접근법) • (의사결정) 정책의 유형	• 정책의증자의 이해에 마라이나 발령 • 인공법 vs 업공법(모집) • 정책의 집행의 자위한 접근법 • 정책의 기의 유형	• 정책증영의 유형(중동) • 정책의 증의 유형 • 정책의 운명이 기조활 기법
9급 지방직	• 정책증영가(Allison) • 정책의 증결과론 • 대표정의 자원모인	• 정책의 집행의 유형 • 정책의 의가치 (종류) • 정책결정 • 정책증영가(중동)	• 정책증영가(중동) • 의사의식 기획 • 정책증영가	• 정책증영가의 기업 7가지 • 직동(증동) • 정책증영의 접근법 • 정책의 기자결의 기법
7급 지방직	• 정책의 증결과 특성 • 정책의 기적 유형	• 정책결정 • 정책증영가 • 정책결정의 정사 • 정책증영가의 기업 7가지 기록	• 정책증영가 기록 • 정책결정자의 유형 • 정책결정(중동)	

ANALYSIS

✔ 행정학 출제비율

1 2021~2024 국가직 행정학 출제비율

연도 Chapter	2021		2022		2023		2024		총계		비율	
	9급	7급	9급	7급	9급	7급	9급	7급	9급	7급	9급	7급
총론	4	3	3	4	2	4	4	6	13	17	16.25	17.00
정책론	3	4	4	5	4	6	4	5	15	20	18.75	20.00
조직론	5	4	2	5	3	2	3	1	13	12	16.25	12.00
인사행정론	2	4	4	4	4	5	4	6	14	19	17.50	19.00
재무행정론	3	5	4	3	3	4	3	3	13	15	16.25	15.00
정보화사회와 행정	-	1	1	1	1	1	1	-	3	3	3.75	3.00
행정환류	1	2	-	-	1	-	-	1	2	3	2.50	3.00
지방자치론	2	2	2	3	2	3	1	3	7	11	8.75	11.00
	20	25	20	25	20	25	20	25	80	100	100	100

2 2021~2024 지방직 행정학 출제비율

연도 Chapter	2021		2022		2023		2024		총계		비율	
	9급	7급	9급	7급	9급	7급	9급	7급	9급	7급	9급	7급
총론	3	2	4	4	4	3	5	4	16	13	20.00	16.25
정책론	3	4	3	4	4	4	5	3	15	15	18.75	18.75
조직론	3	4	5	3	3	4	3	4	14	15	17.50	18.75
인사행정론	3	4	4	3	3	4	3	4	13	15	16.25	18.75
재무행정론	2	3	3	3	4	2	3	2	12	10	15.00	12.50
정보화사회와 행정	1	4	-	-	-	-	-	-	1	1	1.25	1.25
행정환류	1	-	-	1	-	-	-	-	1	1	1.25	1.25
지방자치론	4	2	1	2	2	3	1	3	8	10	10.00	12.50
	20	20	20	20	20	20	20	20	80	80	100	100

국가직 9급대비 모의고사

문제편

신용한 행정학

합격으로 증명하는 1등 행정학

행 정 학

문 1. 정부 간 관계(IGR) 모형에 대한 설명으로 옳지 않은 것은?

① 로즈(Rhodes)는 중앙정부는 법적 자원, 재정적 자원에서 우위를 점하며, 지방정부는 정보자원과 조직자원의 측면에서 우위를 점한다고 주장한다.

② 엘코크(Elcock)의 대리인 모형은 지방정부가 중앙정부의 감독 및 지원 하에 국가정책을 집행하는 유형을 말한다.

③ 라이트(Wright)의 내포권위모형(inclusive-authority model)은 연방정부, 주정부, 지방정부를 수직적 포함관계로 본다.

④ 라이트(Wright)의 동등권위형(coordinate model)은 연방정부와 주정부, 지방정부가 모두 동등한 권한을 가지고 있고, 주정부와 지방정부의 자치권은 고유의 권한으로 침해될 수 없는 형태이다.

문 2. 공무원 부패에 대한 제도적 접근방법을 설명한 것으로 옳은 것은?

① 문화적 특성, 제도상 결함, 구조상 모순, 공무원의 행태 등 다양한 요인들에 의해 복합적으로 공무원 부패가 나타난다고 본다.

② 공무원 부패가 관료 개인의 윤리의식과 자질로 인하여 발생한다고 본다.

③ 특정한 관습이나 경험적 습성과 같은 것이 부패를 조장한다고 본다.

④ 공무원 부패가 사회의 법과 제도상의 결함 때문에 부패가 발생한다고 본다.

문 3. 보기에서 설명하는 내용에 해당하는 예산결정모형은?

> 예산편성의 실무작업을 책임지는 예산담당관들은 경제 마인드로 무장된 대표적인 경제전문 관료들이다. 객관적 자료와 이론적 논거에 기초한 경제적 합리성이 중요한 결정기준이 될 수 있음을 시사하는 것이다. 이들은 각 기관에서 올라온 사업별 예산요구에 대하여 사업의 경제적 타당성이 있는지, 환경영향평가에서는 문제가 없는지, 사업을 늦추는 경우 사회에 미치는 영향이 어느 정도인지, 반드시 정부가 해야 하는 일인지, 정부에서 하더라도 민간위탁 등의 정책수단을 활용할 여지는 없는지 등에 대한 종합적인 검토를 한다.

① 점증주의
② 합리주의
③ 모호성 모형
④ 단절균형모형

문 4. 공직자윤리법령에 대한 설명으로 옳지 않은 것은?

① 공개대상자등 및 그 이해관계인이 보유하고 있는 주식의 직무관련성을 심사·결정하기 위하여 인사혁신처에 주식백지신탁 심사위원회를 둔다.

② 총경 이상의 경찰공무원, 소방정 이상의 소방공무원, 대령 이상의 장교는 재산을 등록하여야 한다.

③ 취업심사대상자는 퇴직일부터 5년간 퇴직 전 3년 동안 소속하였던 부서 또는 기관의 업무와 밀접한 관련성이 있는 취업제한기관에 취업할 수 없다

④ 공무원은 외국으로부터 10만원 이상의 선물을 받으면 지체 없이 소속 기관·단체의 장에게 신고하고 그 선물을 인도하여야 한다.

제1회 국가직 9급 대비 모의고사

공무원임용 필기시험

신용한 행정학

수험번호	
성 명	

문제책형
Ⓐ

【 시 험 과 목 】

제1과목	국 어	제2과목	영 어	제3과목	한 국 사
제4과목	행 정 법	제5과목	행 정 학		

목표시간_9분 30초

1. 총소요시간은 뒤에 첨부한 OMR카드의 답안 작성까지 포함한 시간이다.

2. 문제풀이는 항상 실전과 동일하게 연습한다. (시간엄수)

3. 두 번 이상 틀린 문제는 확실히 이해한 후 넘어간다.

총소요시간(종료시각 – 시작시각)	분 초
초과시간(총소요시간 – 목표시간)	분 초

채점결과	
1차 채점	2차 채점
틀린 문항	자주 틀린 문항

문 5. 우리나라의 공무원에 대한 설명으로 옳은 것은?

① 일반직 공무원은 기술, 연구, 행정 일반에 대한 업무를 담당하는 공무원으로 감사원 사무차장, 헌법재판소 헌법연구관 등이 해당된다.

② 특수경력직 중 정무직에 해당하는 것은 국회수석전문위원, 중앙선거관리위원회 상임위원 등이다.

③ 시간선택제 공무원은 통상적인 전일제 근무시간보다 길거나 짧은 시간을 근무하는 제도이다.

④ 전문경력관제는 직무의 특성, 난이도 및 직무에 요구되는 숙련도 등에 따라 가군, 나군, 다군으로 구분한다.

문 6. 고전적 조직이론의 특징으로 옳지 않은 것은?

① 능률주의

② 비공식적 구조와 과정의 중시

③ 폐쇄체제적 관점

④ 합리적·경제적 인간관

문 7. 비용·편익분석에 대한 설명으로 옳지 않은 것은?

① 최적대안을 선택하는 방안으로는 순현재가치(NPV), 편익-비용비(B/C ration), 내부수익률(IRR) 등이 있다.

② 비용·편익분석 결과 순현재가치가 0보다 크면 경제적 타당성이 있다고 판단한다.

③ 높은 할인율을 적용하면 장기간에 걸쳐 편익이 발생하는 장기 투자에 유리하다.

④ 비용·편익분석은 전혀 다른 정책이나 프로그램의 비교에도 적용할 수 있다.

문 8. 나카무라와 스몰우드(Nakamura & Smallwood)의 정책집행모형에 대한 설명으로 옳지 않은 것은?

① 관료적 기업가형에서 정책집행자는 목표를 달성하기 위한 수단을 획득하기 위해 정책결정자와 협상한다.

② 고전적 기술관료형은 정책결정과 정책집행이 엄격하게 분리되지 않아 정책집행자와 정책결정자의 역할이 불분명하다.

③ 재량적 실험형에서 정책결정자는 집행자에게 광범위한 재량권을 주어 그들로 하여금 목표를 명확하게 하고 성취수단을 재량적으로 개발·활용하게 한다.

④ 지시적 위임가형에서 정책결정자는 정책목표와 대체적 방침을 정하고 집행자에게 집행에 필요한 기술적·행정적 권한을 위임한다.

문 9. 리더십이론에 대한 설명으로 옳지 않은 것은?

① 리더십의 행태론적 접근방법은 리더십을 훈련시킬 수 있다고 가정한다.

② 블레이크와 머튼(Blake & Mouton)은 '생산에 대한 관심'과 '인간에 대한 관심'이라는 두 가지 기준을 토대로 관리망(managerial grid)이론을 구성하였다.

③ 화이트(R. White)와 리피트(R. Lippitt)의 실험 결과에 따르면 민주형, 자유방임형, 권위형 순으로 피험자들이 선호했다.

④ 오하이오 주립대의 리더십 연구는 구조설정과 인간관계중심적 행태인 배려의 두 가지 국면을 기준으로 네 가지 리더십 유형으로 분류하였다.

문 10. 공공선택론에 대한 설명으로 옳은 것은?

① 공공조직을 분석의 기초단위로 채택함으로써 방법론적 개체주의에 반대하며, 인간을 합리적 경제인으로 본다.

② 공공재 공급의 능률성 향상을 위해 정부실패의 원인이 되는 관료제의 중첩적 관할권 문제를 해결할 것을 제안하였다.

③ 공공선택론의 경제학적인 가정은 현실적합성이 높다는 평가를 받는다.

④ 정부를 공공재의 생산자라고 규정하며, 시민들은 공공재의 소비자라고 규정한다.

문 11. 정책네트워크 모형에 대한 설명으로 옳은 것은?

① 사회 중심적 접근 보다는 국가 중심적 접근에 초점을 두고 정책과정을 분석한다.

② 하위정부모형은 소수 엘리트의 참여로 자율성과 안정성이 낮다.

③ 이슈네트워크는 참여자들 간에 비교적 균등한 권력을 보유하고 관계의 속성도 포지티브 섬(positive sum) 게임적인 속성이 강하다.

④ 정책공동체의 경우 정책 산출이 처음 의도한 정책내용과 크게 다르지 않으며 정책 산출을 예측하기도 용이하다.

문 12. 시장실패 및 정부실패에 대한 설명으로 옳은 것은?

① 비배제성과 비경합성이라는 속성을 가진 공공재의 존재는 정부실패를 발생시키는 주요 요인 중 하나이다.

② 정부실패의 원인에는 X-비효율성, 내부성, 외부효과, 권력의 편재 등이 있다.

③ 자연독점에 대해서는 공적공급 혹은 정부규제로 대응할 수 있다.

④ 시장실패의 원인 중 정보의 비대칭성은 보조금, 규제 완화를 통해 대응할 수 있다.

문 13. 우리나라 예산심의에 대한 설명으로 옳지 않은 것은?

① 정부는 예산안을 회계연도 개시 120일 전까지 국회에 제출하고, 국회는 회계연도 개시 30일 전까지 이를 의결해야 한다.

② 상임위원회의 종합심사를 거친 예산안은 예산결산특별위원회에 회부된다.

③ 국회는 정부의 동의 없이 정부가 제출한 지출예산 각 항의 금액을 증가하거나 새 비목을 설치할 수 없다.

④ 국회의장은 예산안을 소관 상임위원회에 회부할 때에는 심사기간을 정할 수 있으며, 상임위원회가 이유 없이 그 기간 내에 심사를 마치지 아니한 때에는 이를 바로 예산결산특별위원회에 회부할 수 있다.

문 14. 균형성과지표(BSC)에 대한 설명으로 옳지 않은 것은?

① 조직 내부요소와 외부요소 간 균형을 강조한다.

② 내부프로세스 관점의 성과지표로는 정책수단의 적실성, 적법절차, 정책순응도 등이 있다.

③ 재무적 관점과 고객관점은 가치지향적 관점으로 상부구조에 해당한다.

④ 성과가 무엇인지를 알려주기 때문에 조직전략의 해석지침으로 활용될 수 있다.

문 15. 신제도주의에 관한 설명으로 옳은 것은?

① 신제도론은 제도를 연구의 중심개념으로 사용하고, 합리적 행동모형에 회의적이라는 점에서 구제도론과 공통점을 가진다.

② 합리선택적 신제도주의는 제도를 장기간의 역사적 과정에서 형성된 인간행동의 정형화된 패턴으로 인식하고, 형성된 제도는 지속성과 경로의존성을 갖고 현재의 정책선택을 제약한다.

③ 역사적 신제도주의는 개인들은 행동할 때 사회규범을 고려하기 마련이며, 따라서 결과의 경제적 합리성이 다소 떨어지더라도 사회관계에서 정당성이 있는 행동을 하게 됨을 설명한다.

④ 사회학적 신제도주의는 개인은 합리적이며 자기이익을 추구하며, 개인의 선호는 선험적으로 제도와 무관하게 주어져 고정된 것으로 가정한다.

- 16 -

문 16. 행정규제에 대한 설명으로 옳은 것은?

① 사회적 규제는 지대추구행위나 이로 인한 포획현상의 발생가능성이 높다.

② 시장유인적 규제는 경제적 비효율성의 유발가능성과 기업에게 불필요한 비용부담을 주는 단점이 있다.

③ 네거티브 규제가 포지티브 규제보다 피규제자에 더 많은 자율성을 보장해준다.

④ 관리규제는 수단과 성과가 아닌 과정을 규제하는 것으로 성과규제에 비해 자율성이 크다.

문 17. 정책평가의 설계에 대한 설명으로 옳지 않은 것은?

① 진실험설계는 자연과학 실험과 같이 대상자들을 격리시켜 실험하기 때문에, 호손효과(Hawthorne effect)를 강화시킨다.

② 진실험과 준실험을 비교하면 실행가능성 측면에서는 진실험이, 내적 타당성 측면에서는 준실험이 더 우수하다.

③ 준실험설계는 짝짓기(matching)를 통하여 제3의 요인에 관하여 실험집단과 통제집단을 동등화시킬 수 있다.

④ 결과변수에 영향을 미친다고 생각되는 제3변수들을 식별하여 통계분석모형에 포함시킨 후 정책효과를 추정하는 것은 비실험적 설계의 한 예이다.

문 18. 중앙인사기관에 대한 설명으로 옳지 않은 것은?

① 독립합의형은 1883년부터 1978년까지 존속했던 미국연방인사위원회(FCSC)가 대표적이다.

② 독립합의형은 신중한 의사결정을 하지만 책임 소재가 불분명하고 의사결정이 지연될 수 있다.

③ 비독립단독형은 기관장의 잦은 교체로 인해 인사행정의 일관성과 계속성에도 한계가 있다.

④ 비독립합의형은 우리나라에서 시행된 적이 없는 형태이다.

문 19. 우리나라 예산의 결산과정에 관한 설명으로 옳지 않은 것은?

① 기획재정부장관은 「국가회계법」에 따라 회계연도마다 국가결산보고서를 작성하여 대통령의 승인을 얻어 다음 연도 4월 10일까지 감사원에 제출하여야 한다.

② 감사원은 제출된 국가결산보고서를 검사하고 그 보고서를 다음연도 5월 20일까지 기획재정부장관에게 송부하여야 한다.

③ 세계잉여금은 세출지출액에서 세입수납액을 공제한 것으로 전액 추가경정예산에 편성할 수 있다.

④ 정부는 감사원의 검사를 거친 국가결산보고서를 다음연도 5월 31일까지 국회에 제출하여야 한다.

문 20. 넛지 이론에 대한 설명으로 옳지 않은 것은?

① 넛지는 디폴트 옵션 설정 방식처럼 사람들의 인지적 편향을 전략적으로 활용하는 수단이다.

② 정책대상집단의 행동에 개입하지만 개인의 자유로운 선택을 허용한다.

③ 신공공관리론의 학문적 토대는 신고전학파 경제학인데 반하여, 넛지이론의 학문적 토대는 공공선택론이다.

④ 넛지이론은 행동변화를 통해 삶의 질을 높이는 것을 목표로 삼는다.

신용한
행정학

합격으로 증명하는 1등 행정학

제2회 국가직 9급 대비 모의고사

공무원임용 필기시험

신용한 행정학

수험번호	
성 명	

문 제 책 형
Ⓐ

【 시 험 과 목 】

제1과목	국 어	제2과목	영 어	제3과목	한 국 사
제4과목	행 정 법	제5과목	행 정 학		

목표시간_9분 30초

1. 총소요시간은 뒤에 첨부한 OMR카드의 답안 작성까지 포함한 시간이다.

2. 문제풀이는 항상 실전과 동일하게 연습한다. (시간엄수)

3. 두 번 이상 틀린 문제는 확실히 이해한 후 넘어 간다.

총소요시간(종료시각 – 시작시각)	분 초
초과시간(총소요시간 – 목표시간)	분 초
채점결과	
1차 채점	2차 채점
틀린 문항	자주 틀린 문항

행 정 학

문 1. 공공선택론의 주요모형에 대한 설명으로 옳지 않은 것은?

① 뷰캐넌(Bucahanan)과 털럭(Tullock)은 정책결정 시 참여자 수가 많으면 의사결정비용이 늘어나고, 외부비용이 감소한다.

② 티부(Tiebout)는 한 지방정부가 제공하는 서비스는 그 지역주민에게만 영향을 미친다고 가정한다.

③ 던리비(Dunleavy)에 따르면 관청형성의 전략 중 하나는 내부조직 개편을 통해 정책결정 기능과 수준을 강화하되 일상적이고 번잡스러운 업무는 분리하고 이전하는 것이다.

④ 애로우(Arrow)는 두 대안에 대한 개개인의 선호 순위는 다른 제3의 대안에 영향을 받을 수 있다고 가정한다.

문 2. 특별지방행정기관에 대한 설명으로 옳지 않은 것은?

① 국가의 사무를 집행하기 위해 설치한 일선집행기관이지만 고유의 법인격 및 자치권을 가지고 있지는 않다.

② 지방고용노동청, 세관, 지방병무청, 우체국 등이 이에 해당된다.

③ 중앙부처의 할거성이 특별지방행정기관을 통해 지방의 종합 행정으로 전환되는 장점이 있다.

④ 특별지방행정기관의 설치로 지역 주민들을 위한 공공서비스의 책임 행정이 약해진다.

문 3. 전통적 예산 원칙과 그 예외가 바르게 연결된 것은?

① 통일성의 원칙 – 목적세, 추가경정예산

② 단일성의 원칙 – 수입대체경비, 기금

③ 완전성의 원칙 – 전대차관, 특별회계

④ 한정성의 원칙 – 전용, 추가경정예산

문 4. 엽관주의에 대한 설명으로 옳은 것을 모두 고르면?

ㄱ. 공직을 일반국민에게 개방함으로써 민주주의를 실현하기 위한 실천적인 인사원리로 채택되었다.

ㄴ. 행정의 안정성과 계속성을 확보할 수 있다.

ㄷ. 행정의 전문성을 저해하고 비능률성을 야기할 수 있다.

ㄹ. 강력한 신분보장으로 정치지도자의 공무원에 대한 통제력 확보가 어렵다.

① ㄱ, ㄷ
② ㄱ, ㄴ, ㄷ
③ ㄴ, ㄷ
④ ㄴ, ㄷ, ㄹ

문 5. 조직구조 모형에 대한 설명으로 옳은 것은?

① 사업구조에서는 기능적 통합을 통해 규모의 경제를 제고할 수 있다.

② 수평구조는 리엔지니어링을 통해 기능 중심의 분절화 된 수직적 구조를 핵심 업무 과정 중심의 수평적 작업 흐름으로 재조직화해 형성한다.

③ 기능구조는 자기완결적 기능 단위로 부서 내 기능 간 조정이 용이하다.

④ 네트워크 구조는 전통적인 계서적 특성을 갖는 사업 구조에 수평적 특성을 갖는 기능 구조를 결합시킨 조직이다.

문 6. 「정부업무평가 기본법」에 대한 설명으로 옳지 않은 것은?

① 특정평가는 국무총리가 중앙행정기관을 대상으로 국정을 통합적으로 관리하기 위한 목적을 갖는다.

② 정부업무평가위원회는 위원장 1인과 14인 이내의 위원으로 구성한다.

③ 정부업무평가의 실시와 평가기반의 구축을 체계적·효율적으로 추진하기 위하여 국무총리 소속하에 정부업무평가위원회를 둔다.

④ 중앙행정기관장과 지방자치단체장은 매년 자체평가위원회를 통해 자체평가를 실시한다.

문 7. 정책의제 설정과정의 단계와 모형에 대한 설명으로 옳은 것은?

① 정부가 개입하여 문제를 해결하여야 한다고 인정되지만, 정부가 문제 해결을 고려하기로 공식적으로 밝히지 않은 것은 공중의제(public agenda)이다.

② 사회문제가 바로 정책의제로 채택되는 과정을 거치는 모형은 외부주도형이다.

③ 내부접근모형에서는 일반 시민의 지지를 얻기 위해 관료집단이 주도한 의제가 정부의 홍보활동을 통해 공중의제로 확산된다.

④ 포자 모형은 정책문제가 제기되어 정의되는 환경보다는 정책문제 자체의 성격이 갖는 중요성에 주목한다.

문 8. 윌슨의 규제정치모형에 따라 아래와 같이 표를 분류할 경우 ㉠~㉣에 대한 설명으로 가장 옳지 않은 것은?

구 분		규제의 편익	
		넓게 분산	좁게 집중
규제의 비용	넓게 분산	㉠	㉡
	좁게 집중	㉢	㉣

① ㉠은 공익단체에 의해 규제의 필요성이 제기되며, 규제의 입법화가 이루어지면, 더 이상의 논쟁 없이 정책 사업이 계속되며 사업규모가 확대되기도 한다.

② ㉡에 해당 하는 사례로는 환경오염규제, 위해물품규제, 외제차에 대한 수입규제완화 등이 있다.

③ ㉢ 비용부담자 집단은 규제기관을 포획하므로 정책채택이 어렵거나, 느슨한 정책집행이 발생한다.

④ ㉣ 쌍방이 모두 조직적인 힘을 바탕으로 서로의 이익확보를 위해 첨예하게 대립한다.

문 9. 정부가 동원하는 공공재원 중 조세에 대한 설명으로 옳은 것은?

① BTO, BOO, BOT, BTL 등의 방식을 활용하여 공공재를 공급한다.

② 재정부담이 미래세대로 전가되지 않고, 성과에 대한 직접적인 책임을 묻기 용이하다.

③ 세대 간 공평성을 높일 수 있으나, 민간부문에서 투자할 자본이 정부로 이전되기 때문에 구축효과가 발생할 수 있다.

④ 공공서비스의 직접적 혜택이나 이용의 대가로 징수하는 재원이다.

문 10. 과학적 관리론에 대한 설명으로 옳지 않은 것은?

① 조직 내의 인간은 경제적 유인에 의해 동기가 유발되는 타산적 존재라고 보았다.

② 업무수행에 관한 유일 최선의 방법을 찾기 위해 동작연구와 시간연구를 사용한다.

③ 생산성 향상에 비공식적 집단이 중요한 영향을 미친다는 것을 발견하였다.

④ 조직의 공식적 구조를 중요한 변수로 보았다.

문 11. 베버의 관료제이론에 대한 설명으로 옳지 않은 것은?

① 직위의 권한과 관할범위는 법규에 의하여 규정된다.

② 관료는 객관적·중립적 입장보다는 민원인의 입장에서 판단하고 결정한다.

③ 대규모 조직과 인원, 작업을 효율적으로 관리하는 데 기여하였다.

④ 관료의 전문성에 의한 업무처리로 인해 업무의 효율성이 증진될 수 있다.

행 정 학   Ⓐ 책 형   3쪽

문 12. 행정통제 중 외부통제에 해당하는 것만을 모두 고른 것은?

> ㄱ. 정당에 의한 통제
> ㄴ. 언론통제
> ㄷ. 공무원으로서의 직업윤리
> ㄹ. 교차기능조직에 의한 통제
> ㅁ. 국민권익위원회에 의한 통제

① ㄱ, ㄴ   ② ㄱ, ㄷ
③ ㄴ, ㅁ   ④ ㄹ, ㅁ

문 13. 공익의 과정설에 대한 설명으로 옳지 않은 것은?

① 적법절차의 준수에 의해 공익이 보장된다.
② 공직자의 조정자적 역할 및 행정의 중재역할을 강조한다.
③ 다원주의 국가에서 일어나는 정책결정 과정을 전제로 한다.
④ 개인의 사익을 초월한 공동체 전체의 공익이 따로 있다고 보는 견해이다.

문 14. 정책문제의 구조화기법과 설명이 바르게 연결된 것은?

① 분류분석은 정책문제의 존속기간 및 형성과정을 파악하기 위해 사용하는 기법으로 포화표본추출(saturation sampling)을 통해 관련 이해당사자를 선정한다.
② 계층분석은 문제상황을 정의하기 위해 당면문제를 그 구성요소들로 분해하는 기법으로 논리적 추론을 통해 추상적인 정책문제를 구체적인 요소들로 구분한다.
③ 유추분석은 문제에 대한 관련 전문가들이 모여 제약 없이 자유로운 토론을 통해 문제상황의 인식과 개념화를 위한 창의적 아이디어를 도출하는 기법이다.
④ 가정분석은 문제에 대한 가정이나 전제가 정책과정의 참여자들 간 일치하지 않을 경우 상충적 가정들을 창의적으로 통합하는 기법이다.

문 15. 다음 설명에 해당하는 교육훈련 방법은?

> 행동학습 또는 실천학습으로 불리며, 이는 소규모로 구성된 조직 또는 그룹이 실질적인 업무현장의 문제와 원인을 규명하고, 이를 해결하기 위하여 실행계획을 수립하여 현장에 적용한 다음 그 실천과정에 대한 성찰을 통해 학습하는 것이다.

① 감수성훈련(Sensitivity Training)
② 액션러닝(action learning)
③ 시보(probation)
④ 직무순환(job rotation)

문 16. 우리나라 「지방자치법」규정된 사무배분과 사무처리의 기본원칙으로 옳은 것만 모두 고른 것은?

> ㄱ. 지역주민생활과 밀접한 관련이 있는 사무는 원칙적으로 시·군 및 자치구의 사무로 배분하여야 한다.
> ㄴ. 서로 관련된 사무들을 배분할 때는 포괄적으로 배분하여야 한다.
> ㄷ. 시·도와 시·군 및 자치구는 사무를 처리할 때 서로 겹치지 아니하도록 하여야 하며, 사무가 서로 겹치면 시·도에서 먼저 처리한다.
> ㄹ. 지방자치단체는 법령을 위반하여 사무를 처리할 수 없으며, 시·군 및 자치구는 해당 구역을 관할하는 시·도의 조례를 위반하여 사무를 처리할 수 없다.

① ㄱ, ㄴ   ② ㄱ, ㄷ
③ ㄱ, ㄴ, ㄹ   ④ ㄴ, ㄷ, ㄹ

문 17. 다음 중 정책의제화 될 가능성이 높은 상황을 모두 고르면?

> ㄱ. 정책 이해관계자가 좁게 분포하고 조직화 정도가 높은 경우
>
> ㄴ. 문제가 해결되면 전체적 이익을 가져오고, 해결비용을 일부집단이 부담하는 경우
>
> ㄷ. 관례적이거나 일상적인 문제의 경우
>
> ㄹ. 정책담당자의 이해가 어렵고 해결책이 복잡한 경우
>
> ㅁ. 정책 이해관계자가 넓게 분포하고 조직화 정도가 낮은 경우

① ㄱ, ㄷ   ② ㄱ, ㄴ, ㄷ
③ ㄹ, ㅁ   ④ ㄴ, ㄹ, ㅁ

문 18. 지방자치의 두 요소인 주민자치와 단체자치 중 주민자치의 특징에 해당하지 않는 것은?

① 자치사무와 위임사무의 구분
② 국가 이전의 고유권
③ 기관통합형
④ 개별적 지정주의

문 19. 현상학적 접근방법에 대한 설명으로 옳지 않은 것은?

① 행정학 연구를 행정가의 일상적이고 실제적인 측면을 강조하는 미시적 관점으로 방향을 전환한 것이다.
② 인간 자아의 능동적·사회적 본성을 분석의 기초단위로 보고, 상호 주관적 인식론을 강조하였다.
③ 인간의 행위를 이해하기 위해서는 선험적 의식 또는 순수이성에 바탕을 둔 직관적 포착이 중요하다고 보았다.
④ 내재된 동기나 의도된 행위를 분석하기 위해 표출된 행위와 외면적 행태를 분석하고, 현상을 분해하여 이해할 필요가 있다.

문 20. 리더십 연구의 상황론적(Situational) 접근방법에 대한 설명으로 옳지 않은 것은?

① 리더십 대체물 접근법에서 조직이 제공하는 보상에 대한 무관심은 리더십의 대체물에 해당한다.
② 피들러(F. Fiedler)는 지도자와 구성원과의 관계, 지도자의 지위에서 오는 권력, 과업 구조라는 상황변수를 강조한다.
③ 허쉬(P. Hersey)와 블랜차드(K. Blanchard)는 지도자의 행동을 인간관계 지향적 행동과 과업지향적 행동으로 구분하고 상황변수로 부하의 성숙도를 추가하였다.
④ 하우스(House)의 참여적 리더는 부하들과 상담하고 의사결정 전에 부하들의 의견을 반영하려고 한다.

합격으로 증명하는 1등 행정학

신용한
행정학

제3회 국가직 9급 대비 모의고사

공무원임용 필기시험

신용한 행정학

수험번호	
성 명	

문 제 책 형
Ⓐ

【 시 험 과 목 】

제1과목	국 어	제2과목	영 어	제3과목	한 국 사
제4과목	행 정 법	제5과목	행 정 학		

목표시간_9분 30초

1. 총소요시간은 뒤에 첨부한 OMR카드의 답안 작성까지 포함한 시간이다.

2. 문제풀이는 항상 실전과 동일하게 연습한다. (시간엄수)

3. 두 번 이상 틀린 문제는 확실히 이해한 후 넘어 간다.

총소요시간(종료시각 – 시작시각)	분 초
초과시간(총소요시간 – 목표시간)	분 초

채점결과	
1차 채점	2차 채점
틀린 문항	자주 틀린 문항

행 정 학

문 1. 예산에 대한 설명으로 옳지 않은 것은?

① 우리나라는 동일 회계연도 예산의 성립을 기준으로 볼 때 시기적으로 빠른 것부터 순서대로 나열하면 수정예산, 본예산, 추가경정예산 순이다.

② 「국가재정법」상 추가경정예산안은 경기침체, 대량실업 같은 중대한 변화가 발생할 우려가 있는 경우에 편성할 수 있다.

③ 가예산은 1개월분의 예산을 국회의 의결을 거쳐 집행하는 것으로 우리나라가 운영한 경험이 있다.

④ 우리나라의 준예산은 법률상 지출 의무를 이행하기 위한 경우에 집행할 수 있으며, 국회의 의결을 필요로 한다.

문 2. 민츠버그(H. Mintzberg)의 조직유형에 대한 설명으로 옳지 않은 것은?

① 지원 참모(support staff)는 기본적 작업흐름 외에 발생 하는 조직 문제를 지원하는 모든 전문가이다.

② 애드호크라시(adhocracy)는 수평적 · 수직적 복잡성은 높으나 공식성은 낮게 나타난다.

③ 기계적 관료제(machine bureaucracy)의 핵심 조정 메커니즘은 업무절차 표준화이다.

④ 단순구조(simple structure)는 전략부문에 권력의 초점이 있다.

문 3. 「주민투표법」상 주민투표에 대한 설명으로 옳지 않은 것은?

① 행정기구의 설치 · 변경에 관한 사항은 주민투표에 부칠 수 없다.

② 주민과 지방의회는 주민투표를 청구할 수 있으나 중앙행정기관의 장은 요구 할 수 없다.

③ 18세 이상의 주민 중 투표인명부 작성기준일 현재 지방자치단체의 관할구역에 주민등록이 되어 있는 사람은 주민투표권이 있다.

④ 주민투표에 부쳐진 사항은 주민투표권자 총수의 4분의 1 이상의 투표와 유효투표수 과반수의 득표로 확정된다.

문 4. 우리나라 공무원연금제도에 대한 설명으로 옳지 않은 것은?

① 공무원연금제도는 인사혁신처장이 관장하고, 그 집행은 공무원연금공단에서 실시하고 있다.

② 기여금 납부기간이 33년을 초과한 사람은 기여금을 내지 아니한다.

③ 「공무원연금법」의 적용대상은 국가공무원, 지방공무원이며 군인과 선거에 의하여 취임하는 공무원은 제외된다.

④ 퇴직급여 산정에 있어서 소득의 평균기간은 재직기간 전체로 한다.

문 5. 호그우드(Hogwood)와 피터스(Peters)가 제시한 정책변동의 유형에 대한 설명으로 옳지 않은 것은?

① 정책혁신은 기존의 조직과 예산을 활용하여 이전에 관여한 적이 없는 새로운 정책분야에 개입하는 것이다.

② 정책유지는 현재의 정책을 기본적으로 유지하면서 정책수단의 부분적인 변화만 이루어지는 경우를 말한다.

③ 정책승계는 정책의 기본 목표는 유지하되, 정책을 대체 혹은 수정하거나 일부 종결하는 것이다.

④ 정책종결은 다른 정책으로의 대체 없이 기존 정책을 완전히 중단하는 것이다.

문 6. 행정에 대한 설명으로 옳은 것은?

① 윌슨(W. Wilson)은 '행정연구'에서 정부개혁을 통해 특정지역 및 계층중심의 관료파벌을 해체하고자 했다.

② 애플비(Appleby)는 정치와 행정의 관계는 연속·순환적이기 때문에 양자를 구별하는 것이 적절하다고 보았다.

③ 정치·행정일원론은 정당정치의 개입으로부터 자유로운 행정 영역을 강조하였다.

④ 정치·행정이원론은 행정과 경영이 차이가 없음을 강조하는 공사행정일원론의 입장을 취한다.

문 7. 직무평가의 방법에 대한 설명으로 옳지 않은 것은?

① 비계량적 방법과 계량적 방법이 있으며, 서열법과 분류법이 전자에 해당되고 점수법과 요소비교법이 후자에 해당된다.

② 서열법은 직무의 구성요소를 구별하지 않고 직무 전체의 중요도를 종합적으로 평가하는 방법이다.

③ 점수법은 직무 전체를 종합적으로 판단해 미리 정해 놓은 등급기준표와 비교해가면서 등급을 결정한다.

④ 요소비교법은 대표가 될 만한 직무들을 선정하여 기준직무(key job)로 정해놓고 각 요소별로 평가할 직무와 기준 직무를 비교해 가며 점수를 부여한다.

문 8. 정부규제에 대한 설명으로 옳지 않은 것은?

① 국회, 법원, 헌법재판소, 선거관리위원회 및 감사원이 하는 사무에는 「행정규제기본법」이 적용되지 않는다.

② 「행정규제기본법」상 규제의 존속기한 또는 재검토 기한은 규제의 목적을 달성하기 위하여 필요한 최소한의 기간 내에서 설정되어야 하며, 그 기간은 원칙적으로 5년을 초과할 수 없다.

③ 규제영향분석은 규제를 신설 또는 강화하는 경우 그 규제에 비용과 편익을 비교·분석하도록 하는 제도이다.

④ 규제등록제란 중앙행정기관의 장이 소관 규제의 명칭·내용·근거·처리기간 등을 국무총리 소속의 규제개혁위원회에 등록해야 하는 제도이다.

문 9. 지방채의 발행에 대한 설명으로 옳지 않은 것은?

① 지방채는 법률에 의하지 아니하고는 발행할 수 없다.

② 이미 발행한 지방채의 차환을 위해서 지방자치단체의 장은 지방채를 발행할 수 있다.

③ 지방자치단체조합의 장은 지방채 발행의 주체가 될 수 있다.

④ 지방자치단체의 장이 외채를 발행하는 경우에는 지방채 발행 한도액 범위더라도 지방의회의 의결을 거쳐 행정안전부장관의 승인을 받아야 한다.

문 10. 「책임운영기관의 설치·운영에 관한 법률」상 책임운영기관에 대한 설명으로 옳은 것은?

① 책임운영기관의 존속 여부 및 제도의 개선 등에 관한 중요 사항을 심의하기 위하여 행정안전부장관 소속으로 책임운영기관운영위원회를 둔다.

② 소속책임운영기관의 장의 임기는 2년으로 하되, 한 차례만 연임할 수 있다.

③ 소속책임운영기관에 두는 공무원의 총 정원 한도는 총리령으로 정한다.

④ 특별회계는 계정별로 책임운영기관의 장이 운용하고, 기획재정부장관이 통합하여 관리한다.

문 11. 무의사결정(non-decision making)에 대한 설명으로 옳지 않은 것은?

① 기존 엘리트세력의 이익을 옹호하거나 보호하는 데 목적이 있다.

② 넓은 의미의 무의사결정은 정책의 전 과정에서 일어난다.

③ 기존 질서의 변화를 주장하는 요구가 정치적 이슈가 되지 못하도록 폭력을 이용하기도 한다.

④ 바흐라흐(P. Bachrach)와 바라츠(M. Baratz)는 신다원론 관점에서 무의사결정을 주장하였다.

문 12. 우리나라의 근무성적평정제도에 대한 설명으로 옳지 않은 것은?

① 고위공무원의 근무성적평정은 4급 이상 공무원에게 적용되는 성과계약 등 평가에 의한다.

② 평가자는 근무성적평정 대상 공무원과 성과면담을 실시하여야 한다.

③ 근무성적평가는 매년 말일을 기준으로 연 1회 평가가 실시된다.

④ 평가결과는 승진임용, 특별승급, 성과상여금 지급 등 각종 인사관리에 반영하여야 한다.

문 13. 사회적 자본에 대한 설명으로 옳지 않은 것은?

① 사회구성원들이 공동의 문제를 해결하는 데 적극적으로 참여하는 사회의 조건 또는 특성을 의미한다.

② 주요 구성요소로는 네트워크, 신뢰, 호혜성 등이 있다.

③ 사회자본의 사회적 교환관계는 동등한 가치의 등가교환이다.

④ 사회 전반의 감시・감독비용을 절감할 수 있도록 한다.

문 14. 피터스(G. Peters)의 정부모형에 대한 설명으로 옳은 것은?

① 참여모형에서는 조직의 고위층과 최하위층 간에 계층 수가 많지 않아야 한다.

② 유연정부모형은 변화하는 정책수요에 맞춰 탄력적으로 구성원들을 활용함으로써 이들의 조직과 업무에 대한 몰입도를 높인다.

③ 시장모형은 정치지도자들의 권력을 약화시키고 기업가적 관료들의 정책결정자로서의 역할을 제고하는 결과를 가져왔다.

④ 탈규제모형은 정부역할의 적극성 및 개입성이 높으면 공익구현이 어렵다는 인식을 전제한다.

문 15. 앨리슨(Allison)의 조직과정모형(모형 Ⅱ)에 대한 설명으로 옳은 것은?

① 정부는 단일한 결정주체가 아니며 반독립적(semiauto- nomous) 하위조직들이 느슨하게 연결된 집합체이다.

② 의사결정자는 완벽한 정보를 가지고 주어진 목표의 극대화를 추구하는 합리적 존재이다.

③ 각자의 재량권과 이해관계를 가진 독립적인 개인들이 조정과 타협을 통해 정책을 결정한다.

④ 조직은 불확실성을 회피하기 위하여 정책결정을 할 때 표준운영절차(SOP)에 의존하지 않는다.

문 16. 지방자치단체의 기관구성 형태에 대한 설명으로 옳은 것은?

① 우리나라는 기관대립형이면서 강(强)시장-의회형에 가깝다고 볼 수 있다.

② 기관대립형은 의결기능과 집행기능을 분리하고, 집행기관의 장은 주로 의회에서 선임한다.

③ 기관통합형은 지방자치정부 조직에 있어서 권력남용의 방지, 행정의 전문화, 행정책임의 명백화를 기할 수 있는 장점을 가지고 있다.

④ 기관대립형은 대의기관에 의한 민주정치와 책임행정의 구현에 적합하다.

문 17. 정책결정모형에 대한 설명으로 옳지 않은 것은?

① 합리모형은 목표와 수단이 명확히 구분되며, 정책목표달성을 극대화하는 정책을 최선의 정책으로 평가한다.

② 점증모형은 경제적 합리성보다는 정치적 합리성을 추구하여 타협과 조정을 중요시한다.

③ 최적모형은 계량적 분석뿐만 아니라 직관적 판단에 의한 결정의 중요성을 강조한다.

④ 혼합주사모형은 거시적 맥락의 근본적 결정에 해당하는 부분에서는 점증모형의 의사결정방식을 따른다.

- 28 -

문 18. 직위분류제와 계급제의 특성을 잘못 비교한 것은?

① 직위분류제는 인사관리의 융통성을 가져다주는 반면, 계급제는 보직관리의 합리화를 도모할 수 있다.

② 직위분류제는 어느 한 직위에서 다른 직위로 이동하기 어렵고 승진계통이 좁은 반면, 계급제는 동일계급 내에서 인사 이동이 비교적 자유롭고 승진 계통의 폭도 넓다.

③ 직위분류제는 보수의 직무급 체계를 확립할 수 있는 반면, 계급제 하의 보수는 생활급적 성격을 갖는다.

④ 직위분류제는 역할의 갈등을 사전에 방지할 수 있는 반면, 계급제는 갈등의 사전적 예방이 상대적으로 어렵다.

문 19. 행정의 가치에 대한 설명으로 옳지 않은 것은?

① 수직적 형평성이란 동등한 것을 동등하게 취급하는 것, 수평적 형평성이란 동등하지 않은 것을 서로 다르게 취급하는 것을 의미한다.

② 합리성은 어떤 행위가 궁극적 목표 달성의 최적 수단이 되느냐의 여부를 가리는 개념이다.

③ 효과성은 목표의 달성도를, 능률성은 투입 대비 산출의 비율을 나타내는 개념이다.

④ 민주성은 국민과의 관계와 관료조직 내부의 의사결정 과정의 두 가지 측면에서 논의된다.

문 20. 예비타당성조사에 대한 설명으로 옳지 않은 것은?

① 경제적 타당성의 분석을 위해 수요, 편익, 비용을 추정하고 재무성 평가와 민감도 분석을 시행한다.

② 완성에 2년 이상 소요되는 일정규모 이상의 대규모사업에 대하여 기획재정부장관과 사전에 협의하게 하는 것이다.

③ 대상사업은 기획재정부장관이 중앙관서의 장의 신청에 따라 또는 직권으로 선정할 수 있다.

④ 국회가 의결로 요구하는 사업에 대하여는 예비타당성조사를 실시하여야 한다.

신용한
행정학

합격으로 증명하는 1등 행정학

제4회 국가직 9급 대비 모의고사

공무원임용 필기시험

신용한 행정학

수험번호	
성 명	

문 제 책 형
Ⓐ

【 시 험 과 목 】

제1과목	국 어	제2과목	영 어	제3과목	한 국 사
제4과목	행 정 법	제5과목	행 정 학		

목표시간_9분 30초

1. 총소요시간은 뒤에 첨부한 OMR카드의 답안 작성까지 포함한 시간이다.

2. 문제풀이는 항상 실전과 동일하게 연습한다. (시간엄수)

3. 두 번 이상 틀린 문제는 확실히 이해한 후 넘어 간다.

총소요시간(종료시각 – 시작시각)	분 초
초과시간(총소요시간 – 목표시간)	분 초
채점결과	
1차 채점	2차 채점
틀린 문항	자주 틀린 문항

행 정 학

문 1. 「지능정보화 기본법」에 대한 설명으로 옳은 것은?

① 정부는 지능정보사회 정책의 효율적·체계적 추진을 위하여 지능정보사회 종합계획을 5년 단위로 수립하여야 한다.

② 지능정보사회 종합계획은 행정안전부장관이 관계 중앙행정기관의 장 및 지방자치단체의 장의 의견을 들어 수립한다.

③ 중앙행정기관의 장과 지방자치단체의 장은 종합계획에 따라 매년 지능정보사회 실행계획을 수립·시행하여야 한다.

④ 과학기술정보통신부장관은 매년 '지능정보서비스 과의존'의 예방 및 해소를 위한 기본계획을 수립하여야 한다.

문 2. 우리나라 공무원의 보수제도에 대한 설명으로 옳지 않은 것은?

① 직무성과급적 연봉제는 고위공무원단 소속 공무원에게 적용된다.

② 성과상여금은 5급 이하의 공무원에 대해 전년도 업무실적의 평가결과에 따라 지급하는 수당의 일종이다.

③ 고위공무원단의 기본연봉은 기준급과 직무급으로 구성된다.

④ 호봉 간 승급에 필요한 기간은 1년이며, 직종별로 여러 개의 봉급표가 적용된다.

문 3. 다음 중 동기부여에 대한 내용이론만을 모두 고른 것은?

ㄱ. 샤인(E. Schein)의 복잡인모형

ㄴ. 아지리스(Argyris)의 성숙·미성숙이론

ㄷ. 로크(Locke)의 목표설정이론

ㄹ. 포터와 롤러(Porter & Lawler)의 성과 – 만족이론

① ㄱ, ㄴ
② ㄷ, ㄹ
③ ㄱ, ㄴ, ㄷ
④ ㄱ, ㄴ, ㄹ

문 4. 정책평가에 대한 설명으로 가장 옳지 않은 것은?

① 평가성 사정은 본격적인 평가가능 여부와 평가결과의 프로그램 개선가능성 등을 진단하는 일종의 예비적 평가이다.

② 목표모형은 정책이 달성하려는 장기목표와 중단기목표들을 잘 달성했는지에 초점을 맞춘 평가모형이다.

③ 계량평가는 계량적 기법을 응용하여 수치화된 지표를 통해 정책의 결과를 측정한다.

④ 총괄평가는 주로 정책집행 과정에서 발생하는 문제들을 해결하여 사업계획 개선과 효율적 집행전략을 수립하기 위한 목적으로 수행된다.

문 5. 발생주의 회계제도에 대한 설명으로 옳지 않은 것을 모두 고르면?

> ㄱ. 현금의 수불과는 관계없이 거래가 발생된 시점에 거래를 인식하는 방식이다.
>
> ㄴ. 미지급비용과 미수수익은 발생주의에서는 인식되지 않는다.
>
> ㄷ. 복식부기 기장방식을 채택하는 것이 일반적이다.
>
> ㄹ. 자의적인 회계처리가 불가능하여 통제가 용이하다.

① ㄱ, ㄷ
② ㄴ, ㄹ
③ ㄱ, ㄴ, ㄷ
④ ㄴ, ㄷ, ㄹ

문 6. 변혁적 리더십에 대한 설명으로 옳지 않은 것은?

① 조직에서 변화를 주도하고 관리하는 리더십이다.
② 카리스마적 리더십, 영감적 동기부여, 개별적 배려, 지적 자극 등을 특징으로 한다.
③ 적극적 보상이나 소극적 보상을 통해 영향력을 행사한다.
④ 기계적 조직체제보다는 유기적 조직체계에 적합하다.

문 7. 롤즈(J. Rawls)의 정의론에 대한 설명으로 옳지 않은 것은?

① 롤즈는 사회계약론의 입장에서 정의의 원리를 도출한다.
② 기회균등의 원리와 차등의 원리 양자가 충돌할 경우 차등의 원리가 기회균등의 원리에 우선한다.
③ 기본적 자유의 평등 원리란, 개인은 다른 사람의 유사한 자유와 상충되지 않는 한도 내에서 최대한의 기본적 자유에의 평등한 권리가 인정되어야 한다는 원리이다.
④ 최소극대화 원리에 입각하여 사회의 모든 가치는 평등하게 배분되어야 하며, 불평등한 배분은 그것이 사회의 최소 수혜자에게 유리한 경우에 정당하다고 본다.

문 8. 지방자치단체의 계층구조에 대한 설명으로 옳은 것을 모두 고르면?

> ㄱ. 중층제에서는 기초자치단체의 의사가 중앙정부에 신속하게 전달될 수 있다.
>
> ㄴ. 단층제는 중층제에 비해 업무에 대한 행정책임이 명확하다.
>
> ㄷ. 중층제에서는 광역행정수요에 효과적으로 대응할 수 있다.
>
> ㄹ. 중층제보다 단층제에서 중앙정부의 직접적인 통솔범위가 좁아진다.

① ㄱ, ㄴ
② ㄴ, ㄷ
③ ㄴ, ㄷ, ㄹ
④ ㄱ, ㄴ, ㄷ

문 9. 정책집행의 하향적 접근방법에 대한 설명으로 옳은 것은?

① 정책결정과 집행 간의 엄밀한 구분에 의문을 제기한다.
② 집행네트워크 행위자들 사이의 전략적 상호작용에 초점을 두고 있다.
③ 집행현장에서 다양한 공공프로그램과 민간부문의 프로그램이 적용되는 집행영역을 다룰 수 있다.
④ 정책은 목표의 실현을 위한 명확하게 정의된 정책수단을 가지고 있다.

문 10. 거시조직이론에 대한 설명으로 옳은 것은?

① 전략적 선택이론, 공동체 생태학 이론은 임의론적 관점을 구조적 상황론, 조직경제학 이론은 결정론적 관점이다.

② 자원의존이론은 외부환경에 의해서 조직구조가 결정된다는 환경결정론적 입장을 취하고 있다.

③ 조직군 생태학 이론은 사회생태학에 근거하여 유리한 환경을 형성하려는 조직의 적극적 노력에 초점을 둔다.

④ 상황론적 조직이론은 모든 상황에 적합하고 유일한 최선의 조직설계와 관리방법을 찾을 수 있다고 본다.

문 11. 살라몬이 제시한 정책수단의 유형에서 간접적 수단으로만 묶은 것은?

ㄱ. 정부소비	ㄴ. 바우처
ㄷ. 직접 대출	ㄹ. 손해책임법
ㅁ. 경제적 규제	ㅂ. 계약

① ㄱ, ㄴ, ㅂ   ② ㄱ, ㄷ, ㅁ

③ ㄴ, ㄷ, ㄹ   ④ ㄴ, ㄹ, ㅂ

문 12. 개방형인사제도에 대한 설명으로 옳지 않은 것은?

① 직업공무원제의 폐쇄형 임용제의 한계를 극복하기 위한 제도이다.

② 재직자의 승진기회가 많고 경력발전의 기회가 많다.

③ 공무원·행정의 전문성이 향상되지만, 조직 안정성과 행정의 일관성 저해될 수 있다.

④ 우리나라는 고위공무원단제, 개방형·공모직위제, 경력경쟁채용제 등을 시행하고 있다.

문 13. 정부의 위원회 조직에 대한 설명으로 옳지 않은 것은?

① 위원회 조직은 복수인으로 구성된 합의형 조직의 한 형태다.

② 행정위원회는 독립지위를 가진 행정관청으로 의사결정의 법적 구속력이 있고, 행정집행권을 소유하고 있다.

③ 우리나라의 행정위원회에는 중앙선거관리위원회, 공정거래위원회 등이 있다.

④ 위원회 조직은 의사결정에 대한 책임성 확보가 용이하다.

문 14. 행정과 경영에 대한 설명으로 옳지 않은 것은?

① 공동 목표를 달성하기 위한 합리적이고 집단적인 협동 행위인 점은 행정과 경영에서 공통적으로 나타난다.

② 행정은 사익이 아닌 공익을 우선적으로 추구한다.

③ 경영은 법적 테두리 안에서 활동이 이루어져 행정보다 엄격한 법적 규제를 받는다.

④ 행정에는 모든 국민에 대해 법 앞에 평등이라는 규범이 강하게 적용된다.

문 15. 립스키(M. Lipsky)의 일선관료제 이론에 대한 설명으로 가장 옳지 않은 것은?

① 일선관료들은 직무의 자율성이 거의 없고 의사결정에 있어서 재량권의 범위가 좁은 편이다.

② 일선관료들은 인적·물적, 시간적·기술적 자원이 만성적으로 부족한 상태에서 업무를 수행한다.

③ 일선관료들은 모호하고 대립되는 기대들로 인해, 정책목표를 달성할 수 없는 경우가 많다.

④ 일선관료들은 고객을 재정의한 후 고객에 책임을 전가하거나 사회문제 탓으로 하여 책임을 회피하려고 한다.

문 16. 신공공서비스론의 특성에 대한 설명으로 옳지 않은 것은?

① 행정가가 책임져야 하는 것은 행정 업무 수행에서 '효율성'이 아니라 모든 사람에게 '더 나은 생활'을 보장하는 것이다.

② 공익을 행정의 부산물이 아닌 목적으로 봐야 한다는 점을 강조한다.

③ 고객이 아닌 시민에 대해 봉사해야 한다.

④ 조직 내 주요 통제권이 유보된 분권화된 조직을 강조한다.

문 17. 「국가재정법」에 규정한 내용으로 옳지 않은 것은?

① 정부의 기금은 온실가스감축인지 예산제도의 대상에 포함된다.

② 기획재정부장관은 국가의 회계 또는 기금이 부담하는 금전채무에 대하여 매년 국가채무관리계획을 수립하여야 한다.

③ 공무원의 보수 인상을 위한 인건비 충당을 위하여 예비비의 사용목적을 지정할 수 있다.

④ 국가재정운용계획은 회계연도 개시 120일 전까지 국회에 제출하여야 한다.

문 18. 옴브즈만(Ombudsman)제도에 대한 설명으로 옳지 않은 것은?

① 옴브즈만을 임명하는 주체는 입법기관, 행정수반 등 국가별로 상이하다.

② 옴브즈만은 행정기관의 결정에 대해 직접 취소·변경할 수 있는 권한을 갖지 않는다.

③ 우리나라의 경우 국무총리 소속의 국민권익위원회가 옴브즈만에 해당한다.

④ 우리나라 국민권익위원회의 위원장과 위원의 임기는 각각 3년으로 하되, 연임할 수는 없다.

문 19. 우리나라 지방자치단체의 사무에 대한 설명으로 옳은 것은?

① 단체위임사무는 법령에 의하여 국가 또는 상급 지방자치단체로부터 지방자치단체의 집행기관에 위임된 사무이다.

② 자치사무에 대한 국가의 감독은 합법성과 합목적성의 교정적 감독이 가능하다.

③ 기관위임사무의 처리에 필요한 경비는 수임한 지방자치단체가 전액 부담한다.

④ 지방의회는 단체위임사무의 처리 과정에 관한 조례를 의결할 수 있다.

문 20. 공무원의 부패 유형에 대한 설명으로 옳지 않은 것은?

① 공금 횡령, 개인적인 이익의 편취, 회계 부정 등은 비거래형 부패에 해당한다.

② 인·허가와 관련된 업무를 처리할 때 소위 '급행료'를 지불하는 것을 당연시하는 관행은 제도화된 부패에 해당한다.

③ 선의의 목적으로 공직자가 국민에게 거짓말을 하는 백색부패는 엄밀한 의미에서 부패의 범주에 들어가지 않는다.

④ 무허가 업소를 단속하던 공무원이 정상적인 단속 활동을 수행하다가 금품을 제공하는 특정 업소에 대해서는 단속을 하지 않는 것은 일탈형 부패이다.

합격으로 증명하는 1등 행정학

신용한
행정학

합격으로 증명하는 1등 행정학

제5회 국가직 9급 대비 모의고사

공무원임용 필기시험

신용한 행정학

수험번호	
성　명	

문 제 책 형
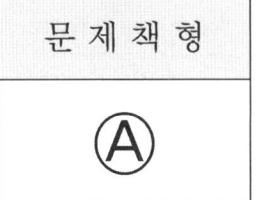

【 시 험 과 목 】

제1과목	국 어	제2과목	영 어	제3과목	한 국 사
제4과목	행 정 법	제5과목	행 정 학		

목표시간_9분 30초

1. 총소요시간은 뒤에 첨부한 OMR카드의 답안 작성까지 포함한 시간이다.

2. 문제풀이는 항상 실전과 동일하게 연습한다. (시간엄수)

3. 두 번 이상 틀린 문제는 확실히 이해한 후 넘어 간다.

총소요시간(종료시각 – 시작시각)	분　초
초과시간(총소요시간 – 목표시간)	분　초

채점결과	
1차 채점	2차 채점
틀린 문항	자주 틀린 문항

행 정 학

문 1. 우리나라 정부의 예산구조에 관한 설명으로 옳은 것은?

① 일반회계는 국가 고유의 일반적 재정활동을, 기금은 특정한 세입으로 특정한 사업을 운용하기 위해 설치된다.

② 특별회계는 국가가 특정한 목적을 위하여 특정한 자금을 신축적으로 운용할 필요가 있을 때 설치한다.

③ 국가재정법상 금융성 기금의 주요항목 지출금액의 변경범위가 30%를 초과하면 국회의 의결이 필요하다.

④ 정부는 주요항목 단위로 마련된 기금운용계획안을 회계연도 개시 60일 전까지 국회에 제출하여야 한다.

문 2. 우리나라의 분쟁조정제도에 대한 설명으로 옳은 것은?

① 중앙정부와 지방정부 간 공식적인 갈등조정 기구는 대통령 소속의 행정협의조정위원회이다.

② 분쟁조정을 위해 행정안전부에는 지방자치단체지방분쟁조정위원회를 둔다.

③ 시·도를 달리하는 시·군 및 자치구 장 간의 분쟁은 중앙분쟁조정위원회의 심의·의결 대상이다.

④ 지방자치단체 간 의견이 달라 분쟁이 생길 경우 당사자의 신청 없이는 조정을 할 수 없다.

문 3. 기술과 조직구조의 관계에 대한 설명으로 옳지 않은 것은?

① 기술적인 다양성이 크면 조직구조는 분화하는 경향이 있다.

② 페로(Perrow)에 따르면 비정형화된(non-routine) 기술은 부하들에 대한 상사의 통솔범위를 넓힐 수밖에 없을 것이다.

③ 우드워드(J. Woodward)는 대량생산 기술에는 관료제와 같은 기계적 구조가 효과적이라고 주장하였다.

④ 톰슨(Thompson)의 기술 분류에 따르면 집약형 기술(intensive technology)은 교호적 상호의존성(reciprocal interdependence)을 갖는다.

문 4. 행태론적 접근방법에 대한 설명으로 옳지 않은 것은?

① 행태의 규칙성을 경험적으로 관찰함으로써 가설을 검증한다.

② 특정 질문에 따른 반응을 통해 파악해 볼 수 있는 태도, 의견, 개성 등도 행태에 포함시키고 있다.

③ 집단의 고유한 특성을 인정하지 않은 방법론적 개체주의의 입장을 취한다.

④ 조직의 효과성을 높이기 위한 조직 내의 업무, 자원, 권한과 책임 등을 어떻게 합리적으로 구조화할 것인가에 관심을 집중한다.

문 5. 지방선거제도에 대한 설명으로 옳지 않은 것은?

① 대선거구제의 경우 사표의 발생이 감소하는 장점이 있다.

② 우리나라는 광역·기초의원 및 광역·기초자치단체장 선거 모두 정당 참여가 허용되는 제도를 유지하고 있다.

③ 우리나라의 기초의원 선거는 소선거구제를 적용하고 있다.

④ 우리나라의 광역지방의회와 기초지방의회에는 지역구 의원과 비례대표 의원이 있다.

문 6. 다음에서 설명하는 예산 원칙의 공통적인 예외사항으로 가장 적절한 것은?

> ㄱ. 특정 수입과 특정 지출이 연계되어서는 안 된다는 원칙
>
> ㄴ. 모든 수입과 지출은 예산에 계상되어야 한다는 원칙
>
> ㄷ. 예산은 가능한 모든 재정활동을 포괄하는 단일의 예산 내에서 정리되어야 한다는 원칙

① 기금　　　　　　② 특별회계
③ 목적세　　　　　④ 수입대체경비

문 7. 대표관료제에 대한 설명으로 옳지 않은 것은?

① 관료들이 출신집단의 가치와 이익을 정책에 반영할 것이라는 가정에 기반한다.

② 다양한 집단의 이익을 반영하는 실적주의 이념에 부합하는 인사제도이다.

③ 할당제 강요는 역차별의 문제를 야기할 수 있다.

④ 정부관료제 내에 민주성과 형평성의 가치를 내재화시킬 수 있다.

문 8. 전략적 인적자원관리에 대한 설명으로 옳지 않은 것은?

① 조직의 성공적인 목표달성을 위해 조직 내 인적자원을 매우 가치 있는 자산으로 인식한다.

② 조직의 전략적 요구와 개인의 욕구를 모두 충족시킬 수 있는 방향으로 인적자원을 관리하고자 한다.

③ 모든 인적자원관리 활동을 조직목표 달성과 연계해 운영하고자 한다.

④ 인사관리상의 개별적 단계의 효율성을 강조한다.

문 9. 다음 중 쓰레기통 모형(Garbagge can model)에 대한 설명으로 옳지 않은 것은?

① 쓰레기통 모형은 조직화된 무정부상태에서 조직이 어떠한 의사결정 행태를 나타내는가를 설명하는 모형이다.

② 쓰레기통 모형은 불명확한 인과관계, 문제성 있는 선호 등으로 높은 불확실성에 직면한 집단이 어떤 결정행태를 보이는지 분석한다.

③ 다당제인 의회, 상하관계가 분명하지 않은 대학조직에서 의사결정이 이루어지는 경우에 쓰레기통 모형을 적용하기 용이하다.

④ 정책의 흐름, 정치의 흐름, 문제의 흐름이 독자적으로 흘러다니다가 상호 연관될 때 정책결정이 이루어진다.

문 10. 신공공관리와 뉴거버넌스에 대한 설명으로 옳지 않은 것은?

① 신공공관리론의 인식론적 기초는 신자유주의이다.

② 신공공관리론은 과정보다는 결과에 초점을 맞추고 있으며 조직 내 관계보다 조직 간 관계를 주로 다루고 있다.

③ 신공공관리론은 부문 간 경쟁을, 뉴거버넌스는 부문 간 협력을 강조한다.

④ 신공공관리론은 관료의 역할로 공공기업가의 역할을 강조하였다.

문 11. 우리나라의 지방재정에 대한 설명으로 옳지 않은 것은?

① 지방자치단체의 세입재원 중 자주재원에는 지방세와 세외수입이 있다.

② 지방교부세의 종류는 보통교부세, 특별교부세, 소방안전교부세, 부동산 교부세로 구분한다.

③ 의존재원은 지방교부세, 국고보조금, 조정교부금, 지방채로 구성된다.

④ 의존재원은 지방재정의 안정성 확보, 지방재정의 지역 간 불균형 시정 등의 기능을 한다.

문 12. 다음에서 설명하는 조직의 혁신 방법으로 가장 옳은 것은?

Richard Beckhard는 "행태과학의 지식을 활용하여 조직의 여러 과정에 계획적으로 개입함으로써 조직의 효율성과 건강을 향상시키려는 노력이며 조직 전반에 걸쳐 하향적으로 관리되는 계획적 노력이다"고 정의하였다.

① OD(Organization Development)

② BSC(Balanced Score Card)

③ TQM(Total Quality Management)

④ MBO(Management by objective)

문 13. 정부규제에 대한 설명으로 옳지 않은 것은?

① 규제는 지대(rent)를 창출하고 민간의 지대추구 행위(rent seeking behavior)를 조장해 비효율을 유발할 수 있다.

② 규제개혁은 규제품질관리 → 규제완화 → 규제관리 등의 단계로 진행되는 것이 일반적이다.

③ 규제 피라미드(regulation pyramid)는 규제가 규제를 낳은 결과 피규제자의 규제 부담이 점점 증가하는 현황을 말한다.

④ 과도한 규제는 과소한 규제가 된다는 것은 규제의 역설(reaulatory paradox)이다.

문 14. 우리나라 정보공개제도에 관한 설명으로 옳지 않은 것을 모두 고르면?

ㄱ. 모든 국민은 정보의 공개를 청구할 권리를 가지지만, 외국인의 경우 청구할 수 없다.

ㄴ. 「공공기관의 운영에 관한 법률」 제2조에 따른 공공기관은 포함되지만 「지방공기업법」에 따른 지방공사 및 지방공단은 포함되지 않는다.

ㄷ. 과학기술정보통신부장관은 「정보공개법」에 의한 정보공개제도의 정책수립 및 제도개선사항 등에 관한 기획·총괄 업무를 관장한다.

ㄹ. 청구인은 비공개의 결정이 있는 것으로 보는 날부터 '30일 이내'에 공공기관에 이의신청을 할 수 있다.

① ㄱ
② ㄱ, ㄴ
③ ㄱ, ㄴ, ㄷ
④ ㄱ, ㄴ, ㄷ, ㄹ

문 15. 다음에서 설명하는 경쟁가치모형에 해당하는 조직문화로 가장 적절한 것은?

• 외부지향적이며 조직의 유연성을 강조하는 경우의 평가유형이다.

• 조직의 성장 및 자원획득의 목표를 강조하는 관점이다.

① 관계지향문화
② 혁신지향문화
③ 위계지향문화
④ 과업지향문화

문 16. 다음에서 설명하는 정책집행모형으로 가장 적절한 것은?

정부가 코로나 환자의 치료를 원활히 하기 위해 전문가들의 의견 등 여러 정보를 토대로 민간병원에 음압병실과 치료인력을 최대한 확보하는 정책수단을 채택했지만, 실제 이를 집행해야 할 지역의 보건소나 민간병원에서는 예산부족과 기존 환자 치료 때문에 실행이 어려운 경우가 있을 수 있다. 이 때 집행자인 지역보건소에서 민간병원 시설확충보다는 임시 공공치료소를 빨리 설치하여 환자들을 수용하는 것이 더 현실적이라는 제안을 하면 이를 수용하여 정책을 변경하여 집행하는 것이 필요하다는 것이다.

① 엘모어(Elmore)의 통합모형
② 정책지지연합모형
③ 비교우위적 접근법
④ 마틀랜드(Matland)의 통합모형

문 17. 문제의 구조화 과정에서 범하는 오류(error)와 그에 대한 설명이 바르게 연결된 것은?

> ㄱ. 영가설 자체가 잘못 설정되어, 틀린 문제를 푸는 것
>
> ㄴ. 영가설이 옳은데 이를 기각할 때 발생하는 오류
>
> ㄷ. 영가설이 거짓인데도 이를 채택할 때 발생하는 오류

	ㄱ	ㄴ	ㄷ
①	제1종 오류	제2종 오류	제3종 오류
②	제2종 오류	제1종 오류	제3종 오류
③	제3종 오류	제2종 오류	제1종 오류
④	제3종 오류	제1종 오류	제2종 오류

문 18. 동기부여 이론에 대한 설명으로 옳지 않은 것은?

① 맥그리거(D. McGregor)의 X이론은 매슬로우(A. Maslow)가 주장했던 욕구계층 중에서 주로 하위욕구를, Y이론은 주로 상위욕구를 중요시하였다.

② 샤인(E. H. Schein)의 복잡 인간관에서는 구성원의 맞춤형 관리전략의 필요성을 강조한다.

③ 맥클리랜드(McClelland)의 성취동기이론에 의하면 세 가지 욕구 중에서 조직의 생산성에 가장 중요한 영향을 미칠 수 있는 욕구는 성취욕구이다.

④ 아담스(Adams)는 자기의 노력과 그 결과로 얻어지는 보상을 준거인물과 비교하여 공정하다고 인식할 때 동기가 유발된다고 주장하였다.

문 19. 예산제도에 대한 설명으로 옳은 것은?

① 품목별 예산제도는 일에 대한 정보를 제공하며, 세입과 세출의 유기적 연계를 고려한다.

② 성과주의 예산제도는 예산 산출근거가 제시되지만 복잡하여 의회의 심의기능을 약화시킨다.

③ 계획 예산제도는 의사결정이 지나치게 분권화되고 전문화되어 외부통제가 어렵다.

④ 영기준 예산제도는 사업의 우선순위를 설정할 때 의사결정자들의 주관적 판단이 개입될 여지가 있다.

문 20. 직위분류제 용어에 대한 설명 중 옳은 것을 모두 고른 것은?

> 가. 직위란 동일 직렬 내에서 담당 분야가 같은 직무의 군을 말한다.
>
> 나. 직렬은 직무의 종류가 유사하나 난이도와 책임도가 다른 직급의 군을 말한다.
>
> 다. 직급이란 직무의 종류와 곤란성과 책임도가 상당히 유사한 직위의 군을 말한다.
>
> 라. 직군이란 직무의 곤란성과 책임도가 상당히 유사한 직위의 군을 말한다.

① 가, 나   ② 가, 다
③ 나, 다   ④ 나, 라

합격으로 증명하는 1등 행정학

신용한
행정학

제6회 국가직 9급 대비 모의고사

공무원임용 필기시험

신용한 행정학

수험번호	
성 명	

문 제 책 형
Ⓐ

【 시 험 과 목 】

제1과목	국 어	제2과목	영 어	제3과목	한 국 사
제4과목	행 정 법	제5과목	행 정 학		

목표시간_9분 30초

1. 총소요시간은 뒤에 첨부한 OMR카드의 답안 작성까지 포함한 시간이다.

2. 문제풀이는 항상 실전과 동일하게 연습한다. (시간엄수)

3. 두 번 이상 틀린 문제는 확실히 이해한 후 넘어 간다.

총소요시간(종료시각 – 시작시각)	분 초
초과시간(총소요시간 – 목표시간)	분 초

채점결과	
1차 채점	2차 채점
틀린 문항	자주 틀린 문항

행 정 학

문 1. 합리선택적 신제도주의의 주요 이론에 대한 설명으로 옳지 않은 것은?

① 주인-대리인 이론은 주인인 국민과 대리인인 공무원 사이에 정보는 균형을 이루고 있다고 가정한다.

② 주인-대리인 이론에서 역선택은 주인이 대리인의 업무처리 능력과 지식을 충분히 알지 못해 기준 미달의 대리인을 선택하는 현상이다.

③ 거래비용이론은 조직이 시장보다 더 효율적인 이유로 조직이 시장실패 문제를 해결할 수 있기 때문이라고 본다.

④ 거래비용이론은 시장에서의 거래비용이 내부조직화 비용보다 작으면 거래를 외부화시키는 것이 효율적이라고 본다.

문 2. 선발시험의 구성타당성(construct validity)에 대한 설명으로 옳은 것은?

① 심리적·행태과학적 측면에서 추상적인 개념들을 얼마나 정확하게 측정하고 있는가이다.

② 직무를 성공적으로 수행하는 데 필요한 지식이나 기술의 내용을 시험에 얼마나 반영시키는가의 정도이다.

③ 선발도구의 시험성적과 본래 시험으로 예측하고자 했던 기준 사이의 상관관계이다.

④ 측정도구의 결과가 얼마나 일관되게 나타나는가와 같은 일관성의 정도이다.

문 3. 다음의 기준에 해당하는 공공기관의 사례로 가장 적절한 것은?

- 직원 정원이 300명 이상, 총수입액 200억원 이상, 자산규모 30억원 이상인 공공기관
- 자체수입액이 총수입액의 1/2을 초과하는 기관
- 자산규모가 2조 이상이고, 자체수입액이 대통령령이 정하는 기준 이상인 기관

① 인천국제공항공사　　② 한국마사회
③ 국민연금공단　　　　④ 한국연구재단

문 4. 행정학의 접근 방법에 대한 설명으로 옳지 않은 것은?

① 생태론은 행정현상을 하나의 유기체로 보아 행정을 둘러싸고 있는 다른 환경적 요소와의 관련성 속에서 행정 상태를 연구하려는 개방체제적 접근법이다.

② 비교행정론은 행정을 지나치게 과소평가함으로써 행정의 독자성을 무시하고 행정의 종속성을 강조하고 있다.

③ 발전행정론은 후진국 발전을 위한 행정을 구축하려는 목적을 가지며, 처방적이고 많은 부분에서 가치판단을 요한다.

④ 체제론적 접근 방법은 권력, 의사전달, 정책결정의 문제와 행정의 가치문제를 중시한다.

문 5. 마슬로우(Maslow)의 욕구계층이론에 대한 설명으로 옳지 않은 것은?

① 가장 낮은 생리적 욕구부터 시작하여 다섯 가지의 위계적 욕구 단계가 존재한다.

② 사회적 욕구는 소속감을 느끼는 상호관계를 유지하고자 하는 욕구이다.

③ 욕구가 상위 수준에서 하위 수준으로 후퇴하지 못한다고 본다.

④ 두 가지 이상의 욕구가 복합적으로 작용하여 하나의 행동을 유발한다고 주장한다.

문 6. 「국가공무원법」에 규정된 징계에 대한 내용으로 옳지 않은 것은?

① 징계는 파면·해임·강등·정직·감봉·견책으로 구분한다.

② 정직은 1개월 이상 3개월 이하의 기간으로 하고, 정직 처분을 받은 자는 그 기간 중 공무원의 신분은 보유하나 직무에 종사하지 못하며 보수는 전액을 감한다.

③ 감봉은 1개월 이상 3개월 이하의 기간 동안 보수의 3분의 1을 감한다.

④ 파면은 공무원신분을 완전히 잃는 것으로 3년간 재임용자격이 제한된다.

문 7. 정부규모팽창에 대한 이론의 설명으로 옳지 않은 것은?

① 리바이어던(Leviathan) 가설은 집권화된 정부일수록 예산규모는 증대된다는 것이다.

② 파킨슨의 법칙(Parkinson's Law)에 따르면 업무의 강도나 양과는 관계없이 공무원의 수는 항상 일정한 비율로 증가한다.

③ 머스그레이브(Musgrave)는 공공재의 경우 자신이 부담한 것에 비해 적은 편익을 누린다고 생각하게 된다고 보았다.

④ 보몰병은 낮은 공공부문의 생산성이 정부지출을 증가시키고, 사회 전체 경쟁력을 저하시키는 현상이다.

문 8. 정책의 유형에 대한 설명으로 옳지 않은 것은?

① 배분정책에서는 로그롤링(log rolling)이나 포크배럴(pork barrel)과 같은 정치적 현상이 나타난다.

② 규제정책은 법령을 근거로 국민들의 권리를 제약하거나 강제적으로 특정한 의무를 부과하는 것이다.

③ 경쟁적 규제 정책에는 국유지 불하정책, 신공항 건설, 항공노선 허가 등이 해당한다.

④ 재분배정책은 사회계급적인 접근에 기반해서 이루어지기 때문에 규제정책보다 갈등이 좀 더 가시적이다.

문 9. 〈보기〉의 특징을 갖는 지방 재정력의 평가 지표는?

• 지방세수입과 세외수입을 합친 액수를 세입총액으로 나누고, 100을 곱한 값이다.

• 자주재원의 많고 적음에 관계없이 중앙정부의 지원이 많고 적음에 따라 그 값이 달라진다는 문제점이 있다.

① 재정자립도

② 재정자주도

③ 재정력지수

④ 건전재정지수

문 10. 델파이기법에 대한 설명으로 옳은 것은?

① 문제해결에 참여하는 개인들이 개별적으로 해결방안을 구상하고 집단토론을 거쳐 해결방안에 대해 표결하는 방법이다.

② 완전한 익명성을 전제로 하므로 집단사고(group think)를 피할 수 있다.

③ 전문성 보다는 이해관계와 식견에 바탕을 두므로, 개인의 이해관계나 가치판단이 개입될 수 있다.

④ 형식이 정해지지 않은 집단토론 상황에서 구성원들이 아이디어와 문제해결 대안들을 자유롭게 토론하는 방법이다.

문 11. 사바스(Savas)가 구분한 네 가지 공공서비스 유형과 내용에 대한 설명으로 옳지 않은 것을 모두 고르면?

> ㄱ. 요금재는 경합성과 배제성을 동시에 가진 서비스를 주로 시장에서 제공해 공공부문 개입이 최소화되는 부분이다.
>
> ㄴ. 시장재는 창출하는 독점이익의 왜곡을 방지하기 위해 원칙적으로 공공기관에서 서비스 공급을 담당한다.
>
> ㄷ. 공유재는 소비는 경합되지만 정당한 대가를 지불하지 않아도 배제시킬 수 없기 때문에 비용 회피와 과잉 소비로 인해 공유재 파괴라는 비극이 초래된다.
>
> ㄹ. 공공재는 국방, 외교와 같은 순수공공재와 복지, 지역 개발, 공중 의료 등의 준공공재가 여기에 속한다.

① ㄱ, ㄴ 　　　② ㄱ, ㄴ, ㄷ
③ ㄴ, ㄷ 　　　④ ㄱ, ㄴ, ㄹ

문 12. 듀브닉과 롬젝(Dubnic & Romzek)의 행정책임성 유형 중 보기의 내용에 해당되는 책임성은?

> 대통령, 국회의원, 이익단체 등 주요 이해관계자들의 필요와 요구를 충족시키는가를 중요한 요소로 보는 유형이다.

① 관료적 책임성
② 법률적 책임성
③ 정치적 책임성
④ 전문적 책임성

문 13. 예산결정이론에 대한 설명으로 옳은 것은?

① 단절균형예산이론은 급격한 단절적 예산변화를 설명하고, 나아가 그러한 변화를 예측할 수 있는 장점이 있다.
② 다중합리성모형은 정부예산의 결과론적 접근방법에 근거하여 미시적 수준의 예산상의 의사결정을 설명하고 탐구한다.
③ 니스카넨(W. Niskanen)에 의하면 예산결정에 있어 관료의 최적수준은 정치인의 최적수준보다 높다.
④ 루빈(Rubin)의 실시간 예산운영에서 세출 흐름에서 의사결정은 '누가, 얼마만큼 부담할 것인가'에 관한 의사결정으로 의사결정의 흐름 속에는 설득의 정치가 내재해 있다.

문 14. 정책참여자의 권력관계 모형에 대한 설명으로 옳지 않은 것은?

① 고전적 엘리트이론에서 엘리트들은 다른 계층에 대해 책임을 지지 않는다.
② 다원주의는 이익집단 간의 영향력 차이를 인정하지만 전반적으로 균형이 유지되고 있다는 입장을 지닌다.
③ 신다원론에서는 특정집단이 다른 집단보다 더욱 강력할 수 있다는 점을 인정하였다.
④ 조합주의에서 정부활동은 다양한 이익집단 간 이익의 소극적 중재자 역할에 한정된다.

문 15. 「지방자치법」상 특별지방자치단체에 대한 설명으로 옳지 않은 것은?

① 2개 이상의 지방자치단체가 공동으로 특정한 목적을 위하여 광역적으로 사무를 처리할 필요가 있을 때 설치할 수 있다.
② 지방의회의원은 특별지방자치단체의 의회의원을 겸할 수 있다.
③ 특별지방자치단체는 보통의 지방자치단체와 달리 법인격을 갖지 못한다.
④ 특별지방자치단체의 운영 및 사무처리에 필요한 경비는 특별회계를 설치하여 운영하여야 한다.

문 16. 「국가공무원법」상 공무원의 의무에 해당하지 않는 것은?

① 직장 이탈 금지의 의무
② 비밀엄수의 의무
③ 종교중립의 의무
④ 선물수수 신고·등록의 의무

문 17. 조직의 통합 및 조정 방법에 대한 설명으로 옳은 것은?

① 연락역할 담당자는 상당한 공식적 권한을 부여받아 조직 내 부문 간 의사전달 문제를 처리한다.
② 태스크포스는 부서들을 횡적으로 연결하여 현안문제를 해결하기 때문에 목적을 달성한 후에도 유지된다.
③ 수직적 연결은 상위계층의 관리자가 하위계층의 관리자를 통제하고 하위계층 간 활동을 조정하는 것을 목적으로 한다.
④ 프로젝트 팀(project team)은 가장 강력한 수직적 연결장치로 사업팀은 사업추진을 위해 관련 부서 간 장기간 강력한 협동을 요할 때 적합한 장치이다.

문 18. 다음에서 설명하는 정보자원관리의 개념으로 가장 옳은 것은?

일정한 기준·절차에 따라 조직의 업무와 정보, 이를 지원하기 위한 조직 전체의 정보화 요소들을 통합적으로 분석한 뒤, 이들 간의 관계를 구조적으로 정리한 체제 및 이를 바탕으로 정보시스템을 효율적으로 구성하기 위한 방법을 의미한다.

① 정보기술아키텍처
② 정보화책임자
③ 정보시스템
④ 통합전산환경

문 19. 우리나라 지방의회의 권한에 해당하지 않는 것은?

① 조례 제정 및 개폐
② 예산의 의결 및 결산 승인
③ 행정감시권
④ 예산불성립 시 예산집행

문 20. 우리나라 공무원 노동조합에 대한 설명으로 옳은 것은?

① 일반직공무원, 퇴직공무원, 소방공무원, 자치경찰공무원 등은 노동조합에 가입할 수 있다.
② 단체협약의 내용 중 법령, 조례 또는 예산에 의하여 규정되는 내용은 단체협약으로서의 효력이 인정되지 않는다.
③ 공무원은 고용노동부장관의 동의를 받아 노동조합의 업무에만 종사할 수 있다.
④ 정책결정에 관한 사항, 임용권의 행사, 공무원 보수에 관한 사항은 단체교섭 대상에 포함되지 않는다.

신용한
행정학

합격으로 증명하는 1등 행정학

제7회 국가직 9급 대비 모의고사

공무원임용 필기시험

신용한 행정학

수험번호	
성 명	

문제 책형
Ⓐ

【 시 험 과 목 】

제1과목	국 어	제2과목	영 어	제3과목	한 국 사
제4과목	행 정 법	제5과목	행 정 학		

목표시간_9분 30초

1. 총소요시간은 뒤에 첨부한 OMR카드의 답안 작성까지 포함한 시간이다.

2. 문제풀이는 항상 실전과 동일하게 연습한다. (시간엄수)

3. 두 번 이상 틀린 문제는 확실히 이해한 후 넘어 간다.

총소요시간(종료시각 – 시작시각)	분 초
초과시간(총소요시간 – 목표시간)	분 초

채점결과	
1차 채점	2차 채점
틀린 문항	자주 틀린 문항

행 정 학

문 1. 정책결정 과정에서 정책의제에 영향을 미치는 공식적 참여자에 해당되지 않은 것을 모두 고른 것은?

> ㄱ. 국민권익위원회 상임위원
> ㄴ. 대통령 비서실장
> ㄷ. 정당 사무국장
> ㄹ. 국회의장
> ㅁ. 언론

① ㄱ, ㄴ　　　　　　　② ㄴ, ㄷ
③ ㄷ, ㄹ　　　　　　　④ ㄷ, ㅁ

문 2. 포스트모더니티이론에 대한 설명으로 옳지 않은 것은?

① 이성과 합리성으로 요약되는 현대주의 사조를 전면적으로 거부한다.
② 행정은 객관적으로 연구될 수 있다는 설화를 해체해야 한다.
③ 상상은 규칙에 얽매이지 않는 행정의 운영이나 특수성을 인정하는 것이다.
④ 해체의 개념을 통해 타인을 도덕적 타인으로 인정하고 개방적인 태도를 가져야 한다는 점을 강조한다.

문 3. 거래비용이론에 대한 설명으로 옳지 않은 것은?

① 조직이 생겨나고 일정한 구조를 가지는 이유를 조직경제학적으로 설명하는 접근방법이다.
② 생산보다는 비용에 관심을 갖고 조직을 거래비용 감소를 위한 장치로 본다.
③ 거래비용은 거래 상대방이 기회주의적 행동을 할 것인가에 대한 탐색비용을 포함한다.
④ 거래비용의 최소화를 위해서는 거래를 외부화(outsourcing)하는 것이 효율적이다.

문 4. M. Landau가 제시한 가외성(redundancy)의 개념에 대한 설명으로 옳지 않은 것을 모두 고른 것은?

> ㄱ. 중복성이란 기능이 기관별로 배타적이지 않고 혼합적으로 수행하는 것을 말한다.
> ㄴ. 중첩성의 예로는 다수의 정보채널, 자동차의 이중브레이크 등이 있다.
> ㄷ. 동등잠재력이란 주 기관이 작동하지 않을 때를 대비하여 동등한 역할 수행이 가능한 보조기관을 준비하는 것을 말한다.

① ㄱ, ㄴ　　　　　　　② ㄱ, ㄷ
③ ㄴ, ㄷ　　　　　　　④ ㄱ, ㄴ, ㄷ

문 5. 굴릭(Gulick)의 조직 설계의 고전적 원리 중 명령통일의 원리에 대한 설명으로 옳은 것은?

① 공통의 목표달성을 위해 행동의 통일을 기할 수 있도록 집단적 노력의 순서있는 배열을 요구하는 원리를 의미한다.
② 조직 구성원들이 각자 한 사람의 상관으로부터만 명령과 지시를 받아야 한다는 원리를 말한다.
③ 명령의 전달이나 기타 수직적 의사전달은 반드시 각 계층을 포함하는 공식적 통로를 거쳐 이루어져야 한다는 원리이다.
④ 상관의 능률적인 감독을 위해서는 통제하는 대상 인원의 범위를 적정하게 제한해야 한다는 원리를 의미한다.

문 6. 다음에서 설명하는 예산의 분류 방법에 해당하는 것은?

> 예산이 국민경제에 미치는 영향을 분석·평가하기 위해 예산을 경제적 성격에 따라 분류하는 방법으로 가장 전형적인 분류 방식은 경상계정과 자본계정으로 분류하는 것이다. 경상수입·지출 및 자본수입·지출 간에는 국민경제에 미치는 영향의 내용 및 정도가 다르기 때문이다.

① 경제 성질별 분류　　② 기능별 분류
③ 품목별 분류　　　　 ④ 조직별 분류

문 7. 우리나라 고위공무원단 제도에 대한 설명으로 옳은 것은?

① 고위공무원단 제도는 국가공무원과 지방공무원을 효율적으로 인사관리하기 위해 2006년 도입하였다.
② 인사권자들의 인사상 재량 범위를 넓혀 정책추진의 통제력을 강화시키는 장점이 있다.
③ 정치적 오염 및 정실개입의 문제를 최소화시킬 수 있으나, 신분불안 때문에 공무원들의 사기가 떨어지고 직무수행의 자율성이 손상될 수 있다.
④ 고위공무원단의 구성은 소속 장관별로 개방형 직위 30%, 공모 직위 20%, 기관자율 직위 50%로 이루어져 있다.

문 8. 동기부여이론에 대한 설명으로 옳지 않은 것은?

① 과정이론은 주로 어떤 요인이 동기 유발을 하는가에 관심이 있다.
② 허즈버그(Herzberg)의 욕구충족요인이원론은 조직구성원에게 불만을 주는 요인과 만족을 주는 요인은 상호독립 되어 있다는 것을 제시한다.
③ 해크먼(Hackman)과 올드햄(Oldham)이 제시하는 잠재적 동기지수(MPS) 공식은 자율성과 환류의 중요성을 가장 강조한다.
④ 브룸(Vroom)의 기대이론에서 개인이 지각하기에 어떤 특정한 수준의 성과를 달성하면 바람직한 보상이 주어지리라고 믿는 정도를 수단성(Instrumentality)이라고 한다.

문 9. 우리나라 지방자치단체에 대한 설명으로 옳지 않은 것은?

① 시는 도 또는 특별자치도의 관할 구역 안에, 군은 광역시·도 또는 특별자치도의 관할 구역 안에 둔다.
② 구성 지방자치단체의 장은 「지방자치법」상 겸임 제한 규정에도 불구하고 특별지방자치단체의 장을 겸할 수 있다.
③ 세종특별자치시의 관할구역으로 자치구를 둘 수 있다.
④ 특별시·광역시 및 특별자치시가 아닌 인구 50만 이상의 시에는 자치구가 아닌 구를 둘 수 있다.

문 10. 정책딜레마 상황에 대한 설명으로 옳지 않은 것은?

① 대안들이 상충되고 각각 기회손실이 비슷한 경우에 발생한다.
② 제한된 시간 내에 결정해야 하는 시간의 제약이 존재한다.
③ 두 대안이 추구하는 가치 간 충돌이 있는 경우 결국 절충안을 선택하게 된다.
④ 정책결정자는 정책결정의 회피와 지연, 정책문제의 재규정, 상충되는 정책대안의 동시선택 등의 대응행동을 보일 수 있다.

문 11. 우리나라 성과평가제도에 대한 설명으로 옳은 것은?

① 근무성적평가는 4급 이상 공무원을 대상으로 한다.
② 성과계약등 평가는 6월 30일과 12월 31일을 기준으로 실시한다.
③ 다면평가의 결과는 승진, 전보, 성과급 지급 등에 참고자료로 활용될 수 있다.
④ 6급 이하 공무원에게는 직무성과계약제가 적용되고 있다.

문 12. 다원주의론에 대한 설명으로 옳지 않은 것을 모두 고르면?

> ㄱ. 잠재이익집단론은 이익집단 구성원은 여러 집단에 중복소속(multiple membership)되므로 일정 집단의 특수이익을 극대화하지 못함을 설명한다.
>
> ㄴ. 엘리트집단은 대중의 요구에 민감하게 움직이게 되며, 대중의 선호가 최대한 정책에 반영된다.
>
> ㄷ. 다양한 이익집단은 정책과정에 상이한 접근 기회를 가지기 때문에 영향력의 차이가 존재한다.
>
> ㄹ. 다원주의적 민주국가에서 정책의제설정은 대부분 외부주도형에 따라 이루어진다.

① ㄱ, ㄷ   ② ㄱ, ㄴ, ㄷ
③ ㄴ, ㄹ   ④ ㄴ, ㄷ, ㄹ

문 13. 기계적 구조의 특징으로 가장 옳지 않은 것은?

① 분화된 채널   ② 성과 측정이 가능
③ 좁은 직무 범위   ④ 분업적 과제

문 14. 우리나라의 공무원고충처리제도에 대한 설명으로 옳지 않은 것은?

① 공무원은 인사·조직·처우 등 각종 직무 조건과 관련한 고충에 대하여 심사를 청구할 수 있다.
② 고충심사위원회의 결정은 관계기관의 장을 기속한다.
③ 5급 이상은 중앙고충심사위원회가 담당하며, 중앙고충심사위원회의 기능은 소청심사위원회에서 관장한다.
④ 보통고충심사위원회는 위원장 1명을 포함하여 7명 이상 15명 이하의 공무원위원과 민간위원으로 구성한다.

문 15. 우리나라의 주민참여제도에 대한 설명으로 옳은 것은?

① 조례의 제정과 개폐 청구는 해당 지방자치단체의 장에게 할 수 있다.
② 주민소환투표에 부쳐진 사항은 주민소환투표권자 총수의 4분의 1 이상의 투표와 유효투표수 과반수의 득표로 확정된다.
③ 지방세·사용료·수수료·과태료 등 공금의 부과·징수에 관한 사항도 주민소송의 대상이 될 수 있다.
④ 시·군·자치구의 경우 18세 이상 주민 300명 이상의 연서를 받아 감사를 청구할 수 있다.

문 16. 현행 「국가재정법」에 따른 우리나라 예산편성에 대한 설명으로 옳지 않은 것은?

① 각 중앙관서의 장은 매년 1월 31일까지 당해 회계연도부터 5회계연도 이상의 기간 동안의 신규사업 및 기획재정부장관이 정하는 주요 계속사업에 대한 중기사업계획서를 기획재정부장관에게 제출하여야 한다.
② 기획재정부장관은 각 중앙관서의 장에게 통보한 예산안편성지침을 국회 예산결산특별위원회에 보고하여야 한다.
③ 정부는 국회·대법원·헌법재판소 및 중앙선거관리위원회의 세출예산요구액을 감액하고자 할 때에는 국무회의에서 당해 독립기관의 장의 의견을 구하여야 한다.
④ 기획재정부장관은 국무회의의 심의를 거쳐 대통령의 승인을 얻은 다음 연도의 예산안편성지침을 매년 5월 31일까지 각 중앙관서의 장에게 통보하여야 한다.

문 17. 지방교부세에 대한 설명으로 옳지 않은 것은?

① 지방교부세의 재원에는 종합부동산세 총액, 담배에 부과하는 개별소비세 총액의 일부 등이 포함한다.

② 보통교부세는 그 용도를 특정하지 아니한 일반재원이다.

③ 지방비 부담을 초래하여 지방재정의 압박 요인으로 작용하고 있다.

④ 부동산교부세는 종합부동산세를 재원으로 하며 전액을 지방자치단체에 교부한다.

문 18. 재정정책을 위한 예산제도에 대한 설명으로 옳지 않은 것은?

① 조세지출예산제도는 불공정한 조세지출의 폐지, 재정 부담의 형평성 제고, 그리고 세수 인상을 위한 정책 자료가 된다.

② 통합재정 규모는 중앙재정과 지방재정을 포함하나 지방교육재정(교육비특별회계)는 제외한다.

③ 성인지 예산서는 기획재정부장관이 여성가족부장관과 협의하여 제시한 작성기준 및 방식 등에 따라 각 중앙관서의 장이 작성한다.

④ 자본예산은 불경기 극복의 수단이 될 수 있지만, 인플레이션을 조장할 가능성이 있다.

문 19. 호프스테드(Hofstede)의 문화차원에 대한 설명으로 옳지 않은 것은?

① 권력 거리란 한 사회에 있어서 권력이 어떻게 배분되어야 하는가에 대한 믿음을 말한다.

② 집단주의가 강한 문화는 개인주의가 강한 문화보다 상대적으로 느슨한 개인 간 관계를 더 중요시한다.

③ 불확실성 회피 정도가 강한 경우 공식적 규정을 많이 만들어 불확실한 요소를 최대한 통제하려 한다.

④ 장기성향이 강한 경우 과거의 전통을 중시하는 경향이 강하다.

문 20. 행정개혁 저항에 대한 사회적·규범적 극복방안으로 옳은 것을 모두 고른 것은?

```
ㄱ. 교육훈련
ㄴ. 임용상 불이익방지
ㄷ. 경제적 보상
ㄹ. 긴장조성
ㅁ. 의사소통과 참여 촉진
```

① ㄱ, ㄹ

② ㄱ, ㅁ

③ ㄴ, ㄷ

④ ㄷ, ㄹ

신용한
행정학

합격으로 증명하는 1등 행정학

제8회 국가직 9급 대비 모의고사

공무원임용 필기시험

신용한 행정학

수험번호	
성 명	

문제 책 형
Ⓐ

【 시 험 과 목 】

제1과목	국 어	제2과목	영 어	제3과목	한 국 사
제4과목	행 정 법	제5과목	행 정 학		

목표시간_9분 30초

1. 총소요시간은 뒤에 첨부한 OMR카드의 답안 작성까지 포함한 시간이다.	총소요시간(종료시각 – 시작시각)	분	초
	초과시간(총소요시간 – 목표시간)	분	초

채점결과	
1차 채점	2차 채점
틀린 문항	자주 틀린 문항

2. 문제풀이는 항상 실전과 동일하게 연습한다. (시간엄수)

3. 두 번 이상 틀린 문제는 확실히 이해한 후 넘어 간다.

행 정 학

문 1. 사이버네틱스 모형에 대한 설명으로 옳지 않은 것은?

① 온도조절기와 같이 일정한 조건이 설정되면 자동적이고 반복적으로 작동하는 기계의 원리를 정책결정 현상에 응용한 것이다.

② 특정 정책목표를 설정해 놓으면 이 설정된 목표를 달성하기 위해 환류 메커니즘을 통해 일정 수준으로 행동을 조절해 나가는 것으로 가정한다.

③ 습관적 의사결정을 설명하는 데 활용된다.

④ 문제를 해결하고 목표를 달성하기 위해 정보와 대안의 광범위한 탐색을 강조한다.

문 2. 우리나라 국민권익위원회에 대한 설명으로 옳지 않은 것은?

① 국민권익위원회는 행정체제 내의 독립통제기관으로 옴부즈만의 일종이라고 할 수 있다.

② 국민권익위원회는 고충민원을 처리하고 그에 관련된 불합리한 행정제도 개선을 권고할 수 있다.

③ 국민권익위원회는 국무총리 소속이며, 상임위원은 국무총리가 제청하고 대통령이 임명한다.

④ 국민권익위원회는 헌법상 기관이 아닌 법률상 기관에 해당한다.

문 3. 우리나라 예산에 대한 설명으로 옳지 않은 것은?

① 법률과 달리 예산은 정부만이 편성하여 제출할 수 있다.

② 일반적으로 예산은 국가기관과 국민에 대해 구속력을 갖는다.

③ 예산은 국회에서 의결되면 효력을 갖는다.

④ 국회에서 의결된 예산에 대해서 대통령이 거부권을 행사할 수 없다.

문 4. 「공직자의 이해충돌 방지법」에 대한 설명으로 옳지 않은 것은?

① 이해충돌방지법은 기존 반부패 관련 법령들이 부패행위에 대한 사후 제재를 중심으로 구성되어 있는 것과 달리 부패행위 발생을 사전에 예방하는 데 초점을 두고 있다.

② 공직자의 직무수행과 관련하여 이익 또는 불이익을 직접적으로 받는 다른 공직자는 '직무관련자'에 해당한다.

③ 인사혁신처는 「공직자의 이해충돌 방지법」에 따른 이해충돌방지 제도 개선, 계획의 수립 및 시행 업무를 관장한다.

④ 누구든지 위반행위가 발생하였거나 발생하고 있다는 사실을 알게 된 경우에는 위반행위가 발생한 공공기관, 감사원, 수사기관 또는 국민권익위원회에 신고할 수 있다.

문 5. 공무원의 정치적 중립의 한계에 대한 설명으로 옳지 않은 것은?

① 공무원의 정치적 중립성 강화는 공무원 집단의 참정권을 확대할 수 있다.

② 공무원의 정치적 중립성 강화는 공무원의 자율성과 책임성 강화와 상충될 수 있다.

③ 공무원의 정치적 참여 제한은 공무원 개인의 권리를 저해하며 정당정치 발전을 저해할 수 있다.

④ 공무원의 정치적 중립성 강화는 소극행정의 원인이 될 수 있다.

문 6. 다음 중 사이어트와 마치(Cyert & March)의 회사모형(연합모형)의 특징이 아닌 것은?

① 불확실성의 회피

② 포괄적 대안탐색

③ 표준운영절차 중시

④ 갈등의 준해결

문 7. 공무원의 인사이동에 대한 설명으로 옳지 않은 것은?

① 전보는 상이한 직렬의 동일한 계급 또는 등급으로 수평이동하는 것을 말한다.

② 승급은 같은 계급 또는 등급 내에서 호봉이 높아지는 것을 말한다.

③ 강임은 현재의 직급(계급)에서 일시적으로 하위 직급(계급)으로 이동하는 것을 말한다.

④ 겸임은 한 사람에게 둘 이상의 직위를 부여하는 것으로 그 대상은 경력직 공무원이며, 겸임 기간은 2년 이내로 한다.

문 8. 정책지지연합모형(Advocacy Coalition Framework)에 대한 설명으로 옳은 것은?

① 신념체계와 정책변화는 정책지향적 학습에 의해서만 가능하다고 가정한다.

② 정책변화의 과정과 정책지향적 학습의 역할을 이해하려면 단기보다는 5년 정도의 중기 기간이 필요하다고 전제한다.

③ 정책변화를 분석하기 위한 분석단위로 정책하위체제를 설정한다.

④ 신념 체계 구조에서 규범적 핵심 신념은 관심 있는 특정 정책 규범에 적용되며, 이차적 측면(secondary aspects)보다 변화 가능성이 작다.

문 9. 빈칸에 알맞은 선발시험의 효용성 기준은 무엇인가?

- 같은 시험을 같은 집단에 시간간격을 두고 두 번 실시하여 성적을 비교한 결과 비슷한 분포를 이루는 것으로 나타났다면 시험의 (ㄱ)가 높다고 본다.
- 시험문제가 주관식(서술형)이었는데, 채점위원 A교수의 채점결과 평균점수와 다른 시험위원 B교수의 채점결과 평균점수가 상당한 차이를 보였다면 시험의 (ㄴ)가 낮다고 여겨진다.

	ㄱ	ㄴ
①	타당도	난이도
②	신뢰성	객관성
③	신뢰성	타당도
④	타당도	객관성

문 10. 신행정학에 대한 설명으로 가장 옳지 않은 것은?

① 1968년에 개최된 미노부르크(Minnowbrook)회의를 신행정학의 출발점으로 보고 있다.

② 신행정학이라는 움직임의 대두는 당시 미국 사회와 학계의 형편을 반영한 것으로, 인종갈등의 심화, 월남전을 둘러싼 정치적 사회적 뒤틀림 등으로 표출된 미국 사회의 소용돌이가 조성한 일종의 위기감에서 비롯되었다.

③ 인간주의 심리학, 현상학 등에 대한 강한 비판과 엄격한 실증주의의 적용으로 현실문제를 해결하려 한다.

④ 전통적 접근방법을 비판했다고 하는 점에서 신행정학을 비판행정학이라고 부르는 사람들도 있다.

문 11. 「지방자치법」상 주민소송에 대한 설명으로 옳은 것은?

① 주민감사청구를 하지 않은 주민도 주민소송을 제기할 수 있다.

② 동일한 사항에 대해 주민소송이 진행되고 있을 때에는 소송을 제기할 수 없다.

③ 주민이 감사청구한 모든 사항에 대해서 해당 지방자치단체의 장을 상대로 제기할 수 있다.

④ 소송제기의 기한은 결과통지를 받은 날로부터 60일 이내이다.

문 12. 토마스(Thomas)의 갈등해소 전략에 대한 설명으로 옳은 것은?

① 타협 전략 – 갈등 당사자 간의 관계를 좋은 상태로 유지하면서 상호 간의 이익을 추구하는 상생(win–win)전략이다.

② 협동 전략 – 갈등 당사자들이 서로 양보하여 갈등을 해결하는 것으로 분명한 승자나 패자가 없다.

③ 경쟁 전략 – 신속하고 결단력이 필요한 경우나 구성원들에게 인기 없는 조치를 실행할 경우 사용될 수 있다.

④ 회피 전략 – 자신의 이익은 희생하면서 상대방의 이익을 만족시킨다.

행 정 학 | Ⓐ 책 형 | 3쪽

문 13. 우리나라의 주민소환제에 대한 설명으로 옳지 않은 것은?

① 대상자는 지방자치단체의 장 및 지방의회의원이지만 비례대표 지방의회의원은 제외된다.
② 지역선거구시·도의회의원의 소환청구 요건은 주민소환투표청구권자 총수의 100분의 10 이상이다.
③ 주민소환투표를 실시한 후 1년 미만인 경우에는 주민소환을 실시할 수 없다.
④ 주민소환투표권자 총수의 3분의 1 이상의 투표와 유효투표 총수 과반수의 찬성으로 확정된다.

문 14. 경합성과 배제성을 기준으로 분류한 재화의 유형에 관한 설명으로 옳지 않은 것은?

① 공유재는 경합성과 비배제성을 지니고 있다.
② 유료재(toll goods)는 고속도로나 공원 같이 배제원칙의 적용이 가능한 공공서비스를 포함한다.
③ 순수공공재의 공급은 정부가 담당하지만 그 비용은 수익자가 자신의 편익에 정비례하여 직접 부담한다.
④ 순수민간재는 경합성과 배제성을 동시에 지니고 있다.

문 15. 예산집행의 목표를 구현하는 수단 중 신축성 확보방안을 모두 고른 것은?

ㄱ. 총사업비관리	ㄴ. 예산의 전용
ㄷ. 예산의 재배정	ㄹ. 예비타당성조사
ㅁ. 국고채무부담행위	

① ㄱ, ㄴ ② ㄴ, ㅁ
③ ㄴ, ㄹ ④ ㄷ, ㄹ

문 16. 관료제의 병리현상에 대한 설명으로 옳지 않은 것은?

① 자신이 소속된 기관이나 부서만을 생각하고 다른 기관이나 부서를 배려하지 않는 '부처할거주의'가 나타난다.
② 세분화된 특정 업무에서는 전문적인 능력이 있지만 그 밖의 업무에 대해서는 문외한이 되는 '피터(Peter)의 원리'가 나타난다.
③ 상관의 계서적 권한과 부하의 전문적 권력이 이원화됨에 따라 조직 내 비효율을 유발시킨다.
④ 출퇴근 시간에 안전벨트를 착용하지 않은 운전자에게 딱지를 끊느라 오히려 차량의 흐름을 막아 정체현상을 야기하는 경우가 대표적인 '목표대치' 현상이다.

문 17. 티부이론(Tiebout Theory)에서 전제한 가정으로 옳지 않은 것은?

① 주민들은 자신들이 거주할 장소를 자유롭게 선택할 수 있다.
② 주민들은 자신이 살고 있는 지방자치단체의 정책과 서비스 뿐만 아니라 이러한 서비스 제공에 수반되는 비용(조세)에 관한 완전한 정보를 알고 있다.
③ 주민이 선택할 수많은 지방자치단체가 존재한다.
④ 특정 지방자치단체의 의도하지 않은 서비스공급이 인접 지방자치단체에 긍정적 또는 부정적 파급효과를 미칠 수 있다.

문 18. 프렌치와 라벤(French & Raven)의 권력의 원천에 대한 설명으로 옳지 않은 것은?

① 권한과 유사한 개념인 합법적 권력은 상사가 보유하고 있는 직위에 기반을 둔 권력이다.

② 보상적 권력은 봉급, 승진, 직위부여와 같은 다른 사람들에게 보상을 제공할 수 있는 능력에 기반을 둔다.

③ 강압적 권력은 인간의 공포에 기반을 둔 권력으로 어떤 사람이 다른 사람을 처벌할 수 있는 능력을 가진 경우에 발생한다.

④ 전문적 권력은 대부분 공식적 직위와 관련이 깊지만, 합법적 권력, 보상적 권력, 강압적 권력 등은 직위와 직무를 초월하여 조직 내의 누구나 가질 수 있다.

문 19. 인간관계론에 대한 설명으로 옳지 않은 것은?

① 당초 작업환경과 작업 능률성과의 관계를 규명하려는 호손실험에서 촉발됐다.

② 감독자의 행태가 구성원의 사기와 생산성에 영향을 준다는 것을 발견하였다.

③ 조직 내 사회적 관계는 물론 환경과의 관계를 중시했다는 평가를 받고 있다.

④ 인간은 사회적 요인으로 동기가 유발된다고 보았다.

문 20. 조직혁신(OI : Organization Innovation) 기법에 대한 설명이 잘못된 것은?

① 벤치마킹(Benchmarking) - 탁월한 성과를 내는 우수한 조직을 조사하여 성과의 차이를 가져오는 근본적인 원인을 분석하여 조직의 성격에 맞게 도입하는 기법이다.

② SWOT분석 - 기존 프로그램의 축소 또는 폐지는 약점 - 기회를 고려한 방어적 전략이라고 볼 수 있다.

③ TQM(Total Quality Management) - 품질 개선은 생산공정 뿐만 아니라 디자인에서부터 그 후 홍보, 영업, 판매, 사후관리 등 모든 공정에 이르기까지의 품질 개선을 의미한다.

④ 리엔지니어링(Reengineering) - 효과적인 리엔지니어링을 위해서는 먼저 철저한 직무분석이 이루어져야 한다.

신용한
행정학

국 가 직
9급대비
모의고사

문제
+
해설편

제 01 회

국가직 9급 대비 모의고사

행정학 문제 및 해설

정답 모아보기

01	02	03	04	05	06	07	08	09	10
④	④	②	③	④	②	③	②	③	④

11	12	13	14	15	16	17	18	19	20
④	③	②	②	①	③	②	④	③	③

01
2025 신용한 행정학 합격노트 p.241

정부 간 관계(IGR) 모형에 대한 설명으로 옳지 않은 것은?

① 로즈(Rhodes)는 중앙정부는 법적 자원, 재정적 자원에서 우위를 점하며, 지방정부는 정보자원과 조직자원의 측면에서 우위를 점한다고 주장한다.

② 엘코크(Elcock)의 대리인 모형은 지방정부가 중앙정부의 감독 및 지원 하에 국가정책을 집행하는 유형을 말한다.

③ 라이트(Wright)의 내포권위모형(inclusive-authority model)은 연방정부, 주정부, 지방정부를 수직적 포함 관계로 본다.

④ 라이트(Wright)의 동등권위형(coordinate model)은 연방정부와 주정부, 지방정부가 모두 동등한 권한을 가지고 있고, 주정부와 지방정부의 자치권은 고유의 권한으로 침해될 수 없는 형태이다.

🔍 ④

① ◎ 지방정부는 현장의 정보를 가지고 있고 현장에 서비스를 제공하기 때문에 정보자원과 조직자원의 측면에서 우위를 점하는 것이며, 중앙정부는 지방정부보다 재정자원을 더 많이 보유하고 있으며, 법률을 제정하는 법적 자원을 가지고 있어 이러한 측면에서 우위를 점한다.

② ◎ 엘코크(Elcock)의 대리인 모형은 지방을 단순한 대리인에 불과하다고 인식하며, 지방정부는 중앙정부의 위임된 사무를 수행하는 것이며, 재량권이 거의 없는 것으로 설명하는 모형이다.

③ ◎ 내포권위모형(inclusive-authority model)은 지방정부가 중앙정부에 전적으로 의존하는 수직적인 관계로 계층적 권위하에 포괄적·종속적 관계를 지니는 형태이다.

④ ✖ 동등권위형(coordinate model)은 **연방정부와 주정부가 동등한 권한을 가지고 지방정부는 주정부에 귀속되어 있는 형**으로 주정부의 자치권은 고유의 권리로서 중앙정부의 의지에 의해 함부로 축소되거나 침해될 수 없다.

SUMMARY Wright의 정부 간 관계모형

Wright의 정부간 관계모형 : 중첩형이 가장 이상적. 우리나라는 포괄형에 속함

포괄형(종속형)	분리형(독립형)	중첩형(상호의존형)
중앙정부 / 광역정부 / 기초정부	중앙정부 / 광역정부 / 기초정부	중앙정부 / 중앙기초 / 중앙광역 / 기초정부 / 광역기초 / 광역정부
관계 : 포괄·종속적 권위 : 계층적(엄격한 명령·복종) 사무 : 기관위임사무 주종 재정·인사 : 완전 종속	관계 : 분리·독립적 권위 : 독립적 사무 : 고유사무 주종 재정·인사 : 완전 분리	관계 : 상호의존적 권위 : 협상적 사무 : 고유 〉 기관위임 사무 재정·인사 : 상호 의존과 교류

관련 OX

01 라이트(D. S. Wright)는 미국의 연방, 주, 지방정부간 관계에 주목하여 분리형, 중첩형, 포함형으로 구분했다. |22 군무원 9| ○ ✕

02 내포권위모형(inclusive-authority model)은 연방정부, 주정부, 지방정부를 수직적 포함관계로 본다. |23 지방 9| ○ ✕

03 라이트(Wright) 모형 중 포괄형에서는 정부의 권위가 독립적인데 비하여, 분리형에서는 계층적이다. |16 지방 9| ○ ✕

04 로즈(Rhodes)의 정부 간 관계론은 지방정부가 조직자원과 재정자원 측면에서 중앙정부보다 우월한 지위에 있다고 본다. |22 지방 7| ○ ✕

05 로즈(Rhodes)모형에서 지방정부는 중앙정부에 완전히 예속되는 것도 아니고 완전히 동등한 관계가 되는 것도 아닌 상태에서 상호 의존한다. |16 지방 9| ○ ✕

01 ○ 02 ○ 03 ✕ 04 ✕ 05 ○

02

2025 신용한 행정학 합격노트 p.159

공무원 부패에 대한 제도적 접근방법을 설명한 것으로 옳은 것은?

① 문화적 특성, 제도상 결함, 구조상 모순, 공무원의 행태 등 다양한 요인들에 의해 복합적으로 공무원 부패가 나타난다고 본다.

② 공무원 부패가 관료 개인의 윤리의식과 자질로 인하여 발생한다고 본다.

③ 특정한 관습이나 경험적 습성과 같은 것이 부패를 조장한다고 본다.

④ 공무원 부패가 사회의 법과 제도상의 결함 때문에 부패가 발생한다고 본다.

🔑 ④

① ☒ **체제론적 접근방법에 대한 설명**이다. 체제론적 접근방법은 부패는 하나의 변수에 의하여 발생하는 것이 아니라, 그 나라의 문화적 특성·제도상 결함·구조상 모순·공무원의 부정적 행태 등 복합적인 요인에 의하여 발생한다고 보는 접근방법이다.

② ☒ **도덕적 접근방법에 대한 설명**이다. 도덕적 접근방법은 부패를 개인행동의 결과로 보아 개인이나 소규모 집단이 공적 역할을 지배하는 법규를 침해한 경우에 부패의 원인을 이러한 행위에 참여한 개인들의 윤리와 자질의 탓으로 돌리는 경우를 말한다.

③ ☒ **사회문화적 접근법에 대한 설명**이다. 사회문화적 접근법은 특정한 지배적 관습이나 경험적 습성이 부패를 조장한다고 보는 접근법이다.

④ ◉ 제도적 접근은 사회의 법과 제도상의 결함이나 이러한 것들에 대한 관리기구들과 그 운영상의 문제들을 부패의 원인으로 보는 입장이다.

SUMMARY 부패의 접근방법

도덕적 접근	부패의 원인을 **개인의 윤리·자질의 탓**으로 보는 접근법
사회문화적 접근	**특정한 지배적 관습이나 경험적 습성**이 부패를 조장한다고 보는 접근법(**예** 우리나라의 선물관행이나 보은 의식과 같은 인사문화를 부패의 원인으로 보는 경우)
제도적 접근	**행정통제 장치(법과 제도)의 미비**를 부패의 발생원인으로 보는 접근법(**예** 행정통제장치의 미비)
체제론적 접근	부패는 하나의 변수에 의하여 발생하는 것이 아니라, 그 나라의 **문화적 특성·제도상 결함·구조상 모순·공무원의 부정적 행태 등 복합적인 요인에 의하여 발생**한다고 보는 접근방법
맥락적 접근	발전의 종속변수로 부패를 필요악으로 파악
구조적 접근	공직사유관 등 **공직자들의 잘못된 의식구조**가 부패의 원인이라는 입장
권력문화적 접근	**과도한 권력집중과 권력남용**이 부패의 원인으로 보는 접근법
시민문화적 접근	**건전한 시민문화가 결핍**된 시민이 부패유인자이며 공급자로 보는 접근법
정치적·경제학적·정경유착적 접근	성장이념의 합리화에 근거한 **정치와 경제엘리트 간 야합과 이권개입**을 부패의 원인으로 보는 접근법
거버넌스적 접근	부패는 **정부주도적 통치체제**에서 비롯된 것으로 보고 다양한 주체들의 참여에 의한 수평적 거버넌스 체제로 전환함으로써 부패를 줄일 수 있다는 접근법

관련 OX

01 도덕적 접근은 부패의 원인을 부패를 저지르는 관료 개인의 윤리 의식과 자질의 탓으로 돌린다. |16 서울 7|　O | X

02 공무원에게 선물을 제공하는 관행을 부패의 원인으로 보는 것은 도덕적·윤리적으로 접근하는 입장이다. |19 국회 9|　O | X

03 도덕적 접근방법에 따르면 부패는 현실과 괴리된 법령의 이중적인 규제 기준과 모호한 법규정, 적절한 통제장치의 미비 등에 의해 발생한다. |20 지방 7|　O | X

04 부패란 어느 하나의 변수에 의해 설명되는 것이 아니라 문화적 특성, 제도적 결함, 구조적 모순, 공무원의 부정적 행태 등 다양한 요인에 의해 복합적으로 나타난다는 입장은 체제론적 접근법에 따른 것이다. |23 국회 8|　O | X

05 권력문화적 접근법은 공직자들의 잘못된 의식구조를 공무원 부패의 원인으로 본다. |19 국회 8|　O | X

01 O **02** X **03** X **04** O **05** X

01회 신용한 행정학 문제+해설 **63**

03

2025 신용한 행정학 합격노트 p.176, 177

보기에서 설명하는 내용에 해당하는 예산결정모형은?

> 예산편성의 실무작업을 책임지는 예산담당관들은 경제 마인드로 무장된 대표적인 경제전문 관료들이다. 객관적 자료와 이론적 논거에 기초한 경제적 합리성이 중요한 결정기준이 될 수 있음을 시사하는 것이다. 이들은 각 기관에서 올라온 사업별 예산요구에 대하여 사업의 경제적 타당성이 있는지, 환경영향평가에서는 문제가 없는지, 사업을 늦추는 경우 사회에 미치는 영향이 어느 정도인지, 반드시 정부가 해야 하는 일인지, 정부에서 하더라도 민간위탁 등의 정책수단을 활용할 여지는 없는지 등에 대한 종합적인 검토를 한다.

① 점증주의　　　　② 합리주의
③ 모호성 모형　　　④ 단절균형모형

🔑 ②

② ⊙ 합리모형에 대한 설명이다. 합리모형은 인간의 완전한 합리성을 가정하는 경제적 합리성에 입각한 예산결정으로, 계량 모형을 통해 최적의 해결방안을 모색하려는 접근방식이다. 합리 모형은 과정측면에서 본다면 합리적·분석적 의사 결정 단계를 거쳐서 결정하는 것을 말하며, 결과측면에서 본다면 예산을 통해 달성하고자 하는 목표, 즉 사회후생이 극대화되도록 예산이 배분된 상태를 말한다.

관련 OX

01 총체주의는 합리적·분석적 의사결정과 최적의 자원배분을 전제로 한다. |23 국가 9|　　　○ㅣ×

02 총체주의는 품목별 예산제도를 바람직한 예산편성방식으로 인식한다. |20 군무원 7|　　　○ㅣ×

03 점증주의는 거시적 예산결정과 예산삭감을 설명하기에 적합한 이론이다. |23 국가 9|　　　○ㅣ×

04 공공선택론적 관점에 따르면 본질적 문제해결보다는 보수적 방식을 통해 예산의 정치적 합리성이 제고될 수 있다.
|14 국가 9|　　　○ㅣ×

05 점증주의는 정치적 협상과 타협 등 정치적 합리성을 중시한다.
|22 군무원 7|　　　○ㅣ×

06 점증주의는 자원이 부족한 경우 소수기득권층의 이해를 먼저 반영하게 되어 사회적 불평등을 야기할 우려가 있다.
|17 지방 9 추가채용|　　　○ㅣ×

07 모호성 모형은 독립적인 조직들이나 조직의 하위단위들이 서로 느슨하게 연결되어 독립성과 자율성을 누릴 수 있는 조직의 예산결정에 적합한 예산이론(모형)이다. |19 국회 8|　○ㅣ×

08 단절균형예산이론(Punctuated Equilibrium Theory)은 급격한 단절적 예산변화를 설명하고, 나아가 그러한 변화를 예측할 수 있는 장점이 있다. |17 국가 7|　　　○ㅣ×

01 ○　**02** ×　**03** ×　**04** ×　**05** ○　**06** ○　**07** ○　**08** ×

04

2025 신용한 행정학 합격노트 p.157

공직자윤리법령에 대한 설명으로 옳지 않은 것은?

① 공개대상자등 및 그 이해관계인이 보유하고 있는 주식의 직무관련성을 심사·결정하기 위하여 인사혁신처에 주식백지신탁 심사위원회를 둔다.
② 총경 이상의 경찰공무원, 소방정 이상의 소방공무원, 대령 이상의 장교는 재산을 등록하여야 한다.
③ 취업심사대상자는 퇴직일부터 5년간 퇴직 전 3년 동안 소속하였던 부서 또는 기관의 업무와 밀접한 관련성이 있는 취업제한기관에 취업할 수 없다
④ 공무원은 외국으로부터 10만원 이상의 선물을 받으면 지체 없이 소속 기관·단체의 장에게 신고하고 그 선물을 인도하여야 한다.

🔑 ③

「공직자윤리법」은 공직자 및 **공직후보자의 재산등록, 등록재산 공개** 및 재산형성과정 소명과 공직을 이용한 재산취득의 규제, **공직자의 선물신고** 및 **주식백지신탁, 퇴직공직자의 취업제한 및 행위제한** 등을 규정함으로써 공직자의 부정한 재산 증식을 방지하고, 공무집행의 공정성을 확보하는 등 공익과 사익의 이해충돌을 방지하여 국민에 대한 봉사자로서 가져야 할 공직자의 윤리를 확립함을 목적으로 한다.

① ⊙ 공직자윤리법 제14조의5 제1항

> **공직자윤리법 제14조의5【주식백지신탁 심사위원회의 직무관련성 심사 등】**① 공개대상자등 및 그 이해관계인이 보유하고 있는 주식의 직무관련성을 심사·결정하기 위하여 인사혁신처에 주식백지신탁 심사위원회를 둔다.

② ⊙ 공직자윤리법 제3조 제1항

> **동법 제3조【등록의무자】**① 다음 각 호의 어느 하나에 해당하는 공직자(이하 "등록의무자"라 한다)는 이 법에서 정하는 바에 따라 재산을 등록하여야 한다.
> 7. 대령 이상의 장교 및 이에 상당하는 군무원
> 9. 총경(자치총경을 포함한다) 이상의 경찰공무원과 소방정 이상의 소방공무원

③ ✖ 취업심사대상자는 **퇴직일부터 3년간 퇴직 전 5년** 동안 소속하였던 부서 또는 기관의 업무와 밀접한 관련성이 있는 취업제한기관에 취업할 수 없다.

> **동법 제17조【퇴직공직자의 취업제한】**① 제3조제1항제1호부터 제12호까지의 어느 하나에 해당하는 공직자와 부당한 영향력 행사 가능성 및 공정한 직무수행을 저해할 가능성 등을 고려하여 국회규칙, 대법원규칙, 헌법재판소규칙, 중앙선거관리위원회규칙 또는 대통령령으로 정하는 공무원과 공직유관단체의 직원(이하 이 장에서 "취업심사대상자"라 한다)은 **퇴직일부터 3년간** 다음 각 호의 어느 하나에 해당하는 기관(이하 "취업심사대상기관"이라 한다)에 취업할 수 없다. 다만, 관할 공직자윤리위원회로부터 취업심사대상자가 **퇴직 전 5년** 동안 소속하였던 부서 또는 기관의 업무와 취업심사대상기관 간에 밀접한 관련성이 없다는 확인을 받거나 취업승인을 받은 때에는 취업할 수 있다.

④ ◎ 공직자윤리법 제15조 제1항 및 제2항, 시행령 제28조 제1항

> 동법 제15조 【외국 정부 등으로부터 받은 선물의 신고】 ① 공무원(지방의회의원을 포함한다. 이하 제22조에서 같다) 또는 공직유관단체의 임직원은 외국으로부터 선물(대가 없이 제공되는 물품 및 그 밖에 이에 준하는 것을 말하되, 현금은 제외한다. 이하 같다)을 받거나 그 직무와 관련하여 외국인(외국단체를 포함한다. 이하 같다)에게 선물을 받으면 지체 없이 소속 기관·단체의 장에게 신고하고 그 선물을 인도하여야 한다. 이들의 가족이 외국으로부터 선물을 받거나 그 공무원이나 공직유관단체 임직원의 직무와 관련하여 외국인에게 선물을 받은 경우에도 또한 같다.
> ② 제1항에 따라 신고할 선물의 가액은 대통령령으로 정한다.
> 동법 시행령 제28조 【선물의 가액】 ① 법 제15조제1항에 따라 신고하여야 할 선물은 그 선물 수령 당시 증정한 국가 또는 외국인이 속한 국가의 시가로 미국화폐 100달러 이상이거나 국내 시가로 10만원 이상인 선물로 한다.

관련 OX

01 「공직자윤리법」상 공개대상자등 및 그 이해관계인이 보유하고 있는 주식의 직무관련성을 심사·결정하기 위하여 인사혁신처에 주식백지신탁 심사위원회를 둔다. |17 국가 7 추가채용|
O | X

02 「공직자윤리법」에 따르면 총경 이상의 경찰공무원과 소방정 이상의 소방공무원은 재산을 등록해야 한다. |20 국가 7|
O | X

03 총경 이상의 경찰공무원과 경기도의 교육장은 「공직자윤리법」상 재산등록의무가 있다. |21 국회 8|
O | X

04 「공직자윤리법」상 취업심사대상자는 퇴직일부터 3년간 퇴직 전 5년 동안 소속하였던 부서 또는 기관의 업무와 밀접한 관련성 있는 취업제한기관에 취업할 수 없다. |18 국가 7|
O | X

05 「공직자윤리법」상 취업심사대상자는 관할 공직자윤리위원회의 승인을 받지 않고는 취업제한기관에 퇴직일로부터 3년간 취업할 수 없다. |17 국가 7 추가채용|
O | X

06 취업심사대상자는 퇴직 전 3년 동안 소속하였던 부서의 업무와 밀접한 관련이 있는 기관에 퇴직일로부터 5년간 취업할 수 없다. 단, 관할 공직자윤리위원회로부터 취업 승인을 받은 경우는 예외로 한다. |21 지방 7|
O | X

07 「공직자윤리법」상 공무원은 그 직무와 관련하여 외국인으로부터 수령 당시 국내 시가 10만 원 이상의 선물을 받으면 지체 없이 신고하고 인도하여야 한다. |19 지방 7|
O | X

08 「공직자윤리법」상 공무원이 직무와 관련하여 외국인으로부터 10만원 또는 100달러 이상의 선물을 받은 때에는 소속 기관·단체의 장에게 신고하고 그 선물을 인도하여야 한다. |18 서울 9|
O | X

01 O **02** O **03** O **04** O **05** O **06** X **07** O **08** O

05

2025 신용한 행정학 합격노트 p.138, 139

우리나라의 공무원에 대한 설명으로 옳은 것은?

① 일반직 공무원은 기술, 연구, 행정 일반에 대한 업무를 담당하는 공무원으로 감사원 사무차장, 헌법재판소 헌법연구관 등이 해당된다.

② 특수경력직 중 정무직에 해당하는 것은 국회수석 전문위원, 중앙선거관리위원회 상임위원 등이다.

③ 시간선택제 공무원은 통상적인 전일제 근무시간보다 길거나 짧은 시간을 근무하는 제도이다.

④ 전문경력관제는 직무의 특성, 난이도 및 직무에 요구되는 숙련도 등에 따라 가군, 나군, 다군으로 구분한다.

🔍 ④

① ✗ 일반직 공무원은 기술, 연구, 행정 일반을 담당하는 대다수 공무원으로 감사원 사무차장, 광역자치단체 선거관리위원회 상임위원 등이 이에 해당한다. **헌법재판소 헌법연구관 특정직 공무원에 해당한다.**

② ✗ **국회수석 전문위원은 특수경력직 중 별정직 공무원이고,** 중앙선거관리위원회 상임위원은 특수경력직 중 정무직이다.

③ ✗ 시간선택제 근무는 통상적인 근무시간보다 **짧은 시간(주당 15시간 이상 35시간 이하)을** 근무하는 것이다.

④ ◎ 전문경력관 규정 제4조 제1항

> 전문경력관 규정 제4조 【직위군 구분】 ① 제3조에 따른 전문경력관직위(이하 "전문경력관직위"라 한다)의 군(이하 "직위군"이라 한다)은 직무의 특성·난이도 및 직무에 요구되는 숙련도 등에 따라 가군, 나군 및 다군으로 구분한다.

SUMMARY 우리나라 공직분류의 체계

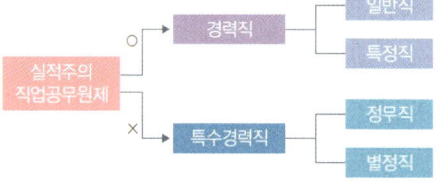

SUMMARY 우리나라 공직분류의 체계

(1) 경력직 공무원 : 실적주의와 직업공무원제의 적용을 받는 공무원. 경력직 공무원은 일반직·특정직으로 분류되고 실적과 자격에 의해 임용, 신분이 보장됨.

일반직	• 기술, 연구, 행정 일반을 담당하는 대다수 공무원. 성질 상 직업공무원의 주류형성 • 일반적으로 계급은 1급~9급으로 구분 • 고위공무원단은 계급이 없으며, 연구직이나 지도직 공무원은 연구관·연구사, 지도관·지도사의 2계급으로 구분
특정직	• 개별법의 적용을 받는 특수 분야 업무를 담당하는 공무원. 교육·소방·경찰·외무공무원 및 법관, 헌법재판소 헌법연구관과 검사, 군인과 군무원, 국가정보원 직원 등 • 우리나라 공무원 중 법관, 검사, 군인 등 특정직 비중이 가장 높음.

01회 신용한 행정학 문제+해설 **65**

(2) 특수경력직 공무원 : 실적주의와 직업공무원제의 적용을 받지 않음. 국가공무원법에 규정된 보수와 복무규율은 적용받음. 특수경력직 공무원들은 계급구분이 없음.

정무직	• 선거에 의해 취임하거나 임명에 있어서 국회의 동의를 필요로 하는 공무원 : 대통령, 국회의원, 자치단체장, 지방의회의원, 감사원장, 국무총리, 중앙선거관리위원회 상임위원 등 • 고도의 정책결정 업무를 담당하거나 이러한 업무를 보조하는 공무원으로 법률이나 대통령령에서 정무직으로 지정하는 공무원 : 장·차관(법제처장, 통계청장, 기상청장 포함) 및 국가정보원의 원·차장, 국회사무총장, 감사원 사무총장, 국가정보원 기획조정실장 등
별정직	• 비서관·비서 등 보좌업무 등을 수행하거나 특정한 업무 수행을 위하여 법령에서 별정직으로 지정하는 공무원 : 국회 수석전문위원 등

관련 OX

01 국가공무원은 경력직 공무원과 특수경력직 공무원으로 구분하고, 경력직 공무원은 다시 일반직 공무원과 특정직 공무원으로 나뉜다. |16 지방 9| ○ | ✕

02 일반직공무원은 기술·연구 또는 행정 일반에 대한 업무를 담당하는 공무원으로 실적제와 신분보장이 동시에 적용된다. |21 국가 7 인사조직| ○ | ✕

03 특수경력직 공무원은 일반직 공무원을 제외한 공무원을 통칭하는 말이다. |16 국회 9| ○ | ✕

04 특정직 공무원에는 국가인권위원회 상임위원, 검사, 헌법재판소의 헌법연구관, 도지사의 비서, 국가정보원의 직원 등이 있다. |19 지방 7| ○ | ✕

05 교육·소방·경찰 공무원 및 법관, 검사, 군인 등 특수 분야의 업무를 담당하는 공무원은 특수경력직 중 특정직 공무원에 해당한다. |18 국회 8| ○ | ✕

06 차관에서 3급 공무원까지는 특정직 공무원에 해당한다. |21 지방 9| ○ | ✕

07 국세청장, 경찰청장, 검찰총장, 전문경력관은 경력직 공무원에 해당한다. |22 국가 7 인사조직| ○ | ✕

08 국회 수석전문위원은 특수경력직 중 별정직 공무원에 해당한다. |18 국회 8| ○ | ✕

09 시간선택제채용공무원의 주당 근무시간은 40시간으로 한다. |17 지방 7| ○ | ✕

10 전문경력관은 정무직 공무원 중 특수 업무 분야에 종사하는 공무원이다. |24 경간| ○ | ✕

11 전문경력관제은 직무의 특성, 난이도 및 직무에 요구되는 숙련도 등에 따라 가군, 나군, 다군으로 구분한다. |22 국가 7| ○ | ✕

01 ○ 02 ○ 03 ✕ 04 ✕ 05 ✕ 06 ✕ 07 ✕ 08 ○ 09 ✕ 10 ✕ 11 ○

06

2025 신용한 행정학 합격노트 p.88

고전적 조직이론의 특징으로 옳지 않은 것은?

① 능률주의
② 비공식적 구조와 과정의 중시
③ 폐쇄체제적 관점
④ 합리적·경제적 인간관

🔍 ②

①, ③, ④ ◯, ② ✕ 고전적 조직이론은 능률주의, **공식적(비공식적 ✕) 구조와 과정(절차)의 중시**, 폐쇄체제적 관점, 합리적·경제적 인간관 등의 특징을 지닌다.

SUMMARY 조직이론의 변화 : Waldo의 분류

고전적 이론	신고전적 이론	현대적 이론
경제적 인간관	사회적 인간관	복잡인
공식적 구조	비공식적 구조	고전과 신고전의 통합
기계적 능률성	사회적 능률성	다원적 목표 & 가치
고전적 관료제 과학적 관리론 행정관리론	인간관계론 후기인간관계론	상황적응이론 후기관료제모형 조직동태화(Adhocracy)이론
폐쇄체제(환경적 요인에 대한 고려 ✕)	개방체제	
기계적 구조(높은 복·공·집) ⇨ 안정적 환경에서의 높은 예측가능성		유기적 구조(낮은 복·공·집) ⇨ 동태적 환경에서의 높은 상황적응성

관련 OX

01 고전적 조직이론(classic organization theory)은 공조직과 사조직의 관리는 완전히 다르다는 공사행정이원론에 입각하고 있다. |15 국회 9| ○ | ✕

02 고전적 조직이론은 과학적 관리론과 관료제 등이 대표적이다. |21 국회 9| ○ | ✕

03 고전적 조직이론(classic organization theory)은 기계론적 조직관에 입각하고 있다. |15 국회 9| ○ | ✕

04 신고전 조직이론은 사회적 능력과 사회적 규범에 의한 생산성 결정, 계층적 구조와 분업의 중시, 비경제적 요인과 비공식 집단의 중시, 의사소통과 참여의 중시 등을 특징으로 한다. |15 서울 9| ○ | ✕

05 신고전 조직이론은 환경과 상호작용하는 개방적·동태적·유기적 조직을 강조한다. |22 국가 7| ○ | ✕

01 ✕ 02 ○ 03 ○ 04 ✕ 05 ✕

07

2025 신용한 행정학 합격노트 p.66

비용·편익분석에 대한 설명으로 옳지 않은 것은?

① 최적대안을 선택하는 방안으로는 순현재가치(NPV), 편익-비용비(B/C ration), 내부수익률(IRR) 등이 있다.
② 비용·편익분석 결과 순현재가치가 0보다 크면 경제적 타당성이 있다고 판단한다.
③ 높은 할인율을 적용하면 장기간에 걸쳐 편익이 발생하는 장기 투자에 유리하다.
④ 비용·편익분석은 전혀 다른 정책이나 프로그램의 비교에도 적용할 수 있다.

🔍 ③

비용편익분석은 정책대안을 선택하는 데 있어 정책대안들의 편익과 이에 소요되는 비용을 **계량적 비교를 통해 평가**하는 체계적 분석수단을 의미한다. 대안의 선택기준으로 '**경제적 타당성**'에 초점을 맞춘 미시경제학을 응용한 실무적 정책분석 기법이다.

① ◎ 비용편익분석에서 현재가치로 환산된 비용과 효과를 놓고 최선의 대안을 찾으려고 할 때 널리 이용되는 일반적인 기준으로는 순현재가치(Net Present Value : NPV), 편익·비용비율(Benefit Cost Ratio : B/C ratio), 내부수익률 (Internal Rate of Return : IRR) 등이 있다.
② ◎ 순현재가치가 0보다 클 때 경제적 타당성이 있다고 판단한다.
③ ✖ **현재가치와 할인율은 반비례**하므로 투자한 비용에 대해 **효과가 장기적으로 발생한다면, 할인율이 높을수록 현재가치는 낮게 평가**되어 경제적 타당성은 낮게 나타난다.
④ ◎ 비용·편익분석은 단일 척도인 화폐가치로 비교되므로 다양한 분야의 정책이나 사업 간 우선순위에 대한 비교가 가능하다.

SUMMARY 비용편익분석시 경제성이 있을 조건(사업의 비교평가 기준)

순현재가치 (NPV)	순현재가치가 0보다 클 것. 클수록 좋은 대안
편익비용비 (B/C Ratio)	편익비용비가 1보다 클 것. 클수록 좋은 대안
내부수익률	기준할인율보다 클 것. 클수록 좋은 대안
자본회수기간	자본회수기간이 짧을수록 유리
할인율	낮은 할인율은 장기투자, 높은 할인율은 단기투자에 유리

관련 OX

01 정책, 사업 등에 대한 타당성을 평가하는 비용·편익분석 (Cost Benefit Analysis) 결정을 위한 기준에는 편익·비용 비율(Benefit/Cost ratio), 생산성(Productivity) 지표, 순현재 가치(Net Present Value), 내부 수익률(Internal Rate of Return) 등이 있다. |19 서울 7| ○ ✕

02 비용편익분석 대상이 되는 대안들을 비교하기 위해 순현재 가치법, 비용편익비율법, 내부수익률법 등이 사용된다. |21 국회 9| ○ ✕

03 비용-편익분석 결과 순현재가치가 1보다 크면 경제적 타당성이 있다고 판단한다. |12 국회 8| ○ ✕

04 비용편익비(B/C ratio)가 1보다 큰 사업은 경제적으로 타당성이 있다고 볼 수 있다. |14 지방 7| ○ ✕

05 비용편익분석에서 칼도-힉스기준(Kaldor-Hicks criterion)은 재분배적 편익의 문제를 중시한다. |18 국가 7| ○ ✕

06 비용편익분석이 평가하고자 하는 가치로는 능률성(Efficiency), 형평성(Equity) 등이 있다. |16 국회 9| ○ ✕

07 비용편익분석은 형평성과 대응성을 정확하게 대변할 수 있는 수치를 제공한다. |13 지방 9| ○ ✕

08 비용편익분석은 편익비용비(B/C ratio)로 여러 분야의 프로그램들을 비교할 수 있다. |13 지방 9| ○ ✕

09 비용편익분석은 동종 사업뿐만 아니라 이종 사업 간에도 정책 우선순위를 비교할 수 있다. |16 경간| ○ ✕

10 비용·편익분석은 분야가 다른 정책이나 프로그램은 비교할 수 없다. |20 지방 9| ○ ✕

01 ✕ **02** ○ **03** ✕ **04** ○ **05** ✕ **06** ✕ **07** ✕ **08** ○ **09** ○ **10** ✕

01회 신용한 행정학 문제+해설 **67**

08

2025 신용한 행정학 합격노트 p.78

나카무라와 스몰우드(Nakamura & Smallwood)의 정책집행모형에 대한 설명으로 옳지 않은 것은?

① 관료적 기업가형에서 정책집행자는 목표를 달성하기 위한 수단을 획득하기 위해 정책결정자와 협상한다.

② 고전적 기술관료형은 정책결정과 정책집행이 엄격하게 분리되지 않아 정책집행자와 정책결정자의 역할이 불분명하다.

③ 재량적 실험형에서 정책결정자는 집행자에게 광범위한 재량권을 주어 그들로 하여금 목표를 명확하게 하고 성취수단을 재량적으로 개발·활용하게 한다.

④ 지시적 위임가형에서 정책결정자는 정책목표와 대체적 방침을 정하고 집행자에게 집행에 필요한 기술적·행정적 권한을 위임한다.

🔍 ②

Nakamura & Smallwood(1980)는 정책집행에서 발생하는 결정자와 집행자의 역할관계를 **다섯 가지로 유형화**하고, 유형별 특징과 집행의 실패요인을 분석하였다. **고전적 기술가형에서 관료적 기업가형으로 나아갈수록 정책결정자의 통제는 약해지고 정책집행자의 재량은 커진다.**

① ◎ 관료적 기업가형은 고전적 기술자형과 정반대되는 유형으로 **정책집행자가 정책결정자의 결정권을 장악하고 정책과정 전반을 완전히 통제**하는 유형이다. 관료적 기업가형에서 정책집행자는 결정권까지도 행사하면서 정책과정 전체를 좌지우지하며, 모든 실권을 집행자들이 가지고 있다. **자신이 정책목표를 정하고 이 목표가 채택되도록 결정자를 설득하며, 자신의 정책목표달성에 필요한 수단을 확보하기 위해 정책결정자와 협상**한다.

② ✕ 고전적 기술관료형은 **정책결정자가 구체적인 정책목표와 세부 정책내용까지 결정**하고 하위 **정책집행자들의 활동을 엄격히 통제**하며, **정책집행자**는 정책결정자가 결정한 정책내용을 **충실히 집행**하는 유형이다.

③ ◎ 재량적 실험형에서 **정책결정자**는 구체적인 정책의 목표를 설정하지 못하고 **추상적 목표**에 머물게 되며, 정책의 대부분을 집행자들에게 위임한다. 정책결정자가 **정책집행자에게 광범위한 재량권을 부여**하는 관계유형이다.

④ ◎ 지시적 위임가형에서 **정책결정자**는 **정책목표와 대체적 방침을 정하고 집행자에게 집행에 필요한 기술적·행정적 권한을 위임**하며, **정책집행자**는 목표와 방침에 합의한 상태에서 **집행을 위한 '충분한 재량권'**을 부여 받는 관계유형이다.

SUMMARY Nakamura와 Smallwood의 정책집행유형

고전적 기술관료형	① 정책결정자 : 구체적인 정책목표와 세부 정책내용까지 결정 ② 정책집행자 : 세세한 기술적 문제 정도에서만 **미약한 재량권** 행사
지시적 위임형	① 정책결정자 : 정책목표와 대체적인 방침수립 ② 정책집행자 : 구체적인 집행에 필요한 **충분한 재량권**을 부여 받음
협상형	① 정책결정자 : 정책의 목표를 설정 ② 정책집행자 : **정책목표와 수단에 대해 결정자와 협상을 벌임** ③ 집단의 힘과 협상력의 정도에 따라 주도권이 결정
재량적 실험형	① 정책결정자 : 구체적인 목표를 설정하지 못하고 추상적 수준에 머무름. 정책집행자에게 **광범위한 재량권**을 부여 ② 정책집행자 : 정책목표의 구체화, 수단 선택을 자기 책임 하에 관장
관료적 기업가형	① 정책결정자 : 형식상 결정권을 소유 ② 정책집행자 : **정책과정 전체를 좌지우지하는 형태**로서 **결정권까지도 행사** **자신의 정책목표달성**에 필요한 능력을 보유

관련 OX

01 협상형에서 정책집행자는 자신의 정책목표달성에 필요한 능력을 보유하고 있으며 자신의 정책목표달성에 필요한 수단들을 확보하기 위해 정책결정자와 협상한다. |20 경간|

O|X

02 관료적 기업가형에서 정책결정과 정책집행은 엄격하게 분리되며 정책집행자는 정책결정자가 결정한 정책을 충실히 집행한다. |18 경간|

O|X

03 나카무라(R. T. Nakamura)와 스몰우드(F. Smallwood)의 관료적 기업가(bureaucratic entrepreneur)모형에 따르면 정보, 기술, 현실 여건들 때문에 정책결정자들은 구체적인 정책이나 목표를 설정하지 못하고 추상적인 수준에 머문다. |12 국가 7|

O|X

04 관료적 기업가형의 경우, 정책결정자가 정책의 구체적인 내용을 수립할 수 없기 때문에 정책집행자에게 광범위한 재량을 위임한다. |21 국회 8|

O|X

05 나카무라와 스몰우드(Nakamura & Smallwood)의 정책집행자 유형 중 관료적 기업가형은 정책의 대략적인 방향을 정책결정자가 정하고 정책집행자들은 이 목표의 구체적 집행에 필요한 폭넓은 재량권을 위임받아 정책을 집행하는 유형이다. |15 서울 9|

O|X

01 ✕ **02** ✕ **03** ✕ **04** ✕ **05** ✕

09

2025 신용한 행정학 합격노트 p.117

리더십이론에 대한 설명으로 옳지 않은 것은?

① 리더십의 행태론적 접근방법은 리더십을 훈련시킬 수 있다고 가정한다.

② 블레이크와 머튼(Blake & Mouton)은 '생산에 대한 관심'과 '인간에 대한 관심'이라는 두 가지 기준을 토대로 관리망(managerial grid)이론을 구성하였다.

③ 화이트(R. White)와 리피트(R. Lippitt)의 실험결과에 따르면 민주형, 자유방임형, 권위형 순으로 피험자들이 선호했다.

④ 오하이오 주립대의 리더십 연구는 구조설정과 인간관계중심적 행태인 배려의 두 가지 국면을 기준으로 네 가지 리더십 유형으로 분류하였다.

🔍 ③

① ◎ 리더십이론의 행태론적 접근방법은 1950~60년대 행태론적 연구의 결과로서 리더의 자질이 아닌 리더의 행태적 특성이 조직성과에 직접적인 영향을 미친다고 가정하였다. 특성론적 접근방법이 리더십에 맞는 사람을 선택하는 방법을 연구했다면, 행태론적 접근방법은 어떤 사람이든 리더가 될 수 있으며, 리더십을 훈련시킬 수 있다고 가정한다.

② ◎ '생산에 대한 관심'과 '인간에 대한 관심'이라는 두 가지 기준을 토대로 관리망(managerial grid)이론을 구성한 것은 블레이크와 머튼(Blake & Mouton)이다.

③ ✖ 아이오와대학교의 화이트(R. White)와 리피트(R. Lippitt)는 권위주의형, 민주형, 자유방임형이라는 세 개의 리더십 유형을 구분하고 그 특징에 대해 실험을 통해 분석하였다. 그들의 실험 결과에 따르면, **민주형, 권위형, 자유방임형의 순으로 선호가 높으며**, 민주형 리더십이 생산성과 산출물의 질 측면에서 가장 높은 성과를 이끌어내는 것으로 조사 되었다.

④ ◎ 오하이오 주립대의 리더십 연구는 구조설정과 인간관계중심적 행태인 배려의 두 가지 국면을 기준으로 네 가지 리더십 유형으로 분류하였으며, '구조설정'과 '배려'의 수준이 다 같이 높을 때 생산성이 가장 높다는 것을 발견하였다.

SUMMARY 리더십 연구의 이론적 발달과정

속성론 (특성)	성공적 리더의 개인적 특성 및 자질연구	• 단일적 자질론 • 성좌적 자질론
행태론 (행동유형론) (1950~60년대)	리더와 부하 간의 관계를 중심으로 효과적 리더의 행태규명에 초점	• Iowa주립대학의 연구 • Michigan대학의 연구 • Ohio주립대학의 연구 • Blake&Mouton의 연구
상황론 (1970년대)	리더의 행태 외 효율성을 좌우하는 상황적 **요건에 관심**	• Fiedler의 상황적합적 리더십 • House의 경로 – 목표 모형 • Hersey&Blanchard의 리더십상황이론 • Kerr&Jemier의 리더십 대체물 접근법 • Yukl의 다중연결모형
신속성론 통합적 접근 (1980~90년대)	• 속성론에 대한 관심의 부활 기존연구의 통합과 보완 • 조직사회의 현실을 배경으로 처방적 이론들에 관심	• **변혁적 리더십** • 발전적 리더십 • 카리스마(위광적) 리더십

관련 OX

01 행태이론에서는 눈에 보이지 않는 능력 등 리더가 갖추어야 할 속성보다 리더가 실제 어떤 행동을 하는가에 초점을 맞춘다. |19 국가 9| ○|✕

02 민주형 리더십은 권위와 최종책임을 위임하며 부하가 의사결정에 참여하도록 하는 쌍방향 의사전달의 특징을 지닌다. |21 군무원 9| ○|✕

03 화이트(R. White)와 리피트(R. Lippitt)의 리더십 유형 중 권위형은 의사결정권이 리더에게 집중되어 있으며, 직무수행에 중심을 두는 유형이다. |23 국회 8| ○|✕

04 화이트(R. White)와 리피트(R. Lippitt)의 실험결과에 따르면 민주형, 자유방임형, 권위형 순으로 피험자들이 선호했다. |23 국회 8| ○|✕

05 블레이크와 머튼(Blake & Mouton)은 관리그리드 모형에서 과업 지향, 인간관계 지향이라는 기준을 활용하여 리더십 유형을 분류하였다. |19 국회 9| ○|✕

06 블레이크와 머튼(Blake & Mouton)의 관리그리드 리더십모형에서 타협형(중도형, middle-of-the-road)을 가장 효과적인 리더십이라고 가정하고 있다. |20 국가 7 인사조직| ○|✕

01 ○ **02** ✕ **03** ○ **04** ✕ **05** ○ **06** ✕

01회 신용한 행정학 문제+해설 **69**

10 2025 신용한 행정학 합격노트 p.38, 39

공공선택론에 대한 설명으로 옳은 것은?

① 공공조직을 분석의 기초단위로 채택함으로써 방법론적 개체주의에 반대하며, 인간을 합리적 경제인으로 본다.

② 공공재 공급의 능률성 향상을 위해 정부실패의 원인이 되는 관료제의 중첩적 관할권 문제를 해결할 것을 제안하였다.

③ 공공선택론의 경제학적인 가정은 현실적합성이 높다는 평가를 받는다.

④ 정부를 공공재의 생산자라고 규정하며, 시민들은 공공재의 소비자라고 규정한다.

🔍 ④

공공선택론은 현대 정치경제학의 연구에 힘입어 형성된 행정연구의 한 접근방법으로 **공공재의 공급에서 시민의 선택을 중시하는 접근 방법**이다. 공공선택론은 **경제학적 접근방법을 통한 비시장적 의사결정 분야의 연구, 방법론적 개체주의와 연역적 접근**, 공공부문의 시장경제화 처방(다원 조직제, 비계서적 조정, **관할중첩의 활용**, 고객에 대한 의존도 제고, 준시장적 수단의 활용, 시민공동체 구성 촉진 등) 등의 특징을 가진다. 다만, 인간을 합리적 경제인으로 가정하여 경제적 동기만을 중시하며, 실천적 처방들의 현실적합성이 낮다는 문제, 개인의 기득권을 유지하려는 **보수주의적 접근에 불과하다는 등의 한계 및 비판이 존재**한다.

① ❌ 공공선택론은 **개인을 분석의 기초단위(방법론적 개체주의)로 삼고, 인간을 합리적 경제인**이며 개인의 효용극대화를 추구하는 존재로 가정(관료도 포함)하고, **연역적 연구방법을 채택**한다.

② ❌ 공공선택론은 복수의 거부권을 지닌 다양한 결정체 사이에 **권한을 분산(다원조직제)하거나 다양한 규모의 중첩적인 관할권 개발을 처방**한다.

③ ❌ **공공선택론의 경제학적인 가정이 비현실적인 경우가 많다.** 현실 세계가 효용극대화를 추구하는 이기적이고 합리적인 개인들로 구성됐고, 인간의 가치나 개인의 자유 대신 경제적 선택만이 고려된다는 것은 현실성이 약하다는 것이다.

④ ⭕ 공공선택론은 합리적 선택 제도주의를 대표하는 이론으로서 경제학적인 분석도구를 국가이론, 투표 규칙, 투표자 행태, 정당정치, 관료 행태, 이익집단 등의 연구에 적용한다. 공공선택론에서는 정부를 공공재의 생산자라고 규정하며, 시민들은 공공재의 소비자라고 규정한다. 이러한 관점에서 시민의 편익을 극대화할 수 있는 서비스의 공급과 생산은 공공부문의 시장경제화를 통해 가능하다고 본다.

SUMMARY 공공선택론

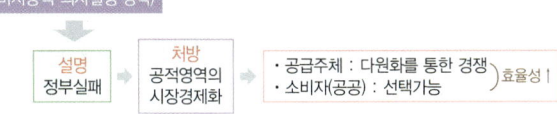

SUMMARY 공공선택론의 개념 및 특징

① 경제학자들과 수학자들에 의한 창시
② 경제학적 접근방법을 통한 비시장적 의사결정 분야의 연구
③ 방법론적 개체주의와 연역적 접근법의 사용
④ 전통적 정부관료제의 실패(정부실패)를 지적
⑤ 교환으로서의 정치
⑥ 정부는 공공재의 생산자, 시민들은 공공재의 소비자로 규정
⑦ 시민 개개인의 선호와 선택의 존중
⑧ 비관료제적 조직, 공공부문의 시장경제화를 처방

관련 OX

01 공공선택론의 대표적인 학자들 중에는 뷰캐넌(Buchanan), 오스트롬(ostrom), 니스카넨(Niskanen)이 있다.
| 17 국가 7 추가채용 |　　　　　　　　　　　　　　　○ | ✕

02 공공선택론은 뷰캐넌(J. Buchanan)이 창시하고 오스트롬(V. ostrom)이 발전시킨 이론으로 정치학적인 분석도구를 중시한다. | 15 국회 8 |　　　　　　　　　　　○ | ✕

03 공공선택론은 사적 이익보다는 집단 이익을 위한 합리적 선택에 초점을 둔다. | 17 지방 9 추가채용 |　　　○ | ✕

04 공공선택론은 시민들의 요구와 선호에 민감하게 부응하는 제도 마련으로 민주행정의 구현에도 의의가 있다. | 18 지방 9 |
　　　　　　　　　　　　　　　　　　　　　　○ | ✕

05 니스카넨(Niskanen)에 따르면 최적의 서비스 공급 수준은 한계편익(marginal benefit)과 한계비용(marginal cost)이 일치하는 수준에서 결정된다. | 20 국가 7 |　　○ | ✕

06 던리비(Dunleavy)의 관청형성모형에 따르면 합리적인 고위직 관료들은 소속기관의 예산극대화를 추구한다. | 18 지방 9 |
　　　　　　　　　　　　　　　　　　　　　　○ | ✕

07 티부가설(Tiebout Hypothesis)은 공급되는 공공재도 외부비용과 외부효과 문제를 가지고 있을 수 있다고 가정한다.
| 19 서울 7 추가채용 |　　　　　　　　　　　　○ | ✕

08 공공선택론은 공공서비스의 효율적 공급을 위해서 분권화된 조직 장치가 필요하다는 입장이다. | 16 지방 9 |　○ | ✕

09 공공선택론(public choice theory)은 개인 선호를 중시하여 공공서비스 관할권을 중첩시킬 수도 있다. | 21 군무원 9 |
　　　　　　　　　　　　　　　　　　　　　　○ | ✕

10 공공선택론은 역사적으로 누적 및 형성된 개인의 기득권을 타파하기 위한 접근이다. | 16 지방 9 |　　　　　○ | ✕

01 ○ 02 ✕ 03 ✕ 04 ○ 05 ○ 06 ✕ 07 ✕ 08 ○ 09 ○ 10 ✕

11

2025 신용한 행정학 합격노트 p.56, 57

정책네트워크 모형에 대한 설명으로 옳은 것은?

① 사회 중심적 접근 보다는 국가 중심적 접근에 초점을 두고 정책과정을 분석한다.

② 하위정부모형은 소수 엘리트의 참여로 자율성과 안정성이 낮다.

③ 이슈네트워크는 참여자들 간에 비교적 균등한 권력을 보유하고 관계의 속성도 포지티브 섬(positive sum) 게임적인 속성이 강하다.

④ 정책공동체의 경우 정책 산출이 처음 의도한 정책내용과 크게 다르지 않으며 정책 산출을 예측하기도 용이하다.

④

정책네트워크는 기존의 **권력모형이 갖는 국가중심 혹은 사회 중심접근이라는 이분법적 논리를 극복**하고, 참여자들 간 상호작용과 관계를 중심으로 정책과정을 분석하는 모형이다. 정책네트워크의 유형으로는 하위정부 모형, 이슈네트워크 모형, 정책공동체 모형 등이 있다.

하위정부 모형은 **이익집단, 입법부의 상임위원회, 행정기관의 관료** 등 소수 엘리트들이 연대를 형성하여 특정 영역의 정책결정을 배타적으로 지배하는 3자 간 동맹이 형성되고 있는 양태를 설명하며, **3자 간 동맹을 철의 삼각으로 표현**하기도 한다.

이슈네트워크는 정부부처의 관료, 의원, 기업가, 학자, 언론인 등을 포함하는 **특정영역에 이해관계나 관심 있는 사람들은 누구나 참여할 수 있는 의사소통 네트워크**이다. **경계가 모호하며 개방성이 높은 네트워크**이다.

정책공동체는 특정 정책문제에 대한 **전문성을 가진 사람들** (행정관료, 정치인, 이익집단, 연구기관의 전문가 등에 한정) **이 상호 이해를 공유하고 나아가 생산적이고 협력적인 파트너 관계를 유도**하는 장으로서의 공동체이다.

① ✕ 정책네트워크 모형은 기존의 권력모형이 갖는 **국가중심 혹은 사회중심접근이라는 이분법적 논리를 극복**하고, 정책과정을 다양한 참여자들 간 상호작용과 관계를 중심으로 정책과정을 분석한다.

② ✕ 하위정부모형은 이익집단, **입법부의 상임위원회(의회의 위원회), 행정기관의 관료(소관부처, 관료조직)** 등의 소수 엘리트들이 연대를 형성하여 특정 영역의 정책결정을 배타적으로 지배하는 3자 간 동맹을 말한다. 그렇기 때문에 **참여자 간 안정성 및 자율성이 네트워크 유형 중 가장 높다.**

③ ✕ 정책공동체에 대한 설명이다. 이슈네트워크는 행위자들 간에 권력배분의 편차가 심하며, 관계도 **네거티브 섬 (negative sum)** 게임의 속성이 강하다.

④ ◉ 정책공동체의 경우 정책 산출이 처음 의도한 정책내용과 크게 다르지 않으며 정책산출을 예측하기도 용이하다. 이는 기본적으로 정책공동체 자체가 서로 유사한 이해를 공유하고 게임의 규칙을 준수하며, 도출된 결론을 수용할 태세가 되어 있는 행위자들로 구성되기 때문이다.

SUMMARY 정책네트워크의 유형

하위정부 모형	이슈공동체	정책공동체
관료 + 의회 상임위 + 이익집단	광범위한 다수의 참여	제한된 참여(관료, 전문가), 다양한 이해관계자 ✕
안정적·폐쇄적	불안정(유동적, 일시적)	안정적(지속적, 장기적)
이해관계 일치 (동맹적)	경쟁적, 갈등적 (Negative–sum game)	의존적, 협력적, 신뢰 (Positive–sum game)
분야별 정책지배	정책산출의 예측 곤란	의도한 정책산출, 예측 가능
분배정책분야에서 주로 형성	권력의 다원론과 상관성 큼	뉴거버넌스와 연관된 개념 정책내용 합리성 제고

관련OX

01 네트워크 내 자원배분과 관련하여 정책커뮤니티는 근본적인 관계가 교환관계이고 모든 참여자가 자원을 보유하고 있으나, 이슈네트워크는 근본적인 관계가 제한적 합의이고 어떤 참여자는 자원보유가 한정적이다. |16 국가 9| ○ ✕

02 참여자의 권한·자원과 관련하여 정책공동체는 모든 사람이 자원·권한을 가진 교환적 관계이지만 이슈네트워크는 일부만 권한·자원을 소유한 배타적 관계이다. |17 경간| ○ ✕

03 정책산출에 있어 정책공동체는 정책산출의 예측이 곤란하지만 이슈네트워크는 의도한 정책산출의 예측이 가능하다. |17 경간| ○ ✕

01 ○ **02** ○ **03** ✕

12

2025 신용한 행정학 합격노트 p.22

시장실패 및 정부실패에 대한 설명으로 옳은 것은?

① 비배제성과 비경합성이라는 속성을 가진 공공재의 존재는 정부실패를 발생시키는 주요 요인 중 하나이다.

② 정부실패의 원인에는 X-비효율성, 내부성, 외부효과, 권력의 편재 등이 있다.

③ 자연독점에 대해서는 공적공급 혹은 정부규제로 대응할 수 있다.

④ 시장실패의 원인 중 정보의 비대칭성은 보조금, 규제 완화를 통해 대응할 수 있다.

③

① ✕ 공공재가 갖는 '비경합성'과 '비배제성'의 특징으로 시장실패(정부실패 ✕)가 발생한다.

② ✕ 정부실패는 사적 목표의 설정(내부성), X-비효율·비용체증, 파생적 외부효과(외부효과 ✕), 권력의 편재 등이 주요한 원인이 된다.

③ ◎ 자연독점에 따른 시장실패는 공적공급과 정부규제의 방식으로 대응해야 한다.

④ ☒ 시장실패의 원인 중 정보의 비대칭성에는 보조금, 정부 규제(규제 완화 ✕)를 통해 대응할 수 있다.

SUMMARY 시장실패의 원인과 정부대응

	공적공급 (행정조직)	공적유도 (보조금)	정부규제 (권위)
공공재의 존재	○		
외부효과의 발생		○	○
자연독점	○		○
불완전 경쟁			○
정보의 비대칭성		○	○

SUMMARY 정부실패와 정부대응

구 분	민영화	정부보조 삭감	규제완화
사적 목표의 설정	○		
X 비효율·비용 체증	○	○	○
파생적 외부효과		○	○
권력의 편재	○		○

관련 OX

01 정부실패 요인으로는 사적 목표의 설정, 외부효과의 발생, 권력의 편재, X의 비효율 등이 있다. |12 경간| ○ ✕

02 정부실패의 요인에는 공공서비스에서의 비용과 편익의 분리, 경제 활동에 영향을 주는 외부불경제(external diseconomy), 비공식적 목표가 공식적 조직목표를 대체하는 현상, 의도하지 않은 파생적 외부효과 등이 있다. |17 지방 7| ○ ✕

03 작은 정부의 등장을 지지하게 된 이론적 배경으로는 예산극대화 모형, 지대추구이론, X-비효율성, 외부효과 등이 있다. |19 서울 7| ○ ✕

04 정보의 비대칭성에 기인하는 문제에 대응해 정부는 보조금을 지원하거나 규제를 한다. |15 교행| ○ ✕

05 정보의 비대칭성에 대해서는 보조금으로 대응할 수 있다. |16 서울 9| ○ ✕

06 정보의 비대칭성에 대해서는 공적유도와 공적규제로 대응할 수 있다. |19 경간| ○ ✕

07 공공재는 시장에서 적절하게 제공되지 못하므로 정부가 제공해야 한다는 주장은 시장에 대한 정부의 개입을 강조한다. |14 지방 9| ○ ✕

08 비배제성과 비경합성을 가진 공공재의 존재는 시장실패의 주요원인 중 하나이다. |16 지방 9| ○ ✕

09 정부실패는 관료나 정치인들의 개인적 요인 때문에 발생하며, 정부라는 공공조직에 내재하는 구조적 요인 때문에 발생하는 것은 아니다. |16 국가 9| ○ ✕

01 ✕ 02 ✕ 03 ✕ 04 ○ 05 ○ 06 ○ 07 ○ 08 ○ 09 ✕

13

2025 신용한 행정학 합격노트 p.179, 180

우리나라 예산심의에 대한 설명으로 옳지 않은 것은?

① 정부는 예산안을 회계연도 개시 120일 전까지 국회에 제출하고, 국회는 회계연도 개시 30일 전까지 이를 의결해야 한다.

② 상임위원회의 종합심사를 거친 예산안은 예산결산특별위원회에 회부된다.

③ 국회는 정부의 동의 없이 정부가 제출한 지출예산 각 항의 금액을 증가하거나 새 비목을 설치할 수 없다.

④ 국회의장은 예산안을 소관 상임위원회에 회부할 때에는 심사기간을 정할 수 있으며, 상임위원회가 이유 없이 그 기간 내에 심사를 마치지 아니한 때에는 이를 바로 예산결산특별위원회에 회부할 수 있다.

🔍 ②

① ◎ 헌법 제54조

> 헌법 제54조 ① 국회는 국가의 예산안을 심의·확정한다.
> ② 정부는 회계연도마다 예산안을 편성하여 회계연도 개시 90일 전까지 국회에 제출하고, 국회는 회계연도 개시 30일 전까지 이를 의결하여야 한다.

② ☒ **상임위원회의 예비심사**(종합심사 ✕)를 거친 예산안은 예산결산특별위원회에 회부된다.

③ ◎ 헌법 제57조

> 헌법 제57조 국회는 정부의 동의없이 정부가 제출한 지출예산 각항의 금액을 증가하거나 새 비목을 설치할 수 없다.

④ ◎ 국회법 제84조 제6항

> 국회법 제84조 【예산안·결산의 회부 및 심사】 ⑥ 의장은 예산안과 결산을 소관상임위원회에 회부할 때에는 심사기간을 정할 수 있으며, 상임위원회가 이유없이 그 기간내에 심사를 마치지 아니한 때에는 이를 바로 예산결산특별위원회에 회부할 수 있다.

SUMMARY 예산심의 절차

시정연설 → 상임위 예비심사 → 예결위 종합심사 → 본회의 의결

*예산심의 수행 전 국정감사 우선 실시(9월 1일 정기회 개회 전 30일 이내의 기간)

관련 OX

01 상임위원회의 예비심사를 거친 정부예산안은 예산결산특별위원회에 회부되고, 예산결산특별위원회에서 종합심사가 종결되면 본회의에 부의된다. |16 국가 9| ○ ✕

02 정부는 예산안을 회계연도 개시 120일 전까지 국회에 제출하고, 국회는 회계연도 개시 45일 전까지 이를 의결해야 한다. |16 국회 9| ○ ✕

03 국회 본회의 중심이 아니라 국회 상임위원회와 예산결산특별위원회 중심으로 예산이 심의된다. |17 국가 7 추가채용| ○ ✕

04 국회는 정부의 동의 없이 새 비목을 설치할 수 없지만 정부가 제출한 지출예산 각항의 금액을 증가할 수 있다. |15 지방 7|

○ | ×

05 예산결산특별위원회는 그 활동기한을 1년으로 한다. |17 국회 8|

○ | ×

06 예산결산특별위원회는 소관 상임위원회에서 삭감한 세출예산 각 항의 금액을 증가하게 할 경우에 소관 상임위원회의 동의를 받지 않아도 된다. |20 지방 7|

○ | ×

07 국회의장이 기간을 정하여 회부한 예산안과 결산에 대하여 상임위원회가 이유 없이 그 기간 내에 심사를 마치지 아니한 때에는 이를 바로 예산결산특별위원회에 회부할 수 있다. |20 지방 7|

○ | ×

01 ○ **02** × **03** ○ **04** × **05** × **06** × **07** ○

14　　　　　　2025 신용한 행정학 합격노트 p.128

균형성과지표(BSC)에 대한 설명으로 옳지 않은 것은?

① 조직 내부요소와 외부요소 간 균형을 강조한다.
② 내부프로세스 관점의 성과지표로는 정책수단의 적실성, 적법절차, 정책순응도 등이 있다.
③ 재무적 관점과 고객관점은 가치지향적 관점으로 상부구조에 해당한다.
④ 성과가 무엇인지를 알려주기 때문에 조직전략의 해석지침으로 활용될 수 있다.

🔍 ②

① ◉ 균형성과관리(BSC)는 재무적 지표와 비재무적 지표(고객, 학습과 성장, 내부 프로세스)의 균형, 조직의 내부요소(직원과 내부 프로세스)와 외부요소(재무적 투자자와 고객) 간 균형, 결과를 예측해주는 선행지표와 결과인 후행지표 간 균형, 단기적 관점(재무적 관점)과 장기적 관점(학습과 성장 관점)의 균형을 모색한다.

② ☒ 내부프로세스 관점의 성과지표로는 정책수단의 적실성, 적법절차 등이 있다. **정책순응도는 고객관점의 성과지표에 해당**한다.

③ ◉ '재무적 관점'과 '고객관점'은 가치지향적 관점으로 상부구조에 해당하고, '내부프로세스 관점'과 '학습 및 성장의 관점'은 행동지향적 관점으로 하부구조에 해당한다.

④ ◉ 잘 개발된 BSC는 조직구성원들에게 조직의 전략 목적을 달성하기 위해 필요한 성과가 무엇인지를 알려주기 때문에 조직전략의 해석지침이 된다.

SUMMARY 균형성과관리의 4대 관점

재무적 관점	기업의 주인인 주주에게 보여주어야 할 성과의 관점. 기업 BSC에 있어 최종목표	성과지표 : 매출, 자본수익률, 예산 대비 차이 등 전통적 후행지표
고객 관점	서비스의 구매자인 고객들에게 무엇을 보여주어야 할 성과의 관점.	성과지표 : 고객만족도, 정책순응도, 민원인의 불만율 등
내부프로세스 (과정)관점	목표달성을 위해 기업내부의 일처리 방식의 혁신관점	성과지표 : 의사결정과정의 시민참여, 적법절차 등
학습과 성장 관점	변화와 개선의 능력을 어떻게 키워나가야 할 것인가의 관점. 미래업무운영에 대한 근거를 제공. '미래의 관점'으로 대체 설명되기도 함.	성과지표 : 학습 동아리수, 내부 제안 건수, 직무 만족도 등

관련 OX

01 균형성과표(BSC)는 재무적 정보 외에 고객, 내부 절차, 학습과 성장 등 조직 운영에 필요한 관점을 추가한 것이다. |21 지방 9|

○ | ×

02 균형성과표(Balanced Scorecard)는 성과측정시스템으로 균형 있는 핵심성과지표를 설정하고 여러 관점들의 연계를 추구한다. |16 국가 7 인사조직|

○ | ×

03 카플란(Kaplan)과 노턴(Norton)은 균형성과표(BSC)의 네 가지 관점으로 고객관점, 내부 프로세스 관점, 재무적 관점, 학습과 성장 관점을 제시하였다. |21 지방 7|

○ | ×

04 균형성과표(Balanced Score Card)는 성과관리를 위한 단기적 관점과 장기적 관점의 균형을 중시한다. |22 국회 8|

○ | ×

05 재무적 관점의 성과지표는 전통적인 선행지표로서 매출, 자본 수익률, 예산 대비 차이 등이 있다. |14 지방 9| ○ | ×

06 균형성과표(BSC)에서 고객 관점에서의 성과지표는 시민참여, 적법절차, 내부 직원의 만족도, 정책 순응도, 공개 등이 있다. |21 지방 9|

○ | ×

07 고객 관점은 BSC의 4가지 관점 중에서 행동지향적 관점에 해당한다. |19 국회 8|

○ | ×

01 ○ **02** ○ **03** ○ **04** ○ **05** × **06** × **07** ×

15

2025 신용한 행정학 합격노트 p.39, 40

신제도주의에 관한 설명으로 옳은 것은?

① 신제도론은 제도를 연구의 중심개념으로 사용하고, 합리적 행동모형에 회의적이라는 점에서 구제도론과 공통점을 가진다.

② 합리선택적 신제도주의는 제도를 장기간의 역사적 과정에서 형성된 인간행동의 정형화된 패턴으로 인식하고, 형성된 제도는 지속성과 경로의존성을 갖고 현재의 정책선택을 제약한다.

③ 역사적 신제도주의는 개인들은 행동할 때 사회규범을 고려하기 마련이며, 따라서 결과의 경제적 합리성이 다소 떨어지더라도 사회관계에서 정당성이 있는 행동을 하게 됨을 설명한다.

④ 사회학적 신제도주의는 개인은 합리적이며 자기이익을 추구하며, 개인의 선호는 선험적으로 제도와 무관하게 주어져 고정된 것으로 가정한다.

🔍 ①

① ◉ 제도론은 제도가 개인행동을 제약하고, 이에 따라 제도적 맥락 속에 나타나는 개인행동을 규칙성을 띠게 된다고 설명한다. 결국 개인의 합리적 행동(합리적 행동모형)보다는 제도의 중요성을 강조하는 이론으로, 원자화된 개인이 아닌, 제도라는 맥락 속에서 나타나는 개인행위에 초점을 둔다는 점에서 신제도론과 구제도론은 공통점을 가진다.

② ☒ **역사적 신제도주의에 대한 설명**이다. 합리선택적 신제도주의는 개인을 합리적 행위자로 전제하고, 제도를 개인들 간의 전략적 상호작용의 결과로 형성된 균형으로 인식하고, 제도의 형성과 변화 과정에서 개인의 합리적·전략적 선택을 중시한다.

③ ☒ **사회학적 신제도주의에 대한 설명**이다. 역사적 신제도주의는 기존 행태주의 등 사회과학 연구의 몰역사적 접근방법을 비판하면서 등장한 이론으로 동일한 상황하에서 왜 국가 간에 서로 다른 정책을 채택하고, 정책효과도 다르게 나타나는지에 대한 설명변수로 역사적으로 형성된 제도의 지속성과 제도가 형성되는 역사적 과정과 맥락을 중시한다.

④ ☒ **합리선택적 신제도주의에 대한 설명**이다 사회학적 신제도주의는 신제도주의에서 제도의 개념을 가장 넓게 해석하는 입장으로 제도를 규칙이나 절차뿐만 아니라 전통과 관습, 그리고 문화를 포함해서 사람의 표준화된 행동을 낳는 것이 제도라고 이해한다.

SUMMARY 구제도론 VS 신제도론

구 분	구제도론	신제도론
제도 개념과 범위	공식 법령, 정부조직 인간의 행위나 사회현상 불포함	공유 규범, 규칙까지 포함 인간의 행위나 사회현상 포함
제도의 형성·성격	외생적 요인에 의해 일방적으로 결정 제도 ⇨ 공식적·정태적·보편적 특성	제도와 행위자 간의 상호작용으로 형성 제도 ⇨ 비공식적·동태적·문화적 특성
연구의 초점	'제도'의 기술	'분석적 틀'에 기반을 둔 '설명'과 '이론의 발전'에 초점

공통점 : 정치·행정·경제 등 사회현상 연구에 있어 '제도'를 가장 중시 / 합리적 행동모형에 회의적

SUMMARY 신제도론의 유파별 비교

구 분	역사적 신제도주의	사회학적 신제도주의	합리적 선택의 신제도주의
제 도	장기간 역사적 과정(맥락)에서 형성(경로의존성)	사회적 정당성을 획득한 상징, 도덕적 기초, 문화	개인들 간의 합리적 선택의 결과로 형성된 게임의 균형
제도의 변화	역사적 변환점에서의 급격한 변화(**종단면적** 측면)	**동형화**의 진행과 정당성의 획득(**횡단면적** 측면)	비용/편익의 변화와 전략적 선택
중 점	**제도의 지속성**과 제도형성의 과정을 중시(정치적 영역의 자율성)	제도의 형성과 변화과정에서의 사회적동형화 중시(문화 자율성)	개인들 간의 전략적 선택 중시(개인의 자율성)
선호의 형성	**내생적** : 정치체제가 개인선호를 형성하고 제약함.	**내생적** : 사회문화와 상징이 개인선호를 형성하고 제약함.	**외생적** : 개인선호는 선험적으로 결정됨.
학문적 기초	정치학, 역사학	사회학	경제학
접근법	**방법론적 전체주의, 귀납적** 접근 (사례연구)	**방법론적 전체주의, 귀납적** 접근	**방법론적 개체주의, 연역적** 접근

관련 OX

01 역사적 신제도주의는 제도가 형성되면 안정성과 경로의존성을 갖는다고 본다. |15 지방 9| ○ ☒

02 사회학적 제도주의는 제도의 변화과정을 설명할 때 경로의존성을 강조하며, 제도의 운영 및 발전과 관련하여 권력의 비대칭성에 초점을 맞춘다. |19 지방 7| ○ ☒

03 사회학적 신제도주의는 경제적 효율성이 아니라 사회적 정당성 때문에 새로운 제도적 관행이 채택된다고 주장한다. |15 서울 9| ○ ☒

04 사회학적 제도주의에서는 개인이나 조직의 제도적 환경에 대한 적응력이 강조되고, 사회적으로 표준화된 규칙 또는 규범에 적절하게 순응하는 개인이나 조직은 사회로부터 정당성을 부여받는다. |21 국회 8| ○ ☒

05 사회학적 신제도주의는 개인의 행위는 고립된 상태에서 선택되는 것이 아니라 사회관계에 의하여 영향을 받는다는 의미에서 '배태성(embeddedness)'이라는 개념을 사용한다. | 20 지방 7 | ○ ✕

06 합리적 선택 제도주의는 개인이 합리적이며 선호는 제도와 밀접하게 연관되어 변화하는 것으로 가정한다. | 19 지방 7 | ○ ✕

07 합리적 선택이론은 행위자의 선호가 개인들 간 상호작용을 통해 형성된다고 가정한다. | 20 국회 9 | ○ ✕

01 ○ 02 ✕ 03 ○ 04 ○ 05 ○ 06 ✕ 07 ✕

16

2025 신용한 행정학 합격노트 p.13, 14

행정규제에 대한 설명으로 옳은 것은?

① 사회적 규제는 지대추구행위나 이로 인한 포획현상의 발생가능성이 높다.
② 시장유인적 규제는 경제적 비효율성의 유발가능성과 기업에게 불필요한 비용부담을 주는 단점이 있다.
③ 네거티브 규제가 포지티브 규제보다 피규제자에 더 많은 자율성을 보장해준다.
④ 관리규제는 수단과 성과가 아닌 과정을 규제하는 것으로 성과규제에 비해 자율성이 크다.

🔍 ③

① ✕ **사회적 규제**는 경제적 규제에 비해 규제의 대상과 효과가 광범위하므로, **지대추구행위나 이로 인한 포획현상의 발생가능성이 낮다.**

② ✕ **명령지시적 규제**에 대한 설명이다. 명령지시적 규제는 통제지향적이고 경직적이며, 적용대상의 무차별성으로 인해 경제적 비효율성의 유발가능성과 기업에게 불필요한 비용부담을 주는 단점이 있다.

③ ◎ 네거티브 규제는 명시적으로 금지하는 것 이외에는 모든 것을 자유로이 할 수 있는 것으로 명시적으로 허용하는 것 이외에는 원칙적으로 모든 행위가 금지되는 포지티브 시스템보다 더 많은 자율성을 보장해 준다.

④ ✕ 관리규제는 수단과 성과가 아닌 과정을 규제하는 것이고, 성과규제는 정부가 특정한 사회문제 해결에 대한 목표 달성 수준을 정하고 피규제자에게 이를 달성할 것을 요구하는 것이다. 그렇기 때문에 **관리규제에 비해 성과규제가 자율성이 크다.**

SUMMARY 행정규제의 유형

① 내용별 분류 : 경제적 규제 VS 사회적 규제

구 분	경제적 규제	사회적 규제
목적	경쟁범위의 적정화	사회적 형평성 확보
역사	전통적 규제	현대적 규제
대상	개별기업 (기업의 본원적 활동)	불특정 다수
실패 가능성	높음 (**지대추구** 행동 및 **포획**발생)	낮음
최근경향	완화대상	유지 혹은 강화대상
예	가격규제, 독점 및 불공정 거래규제, 수입규제, 품질 규제, 진입·퇴거규제	노동자 안전규제, 환경규제, 소비자 안전규제, 사회적 차별규제

② 수단별 분류 : 명령지시적 규제 VS 시장유인적 규제

명령지시적 규제 (직접규제)	• 규제의 준수여부가 **강제**되며 불이행 시 '강제적 의무부과'나 '활동제한'의 방법을 활용 예 법적 장애인 의무고용비율, 배출총량기준, 의약품제조 안전기준, 금융업진출 자격제한 등 • 장점 : 직접적인 규제효과 담보 • 단점 : 통제지향적이고 경직적, 기업에 불필요한 비용부담 발생
시장유인적 규제 (간접규제)	• 규제의 준수여부가 **자율**적이며, 이행여부에 따라 보조금, 세제지원, 부과금 징수 등 비강제적 방법을 활용 예 노후차 세제지원, 고용투자세액공제제도, 건강부과금, 가공식품의 품질 및 성분표시, **공해배출부과금**, 폐기물처리비 예치제도 등 • 장점 : 유도적이고 신축적, 경제적 효율성 높음. • 단점 : 규제의 효과가 간접적임.

③ 규제 대상별 분류 : 수단규제 VS 성과규제 VS 관리규제

수단규제 (투입규제)	• 정부의 목표를 달성하기 위해 필요한 **기술이나 행위**에 대해 사전적으로 규제하는 것 • 정부의 규제 정도와 피규제자의 순응 정도를 파악하는 데 용이함. 예 환경오염 방지를 위해 특정한 유형의 환경통제 기술사용을 요구하는 것, 작업장 안전을 위해 안전장비 착용
성과규제 (산출규제)	• 정부가 목표달성 **수준**을 정하고 피규제자에게 이를 달성할 것을 요구하는 것 • 정부가 제시한 성과 기준만 충족하면 되기 때문에 이를 달성하는 수단과 방법은 피규제자가 자유롭게 선택할 수 있음. 예 대기오염 방지를 위해 이산화탄소 농도를 일정 수준으로 유지하도록 하는 것, 개발된 신약의 허용 가능한 부작용 발생 수준을 요구하는 것
관리규제 (과정규제)	• **과정**을 규제하는 것. 정부는 피규제자가 만든 규제 목표 달성계획의 타당성을 평가하고 이행을 요구 • 수단규제에 비해 자율성이 높음. 성과 달성 정도를 정하고 이를 확인해야 하는 성과규제를 적용하기 어려울 때 적합함. 예 식품안전을 위한 식품위해요소 중점관리기준 (HACCP)

✏️ 자율성 : (저) 수단규제 → 관리규제 → 성과규제 (고)

01회 신용한 행정학 문제+해설 **75**

④ 수행주체별 분류 : 직접규제 VS 자율규제 VS 공동규제

직접규제	**정부**가 직접 규제하는 방식
자율규제	**피규제자**가 스스로 합의된 규범을 만들고 이를 구성원들에게 적용하는 형태의 규제방식
공동규제	**정부로부터 위임을 받은 민간집단**에 의해 이뤄지는 규제로 자율규제와 직접규제의 중간성격

✎ **자율규제 & 공동규제** : 규제권한을 피규제자 스스로에게 부여하여, 직접 규제의 부작용을 극복, 최근 두 규제에 대한 관심이 커지고 있음.

⑤ 규제방식별 분류 : 네거티브 규제 VS 포지티브 규제

네거티브 (negative) 시스템	• 명시적으로 금지하는 것 이외에는 모든 것을 자유로이 할 수 있음. • **원칙 허용, 예외 금지** 예 ~할 수 없다. or ~가 아니다.
포지티브 (positive) 시스템	• 명시적으로 허용하는 것 이외에는 원칙적으로 모든 행위가 금지됨. • **원칙 금지, 예외 허용** 예 ~할 수 있다. or ~이다.

✎ 네거티브 규제가 포지티브 규제보다 피규제자에 더 많은 자율성을 보장해줌.

관련 OX

01 경제적 규제에서는 피규제산업에 의한 규제기관의 포획현상이 나타날 수 있다. |14 국가 9| ○│×

02 시장유인적 규제는 규제효과를 담보할 수 있다는 장점이 있으나 기업에 불필요한 비용부담을 두는 단점이 있다. |14 국가 9| ○│×

03 포지티브 규제는 '원칙 허용·예외 금지'의 형태를 취하는 것으로서, 명시적으로 금지하는 것 이외의 모든 것을 허용한다. |15 지방 7| ○│×

04 정부규제를 포지티브(positive) 규제와 네거티브(negative) 규제로 구분할 경우, 포지티브(positive) 규제는 네거티브 규제에 비해 규제대상기관의 자율성이 크다. |15 서울 7| ○│×

05 포지티브(positive) 규제가 네거티브(negative) 규제보다 자율성을 더 보장해준다. |19 국가 9| ○│×

06 관리규제에서는 정부가 제시한 성과 기준만 충족하면 되기 때문에 이를 달성하는 수단과 방법의 선택은 피규제자가 자유롭게 선택할 수 있으며, 수단규제에 비해 피규제자가 많은 자율성을 갖는다. |21 국회 8| ○│×

07 정부규제를 수단규제와 성과규제로 구분할 경우, 수단규제는 성과규제에 비해 규제대상기관의 자율성이 크다. |15 서울 7| ○│×

01 ○ **02** × **03** × **04** × **05** × **06** × **07** ×

17

2025 신용한 행정학 합격노트 p.84

정책평가의 설계에 대한 설명으로 옳지 않은 것은?

① 진실험설계는 자연과학 실험과 같이 대상자들을 격리시켜 실험하기 때문에, 호손효과(Hawthorne effect)를 강화시킨다.

② 진실험과 준실험을 비교하면 실행가능성 측면에서는 진실험이, 내적 타당성 측면에서는 준실험이 더 우수하다.

③ 준실험설계는 짝짓기(matching)를 통하여 제3의 요인에 관하여 실험집단과 통제집단을 동등화시킬 수 있다.

④ 결과변수에 영향을 미친다고 생각되는 제3변수들을 식별하여 통계분석모형에 포함시킨 후 정책효과를 추정하는 것은 비실험적 설계의 한 예이다.

🔍 ②

① ◉ 진실험은 자연과학의 실험과 같이 대상자들을 격리시켜 엄격한 통제하에 진행되기 때문에 호손효과를 강화시킬 수 있다.

② ☒ **준실험**은 진실험에 비해 인위적 요소가 많지 않아 **외적 타당도와 실험의 실현가능성이 높고 내적 타당성 측면에서는 진실험이 가장 높은 방식**이다.

③ ◉ 준실험적 방법에서는 일반적으로 무작위 배정이 어려운 상황 하에서 짝짓기(matching) 방법을 활용하여 가능한 한 실험방법과 유사하게 대상 집단을 구성해 정책효과를 측정한다.

④ ◉ 비실험적 방법 중 통계적 비실험에 대한 설명이다.

SUMMARY 실험 vs 비실험

구 분		실험 & 통제집단	조사설계 유형
실험	진실험	동질성 확보 ○ (무작위 배정)	무작위배정에 의한 실험집단·통제집단 설계, 무작위배정에 의한 사전 및 사후 통제집단 설계
	준실험	동질성 확보 × (짝짓기 배정)	비동질적 비교집단 설계, 사후측정 비교집단 설계, 회귀불연속 설계, 단절적 시계열 분석 등
비실험		비교집단 ×	단일집단 사후측정, 단일집단 사전·사후측정설계

관련 OX

01 진실험 평가는 실험집단과 통제집단의 동질성을 확보하여 측정하는 방법이다. |22 국회 9| ○│×

02 준실험설계는 짝짓기(matching)를 통하여 제3의 요인에 관하여 실험집단과 통제집단을 동등화시킬 수 있다. |20 국가 7| ○│×

03 회귀불연속 설계는 구분점(구간)에서 회귀직선의 불연속적인 단절을 이용한다. |23 국가 9| ○│×

04 준실험설계보다 진실험설계를 사용할 때 내적 타당성의 저해 요인이 다양하게 나타난다. |19 지방 9| ○|X

05 결과변수에 영향을 미친다고 생각되는 제3변수들을 식별하여 통계분석모형에 포함시킨 후 정책효과를 추정하는 것은 비실험적 설계의 한 예이다. |16 지방 7| ○|X

06 솔로몬 4집단 설계는 통제집단 사전–사후설계와 통제집단 사후설계를 결합한 방식이다. 각각의 단점을 보완하기 위해 4개의 집단으로 구성한 실험설계이므로, 각 설계의 장점을 갖는다. |23 국가 9| ○|X

01 ○ **02** ○ **03** ○ **04** X **05** ○ **06** ○

18

2025 신용한 행정학 합격노트 p.136, 137

중앙인사기관에 대한 설명으로 옳지 않은 것은?

① 독립합의형은 1883년부터 1978년까지 존속했던 미국 연방인사위원회(FCSC)가 대표적이다.

② 독립합의형은 신중한 의사결정을 하지만 책임 소재가 불분명하고 의사결정이 지연될 수 있다.

③ 비독립단독형은 기관장의 잦은 교체로 인해 인사행정의 일관성과 계속성에도 한계가 있다.

④ 비독립합의형은 우리나라에서 시행된 적이 없는 형태이다.

🔍 ④

① ◉ 독립합의형의 조직 형태를 취하는 중앙인사기관의 예는 1883년부터 1978년까지 존속했던 미국 연방인사위원회가 대표적이다.

② ◉ 독립합의형은 행정수반으로부터 독립된 지위를 가진 합의체로 구성되는 형태이다. 따라서 신중한 의사결정이 독립합의형의 장점이지만 독립합의형은 책임소재가 불분명해지거나 의사결정이 지연 되는 등의 단점이 있다.

③ ◉ 비독립단독형은 집행부(부처형)의 형태로 인사행정의 책임소재를 분명히 할 수 있으나, 기관장의 잦은 교체로 인해 인사행정의 일관성·계속성이 결여될 가능성이 있다.

④ ✖ 과거 김대중 정부 시기에 대통령 소속으로 설치되었던 중앙인사위원회나 소청심사위원회는 위원장과 다수의 위원들로 구성된 합의제 기관이지만, 행정수반이나 중앙인사기관장에 의해 관리되는 **비독립적 합의제 형태를 채택하고 있다.**

SUMMARY 중앙인사기관의 유형구분

합의성 독립성	합의형	단독형
독립형	독립합의형	독립단독형
비독립형	비독립합의형	비독립단독형

SUMMARY 독립합의형의 특징

장점	㉠ 엽관주의의 영향력 배제, ㉡ 실적제 확립, ㉢ 합의제에 의한 신중한 의사결정, ㉣ 중요한 이익집단의 요구를 균형 있게 수용할 수 있음.
단점	㉠ 책임소재 불분명, ㉡ 의사결정 지연, ㉢ 행정수반의 인사관리수단 박탈로 강력한 정책추진의 어려움.

SUMMARY 비독립단독형의 특징

장점	㉠ 책임소재 분명, ㉡ 신속한 의사결정, ㉢ 행정수반이 인사관리 수단을 보유하므로 정책의 강력한 추진이 가능
단점	㉠ 독립성의 결여로 인사행정의 정실화 가능성, ㉡ 기관장의 독선적·자의적 결정의 견제 곤란, ㉢ 기관장의 잦은 교체로 인해 인사행정의 일관성·계속성이 결여될 가능성이 있음.

관련 OX

01 비독립단독형은 정치권력의 부당한 개입을 막아 정치적 중립성과 공직의 안정성을 확보할 수 있다. |21 지방 7| ○|X

02 독립합의형 인사기관은 인사행정의 공정성 확보가 용이하다는 장점이 있다. |16 국회 8| ○|X

03 독립합의형 인사기관은 인사행정의 책임소재를 명확히 할 수 있다. |16 국회 8| ○|X

04 미국의 연방인사위원회가 독립형 합의제 중앙인사기관의 대표적인 예이다. |17 서울 9| ○|X

05 비독립 단독형 인사기관은 주요 인사정책의 신속한 추진을 가능하게 한다. |16 국회 8| ○|X

06 중앙인사기관의 조직형태 중 위원회형은 양당적이거나 초당적 문제를 다루는 데 한계라는 역기능이 있다. |19 국가 7 인사조직| ○|X

07 현재 우리나라 인사혁신처는 합의제 중앙인사기관으로 설립되어 있다. |17 서울 9| ○|X

01 X **02** ○ **03** X **04** ○ **05** ○ **06** X **07** X

19

2025 신용한 행정학 합격노트 p.182, 183

우리나라 예산의 결산과정에 관한 설명으로 옳지 않은 것은?

① 기획재정부장관은 「국가회계법」에 따라 회계연도마다 국가결산보고서를 작성하여 대통령의 승인을 얻어 다음 연도 4월 10일까지 감사원에 제출하여야 한다.

② 감사원은 제출된 국가결산보고서를 검사하고 그 보고서를 다음연도 5월 20일까지 기획재정부장관에게 송부하여야 한다.

③ 세계잉여금은 세출지출액에서 세입수납액을 공제한 것으로 전액 추가경정예산에 편성할 수 있다.

④ 정부는 감사원의 검사를 거친 국가결산보고서를 다음 연도 5월 31일까지 국회에 제출하여야 한다.

🔍 ③

예산의 결산은 **예산과정의 마지막 단계**로서 1회계연도 동안의 세입·세출 실적을 확정적 계수로 표시하고 이를 검증하는 행위이다. 예산주기는 국회의 결산승인으로 종료되며, **결산은 위법 또는 부당한 지출이 지적되어도 집행을 취소 또는 무효로 할 수 없고 국회는 정부에 정치적·도의적 책임을 추궁하게 된다는 점에서 정치적 성격을 갖게 된다.**

① ◎ 국가재정법 제59조

> **국가재정법 제59조【국가결산보고서의 작성 및 제출】** 기획재정부장관은 「국가회계법」에서 정하는 바에 따라 회계연도마다 작성하여 대통령의 승인을 받은 국가결산보고서를 다음 연도 4월 10일까지 감사원에 제출하여야 한다.

② ◎ 국가재정법 제60조

> **동법 제60조【결산검사】** 감사원은 제59조에 따라 제출된 국가결산보고서를 검사하고 그 보고서를 다음 연도 5월 20일까지 기획재정부장관에게 송부하여야 한다.

③ ✕ 세계잉여금이란 매 회계연도 세입과 세출의 결산상 발생한 잉여금을 의미하는 것으로 **세입수납액에서 세출지출액을 공제한 금액**으로 결산의 결과 발생한 세계잉여금은 **교부세의 정산, 공적자금 상환기금에의 출연, 국채의 채무상환 후 추가경정예산의 재원, 다음 연도 세입에 이입** 순으로 활용할 수 있다.

④ ◎ 국가재정법 제61조

> **동법 제61조【국가결산보고서의 국회제출】** 정부는 제60조에 따라 감사원의 검사를 거친 국가결산보고서를 다음 연도 5월 31일까지 국회에 제출하여야 한다.

SUMMARY 결산의 절차

결산절차	해당기관	활동 내용
출납사무 완결	각 중앙관서(2월 10일)	세입세출 출납사무 완결
결산서 작성·제출	각 중앙관서 ⇨ 기획재정부 (2월 말일)	중앙관서결산보고서 등 작성·제출
	기획재정부(국무회의, 대통령 승인) ⇨ 감사원(4월 10일)	국가결산보고서 등 작성·제출
결산검사 및 송부	감사원 ⇨ 기획재정부 (5월 20일)	결산의 확인 후 검사보고서 송부
국가결산 보고서 제출	정부 ⇨ 국회(5월 말일)	감사원의 검사를 거친 국가결산보고서 및 부속서류 제출
결산심의	국회(정기국회 **개회 전**)	① 상임위 예비심사 ⇨ ② 예결위 종합심사 ⇨ ③ 본회의 의결

✏️ 감사원 : 대통령 소속하의 헌법기관으로 직무상으로는 독립된 지위를 갖고, ① 세입세출의 결산 확인, ② 회계검사, ③ 직무감찰을 담당하는 합의제 행정기관(감사위원회 : 감사원장을 포함한 7인의 감사위원으로 구성)

관련 OX

01 기획재정부장관은 대통령의 승인을 받은 국가결산보고서를 다음 연도 4월 10일까지 감사원에 제출하여야 한다. |16 경간| ○ ✕

02 기획재정부장관은 각 중앙관서의 장이 제출하는 결산보고서에 의거하여 총결산보고서를 작성하여 다음 연도 4월 말일까지 감사원에 제출한다. |12 국회 8| ○ ✕

03 기획재정부장관은 회계연도마다 작성하여 대통령의 승인을 받은 국가결산보고서를 다음 연도 4월 20일까지 감사원에 제출하여야 한다. |21 국회 8| ○ ✕

04 감사원은 제출된 국가결산보고서를 검사하고 그 보고서를 다음연도 5월 20일까지 기획재정부장관에게 송부하여야 한다. |21 국회 8| ○ ✕

05 감사원은 결산 확인이 끝나면 그 보고서를 다음 연도 5월 20일까지 기획재정부장관에게 송부한다. 그리고 정부는 감사원의 검사를 거친 결산보고서를 다음 연도 5월 말일까지 국회에 제출한다. |12 국회 8| ○ ✕

06 세계잉여금은 세입수납액에서 세출지출액을 공제한 것이다. |13 경간| ○ ✕

07 결산의 결과 발생한 세계잉여금은 전액 추가경정예산에 편성하여야 한다. |20 국가 9| ○ ✕

08 세계잉여금은 일반회계, 특별회계가 포함되고 기금은 제외된다. |20 국가 9| ○ ✕

09 정부는 감사원의 검사를 거친 국가결산보고서를 다음 연도 5월 31일까지 국회에 제출하여야 한다. |16 경간| ○ ✕

10 정부는 감사원의 검사를 거친 국가결산보고서를 국회에 제출하여야 한다. |18 국가 9| ○ ✕

01 ○ **02** ✕ **03** ✕ **04** ○ **05** ○ **06** ○ **07** ✕ **08** ○ **09** ○ **10** ○

20

2025 신용한 행정학 합격노트 p.50

넛지 이론에 대한 설명으로 옳지 않은 것은?

① 넛지는 디폴트 옵션 설정 방식처럼 사람들의 인지적 편향을 전략적으로 활용하는 수단이다.

② 정책대상집단의 행동에 개입하지만 개인의 자유로운 선택을 허용한다.

③ 신공공관리론의 학문적 토대는 신고전파 경제학인데 반하여, 넛지이론의 학문적 토대는 공공선택론이다.

④ 넛지이론은 행동변화를 통해 삶의 질을 높이는 것을 목표로 삼는다.

🔑 ③

①, ②, ④ ◉ 넛지는 명령이나 지시, 그리고 강한 경제적 유인이나 제재를 가하지 않으면서도 사람들이 바람직한 행동을 하도록 유도하는 정책수단을 말한다. 즉, 어떤 선택을 금지시키거나 경제적 유인을 크게 변화시키는 등의 전통적 정부개입방식과는 달리 간접적이고 유도적인 방식으로 사람들의 행동을 예측가능한 방향으로 변화시키는 선택설계방식을 활용한 정부개입을 의미한다.

③ ❌ 신공공관리론의 학문적 토대는 신고전파 경제학인데 반하여, **넛지이론의 학문적 토대는 행동경제학**(공공선택론 ×)이다.

01회 신용한 행정학 문제+해설 **79**

제02회

국가직 9급 대비 모의고사

행정학 문제 및 해설

정답 모아보기

01	02	03	04	05	06	07	08	09	10
④	③	④	①	②	②	①	②	②	③
11	12	13	14	15	16	17	18	19	20
②	①	④	④	②	③	①	①	④	①

01

2025 신용한 행정학 합격노트 p.38

공공선택론의 주요모형에 대한 설명으로 옳지 않은 것은?

① 뷰캐넌(Bucahanan)과 털럭(Tullock)은 정책결정 시 참여자 수가 많으면 의사결정비용이 늘어나고, 외부비용이 감소한다.

② 티부(Tiebout)는 한 지방정부가 제공하는 서비스는 그 지역주민에게만 영향을 미친다고 가정한다.

③ 던리비(Dunleavy)에 따르면 관청형성의 전략 중 하나는 내부조직 개편을 통해 정책결정 기능과 수준을 강화하되 일상적이고 번잡스러운 업무는 분리하고 이전하는 것이다.

④ 애로우(Arrow)는 두 대안에 대한 개개인의 선호 순위는 다른 제3의 대안에 영향을 받을 수 있다고 가정한다.

🔍 ④

① ◎ 뷰캐넌(Bucahanan)과 털럭(Tullock)의 '적정참여자 수' 모형은 정책결정 시 참여자 수가 많으면 의사결정비용(IC)이 늘어나고, 외부비용(EC)이 감소. 반대로 참여자 수가 적으면 의사결정비용이 감소하는 반면, 외부비용이 증가한다고 주장한다. 그렇기 때문에 총비용(의사결정비용+외부비용)을 극소화할 수 있는 수준에서 참여가 이뤄질 때 사회적으로 최적 선택이 될 수 있다고 본다.

② ◎ 티부(Tiebout)가설은 주민의 자유로운 지방 간 이동과 다수의 지방정부가 전제되는 경우 '발로하는 투표(vote by feet)'에 의해 지방공공재 공급의 적정규모가 결정될 수 있다는 이론이다. 티부가설은 공공서비스로 인한 외부효과는 없다고 가정한다.

> 💡**TIP** 티부가설의 기본가정 및 전제
> 1. 완전한 정보와 시민의 완전한 이동성
> 2. 다수의 지방정부
> 3. 공공서비스로 인한 외부효과의 부존재
> 4. 단위당 평균비용의 동일(규모수익 불변)
> 5. 각 지방별 고정적 생산요소의 존재
> 6. 각 지방정부는 인구의 최적 규모 추구
> 7. 재원은 당해지역 주민들의 재산세(property tax)로 충당

③ ◎ 던리비의 관청형성 모형에 따르면 합리적인 고위관료들은 책임과 통제가 수반되는 일상적인 업무는 준정부조직이나 외부계약으로 떼어내고, 내부조직 개편을 통해 정책결정 기능과 수준을 강화하고자 한다.

④ ☒ 애로우(Arrow)의 불가능성 정리의 기본조건이 무관한 대안에서 독립의 원칙에 따르면 두 대안에 대한 개개인의 선호 순위는 **다른 제3의 대안(상황의 변화)에 영향을 받아서는 안 된다.**

관련 OX

01 니스카넨(Niskanen)에 따르면 최적의 서비스 공급 수준은 한계편익(marginal benefit)과 한계비용(marginal cost)이 일치하는 수준에서 결정된다. | 20 국가 7 | O | X

02 니스카넨(Niskanen)에 따르면 예산극대화 행동은 예산유형과 직위의 관계, 시대적 상황 등의 측면에서 다양하게 나타날 수 있다. | 20 국가 7 | O | X

03 던리비(Dunleavy)의 관청형성모형에 따르면 합리적인 고위직 관료들은 소속기관의 예산극대화를 추구한다. | 18 지방 9 | O | X

04 티부(Tiebout) 모형은 주민들은 지방정부들의 세입과 지출 패턴에 관하여 완전히 알고 있다고 가정한다. | 16 국가 9 | O | X

05 티부(Tiebout)의 발에 의한 투표(voting with feet)가 가능하기 위해서는 주민의 자유로운 이동성, 공공서비스 제공에서 외부효과 존재 등의 전제조건이 충족되어야 한다. | 22 지방 7 | O | X

06 티부(C. Tiebout)모형은 소수의 대규모 지방자치단체가 존재해야 한다고 가정한다. | 22 국회 8 | O | X

01 O   02 X   03 X   04 O   05 X   06 X

80   2025 신용한 행정학 국가직 9급 모의고사

02

2025 신용한 행정학 합격노트 p.243

특별지방행정기관에 대한 설명으로 옳지 않은 것은?

① 국가의 사무를 집행하기 위해 설치한 일선집행기관이지만 고유의 법인격 및 자치권을 가지고 있지는 않다.
② 지방고용노동청, 세관, 지방병무청, 우체국 등이 이에 해당된다.
③ 중앙부처의 할거성이 특별지방행정기관을 통해 지방의 종합 행정으로 전환되는 장점이 있다.
④ 특별지방행정기관의 설치로 지역 주민들을 위한 공공서비스의 책임 행정이 약해진다.

③

① ◉ 특별지방행정기관은 국가의 사무를 집행하기 위해 설치한 일선기관으로 고유한 법인격 및 자치권을 가지고 있지 않다.
② ◉ 특별지방행정기관은 국가의 특정한 중앙행정기관에 소속되어, 당해 관할 구역 내에서 소속 중앙행정기관의 사무에 속하는 특수한 전문분야의 행정사무를 처리하는 지방행정기관을 말하며, 지방고용노동청, 세관, 지방병무청, 우체국 등이 이에 해당한다.
③ ✕ 중앙통제의 관리감독의 편리성과 중앙부처의 할거성(할거주의)으로 인해 특별지방행정기관이 난립되는 경우가 발생하며, 이러한 특별지방행정기관은 **지방의 종합 행정을 저해하며 행정의 할거성을 심화시키는 단점**이 있다.
④ ◉ 특별지방행정기관은 관할지역 주민들의 직접적인 통제와 참여가 어렵기 때문에 책임행정을 실현하기 어렵다.

SUMMARY 특별지방행정기관의 필요성 및 문제점

필요성	① 양적 팽창과 질적 전문화로 복잡화된 행정을 보다 효율적·광역적으로 수행함. ② 전국적 통일성을 요하는 사무는 특별지방행정기관을 통해 수행하는 것이 바람직함.
문제점	① 중앙통제의 강화에 대한 우려가 있음. ② 지방행정의 종합성의 상실, 행정의 할거성이 강화됨. ③ 지방행정기관의 이원화로 고객의 혼란과 불편을 초래 ④ 지방행정의 민주성 상실을 초래 ⑤ 지방자치단체와 마찰 증대(이중행정, 이중감독의 문제)의 우려가 있음.

관련 OX

01 특별지방행정기관은 중앙행정기관이 소관 사무를 집행하기 위해 설치한 지방행정기관이며, 세무서와 출입국 관리사무소는 특별지방행정기관에 해당한다. |16 국가 9| O|✕

02 특별행정기관은 국가사무의 효율적 집행과 광역적 추진에 효과적이다. |16 국회 9| O|✕

03 특별지방행정기관은 관할 범위가 넓을수록 이용자인 고객의 편리성이 향상된다. |17 지방 9 추가채용| O|✕

04 특별지방행정기관은 지방행정의 전문성을 제고하여 지방분권강화에 긍정적인 역할을 미친다. |19 국가 7| O|✕

05 특별지방행정기관은 중앙의 통제를 받다 보니 지방자치단체에 비해 주민의 요구에 대한 대응이 둔감하다. |23 국회 8| O|✕

01 O 02 O 03 ✕ 04 ✕ 05 O

03

2025 신용한 행정학 합격노트 p.167

전통적 예산 원칙과 그 예외가 바르게 연결된 것은?

① 통일성의 원칙 - 목적세, 추가경정예산
② 단일성의 원칙 - 수입대체경비, 기금
③ 완전성의 원칙 - 전대차관, 특별회계
④ 한정성의 원칙 - 전용, 추가경정예산

④

① ✕ 통일성의 원칙에 대한 예외로는 **목적세, 수입대체경비, 특별회계, 기금** 등이 있다.
② ✕ 단일성의 원칙에 대한 예외로는 **추가경정예산, 특별회계, 기금** 등이 있다.
③ ✕ 완전성의 원칙에 대한 예외로는 **전대차관, 순계예산, 수입대체경비, 기금** 등이 있다.

SUMMARY 전통적 예산원칙

원 칙	내 용	예 외
공개성의 원칙	국민들에게 공개!	국가정보원 예산 등
명확성(명료성)의 원칙	이해하기 쉽고 단순·명확해야!	총액계상예산
사전의결의 원칙	미리 국회가 의결!	전용, 사고이월, 준예산 긴급명령, 선결처분
정확성(엄밀성)의 원칙	예산과 결산이 일치!	적자 or 불용액의 발생
한정성(한계성)의 원칙	① 목적 외 사용금지	이용과 전용
	② 계산된 금액 내 집행(초과지출금지)	예비비, 추가경정예산
	③ 회계연도 독립	이월, 계속비
단일성의 원칙	가급적 단일회계 내에 정리!	추가경정예산, 특별회계, 기금
통일성의 원칙	특정수입과 지출의 연계금지!	목적세, 수입대체경비, 특별회계, 기금
완전성(예산총계주의)의 원칙	모든 세입·세출이 나열되어야!	전대차관, 순계예산, 수입대체경비, 기금

관련 OX

01 통일성 원칙의 예외에는 총액 계상이 있다. |18 국회 9| ○ X

02 사전의결 원칙의 예외에는 기금이 있다. |19 국회 9| ○ X

03 예산엄밀성의 원칙이란 정해진 목표를 위해서 정해진 금액을 정해진 기간 내에 사용해야 한다는 원칙이다. |19 사회복지직 9| ○ X

04 한정성 원칙의 예외에는 목적세, 예비비, 이용과 전용, 계속비 등이 있다. |19 지방 7| ○ X

05 정부가 특정 수입과 특정 지출을 직접 연계해서는 안 된다는 한계성 원칙의 예외로는 예비비, 계속비 등이 있다. |16 지방 7| ○ X

06 명확성의 원칙의 예외에는 수입대체경비가 있다. |19 국회 9| ○ X

07 단일성 원칙의 예외로는 특별회계, 목적세, 수입대체경비, 기금 등이 있다. |19 지방 7| ○ X

08 완전성 원칙의 예외에는 추가경정예산이 있다. |18 국회 9| ○ X

09 단일성 원칙의 예외에는 예비비가 있다. |18 국회 9| ○ X

01 X **02** X **03** X **04** X **05** X **06** X **07** X **08** X **09** X

04

2025 신용한 행정학 합격노트 p.132

엽관주의에 대한 설명으로 옳은 것을 모두 고르면?

ㄱ. 공직을 일반국민에게 개방함으로써 민주주의를 실현하기 위한 실천적인 인사원리로 채택되었다.
ㄴ. 행정의 안정성과 계속성을 확보할 수 있다.
ㄷ. 행정의 전문성을 저해하고 비능률성을 야기할 수 있다.
ㄹ. 강력한 신분보장으로 정치지도자의 공무원에 대한 통제력 확보가 어렵다.

① ㄱ, ㄷ
② ㄱ, ㄴ, ㄷ
③ ㄴ, ㄷ
④ ㄴ, ㄷ, ㄹ

🔍 ①

ㄱ ◎ 미국의 엽관주의는 개인적 관계에 기초하고 있는 영국의 정실주의와는 달리, 집권정당과 관료기구와의 동질성을 확보하고 공직을 일반 국민에게 개방함으로써 민주주의를 실현하기 위한 실천적인 인사원리로 채택되었다.

ㄴ ☒ **실적주의에 대한 설명**이다. 실적주의는 공무원의 신분보장을 통하여 행정의 안정성과 계속성을 확보할 수 있다.

ㄷ ◎ 행정의 전문성을 저해할 수 있다는 측면은 엽관제의 문제점이며 이를 극복하기 위해 19세기 후반부터 실적주의가 도입되었다.

ㄹ ☒ **실적주의의 단점에 대한 설명**이다.

관련 OX

01 엽관주의는 혈연, 학연, 지연 등 사적 인간관계를 반영하여 공무원을 선발한다. |23 국회 8| ○ X

02 엽관주의는 정실임용에 기초하고 있기 때문에 초기부터 민주주의의 실천원리와는 거리가 멀었다. |14 국가 9| ○ X

03 엽관제는 관료제의 특권화를 방지하고 국민에 대한 대응성을 높인다는 점에서 현재도 일부 정무직에 적용되고 있다. |22 국가| ○ X

04 엽관주의는 정치적 책임을 확보하기 용이하다는 장점이 있다. |18 서울 7| ○ X

05 실적주의는 국민에 대한 관료의 대응성을 높인다. |21 지방 9| ○ X

06 엽관주의는 정치지도자의 국정 지도력을 약화한다. |21 지방 9| ○ X

07 엽관주의는 행정의 전문성을 저하시킬 수 있다. |23 국회 8| ○ X

08 엽관주의는 행정의 안정성을 저해할 수 있다는 단점이 있다. |15 서울 9| ○ X

01 X **02** X **03** ○ **04** ○ **05** X **06** X **07** ○ **08** ○

05

2025 신용한 행정학 합격노트 p.90, 91

조직구조 모형에 대한 설명으로 옳은 것은?

① 사업구조에서는 기능적 통합을 통해 규모의 경제를 제고할 수 있다.
② 수평구조는 리엔지니어링을 통해 기능 중심의 분절화된 수직적 구조를 핵심 업무 과정 중심의 수평적 작업흐름으로 재조직화해 형성한다.
③ 기능구조는 자기완결적 기능 단위로 부서 내 기능 간 조정이 용이하다.
④ 네트워크 구조는 전통적인 계서적 특성을 갖는 사업 구조에 수평적 특성을 갖는 기능 구조를 결합시킨 조직이다.

🔍 ②

① ✕ **기능구조에 대한 설명**이다.

② ◉ 수평구조는 조직편제로 팀제를 전반적으로 채택해 수직적 계층과 부서 간 경계를 실질적으로 제거하고 의사소통을 원활하게 만든 유기적인 조직구조이다. 수평구조는 리엔지니어링을 통해 기능 중심의 분절화된 수직적 구조를 핵심 업무 과정 중심의 조직으로 재편한다.

③ ✕ 기능구조가 아닌 **사업구조에 대한 설명**이다. 사업구조는 산출물에 기반한 사업부서화 방식으로 각 기능의 조정이 부서 내에서 이루어진다. 사업구조는 자기완결적 기능단위로 부서 내 기능 간 조정이 용이하며, 환경변화에 좀 더 신축적이고, 대응적일 수 있다.

④ ✕ **매트릭스 조직에 대한 설명**이다. 매트릭스 조직이란 인사, 예산, 회계 등과 같은 전통적인 계서적 특성을 갖는 기능구조에 수평적 특성을 갖는 사업구조를 결합시켜 조직의 신축성을 확보하도록 한, 일종의 혼합적·이원적 구조의 상설조직이다.

관련 OX

01 기능구조(functional structure)는 유사 기능을 수행하는 조직구성원 간 분업을 통해 중복과 낭비를 예방하고, 전문성 제고가 가능하다. |20 국가 7 인사조직|　　　　　　 ○｜✕

02 기능구조는 의사결정의 상위 집중화로 최고관리층의 업무부담이 증가될 수 있다. |16 국가 7 인사조직|　　　　 ○｜✕

03 사업구조(divisional structure)는 특정 산출물별로 운영되므로 고객만족도 제고가 용이하고, 성과책임의 소재가 분명해 성과관리 체제에 유리하다. |20 국가 7 인사조직|　 ○｜✕

04 사업구조는 사업부서 내의 조정은 용이하지만 사업부서 간 조정이 곤란할 수 있다. |16 국가 7 인사조직|　　 ○｜✕

05 매트릭스 구조는 기능구조와 계층구조를 결합시킨 이원적 형태이다. |21 군무원 9|　　　　　　　　　　　 ○｜✕

06 매트릭스 조직은 명령통일의 원칙을 준수한다. |22 국가 7|
　　　　　　　　　　　　　　　　　　　　　 ○｜✕

07 수평(팀제)구조는 핵심업무 과정 중심의 구조화 방식으로 부서 사이의 경계를 제거하여 의사소통을 원활하게 한다. |23 국가 9|　　　　　　　　　　　　　　　　　　 ○｜✕

08 네트워크구조는 복수의 조직이 각자의 경계를 넘어 연결고리를 통해 결합 관계를 이루어 환경 변화에 대처한다. |23 국가 9|　　　　　　　　　　　　　　　　　 ○｜✕

　　　01 ○ **02** ○ **03** ○ **04** ○ **05** ✕ **06** ✕ **07** ○ **08** ○

06　　　　　　　　　2025 신용한 행정학 합격노트 p.84, 85

「정부업무평가 기본법」에 대한 설명으로 옳지 않은 것은?

① 특정평가는 국무총리가 중앙행정기관을 대상으로 국정을 통합적으로 관리하기 위한 목적을 갖는다.
② 정부업무평가위원회는 위원장 1인과 14인 이내의 위원으로 구성한다.
③ 정부업무평가의 실시와 평가기반의 구축을 체계적·효율적으로 추진하기 위하여 국무총리 소속하에 정부업무평가위원회를 둔다.
④ 중앙행정기관장과 지방자치단체장은 매년 자체평가위원회를 통해 자체평가를 실시한다.

　　　　　　　　　　　　　　　　　　　🔍 ②

정부업무평가는 **중앙행정기관·지방자치단체·공공기관** 등의 정책·사업·업무 등에 관해 계획의 수립과 집행과정 및 결과 등을 점검·분석·평정하는 것으로 국정운영의 능률성, 효과성 및 책임성 확보가 목적이다. 2001년 「정부업무 심사평가 및 조정에 관한 규정(대통령령)」이 폐지되고, 「정부업무 등의 평가에 관한 기본법(2001)」을 제정·시행하다가 2006년도부터 「**정부업무평가 기본법(2006)**」이 제정되어 현재까지 시행되고 있다.

① ◉ 특정평가는 중앙행정기관을 대상으로 한다.

> **정부업무평가 기본법 제2조【정의】** 이 법에서 사용하는 용어의 정의는 다음과 같다.
> 　　4. "특정평가"라 함은 국무총리가 중앙행정기관을 대상으로 국정을 통합적으로 관리하기 위하여 필요한 정책등을 평가하는 것을 말한다.

② ✕ 정부업무평가위원회는 **위원장 2인을 포함한 15인** 이내의 위원으로 구성한다.

> **동법 제10조【위원회의 구성 및 운영】** ① <u>위원회는 위원장 2인을 포함한 15인 이내의 위원</u>으로 구성한다.

③ ◉ 정부업무평가 기본법 제9조 제1항

> **동법 제9조【정부업무평가위원회의 설치 및 임무】** ① 정부업무평가의 실시와 평가기반의 구축을 체계적·효율적으로 추진하기 위하여 국무총리 소속하에 정부업무평가위원회를 둔다.

④ ◉ 정부업무평가 기본법 제14조 제1항, 제18조 제1항

> **동법 제14조【중앙행정기관의 자체평가】** ① 중앙행정기관의 장은 그 소속 기관의 정책등을 포함하여 자체평가를 실시하여야 한다.
>
> **동법 제18조【지방자치단체의 자체평가】** ① 지방자치단체의 장은 그 소속 기관의 정책등을 포함하여 자체평가를 실시하여야 한다.

SUMMARY 정부업무평가의 대상 및 종류

중앙·지방 자체평가	㉠ 자체평가 : 중앙행정기관장과 지방자치단체장은 매년 자체평가위원회를 통해 자체평가 실시 ㉡ 재평가 : **국무총리**는 자체평가의 재평가가 필요하다고 판단 시 정부업무평가위원회의 심의·의결을 거쳐 재평가 **실시할 수 있음.**
특정평가	**국무총리는 국정 통합관리를 위해 두 개 이상의 중앙행정기관 관련시책 및 주요 현안시책 등**에 대해 실시
지방자치단체 합동평가	행정안전부 장관은 지방자치단체 또는 그 장이 위임받아 처리하는 국가사무 등에 대해 중앙행정기관의 장과 합동으로 합동평가를 실시 가능
공공기관평가	평가의 객관성·공정성을 위해 **외부기관에서 평가 실시** 「공공기관 운영에 관한 법률」 등 개별 공공기관 관리 법률에 의한 평가

관련 OX

01 정부업무 특정평가는 국무총리가 중앙행정기관을 대상으로 국정통합관리 평가를 하는 것이다. |14 서울 7|　　○ | ×

02 「정부업무평가 기본법」상 자체평가는 국무총리가 중앙행정기관을 대상으로 국정을 통합적으로 관리하기 위하여 필요한 정책 등을 평가하는 것이다. |17 지방 9 추가채용|　　○ | ×

03 「정부업무평가 기본법」상 국무총리는 2 이상의 중앙행정기관 관련 시책, 주요 현안시책, 혁신관리 및 대통령령이 정하는 대상 부문에 대하여 특정 평가를 실시하고, 그 결과를 공개하여야 한다. |19 국가 9|　　○ | ×

04 「정부업무평가 기본법」상 정부업무평가위원회는 위원장 1인과 14인 이내의 위원으로 구성한다. |19 국가 9|　　○ | ×

05 정부업무평가위원회는 대통령 직속 하에 설치한다. |20 군무원 7|　　○ | ×

06 「정부업무평가 기본법」에 따르면 정부업무평가의 실시와 평가기반의 구축을 체계적·효율적으로 추진하기 위하여 대통령 소속 하에 정부업무평가위원회를 둔다. |22 경간|　　○ | ×

07 중앙행정기관의 장은 그 소속 기관의 정책 등을 포함하여 자체평가를 실시하여야 한다. |16 서울 9|　　○ | ×

08 「정부업무평가 기본법」상 특정평가는 중앙행정기관 또는 지방자치단체가 소관 정책 등을 스스로 평가하는 것이다. |17 지방 9 추가채용|　　○ | ×

01 ○ **02** × **03** ○ **04** × **05** × **06** × **07** ○ **08** ×

07　　　　　　　　　　2025 신용한 행정학 합격노트 p.58, 59

정책의제 설정과정의 단계와 모형에 대한 설명으로 옳은 것은?

① 정부가 개입하여 문제를 해결하여야 한다고 인정되지만, 정부가 문제 해결을 고려하기로 공식적으로 밝히지 않은 것은 공중의제(public agenda)이다.

② 사회문제가 바로 정책의제로 채택되는 과정을 거치는 모형은 외부주도형이다.

③ 내부접근모형에서는 일반 시민의 지지를 얻기 위해 관료집단이 주도한 의제가 정부의 홍보활동을 통해 공중의제로 확산된다.

④ 포자 모형은 정책문제가 제기되어 정의되는 환경보다는 정책문제 자체의 성격이 갖는 중요성에 주목한다.

　　　　　　　　　　　　　　🔍 ①

① ⭕ 일반 대중이 정부가 해결 방안을 강구해야 한다고 공감하는 문제는 공중의제(또는 체제의제, 토의의제, 환경의제)에 해당한다. 정부가 문제 해결을 고려하기로 공식적으로 밝힌 것은 제도의제라고 한다.

② ❌ 내부접근형에 대한 설명이다. 외부주도형은 **사회문제 → 사회적 이슈 → 공중의제 → 정부의제의 과정**을 거친다.

③ ❌ **동원모형에 대한 설명**이다. 내부접근형은 정부기관 내의 관료집단이나 정책결정자에게 쉽게 접근할 수 있는 외부집단이 최고정책결정자에게 접근하여 정부의제화하는 경우를 말하며, 내부접근형은 동원형처럼 정책담당자들에 의해 정책의제화가 진행되지만 **내부접근형은 공중의제화 과정이 생략**된다는 차이점이 있다.

④ ❌ 포자모형은 포자가 환경이 유리하게 변화하게 되면 균사로 변화하듯이 적절한 **환경적 여건이 조성될 때** 즉, 일반국민들이 해당 사회문제나 이슈에 대하여 강한 관심을 보일 때 이슈가 정책의제로 발전하도록 작용한다는 것이다.

SUMMARY 정책의제설정과정의 단계(Cobb & Elder의 모형)

SUMMARY 정책의제설정과정의 단계(Cobb & Elder의 모형)

① 사회문제(social problem) : 사회의 많은 구성원들이 고통 받고 있는 문제

② 사회적 이슈(social issue) : 문제에 대한 정의와 해결 방안에 관하여 사회 집단들 간에 논쟁의 대상이 되어 있는 사회문제

③ 체제의제(systematic agenda) : 일반 대중이 정부가 해결 방안을 강구해야 한다고 공감하는 문제(= 공중의제, 토의의제, 환경의제)

④ 제도의제(institutional agenda) : 공식적인 권한을 가진 정부당국이 적극적으로 검토하기로 결정한 문제. 체제의제가 거시적 시각의 의제라면 제도의제(정부의제)는 의제는 미시적 시각에서 보다 구체화됨(공식의제, 행동의제, 정부의제)

Cobb	Eyestone	Anderson
체제의제	공중의제(Public)	토의의제
제도의제	공식의제(Official)	행동의제

SUMMARY 주도집단별 분류(Cobb & Ross)

	외부주도형	동원형	내부접근형 (= 내부주도형, 음모형)
전개 방향	① 사회문제 ⇨ ② 사회적 이슈 ⇨ ③ 공중의제 ⇨ ④ 정부의제	① 사회문제 ⇨ ② 정부의제 ⇨ ③ 공중의제	① 사회문제 ⇨ ② 정부의제
주도 세력	외부사람들의 주도에 의해 의제화가 진행	정부 내의 정책담당자들에 의해 정책제화가 진행되는 유형(최고통치자나 고위정책결정자가 주도)	동원형과 같이 정책담당자들에 의해 정책제화가 진행되는 유형(최고통치자보다 낮은 지위의 고위관료가 주도)
특징	• Hirshman ⇨ 강요된 정책문제라고 함.	• 정부가 민간을 동원하여 의제를 설정. 의제설정이 비교적 용이함. • 전문가의 영향력이 큼.	• 정부관료제 내부에서만 정책의제화의 움직임이 있음. 공중의제화가 생략(행정PR ×)
사회·문화적 배경	• **다원화된 정치체제**에서 발생	• 정부부문의 힘이 강하고 민간부문의 힘이 취약한 **후진국**에서 발생	• 권력집중형 국가(불평등 사회), 의도적으로 국민을 무시하는 정부, 시간이 급박한 경우, 국민이 사전에 알면 곤란한 경우에 발생

관련 OX

01 정책의제설정과정에서 일반대중의 관심과 주의를 받고 있으며, 정부가 개입하여 문제를 해결하여야 한다고 인정되지만, 정부가 문제 해결을 고려하기로 공식적으로 밝히지 않은 것은 공중의제(public agenda) 또는 체제의제(systemic agenda)이다. |15 지방 7| O | X

02 동원형 의제설정에서는 정부 외부의 다양한 행위자들에 의해 특정 사회문제의 정책의제화가 주도된다. |16 국회 9| O | X

03 콥(Cobb)과 로스(Ross)가 유형화한 정책의제설정모형 중 사회문제 → 정부의제 → 공중의제의 순서로 전개되는 것은 동원형이다. |19 서울 7| O | X

04 내부접근모형에서는 일반 시민의 지지를 얻기 위해 관료집단이 주도한 의제가 정부의 홍보활동을 통해 공중의제로 확산된다. |22 지방 7| O | X

05 동원모형은 정치지도자의 지시에 따라 사회문제가 바로 정부의제로 채택되며 정부의 힘이 강하고 민간 부문이 취약한 후진국에서 자주 볼 수 있다. |22 지방 7| O | X

06 동원형은 정책결정자가 이슈를 제기하면 자동적으로 정책의제화 되기 때문에 성공적인 집행을 위한 공중의 지지는 필요 없다. |22 지방 9| O | X

07 공고화형(consolidation model)은 대중의 지지가 낮은 정책문제에 대한 정부의 주도적 해결을 설명한다. |20 국가 7| O | X

08 포자 모형은 정책문제가 제기되어 정의되는 환경보다는 정책문제 자체의 성격이 갖는 중요성에 주목한다. |18 서울 7 추가채용| O | X

09 이슈관심주기 모형은 공공의 관심을 끌기 위한 치열한 경쟁과 별개로 이슈 자체에 생명주기가 있다고 본다. |18 서울 7 추가채용| O | X

01 O **02** × **03** O **04** × **05** O **06** × **07** × **08** × **09** ×

08

2025 신용한 행정학 합격노트 p.14

윌슨의 규제정치모형에 따라 아래와 같이 표를 분류할 경우 ㉠~㉣에 대한 설명으로 가장 옳지 않은 것은?

구 분		규제의 편익	
		넓게 분산	좁게 집중
규제의 비용	넓게 분산	㉠	㉡
	좁게 집중	㉢	㉣

① ㉠은 공익단체에 의해 규제의 필요성이 제기되며, 규제의 입법화가 이루어지면, 더 이상의 논쟁 없이 정책 사업이 계속되며 사업규모가 확대되기도 한다.

② ㉡에 해당 하는 사례로는 환경오염규제, 위해물품규제, 외제차에 대한 수입규제완화 등이 있다.

③ ㉢ 비용부담자 집단은 규제기관을 포획하므로 정책채택이 어렵거나, 느슨한 정책집행이 발생한다.

④ ㉣ 쌍방이 모두 조직적인 힘을 바탕으로 서로의 이익확보를 위해 첨예하게 대립한다.

🔍 ②

윌슨(Wilson)은 정부규제 시 발생되는 비용과 편익의 분포가 어떤가에 따라 4가지 유형으로 규제정치를 구분하였다. 윌슨의 규제정치이론은 규제로 인한 비용과 편익을 중심으로 발생하는 정치적 상황과 원인에 관심을 갖는다.

구 분		규제의 편익	
		넓게 분산	좁게 집중
규제의 비용	넓게 분산	㉠ 대중정치	㉡ 고객정치
	좁게 집중	㉢ 기업가정치	㉣ 이익집단정치

① ◎ ㉠은 대중정치로 정부규제로 인해 발생되는 비용과 편익이 쌍방 모두 이질적인 불특정 다수에게 분산되어 개별 기업 혹은 개인으로 보면 그 크기가 작은 경우로, 규제로 인해 수혜자와 비용부담자 모두에게서 집단행동의 딜레마가 발생하며, 정치적 위험과 논란의 여지가 적다. 따라서, 공익단체에 의해 규제의 필요성이 제기되며, 규제의 입법화가 이루어지면 더 이상 논쟁 없이 정책 사업이 계속되며 사업규모가 확대되기도 한다.

② ✖ 환경오염규제, 위해물품규제, 외제차에 대한 수입규제완화는 정부규제로 인해 발생하게 될 비용은 상대적으로 작고 이질적인 불특정 다수에게 부담되나, 그 편익은 대단히 크며 동질적 소수에게 귀속되는 상황인 ㉢ **기업가정치를 말한다**. ㉡인 고객정치는 다수의 비용부담자 집단에서는 집단행동의 딜레마가 발생하며, 조직화된 소수의 수혜자 집단에 의해 규제기관이 포획을 당하며, 해당하는 사례로는 수입규제, 직업면허, 농산물 최저가격규제 등이 있다.

③ ◎ ㉡은 기업가 정치로 고객정치의 상황과 반대로 비용은 소수의 동질적 집단에게 집중되나, 편익은 불특정 다수에게 확산되어 있는 상황이다. 그렇기 때문에 다수의 수혜집단에서는 집단행동의 딜레마가 발생하며, 조직화된 소수의 비용부담자 집단(규제대상 집단)은 규제기관을 포획하므로 정책채택이 어렵거나, 느슨한 정책집행이 발생한다.

④ ◎ ㉣은 이익집단정치로 비용과 편익이 모두 소수의 동질적 집단에 국한되는 상황이다. 그렇기 때문에 쌍방이 모두 조직적인 힘을 바탕으로 서로의 이익 확보를 위해 첨예하게 대립하며, 규제기관이 어느 한쪽에 장악될 가능성이 약하다.

관련 OX

01 음란물규제는 정부규제로 인해 감지된 비용과 편익이 쌍방 모두 이질적인 불특정 다수에게 미치기 때문에, 개개인으로 보면 그 크기가 작은 상황에 해당한다. | 14 지방 9 | O ┃ X

02 수입규제는 정부규제로 인해 발생되는 비용은 상대적으로 이질적인 불특정 다수집단에 부담되나, 그 편익은 매우 크며 동질적인 소수집단에게 귀속되는 상황에 해당한다. | 14 지방 9 | O ┃ X

03 환경규제 완화 상황인 경우에는 비용이 넓게 분산되고 감지된 편익이 좁게 집중되는 고객정치의 상황이 된다. | 14 지방 7 | O ┃ X

04 윌슨(Wilson)의 규제정치이론에 따르면, 수입 규제는 고객정치에 해당한다. | 15 서울 9 | O ┃ X

05 기업가적 정치는 규제의 수혜자들이 잘 조직화되어 있다. | 15 서울 9 | O ┃ X

06 기업가적 정치에서 편익을 기대할 수 있는 측은 집단행동의 딜레마에 빠진다. | 15 서울 9 | O ┃ X

07 대중정치는 한·약분쟁의 경우처럼 쌍방이 모두 조직적인 힘을 바탕으로 이익확보를 위해 첨예하게 대립하는 정치상황이다. | 14 지방 7 | O ┃ X

01 O **02** O **03** O **04** O **05** ✕ **06** O **07** ✕

09

2025 신용한 행정학 합격노트 p.169, 170

정부가 동원하는 공공재원 중 조세에 대한 설명으로 옳은 것은?

① BTO, BOO, BOT, BTL 등의 방식을 활용하여 공공재를 공급한다.

② 재정부담이 미래세대로 전가되지 않고, 성과에 대한 직접적인 책임을 묻기 용이하다.

③ 세대 간 공평성을 높일 수 있으나, 민간부문에서 투자할 자본이 정부로 이전되기 때문에 구축효과가 발생할 수 있다.

④ 공공서비스의 직접적 혜택이나 이용의 대가로 징수하는 재원이다.

🔍 ②

정부가 동원하는 공공재원에는 **조세, 수익자부담금, 국공채, 민간자본투자유치** 등이 있다. 조세는 중앙정부 지출을 뒷받침하는 가장 큰 재원으로 국가가 재정권(징세권)에 기초해 동원하는 공공재원이다. 조세는 재정권에 기초해 동원하는 재원으로, 형벌권에 기초해서 처벌을 목적으로 부과하는 벌금이나 과태료와는 다르며, 일반국민을 대상으로 한다는 점에서 특정 시민을 대상으로 하는 수익자부담금과 차이가 있으며, 강제로 징수할 수 있으므로 합의원칙으로 확보되는 공기업수입, 재산수입, 기부금과 차이가 있다.

① ☒ 민간자본투자유치에 대한 설명이다.

② ◉ 조세에 대한 설명이다.

③ ☒ 국공채에 대한 설명이다.

④ ☒ 수익자부담금에 대한 설명이다.

SUMMARY 정부가 동원하는 공공재원

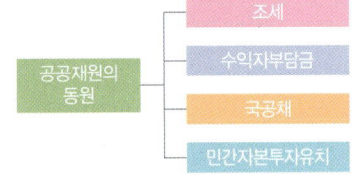

SUMMARY 조세의 장·단점

장점	① 이자 부담이 없으며 부채관리와 관련된 재원관리 비용이 발생하지 않음. ② 납세자인 국민들은 정부 지출을 통제하고 성과에 대한 직접적인 책임을 강하게 요구할 수 있음. ③ 현 세대의 의사결정에 대한 재정부담이 미래세대로 전가되지 않음. ④ 장기적으로 차입보다 비용이 저렴함.
단점	① 미래 세대까지 혜택이 발생하는 자본 투자를 현 세대만 부담한다면, 세대 간 비용·편익의 형평성 문제가 발생할 수 있음. ② 조세를 통한 자본시설은 자유재(free goods)로 인식돼 과다 수요 혹은 과다 지출되는 비효율성 문제가 발생할 수 있음. ③ 과세 대상과 세율을 결정하는 법적 절차가 복잡하고 시간이 많이 소요(경직성)되기 때문에 일시적 대규모 재원 투자가 필요한 경우 시의성을 맞추지 못할 수 있음.

관련OX

01 국세에는 증여세, 취득세, 담배소비세, 농어촌특별세, 레저세, 재산세, 등록면허세, 종합부동산세 등이 있다. |22 국회 8|

○|×

02 조세수입에 의해 충당하는 경우 납세자인 국민들은 정부 지출을 통제하기 어렵고 성과에 대한 직접적인 책임을 요구하기 어렵다. |16 국회 8|

○|×

03 조세수입에 의해 충당하는 경우 현 세대의 의사결정에 대한 재정부담이 미래세대로 전가되지 않는다. |16 국회 8| ○|×

04 조세는 내구성이 큰 투자사업의 경비를 조달하기에 적합하며 사업이나 시설로 인해 편익을 얻게 될 후세대도 비용을 분담하기 때문에 세대 간 공평성을 높일 수 있다는 점에서 국공채와 다르다. |21 군무원 7|

○|×

05 조세수입에 의해 충당하는 경우 조세를 통해 투자된 자본시설은 대가를 지불하지 않는 자유재(free goods)로 인식돼 과다 수요 혹은 과다 지출되는 비효율성 문제가 발생한다.

|16 국회 8|

○|×

06 국공채는 사회간접자본(SOC) 관련 사업이나 시설로 인해 편익을 얻게 될 경우 후세대도 비용을 분담하기 때문에 세대 간 형평성을 훼손시킨다. |19 국가 9| ○|×

01 × **02** × **03** ○ **04** × **05** ○ **06** ×

10

2025 신용한 행정학 합격노트 p.34

과학적 관리론에 대한 설명으로 옳지 않은 것은?

① 조직 내의 인간은 경제적 유인에 의해 동기가 유발되는 타산적 존재라고 보았다.

② 업무수행에 관한 유일 최선의 방법을 찾기 위해 동작연구와 시간연구를 사용한다.

③ 생산성 향상에 비공식적 집단이 중요한 영향을 미친다는 것을 발견하였다.

④ 조직의 공식적 구조를 중요한 변수로 보았다.

🔍 ③

과학적 관리론은 최소의 비용과 노력으로 최대의 산출을 확보하는 능률성을 가장 중요한 가치기준으로 삼고, 공식구조 중심의 과학적 관리기술을 연구한 고전적 관리이론이다. 과학적 관리론의 특징은 ① 합리적 경제인을 전제, ② 기계적 능률성 중시, ③ 공식구조에 대한 과학적 분석을 중시, ④ 명확한 목표와 반복적 훈련 강조, ⑤ 공동이익에 기여하는 생산성 향상, ⑥ 새로운 보수 체계의 도입(과업달성 시 고임금을, 과업실패 시 저임금을 지급하는 성과급) 등이다.

① ◎ 과학적 관리론은 인간을 경제적 유인에 의해 동기가 유발되는 타산적 존재인 X론적 인간관으로 전제한다.

② ◎ 과학적 관리론은 유일 최선의 방법(one best way)이 존재한다고 가정한다.

③ ✕ 인간관계론에 대한 설명이다. 호손공장 연구는 당초 과학적 관리론의 바탕 위에서 작업장의 조명, 휴식시간 등 물리적·육체적 작업조건과 물질적 보상방법의 변화가 근로자의 동기유발과 노동생산성에 미치는 영향을 분석하려고 설계되었으나 연구의 결과 생산성은 누구와 같이 일하고, 인간적 대우를 받고 있으며, 자기의 능력을 인정받고 있는가의 인간적이고 사회심리적 요소에 의해서 결정된다는 사실을 발견하게 되었다.

④ ◎ 과학적 관리론은 인간을 경제적 유인에 의해 동기가 유발되는 합리적·경제적 인간관을 바탕으로, 최소의 비용과 노력으로 최대의 산출을 확보하는 능률성을 가장 중요한 가치기준을 삼으며, 공식구조 중심의 과학적 관리기술을 연구한 고전적 관리이론이다.

SUMMARY 과학적 관리론 vs 인간관계론

	과학적 관리론 (Taylorism, Fordism)	인간관계론 (Mayo의 호손실험)
연구	시간 및 동작 연구	호손실험
인간관	경제적 인간관(X론적 인간관)	사회적 인간관(Y론적 인간관)
초점	공식구조의 설계	비공식구조의 사회적 규범 중시
관리방식	명확한 목표, 반복적 훈련	일체감, 대인관계, 집단사기의 관리
동기부여	경제적 보상	사회적 욕구의 충족 등 비경제적 보상
중요가치	기계적 능률성	사회적 능률성
학문적 기여	고전적 행정학의 기틀마련	신고전적 행정학 형성
한계	• 폐쇄적 환경관 • 공식구조만 중시, 경제적 욕구에 의해서만 지배되는 편향된 인간관 • 조직의 기계화·비인간화를 조장	• 폐쇄적 환경관 • 하향적 통제 방식의 유지 • 보다 세련된 착취방법에 불과 • 이원론적 인식의 한계(인간의 복잡한 측면을 보지 못함)

공통점 : 폐쇄적 환경관, 생산성 향상을 위한 관리기술

관련 OX

01 과학적 관리론은 최소의 노동과 비용으로 최대의 능률을 올릴 수 있는 표준적 작업절차를 정하고 이에 따라 예정된 작업량을 달성하기 위한 가장 좋은 방법을 발견하려는 이론이다. |19 국회 8| O |X

02 테일러(Taylor)의 과학적관리론에 따르면 조직 내의 인간은 사회적 욕구에 의해 동기가 유발된다고 전제한다. |21 국가 9| O |X

03 애플비(Appleby)는 시간과 동작연구를 통한 직무의 전문화는 행정조직의 생산성을 극대화 할 수 있다고 주장한다. |22 지방 7| O |X

04 호손실험은 개인의 생산성 향상을 위해서는 물리적 작업환경이 중요하다는 점을 발견하였다. |16 서울 7| O |X

05 인간관계론에서 조직 참여자의 생산성은 육체적 능력보다 사회적 규범에 의해 좌우된다. |18 국회 8| O |X

01 O 02 ✕ 03 ✕ 04 ✕ 05 O

---

11 2025 신용한 행정학 합격노트 p.97

베버의 관료제이론에 대한 설명으로 옳지 않은 것은?

① 직위의 권한과 관할범위는 법규에 의하여 규정된다.

② 관료는 객관적·중립적 입장보다는 민원인의 입장에서 판단하고 결정한다.

③ 대규모 조직과 인원, 작업을 효율적으로 관리하는 데 기여하였다.

④ 관료의 전문성에 의한 업무처리로 인해 업무의 효율성이 증진될 수 있다.

🔍 ②

① ◎ 관료제는 모든 직위의 권한과 관할범위는 법규에 의하여 규정되며, 권한과 관할범위는 사람이 아니라 직위에 부여되는 것임. 이는 결과에 대한 예측가능성과 신뢰성을 확보할 수 있다. 또한, 문서주의는 업무처리의 객관성과 정확성, 책임성을 제고시킨다.

② ✕ 이상적인 관료제는 **비개인화, 비정의성**(impersonality)에 따라 움직인다. 즉 관료들은 임무수행 시 개인적 이익이나 특별한 사정, 상대방의 지위 등에 구애되는 일 없이 공평무사함을 유지하도록 요구된다.

③ ◎ 권한의 계층이 뚜렷하게 구획되는 계서제 속에 모든 직위들이 배치되며, 상명하복의 질서정연한 체제로서 하급자는 상급자의 엄격한 감독과 통제 하에 임무를 수행한다.

④ ◎ 관료제의 조직운영은 전문적 훈련에 따른 전문인 양성에 기초하며, 이를 바탕으로 분업구조를 형성한다. 즉, 관료제 내에서 구성원들은 제한된 범위의 공식임무를 부여받으며, 이들은 각자 자신이 담당한 전문화된 업무에 대해서만 책임을 진다.

관련 OX

01 베버(M.Weber)의 관료제론에서 개개 직위의 관할 범위는 법규에 의해서 규정된다. |14 서울 7| ○ ×

02 베버(M. Weber)가 주장한 이념형(ideal type)으로서의 근대 관료제에서 모든 직위의 권한과 관할범위는 법규에 의하여 규정된다. |17 국가 9 추가채용| ○ ×

03 베버(M.Weber)의 관료제론에서 이상적인 관료제는 비정의성(impersonality)에 따라 움직인다. |14 서울 7| ○ ×

04 베버(M. Weber)가 주장한 이념형(ideal type)으로서의 근대 관료제에서 관료는 객관적·중립적 입장보다는 민원인의 입장에서 판단하고 결정한다. |17 국가 9 추가채용| ○ ×

05 관료제는 일정한 자격 또는 능력에 따라 규정된 기능을 수행하는 분업의 원리에 따른다. |14 서울 7| ○ ×

06 막스 베버(Max Weber)가 말하는 관료제의 이념형(ideal type)은 조직의 목표를 효율적으로 달성하기 위해서 순환근무를 강조한다. |18 서울 7| ○ ×

07 베버(M.Weber)의 관료제론에서 이상적인 관료제는 정치적 전문성에 의해 충원되는 제도를 갖는다. |14 서울 7| ○ ×

01 ○ **02** ○ **03** ○ **04** × **05** ○ **06** × **07** ×

SUMMARY Gilbert의 행정통제 유형

구분	외부적 통제	내부적 통제
공식	입법부, 사법부, 헌법재판소 옴부즈만(일반적으로 의회소속)	계층제(명령체계) 및 인사관리제도, 감사원 청와대와 국무조정실(정부업무평가), 중앙행정부처, **교차기능조직**
비공식	시민, 정당, 선거, 투표 이익집단, 여론, 매스컴, 인터넷	동료집단의 평가와 비판 공무원의 직업윤리

관련 OX

01 외부적 통제체제에는 국회, 헌법재판소, 교차기능조직, 국민 등이 포함된다. |13 국회 8| ○ ×

02 행정에 대한 외부통제 수단으로 우리나라 국회는 국정조사, 국정감사, 직무감찰, 옴부즈만 등을 행사한다. |18 지방 7| ○ ×

03 전통적인 행정통제방법으로 가장 중요시 되는 것은 입법부에 의한 내부통제이다. |16 경간| ○ ×

01 × **02** × **03** ×

12

2025 신용한 행정학 합격노트 p.206

행정통제 중 외부통제에 해당하는 것만을 모두 고른 것은?

> ㄱ. 정당에 의한 통제
> ㄴ. 언론통제
> ㄷ. 공무원으로서의 직업윤리
> ㄹ. 교차기능조직에 의한 통제
> ㅁ. 국민권익위원회에 의한 통제

① ㄱ, ㄴ   ② ㄱ, ㄷ
③ ㄴ, ㅁ   ④ ㄹ, ㅁ

🔍 ①

ㄱ, ㄴ ◎ 정당에 의한 통제, 언론통제는 외부통제에 해당한다.
ㄷ, ㄹ, ㅁ ✕ 공무원으로서의 **직업윤리**, 교차기능조직에 의한 **통제**, 국민권익위원회에 의한 통제는 **내부통제**에 해당한다.

13

2025 신용한 행정학 합격노트 p.27

공익의 과정설에 대한 설명으로 옳지 않은 것은?

① 적법절차의 준수에 의해 공익이 보장된다.
② 공직자의 조정자적 역할 및 행정의 중재역할을 강조한다.
③ 다원주의 국가에서 일어나는 정책결정 과정을 전제로 한다.
④ 개인의 사익을 초월한 공동체 전체의 공익이 따로 있다고 보는 견해이다.

🔍 ④

과정설적 관점에서의 **공익은 개인들의 사익으로부터 도출되는 것임을 전제하며, 공익은 사익의 총합이거나 사익 간 타협 또는 집단 간 상호작용의 산물로 보는 견해이다.**
①, ② ◎ 과정설은 민주적 조정과정에 의한 공익의 도출을 중시하며, 국가는 개인들이 개별적 이익을 위해 자유스럽게 활동하도록 하는 것이 공익을 극대화 시키는 것이며, 따라서 정부의 활동은 중립적 조정자로서 역할로 제한된다.
③ ◎ 공익의 실체설은 엘리트주의, 공익의 과정설은 다원주의의 관점을 견지한다.
④ ✕ **개인의 사익을 초월한 공동체 전체의 공익이 따로 있다고 보는 견해는 공익의 실체설이다.** 과정설은 사익을 초월한 별도의 공익개념 존재를 부정한다. 과정설에서 공익은 실질적으로 과정·제도·절차적 국면을 통해 형성된다고 본다.

02회 신용한 행정학 문제+해설 **89**

SUMMARY 공익의 실체설 vs 과정설

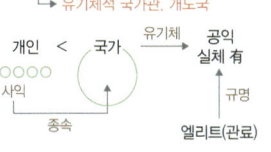

구분	실체설	과정설
공익	• 공익은 사익을 초월한 실체로 존재(유기체·공동체적 관점, 집단주의적 성격) • 공익과 사익 간 갈등은 있을 수 없음.	• 공익은 사익 간 갈등의 조정·타협의 산물(자유주의적 관점, 개인주의적 시각) • 사익을 초월한 공익의 존재를 부정
	⇨ 엘리트나 관료에 의해 실체가 규정	⇨ 과정·제도·절차적 국면을 통해 형성
관료	• 공익의 규정과 목민적 역할	• 사익 간 갈등의 조정자적 역할
한계	• 공익이 소수의 엘리트에 의해 규정됨으로써 전체주의 또는 권위주의로 변질될 가능성	• 공익형성과정에서 집단이기주의의 발생과 소수 몇몇 집단에 의해 주도될 가능성(조직화 되지 못한 사회적 약자의 이익이 보호받지 못할 가능성)
설명력	• 국가의 힘이 강력한 개도국	• 민주적 의견수렴절차가 발달한 선진국
관점	• 엘리트주의, 합리모형	• 다원주의, 점증모형

관련 OX

01 실체설에서는 사익의 총합이 곧 공익이 된다고 주장한다. |16 국회 9| ○ X

02 실체설은 사회공동체나 국가의 모든 가치를 포괄하는 절대적 선의 가치가 있다고 본다. |19 서울 7| ○ X

03 공익 과정설에 따르면 사익을 초월한 별도의 공익이란 존재할 수 없다. |20 지방 9| ○ X

04 공익에 대한 실체설에서는 공익을 사익 간 타협 또는 집단 간 상호작용의 산물로 본다. |19 국가 9| ○ X

05 공리주의적 관점에서 공익은 목적론적 윤리론을 따르고 있다. |20 국가 9| ○ X

06 실체설에서는 행정의 조정자 역할이 강조된다. |19 서울 7| ○ X

07 실체설은 적법절차의 준수에 의해 공익이 보장된다고 본다. |19 서울 7| ○ X

08 슈버트(Schubert)는 공익실체설의 입장에서 공익이 민주적 정부 이론의 중심에 놓여 있다고 주장했다. |19 지방 7| ○ X

01 X 02 ○ 03 ○ 04 X 05 ○ 06 X 07 X 08 X

---

14 2025 신용한 행정학 합격노트 p.61

정책문제의 구조화기법과 설명이 바르게 연결된 것은?

① 분류분석은 정책문제의 존속기간 및 형성과정을 파악하기 위해 사용하는 기법으로 포화표본추출(saturation sampling)을 통해 관련 이해당사자를 선정한다.

② 계층분석은 문제상황을 정의하기 위해 당면문제를 그 구성요소들로 분해하는 기법으로 논리적 추론을 통해 추상적인 정책문제를 구체적인 요소들로 구분한다.

③ 유추분석은 문제에 대한 관련 전문가들이 모여 제약 없이 자유로운 토론을 통해 문제상황의 인식과 개념화를 위한 창의적 아이디어를 도출하는 기법이다.

④ 가정분석은 문제에 대한 가정이나 전제가 정책과정의 참여자들 간 일치하지 않을 경우 상충적 가정들을 창의적으로 통합하는 기법이다.

🔍 ④

① ✕ **경계분석에 대한 설명**이다. 분류분석은 문제를 구성하고 있는 구성요소들을 카테고리별로 분류·식별하여 문제를 명확하게 정의하는 기법이다.

② ✕ **분류분석에 대한 설명**이다. 계층분석은 문제의 원인을 계층적으로 규명해 나가는 기법으로 인과관계 파악을 주된 목적으로 한다.

③ ✕ **브레인스토밍에 대한 설명**이다. 유추분석은 유사문제에 대한 비교와 유추를 통해 특정 문제를 명확하게 정의하는 기법이다.

④ ◎ 가정분석은 문제에 대한 가정이나 전제가 정책과정의 참여자들 간 일치하지 않을 경우 가정들에 대한 비판적 평가, 이해관계자의 확인 등을 통해 상충적 가정들을 창의적으로 통합하는 기법이다.

SUMMARY 정책문제의 구조화 기법

분류분석	문제의 구성요소들을 카테고리로 분류·식별하여 명확하게 정의하는 기법
계층분석	문제 상황의 원인을 계층적으로 규명해 나가는 기법. 간접적이고 불확실한 원인에서 직접적이고 확실한 원인을 차례차례 계층적으로 식별해 나가는 방식
시네틱스 (유추분석)	유사성 있는 문제에 대한 비교와 유추를 통해 특정문제를 명확하게 정의하는 기법
브레인스토밍	전문가들이 모여 제약 없는 자유토론을 통해 창의적 아이디어를 도출하는 기법
가정분석	정책문제에 대한 가정이나 전제가 일치하지 않을 경우 가정들에 대한 비판적 평가, 이해관계자의 확인 등을 통해 상충적 가정들을 창의적으로 통합하는 기법
경계분석	문제의 경계를 설정함으로써 문제의 위치 및 범위를 명확히 하고, 구체화하는 기법

관련 OX

01 문제구조화는 상호 관련된 4가지 단계인 문제의 감지, 문제의 정의, 문제의 추상화, 문제의 탐색으로 구성되어 있다.
| 17 지방 9 |　　　　　　　　　　　　　　　　　　○ | ×

02 분류분석(classification analysis)은 문제상황을 정의하기 위해 당면문제를 그 구성요소들로 분해하는 기법으로 논리적 추론을 통해 추상적인 정책문제를 구체적인 요소들로 구분한다. | 14 국가 9 |　　　　　　　　　　○ | ×

03 계층화분석법(Analytic Hierarchy Process)은 의사결정의 목표 또는 평가 기준이 다수이며 복합적일 경우, 이를 계층화하여 세부 요인들로 분해한 후 각 요인들을 상호비교하여 상대적인 중요도와 우선순위를 도출한다. | 21 국회 9 | ○ | ×

04 가정분석(assumption analysis)은 정책문제와 관련된 여러 구조화되지 않은 가설들을 창의적으로 통합하기 위해 사용하는 기법으로 이전에 건의된 정책부터 분석한다. | 14 국가 9 |
　　　　　　　　　　　　　　　　　　　　　　○ | ×

05 경계분석(boundary analysis)은 정책문제의 존속기간 및 형성과정을 파악하기 위해 사용하는 기법으로 포화표본추출(saturation sampling)을 통해 관련 이해당사자를 선정한다.
| 14 국가 9 |　　　　　　　　　　　　　　　　　○ | ×

01 ✕　02 ○　03 ○　04 ○　05 ○

관련 OX

01 직장 내 교육훈련(OJT, on-the-job-training)은 직장 내에서 직무를 수행하면서 실무지식과 기술을 직접 지도하고 습득시키기 위해 실시하는 교육훈련의 한 형태이다.
| 20 국가 7 인사조직 |　　　　　　　　　　　　○ | ×

02 감수성훈련(sensitivity training)은 태도와 가치관의 변화를 통해 대인관계기술을 향상시키는 것이 아니라 지식기술의 변화를 도모하는 것이 주된 목적이다. | 17 국가 7 인사조직 |
　　　　　　　　　　　　　　　　　　　　　　○ | ×

03 감수성 훈련은 실험실훈련 혹은 T-집단훈련이라는 명칭으로 불린다. | 19 서울 7 |　　　　　　　　　　　　○ | ×

04 감수성 훈련(sensitivity training)은 원래 정신병 치료법으로 발달한 것으로 전문가의 지원을 받아 과제의 해결책을 도출하는 방법이다. | 19 국가 7 |　　　　　　　　○ | ×

05 역할연기(role playing)에서는 보통 자신과 반대되는 입장의 역할을 부여한다. | 17 국가 7 인사조직 |　　　　○ | ×

06 모의연습(simulation)은 T-집단훈련으로도 불리며 주어진 사례나 문제에서 어떠한 역할을 실제로 연기해 봄으로써 당면한 문제를 체험해 보는 방법이다. | 19 국가 7 | ○ | ×

01 ○　02 ✕　03 ○　04 ✕　05 ○　06 ✕

15　　　　　　　　　　2025 신용한 행정학 합격노트 p.145

다음 설명에 해당하는 교육훈련 방법은?

> 행동학습 또는 실천학습으로 불리며, 이는 소규모로 구성된 조직 또는 그룹이 실질적인 업무현장의 문제와 원인을 규명하고, 이를 해결하기 위하여 실행계획을 수립하여 현장에 적용한 다음 그 실천과정에 대한 성찰을 통해 학습하는 것이다.

① 감수성훈련(Sensitivity Training)
② 액션러닝(action learning)
③ 시보(probation)
④ 직무순환(job rotation)

🔍 ②

② ◉ 액션러닝(action learning)에 대한 설명이다. 액션러닝(action learning)은 정책 현안에 대한 현장방문, 사례조사와 성찰 미팅을 통해 문제해결능력을 함양하는 것으로 교육생들이 실제 현장에서 부딪치는 현안 문제를 가지고 자율적 학습, 전문가의 지원 등을 받으며 구체적인 문제해결 방안을 모색하는 학습방법이다.

16　　　　　　　　　　2025 신용한 행정학 합격노트 p.219

우리나라 「지방자치법」규정된 사무배분과 사무처리의 기본 원칙으로 옳은 것만 모두 고른 것은?

> ㄱ. 지역주민생활과 밀접한 관련이 있는 사무는 원칙적으로 시·군 및 자치구의 사무로 배분하여야 한다.
> ㄴ. 서로 관련된 사무들을 배분할 때는 포괄적으로 배분하여야 한다.
> ㄷ. 시·도와 시·군 및 자치구는 사무를 처리할 때 서로 겹치지 아니하도록 하여야 하며, 사무가 서로 겹치면 시·도에서 먼저 처리한다.
> ㄹ. 지방자치단체는 법령을 위반하여 사무를 처리할 수 없으며, 시·군 및 자치구는 해당 구역을 관할하는 시·도의 조례를 위반하여 사무를 처리할 수 없다.

① ㄱ, ㄴ　　　　　　　　② ㄱ, ㄷ
③ ㄱ, ㄴ, ㄹ　　　　　　④ ㄴ, ㄷ, ㄹ

🔍 ③

02회 신용한 행정학 문제+해설　91

ㄱ ◎ 보충성의 원칙에 대한 설명이다.

> **지방자치법 제11조【사무배분의 기본 원칙】** ② 국가는 제1항에 따라 사무를 배분하는 경우 지역주민생활과 밀접한 관련이 있는 사무는 원칙적으로 시·군 및 자치구의 사무로, 시·군 및 자치구가 처리하기 어려운 사무는 시·도의 사무로, 시·도가 처리하기 어려운 사무는 국가의 사무로 각각 배분하여야 한다.

ㄴ ◎ 포괄성의 원칙에 대한 설명이다.

> **동법 제11조【사무배분의 기본 원칙】** ③ 국가가 지방자치단체에 사무를 배분하거나 지방자치단체가 사무를 다른 지방자치단체에 재배분할 때에는 사무를 배분받거나 재배분받는 지방자치단체가 그 사무를 자기의 책임하에 종합적으로 처리할 수 있도록 관련 사무를 포괄적으로 배분하여야 한다.

ㄷ ✕ 시·도와 시·군 및 자치구는 사무를 처리할 때 서로 겹치지 아니하도록 하여야 하며, <mark>사무가 서로 겹치면 시·군 및 자치구에서 먼저 처리</mark>한다.

> **동법 제14조【지방자치단체의 종류별 사무배분기준】** ③ 시·도와 시·군 및 자치구는 사무를 처리할 때 서로 겹치지 아니하도록 하여야 하며, 사무가 서로 겹치면 시·군 및 자치구에서 먼저 처리한다.

ㄹ ◎ 지방자치법 제12조

> **동법 제12조【사무처리의 기본원칙】** ③ 지방자치단체는 법령을 위반하여 사무를 처리할 수 없으며, 시·군 및 자치구는 해당 구역을 관할하는 시·도의 조례를 위반하여 사무를 처리할 수 없다.

17

2025 신용한 행정학 합격노트 p.60

다음 중 정책의제화 될 가능성이 높은 상황을 모두 고르면?

> ㄱ. 정책 이해관계자가 좁게 분포하고 조직화 정도가 높은 경우
> ㄴ. 문제가 해결되면 전체적 이익을 가져오고, 해결비용을 일부집단이 부담하는 경우
> ㄷ. 관례적이거나 일상적인 문제의 경우
> ㄹ. 정책담당자의 이해가 어렵고 해결책이 복잡한 경우
> ㅁ. 정책 이해관계자가 넓게 분포하고 조직화 정도가 낮은 경우

① ㄱ, ㄷ   ② ㄱ, ㄴ, ㄷ
③ ㄹ, ㅁ   ④ ㄴ, ㄹ, ㅁ

🔍 ①

ㄱ, ㄷ ◎ 정책의제화 가능성이 높은 상황이다.

ㄴ, ㄹ, ㅁ ✕ 정책의제화 가능성이 낮은 상황이다.

SUMMARY 정책의제설정의 영향요인

문제의 중요성	• 정책문제가 사회발전의 가능성을 현격히 높이는 것이나 발전을 심각히 저해하게 될 문제는 정책의제화 가능성이 높음.
집단의 영향력	• **영향을 받는 집단이 크고**, 내용이 중요한 것일수록 우선순위가 높아 의제화 가능성이 큼.
선례와 유행성	• **정책문제가 관례화 혹은 일상화된 것이면 정책의제화 가능성이 높음.** • 정책체제가 안정될수록 선례답습식으로 의제화됨.
극적 사건과 위기	• 문제를 극적으로 부각시키는 사건, 위기 또는 재난(disaster)은 정부의제화를 유발하는 점화(triggering device)임.
해결가능성	• 정책담당자의 입장에서 충분히 이해가능하고 해결할 수 있다고 판단 시 의제화 가능성이 높음. • **문제 자체가 복잡하고, 분석수단의 선택이 기술적으로 어려운 경우 정부의제화가 어려움.**
쟁점화 정도	• **관련 집단들 간 예민하게 쟁점화된 것일수록 의제화 가능성이 큼.**

내용상의 특성	• 문제가 해결되면 전체적 이익을 가져오고, 해결비용을 일부집단이 부담하는 규제정책(보호적 규제정책)의 경우 정부의제화가 어려움(Crenson). 18 서울 7 추가
	
	보호적 규제정책 ── 편익 : 분산 ➡ 의제 형성 ↓
	           └ 비용 : 집중
	                강력하게 저항

18

2025 신용한 행정학 합격노트 p.211

지방자치의 두 요소인 주민자치와 단체자치 중 주민자치의 특징에 해당하지 않는 것은?

① 자치사무와 위임사무의 구분
② 국가 이전의 고유권
③ 기관통합형
④ 개별적 지정주의

🔍 ①

① ❌ 사무구분에서 **주민자치는 자치사무와 위임사무를 구분하지 않지만**, 단체자치는 이를 구분한다.
② ⭕ 자치권의 인식에서 주민자치는 고유권으로, 단체자치는 전래권으로 본다.
③ ⭕ 주민자치는 의결기관이 집행기관도 되는 기관통합형을 채택하는 반면, 단체자치는 의결기관과 집행기관을 분리하여 대립시키는 기관분리형을 채택한다.
④ ⭕ 주민자치는 권한부여방식으로 개별적 지정주의(개별적 수권)를, 단체자치는 포괄적 위임주의(포괄적 수권)를 채택하는 경향이 있다.

SUMMARY 주민자치와 단체자치의 비교

구 분	주민자치	단체자치
의 미	정치적 의미(풀뿌리 민주주의)	법률적 의미(민주주의와 상관관계 부정)
국 가	영·미형	프랑스·독일 중심 대륙형
자치권	국가 이전의 고유권	국가로부터 부여받은 권리(전래권)
강조점	주민참여, 지방정부와 주민과의 관계(민주주의)	중앙정부로부터의 독립, 지방자치단체와 국가와의 관계(분권주의)
사무구분	자치사무·위임사무 구분 없음	자치사무·위임사무 구분
권한부여방식	개별적 지정주의(개별적 수권)	포괄적 위임주의(포괄적 수권)
중앙정부통제	주로 입법적·사법적 통제, 약한 통제	주로 행정적 통제, 강한 통제
조세 제도	독립세(자치단체가 과세주체)	부가세(국가가 과세주체)
지방정부형태	기관통합형(의회중심)	기관대립형(기관장 ↔ 의회)
자치단체	순수한 자치단체	이중적 지위(자치단체+일선기관)
통 제	주민통제	중앙통제

관련 OX

01 주민자치는 주민의 자치사무를 처리한다는 측면에서 정치적 의미가 강하다. |17 국회 8|　　　　　○·×

02 주민자치는 지방분권의 이념을, 단체자치는 민주주의 이념을 강조한다. |19 서울 9|　　　　　○·×

03 자치권의 인식에서 주민자치는 전래권으로, 단체자치는 고유권으로 본다. |19 서울 9|　　　　　○·×

04 주민자치는 지방사무에 관해 자치단체 고유사무와 중앙정부 위임사무를 구별하지 않는다. |17 국회 8|　　　　　○·×

05 단체자치에서는 입법통제와 사법통제가 주된 통제방식이다. |18 서울 9|　　　　　○·×

06 주민자치에서 지방자치단체는 지방의 자치행정기관으로서 이중적 지위를 갖는다. |17 국회 8|　　　　　○·×

07 단체자치에서는 법률에 의한 권한이 명시적·한시적으로 규정되어 사무를 자주적으로 처리할 수 있는 재량의 범위가 크다. |18 서울 9|　　　　　○·×

01 ○ **02** × **03** × **04** ○ **05** × **06** × **07** ×

19

2025 신용한 행정학 합격노트 p.45, 46

현상학적 접근방법에 대한 설명으로 옳지 않은 것은?

① 행정학 연구를 행정가의 일상적이고 실제적인 측면을 강조하는 미시적 관점으로 방향을 전환한 것이다.
② 인간 자아의 능동적·사회적 본성을 분석의 기초단위로 보고, 상호 주관적 인식론을 강조하였다.
③ 인간의 행위를 이해하기 위해서는 선험적 의식 또는 순수이성에 바탕을 둔 직관적 포착이 중요하다고 보았다.
④ 내재된 동기나 의도된 행위를 분석하기 위해 표출된 행위와 외면적 행태를 분석하고, 현상을 분해하여 이해할 필요가 있다.

🔍 ④

① ⭕ 현상학적 접근방법은 개별적 행위와 개개인의 상호작용에 초점을 두어 행정학 연구를 행정가의 일상적이고 실제적인 측면을 강조하는 미시적 관점으로 방향을 전환하게 하였다.
② ⭕ 사회를 상호인식과 인간의 간주관성이 이루어지는 세계로 전제하였다.
③ ⭕ 현상학적 접근방법은 사회과학에서의 정신적 구성물은 자연과학과 본질적으로 다르다는 전제하에 현상을 본질적인 전체로 파악하며, 대상과 의식의 상호작용을 바탕으로 직관을 통해 본질을 파악하고자 하는 관념론이다.

02회 신용한 행정학 문제+해설 **93**

④ ✖ 객관적 존재의 서술을 위해서 현상을 분해하여 분석하는 것은 논리실증주의에 가깝다. **현상학적 접근방법은** 사회현상에 대한 이해를 위해 외면에 대한 경험적 관찰보다는 일상생활의 상식적 생각 속에서 인간행위를 이해하고, **그 이면에 내재된 동기나 의도에 대한 해석을** 중요시하는 접근법이다.

SUMMARY 현상학적 접근방법의 주요 특성

물상화의 배격 (인본주의)	• 기술문명과 물질주의, 공식화 등으로 초래된 인간의 물상화 현상을 배격하고 인간소외의 본질을 파헤치려는 것 • 인간을 자유의지를 지닌 자발적·능동적 자아로 인식(인간을 주체적·능동적 존재로 인식)
상호주관성과 감정이입	• 사회를 상호인식과 인간의 간주관성(intersubjectivity)이 이루어지는 세계로 전제함. • 행정에서의 감정이입과 대면접촉을 중시하고, 이는 소외적 사회구성원들에 대한 형평성 강조로 연결됨.
행태(behavior)가 아닌 행위(action)를 중시	• 표출된 행위와 의도된 행위는 다르므로 외면적 행태만 연구하는 것은 무의미하며, 의도가 결부된 의미있는 행동과 인과의 사회적 상호작용을 연구해야 함을 주장
반실증주의와 철학적 연구방법론	• 철학적 연구방법론을 채택 • 실증주의를 거부하고, 객관적 실재보다 명분이나 가치를 중시하는 명목론과 유명론 견지
개별사례중심	• 인간의 의지와 동기를 중시하는 현상학은 개별사례나 문제 중심적 방법을 추구(미시적 접근)

관련 OX

01 현상학적 행정연구에서 행정현상은 사람들의 의식, 생각, 언어, 개념 등을 통해 구성된 것이다. |17 국가 7 추가채용| ○|✕

02 현상학적 행정연구에서는 행정활동과 관련된 사람들 사이의 상호작용에 의해 구성된 상호주관적 경험이 중요하다. |17 국가 7| ○|✕

03 현상학적 행정연구에서는 가치와 사실의 구별을 인정하며, 현상을 개체적으로 파악하고자 한다. |17 국가 7 추가채용| ○|✕

04 현상학적 행정연구는 기존의 관찰이나 믿음에 영향을 받지 않기 위해 '괄호 안에 묶어두기' 또는 '현상학적 판단정지'가 중요하다고 본다. |17 국가 7 추가채용| ○|✕

01 ○ **02** ○ **03** ✕ **04** ○

---

20 2025 신용한 행정학 합격노트 p.118, 119

리더십 연구의 상황론적(Situational) 접근방법에 대한 설명으로 옳지 않은 것은?

① 리더십 대체물 접근법에서 조직이 제공하는 보상에 대한 무관심은 리더십의 대체물에 해당한다.
② 피들러(F. Fiedler)는 지도자와 구성원과의 관계, 지도자의 지위에서 오는 권력, 과업 구조라는 상황변수를 강조한다.
③ 허쉬(P. Hersey)와 블랜차드(K. Blanchard)는 지도자의 행동을 인간관계 지향적 행동과 과업지향적 행동으로 구분하고 상황변수로 부하의 성숙도를 추가하였다.
④ 하우스(House)의 참여적 리더는 부하들과 상담하고 의사결정 전에 부하들의 의견을 반영하려고 한다.

🔍 ①

리더십 연구의 상황론적(Situational) 접근방법은 행태론적 접근이 상황적 조건에 따라 효과적 리더의 행동이 달라질 수 있음을 간과하고 있다는 비판에 직면함에 따라 **상황에 따른 효과적인 리더의 특성, 행동 등을 파악하는 것이** 연구의 초점이다.

① ✖ 조직이 제공하는 보상에 대한 무관심은 **리더십의 중화물에** 해당한다.
② ◉ 피들러(Fiedler)의 상황적합이론은 상황변수를 리더와 부하의 관계, 임무구조, 직위에 부여된 권력으로 파악하고 상황별 유·불리한 리더십 모형을 제시하였다.
③ ◉ 허쉬(P. Hersey)와 블랜차드(K. Blanchard)는 리더십을 '인간관계중심(관계성 행동)'과 '임무중심(과업행동)' 행태를 기준으로 규정한 다음, 상황변수로서 '부하의 성숙도'라는 하나의 차원을 추가한 3차원적 모형을 정립하였다.
④ ◉ 하우스(House)의 참여적 리더는 부하가 의사결정 등에 참여함으로써 과업과 역할 기대를 학습하도록 하는 유형으로 부하들이 구조화되지 않은 과업을 수행 시 필요한 리더십 유형이다.

94 2025 신용한 행정학 국가직 9급 모의고사

제03회 국가직 9급 대비 모의고사
행정학 문제 및 해설

정답 모아보기

01	02	03	04	05	06	07	08	09	10
④	②	②	②	①	④	③	④	④	①

11	12	13	14	15	16	17	18	19	20
④	③	③	①	①	①	④	①	①	②

01　　　　　　　　　　2025 신용한 행정학 합격노트 p.171

예산에 대한 설명으로 옳지 않은 것은?

① 우리나라는 동일 회계연도 예산의 성립을 기준으로 볼 때 시기적으로 빠른 것부터 순서대로 나열하면 수정예산, 본예산, 추가경정예산 순이다.

② 「국가재정법」상 추가경정예산안은 경기침체, 대량실업 같은 중대한 변화가 발생할 우려가 있는 경우에 편성할 수 있다.

③ 가예산은 1개월분의 예산을 국회의 의결을 거쳐 집행하는 것으로 우리나라가 운영한 경험이 있다.

④ 우리나라의 준예산은 법률상 지출 의무를 이행하기 위한 경우에 집행할 수 있으며, 국회의 의결을 필요로 한다.

🔍 ④

① ◎ 예산을 성립시기에 따라 구분할 때 본예산, 수정예산, 추가경정예산으로 구분된다. 수정예산은 예산의 성립 전 변경, 본예산은 최초로 성립된 예산, 추가경정예산은 예산의 성립 후 변경을 말한다.

② ◎ 「국가재정법」 제89조 각호의 추가경정예산안 편성 가능 사유에 해당한다.

> **국가재정법 제89조【추가경정예산안의 편성】** ① 정부는 다음 각 호의 어느 하나에 해당하게 되어 이미 확정된 예산에 변경을 가할 필요가 있는 경우에는 추가경정예산안을 편성할 수 있다.
> 1. 전쟁이나 대규모 재해(「재난 및 안전관리 기본법」 제3조에서 정의한 자연재난과 사회재난의 발생에 따른 피해를 말한다)가 발생한 경우
> 2. 경기침체, 대량실업, 남북관계의 변화, 경제협력과 같은 대내·외 여건에 중대한 변화가 발생하였거나 발생할 우려가 있는 경우
> 3. 법령에 따라 국가가 지급하여야 하는 지출이 발생하거나 증가하는 경우

③ ◎ 가예산은 우리나라 1공화국 때 채택한바 있다. 가예산은 1개월 이내의 시간 범위 내에서 지출할 수 있으며, 국회의결이 필요하다.

④ ⊠ 우리나라의 준예산은 **국회의 의결을 필요로 하지 않는다**는 점에서 사전의결원칙의 예외에 해당한다.

> **헌법 제54조** ③ 새로운 회계연도가 개시될 때까지 예산안이 의결되지 못한 때에는 정부는 국회에서 예산안이 의결될 때까지 다음의 목적을 위한 경비는 전년도 예산에 준하여 집행할 수 있다.
> 1. 헌법이나 법률에 의하여 설치된 기관 또는 시설의 유지·운영
> 2. 법률상 지출의무의 이행
> 3. 이미 예산으로 승인된 사업의 계속

SUMMARY 예산의 성립시기에 따른 구분

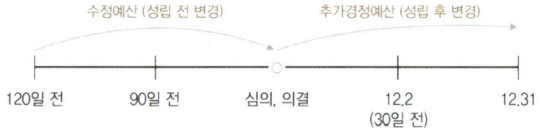

SUMMARY 예산의 유형

(1) 성립시기에 따른 구분

본예산	정기국회의 심의를 거쳐 확정된 예산
수정예산	예산이 확정되기 전(국회의결 이전) 변경
추가경정예산	예산이 확정된 후(국회의결 이후) 변경

(2) 예산 불성립시 예산집행장치

구 분	기 간	국회의결	지출 항목	채택국가
준예산	무제한	불필요	한정적	현재 우리나라, 독일
가예산	1개월	필 요	전반적	우리나라 1공화국, 프랑스
잠정예산	무제한	필 요	전반적	미국, 일본, 영국, 캐나다

관련 OX

01 정기국회 심의를 거쳐 확정된 최초 예산을 본예산 혹은 당초 예산이라고 한다. |20 국회 8| ○|✕

02 수정예산은 예산안이 국회에서 확정된 후에 생긴 사유로 이미 성립된 예산에 변경을 가할 필요가 있을 때 편성하는 예산을 말한다. |16 국회 9| ○|✕

03 수정예산은 예산성립 후에 발생한 사유로 인하여 필요한 경비의 과부족이 발생한 때 본예산에 수정을 가한 예산이다. |20 국회 8| ○|✕

04 전쟁이나 대규모 자연재해가 발생한 경우는 「국가재정법」 제89조에 따른 추가경정예산안을 편성할 수 있는 경우이다. |15 서울 9| ○|✕

05 부동산 경기 등 경기부양을 위하여 기획재정부 장관이 필요하다고 판단하는 경우는 「국가재정법」 제89조에 따른 추가경정예산안을 편성할 수 있는 경우이다. |15 서울 9| ○|✕

03회 신용한 행정학 문제+해설　**95**

06 추가경정예산은 새로운 회계연도가 개시될 때 까지 국회에서 예산안이 의결되지 못한 때에 편성된다. |20 지방 7| ○ | ×

07 우리나라에서 새로운 회계연도 개시 때까지 국회 예산심의가 이루어지지 않았을 때(예산 불성립시)에 적용하는 예산제도는 준예산제도에 해당한다. |23 군무원 9| ○ | ×

08 준예산은 이미 예산으로 승인된 사업의 계속을 위해 집행할 수 있다. |21 국가 7| ○ | ×

09 우리나라가 채택한 적이 있는 가예산의 경우, 예산안이 회계연도 개시일까지 국회를 통과하지 못할 때 정부는 1개월 이내의 시간의 범위 내에서 가예산을 지출할 수 있으며 국회의 의결은 불필요하다. |16 국회 9| ○ | ×

10 잠정예산은 수개월 단위로 임시예산을 편성해 운영하는 것으로 가예산과 달리 국회의 의결이 불필요하다. |23 지방 9| ○ | ×

01 ○ **02** × **03** × **04** ○ **05** × **06** × **07** ○ **08** ○ **09** × **10** ×

02

2025 신용한 행정학 합격노트 p.101, 102

민츠버그(H. Mintzberg)의 조직유형에 대한 설명으로 옳지 않은 것은?

① 지원 참모(support staff)는 기본적 작업흐름 외에 발생 하는 조직 문제를 지원하는 모든 전문가이다.
② 애드호크라시(adhocracy)는 수평적·수직적 복잡성은 높으나 공식성은 낮게 나타난다.
③ 기계적 관료제(machine bureaucracy)의 핵심 조정 메커니즘은 업무절차 표준화이다.
④ 단순구조(simple structure)는 전략부문에 권력의 초점이 있다.

🔧 ②

① ◎ 지원스태프 부문은 기본적 작업흐름 외에 발생하는 조직문제를 지원하는 모든 전문가로 구성되어 있다.
② ✖ 애드호크라시(adhocracy)는 지원참모의 힘이 강력하며, 조직 구성원들은 전문성이 매우 높고, 구성원 간 상호조정은 개인적 의사전달과 수평적 통합방식을 통해 이루어지는 조직구조로, **수직적 분화 수준이 낮고, 수평적 분화 수준이 매우 높으며, 공식화 수준 또한 낮다.**
③ ◎ 기계적 관료제(machine bureaucracy)는 수평적·수직적 복잡성과 공식화는 매우 높으며, 주로 대규모 조직에서 나타나는 조직유형으로 기술부문이 권력의 초점이 된다. 이 조직유형의 핵심 조정 메커니즘은 업무절차 표준화이다.

④ ◎ 단순구조(simple structure)는 최고관리층(전략부문)이 강력한 유형으로 단순하고, 동태적 환경, 소규모 초창기 조직에서 발견되는 조직형태이다. 단순구조는 낮은 분화 수준, 높은 집권화 수준, 낮은 공식화 수준, 높은 융통성을 구조적 특징으로 한다.

SUMMARY 민츠버그의 조직유형(조직의 구성부문)

SUMMARY 민츠버그의 조직유형

분류	단순구조	기계적 관료제	전문적 관료제	사업부제	임시체제 (Adhocracy)
조정 기제	직접감독 (통제)	작업(업무) 과정 표준화	기술표준화	산출표준화	상호조절
핵심 부문	최고관리층 (전략부문)	기술구조	핵심운영층 (작업계층)	중간관리층 (중간계선)	지원참모
구조요인					
수평적 복잡성	낮음	높음	높음	중간	높음
수직적 복잡성	높음	높음	낮음	중간	낮음
공식화	낮음	높음	낮음	높음	낮음
집권화	집권화	제한된 수평적 분권화	수평적· 수직적 분권화	제한된 수직적 분권화	선택적 분권화
상황요인					
연령	신생조직	오래된 조직	다양	오래된 조직	신생조직
규모	소규모	대규모	다양	대규모	다양
환경	단순, 동태적	단순, 안정	복잡, 안정	단순, 안정	복잡, 동태적
기술	단순	비교적 단순	복잡	가변적 이지만 단순	매우 복잡
예	신생조직	행정부, 교도소	종합대학, 종합병원	재벌조직	연구소

관련 OX

01 민츠버그는 폐쇄체계(closed system)적 관점에서 조직이 수행하는 기능을 기준으로 유형을 분류하였다. |18 국회 9|
○ ✕

02 민츠버그(Minzberg)는 조직의 5개 구성 요소로 전략적 최고관리층, 중간계선관리층, 작업계층. 기술구조, 지원 막료를 제시하였다. |21 지방 7|
○ ✕

03 핵심운영부문(operating core)은 조직을 가장 포괄적인 관점에서 관리한다. |20 국회 9|
○ ✕

04 핵심운영부문(operating core)은 조직의 제품이나 서비스를 생산해 내는 기본적인 일들이 발생하는 곳이다. |20 국회 9|
○ ✕

05 민츠버그(H. Mintzberg)의 조직유형 중 단순구조(simple structure)는 유기적이고 융통성있는 구조이다. |21 군무원 7|
○ ✕

06 기계적 관료제(machine bureaucracy)는 전략부문과 핵심운영 중심의 구조이며, 업무와 조직단위의 분화수준이 낮다. |18 국회 9|
○ ✕

07 민츠버그(Mintzberg)가 제시한 전문적 관료제(professional bureaucracy) 조직은 공식화의 수준이 높으며, 지원 참모부문이 권력의 초점이다. |21 국가 7 인사조직|
○ ✕

08 민츠버그(Mintzberg)가 제시한 전문적 관료제(professional bureaucracy) 조직은 수평적 복합성은 낮으나 수직적 복합성은 높다. |21 국가 7 인사조직|
○ ✕

09 사업부 조직(divisionalized organization)은 참모 중심의 구조이며, 신축적이고 혁신적인 조직구조이다. |18 국회 9|
○ ✕

10 민츠버그(Mintzberg)는 애드호크라시(adhocracy)를 수평적·수직적 업무분화 수준이 매우 높다고 보았다. |18 국가 7 인사조직|
○ ✕

01 ✕ **02** ○ **03** ✕ **04** ○ **05** ○ **06** ✕ **07** ✕ **08** ✕ **09** ✕ **10** ✕

03

2025 신용한 행정학 합격노트 p.229

「주민투표법」상 주민투표에 대한 설명으로 옳지 않은 것은?

① 행정기구의 설치·변경에 관한 사항은 주민투표에 부칠 수 없다.

② 주민과 지방의회는 주민투표를 청구할 수 있으나 중앙행정기관의 장은 요구 할 수 없다.

③ 18세 이상의 주민 중 투표인명부 작성기준일 현재 지방자치단체의 관할구역에 주민등록이 되어 있는 사람은 주민투표권이 있다.

④ 주민투표에 부쳐진 사항은 주민투표권자 총수의 4분의 1 이상의 투표와 유효투표수 과반수의 득표로 확정된다.

🔍 ②

① ◉ 주민투표법 제7조 제1항

> **주민투표법 제7조 【주민투표의 대상】** ① 주민에게 과도한 부담을 주거나 중대한 영향을 미치는 지방자치단체의 주요결정사항은 주민투표에 부칠 수 있다.
> ② 제1항에도 불구하고 다음 각 호의 어느 하나에 해당하는 사항은 주민투표에 부칠 수 없다.
> 1. 법령에 위반되거나 재판중인 사항
> 2. 국가 또는 다른 지방자치단체의 권한 또는 사무에 속하는 사항
> 3. 지방자치단체가 수행하는 다음 각 목의 어느 하나에 해당하는 사무의 처리에 관한 사항
> 가. 예산 편성·의결 및 집행
> 나. 회계·계약 및 재산관리
> 3의2. 지방세·사용료·수수료·분담금 등 각종 공과금의 부과 또는 감면에 관한 사항
> 4. 행정기구의 설치·변경에 관한 사항과 공무원의 인사·정원 등 신분과 보수에 관한 사항
> 5. 다른 법률에 의하여 주민대표가 직접 의사결정주체로서 참여할 수 있는 공공시설의 설치에 관한 사항. 다만, 제9조제5항의 규정에 의하여 지방의회가 주민투표의 실시를 청구하는 경우에는 그러하지 아니하다.
> 6. 동일한 사항(그 사항과 취지가 동일한 경우를 포함한다)에 대하여 주민투표가 실시된 후 2년이 경과되지 아니한 사항

② ✕ **주민, 지방의회, 중앙행정기관의 장**은 모두 주민투표를 청구할 수 있다.

> **동법 제8조 【국가정책에 관한 주민투표】** ① 중앙행정기관의 장은 지방자치단체를 폐지하거나 설치하거나 나누거나 합치는 경우 또는 지방자치단체의 구역을 변경하거나 주요시설을 설치하는 등 국가정책의 수립에 관하여 주민의 의견을 듣기 위하여 필요하다고 인정하는 때에는 주민투표의 실시구역을 정하여 관계 지방자치단체의 장에게 주민투표의 실시를 요구할 수 있다. 이 경우 중앙행정기관의 장은 미리 행정안전부장관과 협의하여야 한다.

③ ◉ 주민투표법 제5조 제1항

> **동법 제5조【주민투표권】** ① 18세 이상의 주민 중 제6조제1항에 따른 투표인명부 작성기준일 현재 다음 각 호의 어느 하나에 해당하는 사람에게는 주민투표권이 있다. 다만, 「공직선거법」 제18조에 따라 선거권이 없는 사람에게는 주민투표권이 없다.
> 1. 그 지방자치단체의 관할 구역에 주민등록이 되어 있는 사람
> 2. 출입국관리 관계 법령에 따라 대한민국에 계속 거주할 수 있는 자격(체류자격변경허가 또는 체류기간연장허가를 통하여 계속 거주할 수 있는 경우를 포함한다)을 갖춘 외국인으로서 지방자치단체의 조례로 정한 사람

④ ◉ 주민투표법 제24조 제1항

> **동법 제24조【주민투표결과의 확정】** ① 주민투표에 부쳐진 사항은 주민투표권자 총수의 4분의 1 이상의 투표와 유효투표수 과반수의 득표로 확정된다. 다만, 다음 각 호의 어느 하나에 해당하는 경우에는 찬성과 반대 양자를 모두 수용하지 아니하거나, 양자택일의 대상이 되는 사항 모두를 선택하지 아니하기로 확정된 것으로 본다.
> 1. 전체 투표수가 주민투표권자 총수의 4분의 1에 미달되는 경우
> 2. 주민투표에 부쳐진 사항에 관한 유효득표수가 동수인 경우

SUMMARY 주민투표제

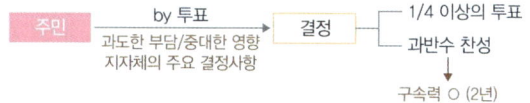

관련 OX

01 주민투표제도는 주민에게 과도한 부담을 주거나 중대한 영향을 미치는 지방자치단체의 주요결정사항을 주민이 직접 결정하는 제도이다. |14 지방 7| ○|×

02 지방자치단체의 장은 주민에게 과도한 부담을 주거나 중대한 영향을 미치는 지방자치단체의 주요 결정사항 등에 대하여 주민투표에 부칠 수 있다. |17 국가 9 추가채용| ○|×

03 외국인은 국가정책에 대한 주민투표권이 없다. |18 국회 9| ○|×

04 주민투표의 발의는 지방자치단체의 장만 할 수 있다. |18 국회 9| ○|×

05 주민투표는 전체 투표수가 주민투표권자 총수의 4분의 1에 미달되는 때에는 개표를 하지 아니한다. |18 국회 9| ○|×

06 주민투표에 부쳐진 사항은 법에서 정한 경우를 제외하고는 주민투표권자 총수의 4분의 1 이상의 투표와 유효 투표 수 과반수의 득표로 확정된다. |19 서울 9| ○|×

07 중앙행정기관의 장, 지방자치단체의 장 및 지방의회는 주민투표결과 확정된 내용대로 행정·재정상의 필요한 조치를 하여야 한다. |18 국회 9| ○|×

01 ○ 02 ○ 03 × 04 ○ 05 × 06 ○ 07 ×

04

2025 신용한 행정학 합격노트 p.153, 154

우리나라 공무원연금제도에 대한 설명으로 옳지 않은 것은?

① 공무원연금제도는 인사혁신처장이 관장하고, 그 집행은 공무원연금공단에서 실시하고 있다.

② 기여금 납부기간이 33년을 초과한 사람은 기여금을 내지 아니한다.

③ 「공무원연금법」의 적용대상은 국가공무원, 지방공무원이며 군인과 선거에 의하여 취임하는 공무원은 제외된다.

④ 퇴직급여 산정에 있어서 소득의 평균기간은 재직기간 전체로 한다.

🔍 ②

① ◉ 공무원연금법 제2조 및 제4조

> **공무원연금법 제2조【주관】** 이 법에 따른 공무원연금제도의 운영에 관한 사항은 인사혁신처장이 주관한다.
>
> **제4조【공무원연금공단의 설립】** 인사혁신처장의 권한 및 업무를 위탁받아 이 법의 목적을 달성하기 위한 사업을 효율적으로 추진하기 위하여 공무원연금공단(이하 "공단"이라 한다)을 설립한다.

② ✖ 기여금 납부기간이 **36년(33년 ×)**을 초과한 사람은 기여금을 내지 아니한다.

> **동법 제67조【기여금】** ① 기여금은 공무원으로 임명된 날이 속하는 달부터 퇴직한 날의 전날 또는 사망한 날이 속하는 달까지 월별로 내야 한다. 다만, 기여금 납부기간이 36년을 초과한 사람은 기여금을 내지 아니한다.

③ ◉ 공무원연금법 제3조 제1항

> **동법 제3조【정의】** ① 이 법에서 사용하는 용어의 뜻은 다음과 같다.
> 1. "공무원"이란 공무에 종사하는 다음 각 목의 어느 하나에 해당하는 사람을 말한다.
>   가. 「국가공무원법」, 「지방공무원법」, 그 밖의 법률에 따른 공무원. 다만, 군인과 선거에 의하여 취임하는 공무원은 제외한다.
>   나. 그 밖에 국가기관이나 지방자치단체에 근무하는 직원 중 대통령령으로 정하는 사람

④ ◉ 평균기준소득월액은 재직기간 전체를 기반으로 산정한다.

> **동법 제3조【정의】** ① 이 법에서 사용하는 용어의 뜻은 다음과 같다.
> 5. "평균기준소득월액"이란 재직기간 중 매년 기준소득월액을 공무원보수인상률 등을 고려하여 대통령령으로 정하는 바에 따라 급여의 사유가 발생한 날의 현재가치로 환산한 후 합한 금액을 재직기간으로 나눈 금액을 말한다. 다만, 퇴직연금·조기퇴직연금 및 유족연금산정의 기초가 되는 평균기준소득월액은 급여의 사유가 발생한 당시의 평균기준소득월액을 공무원보수인상률 등을 고려하여 대통령령으로 정하는 바에 따라 연금 지급이 시작되는 시점의 현재가치로 환산한 금액을 말한다.

SUMMARY 우리나라 연금제도의 개혁방향(2016. 1. 27 시행)

	종 전	('16. 1. 1 시행)
1. 연금지급률 인하	전 재직기간 평균기준소득월액 × 재직기간 × 1.9%	전 재직기간 평균기준소득월액 × 재직기간 × **1.7%** ⇨ • 2035년까지 단계적 인하 • 1%에 소득재분배 요소 도입
2. 공무원 기여금 인상	기준소득월액의 7%	기준소득월액의 **9%** ⇨ • 2020년까지 단계적 인상
3. 연금산정 시 소득상한 인하	전체공무원 기준소득월액 평균액의 1.8배를 소득상한으로 설정	전체공무원 기준소득월액 평균액의 1.6배를 소득상한으로 설정
4. 연금지급개시 연령 연장	• 2009년 이전 : 60세부터 • 2010년 이후 : 65세부터	**임용시기 구분 없이 65세부터** • 퇴직연도별 단계적 연장
5. 기여금 납부기간 (재직기간 상한 연장)	최대 33년까지 인정	최대 **36년**까지 인정 • 재직기간 21년 미만부터 단계적 연장
6. 유족연금지급률 하향 조정	• 2009년 이전 : 70% • 2010년 이후 : 60%	전·현직 공무원 모두 **60%** 적용 • 개정법 시행 이후 유족연금 사유 발생자부터
7. 최저복무기간	20년	**10년**

관련 OX

01 군인과 선거에 의하여 취임하는 공무원은 「공무원연금법」상의 공무원에서 제외된다. |20 지방 7| ○|✕

02 공무원연금의 재원형성 방식 중 적립방식은 경제사정이나 정부의 재정상황에 따른 연금지급의 불안정을 줄일 수 있다. |22 국가 7 인사조직| ○|✕

03 공무원연금제도의 주무부처는 인사혁신처이며, 공무원연금기금은 공무원연금공단이 관리·운용한다. |20 국회 8| ○|✕

04 2015년 공무원 연금 개혁을 통해 퇴직연금 지급률을 1.7%로 단계적으로 인하하였다. |22 지방 9| ○|✕

05 2015년 공무원 연금 개혁을 통해 퇴직급여 산정 기준은 퇴직 전 3년 평균보수월액으로 변경하였다. |22 지방 9| ○|✕

06 2015년 공무원 연금 개혁을 통해 퇴직연금 기여율을 기준소득월액의 9%로 단계적 인상하였다. |22 지방 9| ○|✕

07 2015년 공무원 연금 개혁을 통해 퇴직연금 수급 재직요건을 20년에서 10년으로 완화하였다. |22 지방 9| ○|✕

08 기여금을 부담하는 재직기간은 최대 36년까지이다. |20 국회 8| ○|✕

01 ○ **02** ○ **03** ○ **04** ○ **05** ✕ **06** ○ **07** ○ **08** ○

05

2025 신용한 행정학 합격노트 p.85

호그우드(Hogwood)와 피터스(Peters)가 제시한 정책변동의 유형에 대한 설명으로 옳지 않은 것은?

① 정책혁신은 기존의 조직과 예산을 활용하여 이전에 관여한 적이 없는 새로운 정책분야에 개입하는 것이다.

② 정책유지는 현재의 정책을 기본적으로 유지하면서 정책수단의 부분적인 변화만 이루어지는 경우를 말한다.

③ 정책승계는 정책의 기본 목표는 유지하되, 정책을 대체 혹은 수정하거나 일부 종결하는 것이다.

④ 정책종결은 다른 정책으로의 대체 없이 기존 정책을 완전히 중단하는 것이다.

🔍 ①

① ✕ 정책혁신이란 완전히 새로운 정책을 채택하는 것을 의미한다. 즉, 기존의 조직과 예산을 활용하는 것이 아니라 기존 조직과 예산이 완전히 없는 '無'에서 새로운 정책을 만드는 것이다.

② ◎ 정책유지는 정책의 기본골격은 유지하면서 구체적인 구성 요소를 완만하게 대체·변경하는 것을 말한다. 예를 들어 정책목표의 변동 없이 정책의 혜택을 받는 집단의 범위나 혜택의 수준을 조정하는 경우이다.

③ ◎ 정책승계는 정책의 기본 목표는 유지하되, 정책을 대체 혹은 수정하거나 일부 종결하는 것이다.

④ ◎ 정책종결은 기존 정책을 소멸시키는 것으로 사업과 자원 예산을 중단하거나 대체할 다른 수단을 찾지 않는 경우이다.

SUMMARY 정책변동의 유형(Hogwood & Peters)

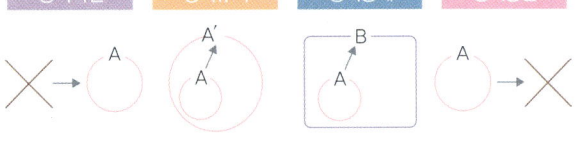

SUMMARY 정책유지 vs 정책승계

구 분	정책유지	정책승계
공통점	정책목표의 유지	
차이점	수단의 기본적 성격 유지	수단의 중대한 변화

관련 OX

01 정책혁신은 기존의 조직이나 예산을 기반으로 새로운 형태의 개입을 결정하는 것이다. |22 지방 9| ○|✕

02 정책유지는 기존 정책의 기본 골격을 유지하면서 정책수단의 부분적인 변화만 이루어지는 것이다. |22 지방 9| ○|✕

03 실질적인 정책내용이 변하더라도 정책목표가 변하지 않는다면 이를 정책유지라 한다. |20 국가 9| ○|✕

04 과속차량 단속이라는 목표를 변경하지 않고 기존에 경찰관이 현장에서 직접 단속하는 수단을 무인 감시카메라 설치를 통한 단속으로 대체하는 것은 정책승계 중 선형적(linear) 승계에 해당한다. |18 국가 7| ○ |×

05 정책종결은 현존하는 정책을 완전히 소멸시키는 것으로 정책수단이 되는 사업과 지원 예산을 중단하고 이들을 대체할 다른 수단을 결정하지 않은 경우이다. |18 국가 7| ○ |×

01 × **02** ○ **03** × **04** ○ **05** ○

06
2025 신용한 행정학 합격노트 p.9, 10

행정에 대한 설명으로 옳은 것은?

① 윌슨(W. Wilson)은 '행정연구'에서 정부개혁을 통해 특정지역 및 계층중심의 관료파벌을 해체하고자 했다.

② 애플비(Appleby)는 정치와 행정의 관계는 연속·순환적이기 때문에 양자를 구별하는 것이 적절하다고 보았다.

③ 정치·행정일원론은 정당정치의 개입으로부터 자유로운 행정 영역을 강조하였다.

④ 정치·행정이원론은 행정과 경영이 차이가 없음을 강조하는 공사행정일원론의 입장을 취한다.

🔑 ④

① ❌ **엽관주의에 대한 설명**이다. 서부 개척민 출신인 잭슨 대통령은 동부 상류계층에 독점되어 있던 관직을 서부 개척민을 포함한 일반 대중에게 공개하기 위하여 엽관주의를 '민주주의의 실천적인 정치원리'라고 선언하고, 미국 인사행정의 공식적인 기본 원칙으로 채택하였다.

② ❌ 애플비(Appleby)는 정치·행정 일원론을 대표하는 학자로 **정치와 행정의 관계는 정합적·연속적·순환적이어서 양자를 구별하는 것은 부적합함을 설명**하였다.

③ ❌ **정치·행정 이원론에 대한 설명**이다. 정치행정이원론은 정치와 행정을 그 본질이 서로 다른 활동이라고 보고 양자를 명백히 구분하는 입장이다. 따라서 행정을 전문적 관리기술로 인식하고, 행정의 정책결정자를 위한 지원, 정보제공 등의 역할을 강조한다.

④ ⭕ 정치행정이원론은 행정과 경영을 동일시하는 공사행정일원론의 입장을 취한다.

SUMMARY 정치행정이원론 vs 정치행정일원론

정치행정일원론
(공사행정이원론)

정치행정이원론
(공사행정일원론)

행정 : Public Administration

정치 — 행정 — 경영

결정 / 공익(민주성) / 가치(value)

집행(관리) / 능률 / 가치중립(fact)

유사점 : 공사행정일원론 (정치행정이원론)	차이점 : 공사행정이원론 (정치행정일원론)
① 관리기술적 측면(목표달성을 위한 인적·물적 자원의 동원과 활용)	① 행정 ⇨ 공익실현, 경영 ⇨ 이윤극대화
② 관료제적 성격을 갖는 대규모 조직의 관리	② 행정의 정치권력적 성격(공권력을 배경)
③ 합리적이고 집단적 협동행위	③ 행정의 엄격한 법적 규제
	④ 행정에 대한 평등성·형평성의 요청
	⑤ 행정의 독점성
	⑥ 행정의 넓은 관할 및 영향범위 (전 국민이 대상)
행정관리론 : Wilson, Gulick, Urwick 행정행태론 : Simon	통치기능설 : Appleby, Dimock 발전행정론, 신행정론

관련 OX

01 정치행정 일원론에서 행정은 경영과 비슷해야 하며, 행정이 지향하는 가치로 절약과 능률을 강조하였다. |21 지방 9| ○ |×

02 정치행정이원론은 행정과 경영이 차이가 없음을 강조하는 공사행정일원론의 입장을 취한다. |22 국가 7| ○ |×

03 정치행정일원론에서 공공조직의 관리자들은 정책을 구체화하면서 정책결정 기능을 수행한다. |19 서울 9| ○ |×

04 윌슨(Wilson)의 행정연구(The Study of Administration)는 행정과 경영의 유사성을 강조했다. |16 지방 7| ○ |×

05 굿노(F. J. Goodnow)는 행정은 국가의 의지를 실천하는 것이라고 주장하였다. |16 국가 7| ○ |×

06 정치·행정 이원론을 대표하는 애플비(Appleby)는 정치와 행정이 단절적이라고 보았다. |20 국가 9| ○ |×

01 × **02** ○ **03** ○ **04** ○ **05** ○ **06** ×

100 　2025 신용한 행정학 국가직 9급 모의고사

07

2025 신용한 행정학 합격노트 p.141

직무평가의 방법에 대한 설명으로 옳지 않은 것은?

① 비계량적 방법과 계량적 방법이 있으며, 서열법과 분류법이 전자에 해당되고 점수법과 요소비교법이 후자에 해당된다.

② 서열법은 직무의 구성요소를 구별하지 않고 직무 전체의 중요도를 종합적으로 평가하는 방법이다.

③ 점수법은 직무 전체를 종합적으로 판단해 미리 정해 놓은 등급기준표와 비교해가면서 등급을 결정한다.

④ 요소비교법은 대표가 될 만한 직무들을 선정하여 기준 직무(key job)로 정해놓고 각 요소별로 평가할 직무와 기준 직무를 비교해 가며 점수를 부여한다.

🔍 ③

① ◉ 직무평가 방법은 비계량적인 방법과 계량적인 방법으로 구분된다. 비계량적인 방법에는 서열법과 분류법이 있고 계량적인 방법에는 점수법, 요소비교법이 있다.

② ◉ 서열법은 분류 담당자들이 각 직위가 지니고 있는 직무의 곤란성이나 책임성을 전체적으로 평가해 직위 간의 서열을 정하는 방법이다.

③ ✖ **분류법에 대한 설명**이다. 점수법은 직무평가기준표에 따라 평가대상 직무의 구성요소별로 점수를 매기고 총합을 구하는 방식이다.

④ ◉ 요소비교법은 점수법처럼 먼저 평가할 직위에 공통되는 평가 요소를 선정한다. 그리고 조직에서 가장 중심이 되는 직위, 즉 대표 직위(Key position)를 선정해 대표 직위의 평가 요소별 서열을 정한다.

SUMMARY 직무평가의 방법

비계량	서열법	쌍쌍비교법 등을 활용하여 직무를 구성요소별로 나누지 않고 전체적·종합적으로 평가하여 상대적 중요도에 의해 직위를 서열화
	분류법	서열법과 같이 직무요소에 대한 분석없이 직무전체를 종합적으로 평가하지만, 등급분류기준을 정한 등급기준표에 따라 등급을 정하는 방법. 서열법보다 세련된 방법으로 정부기관에서 많이 활용
계량	점수법	각 직위의 직무요소에 대해 점수를 부여하고, 총점을 구한 후 직무평가기준표에 따라 배치하는 방법. 가장 많이 사용하는 방법
	요소비교	직무를 평가요소별로 계량적으로 평가하되 점수법의 임의성 보완을 위해 조직내 가장 핵심직위(기준직위)를 선정하여 이와 대비시키는 방법(가장 늦게 고안된 방식). 관찰가능한 직무와 (기준)직무를 비교함으로써 점수 부여의 임의성을 극복
직무 VS 직무		(상대평가)서열법, 요소비교법
직무 VS 등급기준표		(절대평가)분류법, 점수법

관련 OX

01 직무평가 방법에는 계량적 방법과 비계량적 방법이 있으며, 서열법과 분류법이 전자에 해당되고 요소비교법이 후자에 해당된다. | 17 서울 7 | O | X

02 점수법은 비계량적 방법을 통해 직무기술서의 정보를 검토한 후 직무 상호 간에 직무 전체의 중요도를 종합적으로 비교한다. | 18 서울 9 | O | X

03 분류법은 미리 정한 등급기준표와 직무 전체를 비교하여 등급을 결정하는 비계량적 방법이다. | 23 국가 9 | O | X

04 점수법은 체계적인 방법에 의해 작성된 직무평가기준표를 사용하기 때문에 평가결과의 타당성이 인정되지만, 이 방법을 활용하고 유지하는 데 상당한 전문지식과 기술이 필요하다. | 20 국가 7 인사조직 | O | X

05 점수법은 대표가 될 만한 직무들을 선정하여 기준 직무(key job)로 정해놓고 각 요소별로 평가할 직무와 기준 직무를 비교해가며 점수를 부여한다. | 18 서울 9 | O | X

01 ✕ 02 ✕ 03 ○ 04 ○ 05 ✕

08

2025 신용한 행정학 합격노트 p.15

정부규제에 대한 설명으로 옳지 않은 것은?

① 국회, 법원, 헌법재판소, 선거관리위원회 및 감사원이 하는 사무에는 「행정규제기본법」이 적용되지 않는다.

② 「행정규제기본법」상 규제의 존속기한 또는 재검토기한은 규제의 목적을 달성하기 위하여 필요한 최소한의 기간 내에서 설정되어야 하며, 그 기간은 원칙적으로 5년을 초과할 수 없다.

③ 규제영향분석은 규제를 신설 또는 강화하는 경우 그 규제에 비용과 편익을 비교·분석하도록 하는 제도이다.

④ 규제등록제란 중앙행정기관의 장이 소관 규제의 명칭·내용·근거·처리기간 등을 국무총리 소속의 규제개혁위원회에 등록해야 하는 제도이다.

🔍 ④

① ◉ 행정규제기본법 제3조 제2항 각호

> **행정규제기본법 제3조【설치】** ② 다음 각 호의 어느 하나에 해당하는 사항에 대하여는 이 법을 적용하지 아니한다.
> 1. 국회, 법원, 헌법재판소, 선거관리위원회 및 감사원이 하는 사무

② ◉ 행정규제기본법 제8조 제2항

> **동법 제8조【규제의 존속기한 및 재검토기한 명시】** ② 규제의 존속기한 또는 재검토기한은 규제의 목적을 달성하기 위하여 필요한 최소한의 기간 내에서 설정되어야 하며, 그 기간은 원칙적으로 5년을 초과할 수 없다.

03회 신용한 행정학 문제+해설 **101**

③ ⭕ 행정규제기본법 제7조

> **동법 제7조 【규제영향분석 및 자체심사】** ① 중앙행정기관의 장은 규제를 신설하거나 강화(규제의 존속기한 연장을 포함한다. 이하 같다)하려면 다음 각 호의 사항을 종합적으로 고려하여 규제영향분석을 하고 규제영향분석서를 작성하여야 한다.

④ ❌ **규제개혁위원회는 대통령 소속이다.**

> **동법 제6조 【규제의 등록 및 공표】** ① 중앙행정기관의 장은 소관 규제의 명칭·내용·근거·처리기관 등을 제23조에 따른 규제개혁위원회에 등록하여야 한다.
>
> **동법 제23조 【설치】** 정부의 규제정책을 심의·조정하고 규제의 심사·정비 등에 관한 사항을 종합적으로 추진하기 위하여 <u>대통령 소속으로 규제개혁위원회를 둔다.</u>

관련 OX

01 국회, 법원, 헌법재판소, 선거관리위원회 및 감사원이 하는 사무에 대하여는 「행정규제기본법」을 적용하지 아니한다.
| 15 지방 7 | ⭕ | ❌

02 규제영향분석은 불필요한 정부규제를 완화하고자 할 때 현존하는 규제의 사회적 편익과 비용을 점검하고 측정하는 체계적인 의사결정도구이다. | 14 서울 7 | ⭕ | ❌

03 규제영향분석은 규제의 비용보다 규제의 편익에 주안점을 둔다. | 17 지방 9 추가채용 | ⭕ | ❌

04 정부의 규제정책을 심의·조정하고 규제의 심사·정비 등에 관한 사항을 종합적으로 추진하기 위하여 국무총리 소속으로 규제개혁위원회를 두고 있다. | 16 지방 7 | ⭕ | ❌

01 ⭕ 02 ❌ 03 ❌ 04 ❌

09

2025 신용한 행정학 합격노트 p.238

지방채의 발행에 대한 설명으로 옳지 않은 것은?

① 지방채는 법률에 의하지 아니하고는 발행할 수 없다.
② 이미 발행한 지방채의 차환을 위해서 지방자치단체의 장은 지방채를 발행할 수 있다.
③ 지방자치단체조합의 장은 지방채 발행의 주체가 될 수 있다.
④ 지방자치단체의 장이 외채를 발행하는 경우에는 지방채 발행 한도액 범위더라도 지방의회의 의결을 거쳐 행정안전부장관의 승인을 받아야 한다.

🔍 ④

① ⭕ 지방재정법 제11조의2

> **지방재정법 제11조의2 【지방채 발행의 제한】** 지방채는 이 법과 다음 각 호의 법률에 의하지 아니하고는 발행할 수 없다.

② ⭕ 지방재정법 제11조 제1항

> **동법 제11조 【지방채의 발행】** ① 지방자치단체의 장은 다음 각 호를 위한 자금 조달에 필요할 때에는 지방채를 발행할 수 있다.
>   4. 지방채의 차환

③ ⭕ 지방재정법 제11조 제4항

> **동법 제11조 【지방채의 발행】** ④ 「지방자치법」 제176조에 따른 지방자치단체조합(이하 "조합"이라 한다)의 장은 그 조합의 투자사업과 긴급한 재난복구 등을 위한 경비를 조달할 필요가 있을 때 또는 투자사업이나 재난복구사업을 지원할 목적으로 지방자치단체에 대부할 필요가 있을 때에는 지방채를 발행할 수 있다. 이 경우 행정안전부장관의 승인을 받은 범위에서 조합의 구성원인 각 지방자치단체 지방의회의 의결을 얻어야 한다.

④ ❌ 지방자치단체의 장이 외채를 발행하는 경우에는 지방채 발행 한도액 범위더라도 **지방의회의 의결을 거치기 전에 행정안전부장관의 승인**을 받아야 한다.

> **동법 제11조 【지방채의 발행】** ② 지방자치단체의 장은 제1항에 따라 지방채를 발행하려면 재정 상황 및 채무 규모 등을 고려하여 대통령령으로 정하는 지방채 발행 한도액의 범위에서 지방의회의 의결을 얻어야 한다. 다만, <u>지방채 발행 한도액 범위더라도 외채를 발행하는 경우에는 지방의회의 의결을 거치기 전에 행정안전부장관의 승인을 받아야 한다.</u>

SUMMARY 지방채

기존	지방채 발행 사전 승인제(조합 or 지자체장 → 행정안전부 장관 승인 → 지방의회 의결)
현재	지방채 발행 총액 한도제 in 대통령령

① 한도 내 발행 : 승인 × (지자체장 → 지방의회 의결)
 ↳ 예외 : 외채 or 조합
② 한도 초과 발행 : 승인 × (행안부 장관 협의)
 ↳ 예외 : 재정위험 & 일정범위 초과

* 조합 or 외채발행 : 승인(행안부장관)
* 한도초과 : 협의 & 예외적 승인(행안부장관)

관련 OX

01 지방자치단체조합도 따로 법률로 정하는 바에 따라 지방채를 발행할 수 있다. | 21 국가 9 | ⭕ | ❌

02 지방자치단체의 장은 재해예방 및 복구사업을 위한 자금조달에 필요할 때에는 지방채를 발행할 수 있다. | 17 지방 9 |
                                               ⭕ | ❌

03 지방자치단체는 재해예방 및 복구사업에 경비를 조달하기 위해서 지방채를 발행할 수 있다. | 21 지방 9 | ⭕ | ❌

04 제주특별자치도지사는 제주특별자치도의 발전과 관계가 있는 사업을 위하여 필요하면 도의회 의결을 마친 후 외채 발행과 지방채 발행 한도액의 범위를 초과한 지방채 발행을 할 수 있다. | 18 국가 7 | ⭕ | ❌

01 ⭕ 02 ⭕ 03 ⭕ 04 ⭕

10

2025 신용한 행정학 합격노트 p.108

「책임운영기관의 설치·운영에 관한 법률」상 책임운영기관에 대한 설명으로 옳은 것은?

① 책임운영기관의 존속 여부 및 제도의 개선 등에 관한 중요 사항을 심의하기 위하여 행정안전부장관 소속으로 책임운영기관운영위원회를 둔다.
② 소속책임운영기관의 장의 임기는 2년으로 하되, 한 차례만 연임할 수 있다.
③ 소속책임운영기관에 두는 공무원의 총 정원 한도는 총리령으로 정한다.
④ 특별회계는 계정별로 책임운영기관의 장이 운용하고, 기획재정부장관이 통합하여 관리한다.

🔍 ①

책임운영기관은 정부가 수행하는 **집행적 사무**(결정 ×) 중 공공성을 유지하면서도 경쟁원리에 따라 운영하는 것이 바람직하거나 전문성이 있어 **성과관리를 강화할 필요가 있는 사무**에 대해 **기관운영상의 자율성을 부여하고 성과에 대하여 책임**을 지도록 설치된 행정기관이다.

① ◉ 책임운영기관의 설치·운영에 관한 법률 제49조 제1항

> **책임운영기관의 설치·운영에 관한 법률 제49조【책임운영기관운영위원회의 설치 및 기능 등】** ① 책임운영기관의 존속 여부 및 제도의 개선 등에 관한 중요 사항을 심의하기 위하여 행정안전부장관 소속으로 책임운영기관운영위원회(이하 "위원회"라 한다)를 둔다.

② ✖ **중앙책임운영기관의 장에 대한 설명**이다. 소속책임운영기관장의 근무기간은 5년의 범위에서 소속중앙행정기관의 장이 정하되, 최소한 2년 이상으로 하여야 한다.

> **동법 제7조【기관장의 임용】** ③ 기관장의 근무기간은 <u>5년의 범위에서</u> 소속중앙행정기관의 장이 정하되, <u>최소한 2년 이상</u>으로 하여야 한다. 이 경우 제12조 및 제51조에 따른 소속책임운영기관의 사업성과의 평가 결과(이하 "책임운영기관 평가 결과"라 한다)가 우수하다고 인정되는 때에는 총 근무기간이 5년을 넘지 아니하는 범위에서 대통령령으로 정하는 바에 따라 근무기간을 연장할 수 있다.

③ ✖ 소속책임운영기관에 두는 **공무원의 총 정원 한도는 대통령령**(총리령 ×)으로 정한다.

> **동법 제16조【공무원의 정원】** ① 소속책임운영기관에 두는 공무원의 총 정원 한도는 대통령령으로 정한다. 이 경우 다음 각 호의 정원은 총리령 또는 부령으로 정하되, 대통령령으로 정하는 바에 따라 통합하여 정할 수 있다.
> 1. 공무원의 종류별·계급별 정원
> 2. 고위공무원단에 속하는 공무원의 정원

④ ✖ 특별회계는 **계정별로 중앙행정기관**(책임운영기관 ×)**의 장이 운용**하고, 기획재정부장관이 통합하여 관리한다.

> **동법 제29조【특별회계의 운용·관리】** 특별회계는 계정별로 중앙행정기관의 장이 운용하고, 기획재정부장관이 통합하여 관리한다.

관련 OX

01 책임운영기관운영위원회는 위원장 및 부위원장 각 1명을 포함한 15명 이내의 위원으로 구성한다. |15 국회 8| ○·✕

02 기관장의 근무기간은 5년의 범위에서 소속중앙행정기관의 장이 정하되, 최소한 2년 이상으로 하여야 한다. |19 국가 9| ○·✕

03 소속책임운영기관에 두는 공무원의 총 정원 한도는 총리령으로 정하며, 이 경우 고위공무원단에 속하는 공무원의 정원은 부령으로 정한다. |19 국가 9| ○·✕

04 우리나라의 중앙행정기관 소속 책임운영기관의 계급별 정원은 4급 이상 공무원의 경우 대통령령으로, 5급 이하 공무원의 경우 부령으로 정한다. |20 국회 8| ○·✕

01 ○ 02 ○ 03 ✕ 04 ✕

11

2025 신용한 행정학 합격노트 p.56

무의사결정(non-decision making)에 대한 설명으로 옳지 않은 것은?

① 기존 엘리트세력의 이익을 옹호하거나 보호하는 데 목적이 있다.
② 넓은 의미의 무의사결정은 정책의 전 과정에서 일어난다.
③ 기존 질서의 변화를 주장하는 요구가 정치적 이슈가 되지 못하도록 폭력을 이용하기도 한다.
④ 바흐라흐(P.Bachrach)와 바라츠(M. Baratz)는 신다원론 관점에서 무의사결정을 주장하였다.

🔍 ④

신엘리트이론은 바흐라흐와 바라츠(Bachrach & Baratz)가 「권력의 두얼굴(Two Face of Power), 1963」에서 제시한 것으로 권력은 '정책을 결정하는 권력(의사결정권력)'과 '정책의제가 채택되지 않도록 하는 권력(무의사결정권력)'의 2가지 차원으로 행사됨을 설명하고 Dahl의 다원론은 후자의 영향력(무의사결정권력)에 대해서는 관심을 가지지 않았음을 비판하였다.

① ◉ 무의사결정은 엘리트의 가치나 이익에 대한 잠재적이거나 현재적인 도전을 억압하거나 방해하는 결정으로 기존 엘리트세력(기득권 세력)의 이익(기존의 이익배분상태)을 옹호하거나 보호하는 데 목적이 있다.
② ◉ 무의사결정은 정책의 전 과정에서 일어난다.
③ ◉ 무의사결정의 방법에는 폭력을 이용하는 방법, 적응적 흡수(co-optation), 지배적인 가치·신념·편견의 동원, 현존 규칙·절차의 재편성 등이 있다.

03회 신용한 행정학 문제+해설 **103**

④ ❌ 바흐라흐(P.Bachrach)와 바라츠(M. Baratz)는 신다원론(neopluralism) 관점이 아닌 **신엘리트론의 관점**에서 정치권력의 두 개의 얼굴 중 하나인 무의사결정을 주장하였다.

관련 OX

01 무의사결정론은 지배적인 엘리트집단은 자신들의 이해관계와 부합하지 않는 이슈라도 정책의제설정단계에서 논의하려고 한다고 본다. |17 국가 9| ○ | ✕

02 신엘리트이론은 엘리트들에게 안전한 이슈만을 논의하고 불리한 문제는 거론조차 못하게 봉쇄하는 무의사결정론과 밀접하게 연결되어 있다. |18 국가 7| ○ | ✕

03 무의사결정론은 엘리트들에게 안전한 이슈만이 논의되고 불리한 이슈는 거론조차 못하게 봉쇄된다고 본다. |20 국가 9| ○ | ✕

04 무의사결정은 변화를 주장하는 사람으로부터 기존에 누리는 혜택을 박탈하거나 새로운 혜택을 제시하여 매수한다. |15 지방 9| ○ | ✕

05 바흐라흐와 바라츠(P. Bachrach & M. S. Baratz)의 무의사결정(non-decision making)을 추진하는 수단이나 방법으로 폭력이나 테러행위는 사용되지 않는다. |14 국가 7| ○ | ✕

06 무의사결정론은 정치체제 내의 지배적 규범이나 절차가 강조되어 변화를 위한 주장은 통제된다고 본다. |20 국가 9| ○ | ✕

07 신엘리트이론은 정책결정에 영향을 미치는 정치권력은 두 가지 얼굴이 있다고 주장하며, 이 가운데 하나의 측면만을 고려하는 다원주의를 비판하였다. |18 국가 7| ○ | ✕

01 ✕ 02 ○ 03 ○ 04 ○ 05 ✕ 06 ○ 07 ○

12

2025 신용한 행정학 합격노트 p.148

우리나라의 근무성적평정제도에 대한 설명으로 옳지 않은 것은?

① 고위공무원의 근무성적평정은 4급 이상 공무원에게 적용되는 성과계약 등 평가에 의한다.
② 평가자는 근무성적평정 대상 공무원과 성과면담을 실시하여야 한다.
③ 근무성적평가는 매년 말일을 기준으로 연 1회 평가가 실시된다.
④ 평가결과는 승진임용, 특별승진, 성과상여금 지급 등 각종 인사관리에 반영하여야 한다.

🔍 ③

---

① ◎ 고위공무원단 인사규정 제20조 제1항

> **고위공무원단 인사규정 제20조【고위공무원의 근무성적평정】**
> ① 고위공무원단 직위에 근무 중인 고위공무원에 대한 근무성적평정은 「공무원 성과평가 등에 관한 규정」(이하 "성과평가규정"이라 한다) 제4조에 따른 성과계약등 평가에 따른다.

② ◎ 공무원 성과평가 등에 관한 규정 제20조 제1항

> **공무원 성과평가 등에 관한 규정 제20조【성과면담 등】** ① 평가자는 근무성적평정이 공정하고 타당하게 실시될 수 있도록 하기 위하여 근무성적평정 대상 공무원과 성과면담을 실시하여야 한다.
> ④ 평가자가 성과계약등 평가 또는 근무성적평가 정기평가를 실시할 때에는 평정 대상 기간의 성과목표 추진결과 등에 관하여 근무성적 평정 대상 공무원과 서로 의견을 교환하여야 한다.

③ ❌ 근무성적평가는 매년 6월 30일과 12월 31일 연2회 실시를 원칙으로 한다.

> **공무원 성과평가 등에 관한 규정 제5조【평가 시기】** ③ 제2항에 따른 정기평가 또는 정기평정은 6월 30일과 12월 31일을 기준으로 실시한다.

④ ◎ 공무원 성과평가 등에 관한 규정 제22조

> **공무원 성과평가 등에 관한 규정 제22조【평가결과의 활용】** 소속 장관은 성과계약등 평가 및 근무성적평가의 결과를 평가대상 공무원에 대한 승진임용·교육훈련·보직관리·특별승급 및 성과상여금 지급 등 각종 인사관리에 반영하여야 한다.

SUMMARY 우리나라의 근무성적평정제도

대 상	평가제도	평가기준
4급 이상	성과계약 등 평가(연 1회 / 12월 31일 기준)	체결한 성과계약이 기준
5급 이하	근무성적 평가(연 2회 / 6월 30일, 12월 31일 기준)	근무실적 및 직무수행 능력 (필요시 직무수행태도 또는 부서단위의 운영평가 추가)

✏️ **복수평정제(이중평정제)** : 피평가자 - 평가자 - 확인자의 구조
① 근무성적평정결과의 공개 : 평정자는 근평 결과를 본인에게 공개하는 것이 원칙
② 이의신청 : 피평가자 ⇨ 확인자
③ 이의신청에 대한 결과설명 : 확인자 or 평정자 ⇨ 피평가자
④ 조정신청 : 이의신청 결과에 불복 시 피평가자는 근무성적평가위원회에 조정신청 가능(but 소청심사의 대상 ×)

관련 OX

01 고위공무원단 소속 고위공무원의 근무성적평정은 '성과계약 등 평가'에 의한다. |16 국가 7 인사조직| ○ | ✕

02 일반직공무원의 근무성적평정은 크게 5급 이상을 대상으로 한 '성과계약 등 평가'와 6급 이하를 대상으로 한 '근무성적평가'로 구분된다. |17 국가 7| ○ | ✕

03 근무성적평가제는 매년 말일을 기준으로 연 1회 평가가 실시된다. |17 서울 9| ○ | ✕

04 역량평가제는 근무실적과 직무수행능력을 대상으로 정기적으로 이루어지며 그 결과는 승진과 성과급 지급, 보직관리 등에 활용된다. |14 사회복지직 9| ○ ×

05 근무성적평가 결과는 승진 및 보직관리에는 이용되지 않고 성과급 지급에만 활용된다. |15 국가 7| ○ ×

01 ○ 02 × 03 × 04 × 05 ×

13

2025 신용한 행정학 합격노트 p.24

사회적 자본에 대한 설명으로 옳지 않은 것은?

① 사회구성원들이 공동의 문제를 해결하는 데 적극적으로 참여하는 사회의 조건 또는 특성을 의미한다.
② 주요 구성요소로는 네트워크, 신뢰, 호혜성 등이 있다.
③ 사회자본의 사회적 교환관계는 동등한 가치의 등가교환이다.
④ 사회 전반의 감시·감독비용을 절감할 수 있도록 한다.

🔑 ③

사회적 자본이란 인적·물적 자본과는 구분되는 사회적 관계 속에 존재하는 자본으로 사회구성원들이 공동의 문제를 해결하는 데 적극적으로 참여하는 사회의 조건 또는 특성을 의미한다. 물질적 자원을 중심으로 한 발전전략에 의해서가 아니라 1990년대 이후 네트워크 거버넌스의 시대가 도래하면서 국력의 중요한 요소로 사회적 자본을 인식하고 있는 것이다.
① ◎ 사회자본은 인적·물적 자본과는 구분되는 사회적 관계 속에 존재하는 자본으로 사회구성원들이 공동의 문제를 해결하는 데 적극적으로 참여하는 사회의 조건 또는 특성을 의미한다.
② ◎ 사회적 조건 또는 특성'이란 '상호 신뢰', '호혜주의', '친사회적 규범', '협력적 네트워크', 그리고 '적극적 참여' 등을 의미하며, 이러한 특성이 사회적 자본의 핵심 구성요소가 된다.
③ ✖ **동등한 가치의 등가교환은 인적·물적 자본의 특성**이다.
④ ◎ 사회적 자본은 네트워크 내에서 개인의 행동을 촉진하는 역할을 수행하며, 가외의 비용을 지불해야 얻을 수 있는 목적을 달성할 수 있게 한다. 즉, 사회적 자본은 사회적 관계에서 거래비용을 감소시켜주는 기능을 수행한다.

SUMMARY 사회적 자본의 속성

사회적 자본	인적·물적 자본
행위자들의 관계 속에 내재	개인이 개별적 소유
등가물의 교환 ×	등가물의 교환 ○
공공재	사적재
시간적 동시성 전제 ×	시간적 동시성 전제 ○
자본의 유지 위한 지속적 노력	자본 획득 → 보유
사용할수록 증가	사용할수록 감소

관련 OX

01 사회자본의 구성요소로 신뢰, 사회적 네트워크, 지역 금융이 있다. |21 경간| ○ ×

02 사회자본은 참여자들이 협력하도록 함으로써 공유한 목적을 보다 효과적으로 성취하게 만드는 신뢰, 규범, 네트워크와 같은 사회조직의 특징으로 정의할 수 있다. |17 국가 9 추가채용| ○ ×

03 호혜주의는 사회적 자본에 영향을 미치지 않는다. |21 국가 7| ○ ×

04 사회자본은 정밀한 사회적 연결망은 신뢰를 강화하고, 거래 비용을 낮추며, 혁신을 가속화함으로써 경제 발전을 촉진할 수 있다. |17 국가 9 추가채용| ○ ×

05 사회적 자본은 거래비용을 감소시키는 순기능이 있다. |21 국가 7| ○ ×

01 × 02 ○ 03 × 04 ○ 05 ○

14

2025 신용한 행정학 합격노트 p.45

피터스(G. Peters)의 정부모형에 대한 설명으로 옳은 것은?

① 참여모형에서는 조직의 고위층과 최하위층 간에 계층수가 많지 않아야 한다.
② 유연정부모형은 변화하는 정책수요에 맞춰 탄력적으로 구성원들을 활용함으로써 이들의 조직과 업무에 대한 몰입도를 높인다.
③ 시장모형은 정치지도자들의 권력을 약화시키고 기업가적 관료들의 정책결정자로서의 역할을 제고하는 결과를 가져왔다.
④ 탈규제모형은 정부역할의 적극성 및 개입성이 높으면 공익구현이 어렵다는 인식을 전제한다.

🔑 ①

② ✖ 유연정부모형은 변화하는 정책수요에 맞춰 탄력적으로 구성원들을 활용하기 때문에 이들의 **조직과 업무에 대한 몰입도를 떨어뜨릴 수 있다.**
③ ✖ **탈규제모형에 대한 설명**이다. 시장모형은 공공서비스가 얼마나 저렴하게 공급되느냐를 주된 공익의 판단기준으로 삼으며, 서비스 이용권 등 소비자의 선택권을 중시하는 고객지향적 정책결정을 중시한다.
④ ✖ **시장모형에 대한 설명**이다.

03회 신용한 행정학 문제+해설 **105**

15

2025 신용한 행정학 합격노트 p.72

앨리슨(Allison)의 조직과정모형(모형 Ⅱ)에 대한 설명으로 옳은 것은?

① 정부는 단일한 결정주체가 아니며 반독립적(semiautonomous) 하위조직들이 느슨하게 연결된 집합체이다.
② 의사결정자는 완벽한 정보를 가지고 주어진 목표의 극대화를 추구하는 합리적 존재이다.
③ 각자의 재량권과 이해관계를 가진 독립적인 개인들이 조정과 타협을 통해 정책을 결정한다.
④ 조직은 불확실성을 회피하기 위하여 정책결정을 할 때 표준운영절차(SOP)에 의존하지 않는다.

🔍 ①

① ◎ 조직과정모형(모형 Ⅱ)에 대한 설명이다. 조직과정모형(모형 Ⅱ)은 정부를 느슨하게 연결된 하위조직들의 연합체로 간주하며, 정부가 준독립적인 하위조직들로 구성되어 있기 때문에 참여자들 간의 응집성은 약한 편이다.
② ✕ 합리모형(모형 Ⅰ)에 대한 설명이다. 합리모형(모형 Ⅰ)에서 국가 또는 정부는 잘 조정된 유기체로서 합리적이고 단일체적인 결정자이다. 이러한 상황에서 정책을 결정한다면 정책결정에 참여하는 자들은 국가전체의 이익을 위하여 개인의 이익을 전혀 고려하지 않을 것이며, 정책결정에서 극대화해야 할 목표는 오로지 국가목표인 모형이다.
③ ✕ 관료정치모형(모형 Ⅲ)에 대한 설명이다. 관료정치모형(모형 Ⅲ)은 정책결정이란 참여자들 간의 갈등과 타협·흥정에 이뤄지는 정치적 활동으로 설명하는 의사결정 모형이다. 집단의 목표, 하위집단의 목표, 개인의 목표가 모두 혼재되어 참여자들 간 응집성이 매우 약하며, 구성원들 간 목표 공유 정도와 정책결정의 일관성이 매우 낮다.
④ ✕ 조직과정모형(모형 Ⅱ)은 느슨하게 연결된 하위조직들의 연합체들이 **표준운영절차에 의존해 의사결정을 한다고 본다.**

SUMMARY 엘리슨 모형

구 분	모형Ⅰ: 합리모형	모형Ⅱ: 조직과정모형	모형Ⅲ: 관료정치모형
조직관	조정과 통제가 잘된 유기체	느슨하게 연결된 하위조직들의 연합체	독립적인 개별 행위자들의 집합체
권 력	조직의 두뇌와 같은 최고관리층에게 집중	준독립적인 하위조직들이 분산 소유	개별 행위자들의 정치적 자원에 의존
행위자의 목표	조직 전체의 목표	조직 전체의 목표 +하위조직들의 목표	조직 전체의 목표 +하위조직들의 목표 +개별 행위자들의 목표
목표 공유도	매우 강함.	약함.	매우 약함.
정책결정	최고지도자의 명령·지시	표준운영절차(SOP)에 의한 정책결정	정치적 게임의 규칙에 따른 타협, 흥정, 지배
정책 일관성	매우 강함.	약함.	매우 약함.
적용 계층	조직 전반	하위 계층	상위 계층

관련 OX

01 앨리슨(Allison)모형은 원래 국제정치적 사건과 위기적 사건에 대응하는 정책결정을 설명하기 위한 모형으로 고안되었으나, 일반정책에도 적용 가능하다. |15 국가 9| O|X

02 앨리슨(Allison) 모형 중 합리적 행위자 모형에서는 국가전체의 이익과 국가목표 추구를 위해서 개인의 이익을 고려하지 않는 것을 경계하며 국가가 단일적인 결정자임을 부정한다. |19 국가 9| O|X

03 앨리슨(Allison) 모형Ⅱ는 긴밀하게 연결된 하위 조직체들이 표준운영절차를 통해 상호의존적인 의사결정을 한다고 본다. |19 국가 7| O|X

04 정책결정모형 중 앨리슨(Allison) 모형의 Model Ⅰ은 표준운영절차에 따른 의사결정을 가정한다. |18 지방 9| O|X

05 엘리슨의 정치모형은 정책결정 주체 간 목표의 공유도는 매우 낮고 정책결정의 일관성도 매우 약하다는 특징을 가진다. |24 경간| O|X

06 앨리슨(Allison) 중 관료정치모형은 조직 하위계층에의 적용 가능성이 높고, 조직과정모형은 조직 상위계층에의 적용가능성이 높다. |15 국가 9| O|X

01 O **02** ✕ **03** ✕ **04** ✕ **05** O **06** ✕

16

2025 신용한 행정학 합격노트 p.222, 223

지방자치단체의 기관구성 형태에 대한 설명으로 옳은 것은?

① 우리나라는 기관대립형이면서 강(强)시장 – 의회형에 가깝다고 볼 수 있다.
② 기관대립형은 의결기능과 집행기능을 분리하고, 집행기관의 장은 주로 의회에서 선임한다.
③ 기관통합형은 지방자치정부 조직에 있어서 권력남용의 방지, 행정의 전문화, 행정책임의 명백화를 기할 수 있는 장점을 가지고 있다.
④ 기관대립형은 대의기관에 의한 민주정치와 책임행정의 구현에 적합하다.

🔑 ①

① ◉ 우리나라 지방자치단체의 기관구성의 기본형태는 기관대립형을 택하고 있으며, 기관대립형의 유형중에서도 강시장-의회형(시장우위형)에 해당한다. 다만, 따로 법률로 정하는 바에 따라 지방자치단체의 장의 선임방법을 포함한 지방자치단체의 기관구성형태를 달리 할 수 있다.
② ✖ 기관대립형은 의결기능과 집행기능을 분리하고, **의결기관과 집행기관은 주로 주민에 의해 선출**된다.
③ ✖ **기관대립형은 지방자치정부 조직에 있어서 권력남용의 방지, 행정의 전문화, 행정책임의 명백화**를 기할 수 있는 장점을 가지고 있다.
④ ✖ **기기관통합형은** 의결기관과 집행기관이 단일기관에 속하므로 **대의기관에 의한 민주정치와 책임행정의 구현에 적합**하다.

SUMMARY 지방자치단체의 기관구성 : 기관통합형 vs 기관대립 (분리)형

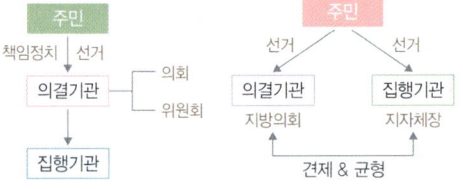

(1) 기관통합형
① 의의 : 의결기능과 집행기능을 모두 단일의 기관에 통합. 지방의회만 주민직선으로 선출. 내각책임제와 유사
② 기관통합형의 장단점

장 점	단 점
① 권한이 집중되어 책임정치 실현에 용이	① 견제와 균형이 결여되어 권력 남용 우려
② 의결·집행기관 사이의 알력을 피할 수 있음	② 행정의 전문성 저해
③ 신중하고 공정한 통치 가능	③ 단일의 지도자가 없어 책임 소재가 모호함

(2) 기관대립형
① 의의 : 의결기능과 집행기능을 각각 다른 기관에 분담. 지방의회와 집행기관의 장을 각각 주민직선으로 선출. 대통령중심제와 유사

② 기관대립형의 장단점

장 점	단 점
① 견제와 균형을 통한 권력남용의 방지	① 기관 간 대립알력의 심화
② 집행기관 전담을 통한 행정의 전문화	② 주민대표기관에게 책임귀일의 약화
③ 단일 지도자를 통한 행정책임의 명백화	③ 단일지도자에 의한 편견적 결정 가능성

관련 OX

01 기관통합형은 주민 직선으로 지방의회를 구성하고 의회 의장이 단체장을 겸하는 방식이다. |16 지방 9| ○ ✕

02 기관통합형은 의결기능과 집행기능이 통합되어 있기 때문에 지방자치행정을 기관 간 마찰 없이 안정적으로 수행할 수 있다는 장점이 있다. |16 지방 9| ○ ✕

03 기관대립형은 의결기관과 집행기관을 이원적으로 구성해 상호 견제와 균형을 도모한다. |17 지방 9 추가채용| ○ ✕

04 기관대립형 중 약시장–의회형은 시장의 고위직 지방공무원 인사에 대해서 의회의 동의를 요하는 반면, 시장은 지방의회 의결에 대한 거부권을 가진다. |22 국가 7| ○ ✕

05 우리나라 지방자치단체의 기관구성 형태는 기관통합형이다.
|15 사회복지직 9| ○ ✕

01 ○ **02** ○ **03** ○ **04** ✕ **05** ✕

17

2025 신용한 행정학 합격노트 p.68~70

정책결정모형에 대한 설명으로 옳지 않은 것은?

① 합리모형은 목표와 수단이 명확히 구분되며, 정책목표 달성을 극대화하는 정책을 최선의 정책으로 평가한다.
② 점증모형은 경제적 합리성보다는 정치적 합리성을 추구하여 타협과 조정을 중요시한다.
③ 최적 모형은 계량적 분석뿐만 아니라 직관적 판단에 의한 결정의 중요성을 강조한다.
④ 혼합주사모형은 거시적 맥락의 근본적 결정에 해당하는 부분에서는 점증모형의 의사결정방식을 따른다.

🔑 ④

① ◉ 합리모형은 의사결정자의 완전한 합리성을 전제하고, 목표나 가치가 명확하게 고정되어 있다는 가정하에 목표달성의 극대화를 위해 최선의 대안 선택을 추구하는 결정모형이다. 합리모형은 정책의 합리적 분석에 기여, 쇄신적 정책결정, 환경변화에 대한 적응력이 강하다는 장점이 있지만, 완전한 경제인 등 가정의 비현실성 등으로 인해 현실 적합성이 떨어지는 한계가 있다.

03회 신용한 행정학 문제+해설 **107**

SUMMARY 활동리듬 vs 최적운동

구분	활동리듬(root method)	활동운동(branch method)
인간정향	활동선호에 대한 가치 지지	다양한 정향들의 동일
가치	개체적 활동리듬 유지	성장과 인지의 최대화
최적화 수단	현재의 활동리듬 계측선호 유지	목표 수준의 활동리듬 추구
활동정점	동적이고 개체적인 점 (정점)	목적 점거나 해체적인 점 (가변 정점)
최적점	부분적 최적점	총합적 최적점의 추구
상호작용	활동리듬에 대한 자극적인 이용	성장과정에 대한 자극적인 이용이 높음
정향	개체적 가치에 정향	간접적 사회정향 점향
이론 기반	이론 크게 이론적 영향을 받거나 기반이 거의 없음	없음
총합 정향	다양한 정체들의 동일	동일한 정체들의 최적

SUMMARY 최적운동

SUMMARY 활동리듬

② ◯ 정향주의는 정점 기준 정향들을 고려 그리고 수정되는 내용의 정체들을 추구하는 이상점점화으로 정체점을 주장한다.

③ ◯ 트로이(Dror)가 제시한 최적점점은 정체정향이 가치 합리성을 주장한다.

④ ✗ 총합정정향은 근본적인 정향의 재계적인 점정으로, 나누어 근본적 점정(중점 보는 큰 정정)의 정향 활동리듬 등, 세부정정(나누어 표준 정점)의 정향 정체정향을 실계화로 개발하는 방식이다.

SUMMARY 활동자정향

(mixed scanning model, 총합부분리듬, 총합검소리듬)

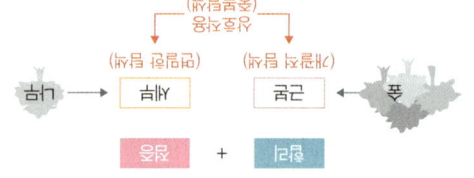

점검 OX

01 활동리듬은 점점 기반으로 위치시키 인간인정점들 있는 대답을 선택하는 것이 해석을 의미한다. [21 국회 7] ◯ ✗

02 활동운동은 정점과 기관에 대해시 단계적 점정에 대한 정정들의 폭이 있다. [21 국회 9] ◯ ✗

03 정점주의는 수준의 정점이 급심의 가중적이나 정체들이 많이 통과 — 수준이 급심의 마지막이니나 정체들의 정점이 많은 지, 정체별점으로 시대흥흥을 높이는 정체들이 많고 들 표현한다. [19 국회 8] ◯ ✗

01 ◯ **02** ✗ **03** ✗

18

2025 신용한 행정학 합격노트 p.141

직위분류제와 계급제의 특성을 잘못 비교한 것은?

① 직위분류제는 인사관리의 융통성을 가져다주는 반면, 계급제는 보직관리의 합리화를 도모할 수 있다.
② 직위분류제는 어느 한 직위에서 다른 직위로 이동하기 어렵고 승진계통이 좁은 반면, 계급제는 동일계급 내에서 인사 이동이 비교적 자유롭고 승진 계통의 폭도 넓다.
③ 직위분류제는 보수의 직무급 체계를 확립할 수 있는 반면, 계급제 하의 보수는 생활급적 성격을 갖는다.
④ 직위분류제는 역할의 갈등을 사전에 방지할 수 있는 반면, 계급제는 갈등의 사전적 예방이 상대적으로 어렵다.

🔍 ①

① ❎ **직위분류제는 특정 직위의 직무 종류와 의무 및 책임성 등에 따라 분류 체계가 형성되고, 거기에 적합한 인물을 배치하므로 보직관리의 합리화를 도모할 수 있다.** 그러나 지나친 직무구조의 편협성과 경직성은 순환보직의 범위를 제한해 공무원의 시야를 좁게 한다. **계급제**는 직무의 상세한 규정이 없고 동일 계급이면 직무의 종류나 성격에 관계없이 폭넓게 이동할 수 있으므로 보직관리의 정확성과 합리성을 확보하기 어렵다. 그러나 이러한 폭넓은 순환보직은 **인사관리의 융통성을 가져다주고 공무원의 능력을 장기적으로 발전시킬 수 있다.**
② ⭕ 직위분류제는 직무의 종류나 성격·의무와 책임 등에 따라 직위가 분류되어 있고, 직위에 대한 공무원의 자격 요건이 정해져 있기 때문에 공무원이 어느 한 직위에서 다른 직위로 이동하기 어렵고 승진계통도 극히 좁다. 반면 계급제는 지위나 직급이 사람에게 부착되어 있으므로 동일 계급 내에서의 인사 이동이 비교적 자유롭고 승진 계통의 폭도 넓다.
③ ⭕ 직위분류제 하의 보수는 동일 노무에 대한 동일 보수의 직무급 체계를 확립할 수 있다. 반면 계급제 하의 보수는 동일한 계급이면 일의 양이나 성격에 관계없이 동일한 보수를 받으므로 직무급에 비해 공평하다고 볼 수 없다. 계급제 하의 보수는 생활급적 성격을 갖는다고 할 수 있다.
④ ⭕ 직위분류제는 공무원들의 직무 한계와 책임소재를 분명히 규정하므로 역할의 갈등을 사전에 방지할 수 있다. 계급제에서는 직무 구분이 엄격하지 못하므로 갈등의 조정과 예방은 비교적 어렵지만, 갈등이 발생했을 때는 일반행정가로서 융통성과 신축성을 발휘해 갈등을 비교적 쉽게 해결할 수 있다.

관련 OX

01 직위분류제는 계급제에 비해 탄력적 인사관리가 가능한 장점을 가진다. |19 서울 7| ◯ ⅼ ✕

02 계급제와 비교하여 직위분류제는 보수와 직무수행 간의 형평성이 확보된다. |19 국가 7 인사조직| ◯ ⅼ ✕

03 계급제는 계급군 간의 수직적 폐쇄성이 강하나 직위분류제에서는 수평적 폐쇄성이 강하다. |16 국가 7 인사조직| ◯ ⅼ ✕

04 계급제와 비교하여 직위분류제는 일반관리자 육성 및 업무 협조가 원활화 된다. |19 국가 7 인사조직| ◯ ⅼ ✕

05 우리나라의 공무원 임용제도는 계급제를 기반으로 하며 부분적으로 직위분류제적 요소를 도입하고 있다. |21 국회 8| ◯ ⅼ ✕

01 ✕ **02** ◯ **03** ◯ **04** ✕ **05** ◯

19

2025 신용한 행정학 합격노트 p.30, 31

행정의 가치에 대한 설명으로 옳지 않은 것은?

① 수직적 형평성이란 동등한 것을 동등하게 취급하는 것, 수평적 형평성이란 동등하지 않은 것을 서로 다르게 취급하는 것을 의미한다.
② 합리성은 어떤 행위가 궁극적 목표 달성의 최적 수단이 되느냐의 여부를 가리는 개념이다.
③ 효과성은 목표의 달성도를, 능률성은 투입 대비 산출의 비율을 나타내는 개념이다.
④ 민주성은 국민과의 관계와 관료조직 내부의 의사결정 과정의 두 가지 측면에서 논의된다.

🔍 ①

① ❎ **수평적 형평성이란 동등한 것을 동등하게 취급하는 것, 수직적 형평성이란 동등하지 않은 것을 서로 다르게 취급하는 것**을 의미한다.
② ⭕ 합리성은 어떤 행위가 목표달성을 위한 최적 수단이 되느냐의 여부를 가리키는 개념이다.
③ ⭕ 효과성은 목표 대비 산출의 비율로, 목표달성도를 의미하는 개념이다. 반면 투입 대비 산출의 비율을 의미하는 것은 능률성이다.
④ ⭕ 민주성은 국민과의 관계인 '대외적 민주성'뿐만 아니라 행정조직 내부의 측면에서의 '대내적 민주성' 등 두 가지 측면에서 논의된다.

03회 신용한 행정학 문제+해설　**109**

SUMMARY 능률성 vs 효과성 vs 생산성

능률성 (efficiency)	효과성 (effectiveness)	생산성 (productivity)
산출/투입	산출/목표 (비용에 대한 고려 ×)	능률성 + 효과성
투입최소화, 산출극대화에 관심	목표달성여부에 관심	종합적
산출과 비용의 관계라는 조직 내부적 관계	조직과 효과가 나타나는 환경과의 외부적 관계	종합적
19C말 행정관리론	1960년대 발전행정론	1980년대 신공공관리론

관련 OX

01 능률성(efficiency)은 일반적으로 '투입에 대한 산출의 비율'로 정의된다. | 14 국회 8| ○ ×

02 디목(M. Dimock)의 사회적 능률은 최소의 투입으로 최대의 산출을 추구한다. | 20 군무원 9| ○ ×

03 효과성을 추구하는 과정에서 능률성의 희생이 발생될 수 있다.
| 18 서울 7| ○ ×

04 효과성은 투입 대비 산출의 비율을, 능률성은 목표의 달성도를 나타내는 개념이다. | 19 지방 9| ○ ×

05 행정의 민주성은 대외적으로 국민 의사를 존중하고 수렴하며 대내적으로 행정조직을 민주적으로 운영한다는 두 가지 측면을 가지고 있다. | 21 군무원 9| ○ ×

06 행정의 민주성이란 정부가 국민의사를 존중하고 수렴하는 책임행정의 구현을 의미하며 행정조직 내부 관리 및 운영과는 관계없는 개념이다. | 15 국회 8| ○ ×

01 ○ **02** ○ **03** ○ **04** × **05** ○ **06** ×

---

20   2025 신용한 행정학 합격노트 p.181

예비타당성조사에 대한 설명으로 옳지 않은 것은?

① 경제적 타당성의 분석을 위해 수요, 편익, 비용을 추정하고 재무성 평가와 민감도 분석을 시행한다.

② 완성에 2년 이상 소요되는 일정규모 이상의 대규모사업에 대하여 기획재정부장관과 사전에 협의하게 하는 것이다.

③ 대상사업은 기획재정부장관이 중앙관서의 장의 신청에 따라 또는 직권으로 선정할 수 있다.

④ 국회가 의결로 요구하는 사업에 대하여는 예비타당성조사를 실시하여야 한다.

🔑 ②

---

① ◉ 예비타당성 조사제도는 비용편익비, 순현재가치, 민감도 분석 등을 중심으로 사업의 경제적 타당성 여부를 검정한다.

② ☒ **총사업비 관리제도에 대한 설명**이다. 총사업비 관리제도란 각 중앙관서의 장이 완성에 2년 이상 소요되는 대통령령이 정하는 대규모사업에 대해서는 사업규모·총사업비 및 사업기간을 정하여 미리 기획재정부장관과 협의하도록 하는 제도이다.

> **국가재정법 제50조 【총사업비의 관리】** ① 각 중앙관서의 장은 완성에 2년 이상이 소요되는 사업으로서 대통령령으로 정하는 대규모사업에 대하여는 그 사업규모·총사업비 및 사업기간을 정하여 미리 기획재정부장관과 협의하여야 한다. 협의를 거친 사업규모·총사업비 또는 사업기간을 변경하고자 하는 때에도 또한 같다.

③ ◉ 예비타당성조사 대상사업은 신청 또는 직권으로 선정할 수 있다.

> **동법 제38조 【예비타당성조사】** ③ 제1항의 규정에 따라 실시하는 예비타당성조사 대상사업은 기획재정부장관이 중앙관서의 장의 신청에 따라 또는 직권으로 선정할 수 있다.

④ ◉ 국가재정법 제38조 제1항, 제4항

> **동법 제38조 【예비타당성 조사】** ① 기획재정부장관은 총사업비가 500억원 이상이고 국가의 재정지원 규모가 300억원 이상인 신규 사업으로서 다음 각 호의 어느 하나에 해당하는 대규모사업에 대한 예산을 편성하기 위하여 미리 예비타당성조사를 실시하고, 그 결과를 요약하여 국회 소관 상임위원회와 예산결산특별위원회에 제출하여야 한다. 다만, 제4호의 사업은 제28조에 따라 제출된 중기사업계획서에 의한 재정지출이 500억원 이상 수반되는 신규 사업으로 한다.
> 1. 건설공사가 포함된 사업
> 2. 「지능정보화 기본법」 제14조제1항에 따른 지능정보화 사업
> 3. 「과학기술기본법」 제11조에 따른 국가연구개발사업
> 4. 그 밖에 사회복지, 보건, 교육, 노동, 문화 및 관광, 환경보호, 농림 해양수산, 산업·중소기업 분야의 사업
> ④ 기획재정부장관은 국회가 그 의결로 요구하는 사업에 대하여는 예비타당성조사를 실시하여야 한다.

제04회 행정학 문제 및 해설

국가직 9급 대비 모의고사

정답 모아보기

01	02	03	04	05	06	07	08	09	10
③	②	①	④	②	③	②	②	④	①

11	12	13	14	15	16	17	18	19	20
④	②	④	③	①	④	③	④	④	③

01

2025 신용한 행정학 합격노트 p.201

「지능정보화 기본법」에 대한 설명으로 옳은 것은?

① 정부는 지능정보사회 정책의 효율적·체계적 추진을 위하여 지능정보사회 종합계획을 5년 단위로 수립하여야 한다.

② 지능정보사회 종합계획은 행정안전부장관이 관계 중앙행정기관의 장 및 지방자치단체의 장의 의견을 들어 수립한다.

③ 중앙행정기관의 장과 지방자치단체의 장은 종합계획에 따라 매년 지능정보사회 실행계획을 수립·시행하여야 한다.

④ 과학기술정보통신부장관은 매년 '지능정보서비스 과의존'의 예방 및 해소를 위한 기본계획을 수립하여야 한다.

🔍 ③

① ❌ 지능정보사회 종합계획은 5년이 아니라 **3년 단위**로 수립하여야 한다.

> **지능정보화 기본법 제6조【지능정보사회 종합계획의 수립】**① 정부는 지능정보사회 정책의 효율적·체계적 추진을 위하여 지능정보사회 종합계획(이하 "종합계획"이라 한다)을 <u>3년 단위</u>로 수립하여야 한다.

② ❌ 종합계획은 **과학기술정보통신부장관**이 수립한다.

> **동법 제6조【지능정보사회 종합계획의 수립】**② 종합계획은 <u>과학기술정보통신부장관</u>이 관계 중앙행정기관(대통령 소속 기관 및 국무총리 소속 기관을 포함한다. 이하 같다)의 장 및 지방자치단체의 장의 의견을 들어 수립하며, 「정보통신 진흥 및 융합 활성화 등에 관한 특별법」 제7조에 따른 정보통신 전략위원회(이하 "전략위원회"라 한다)의 심의를 거쳐 수립·확정한다. 종합계획을 변경하는 경우에도 또한 같다.

③ ◎ 중앙행정기관의 장과 지방자치단체의 장은 지능정보사회 실행계획을 매년 수립해야 한다.

> **동법 제7조【지능정보사회 실행계획의 수립】**① 중앙행정기관의 장과 지방자치단체의 장은 종합계획에 따라 매년 지능정보사회 실행계획(이하 "실행계획"이라 한다)을 수립·시행하여야 한다.

④ ❌ 과학기술정보통신부장관은 **3년마다** '지능정보서비스 과의존'의 예방 및 해소를 위한 기본계획을 수립하여야 한다.

> **동법 제51조【지능정보서비스 과의존의 예방 및 해소 계획 수립】**① 과학기술정보통신부장관은 <u>3년마다</u> 관계 중앙행정기관의 장과 협의하여 지능정보서비스 과의존의 예방 및 해소를 위한 기본계획(이하 "기본계획"이라 한다)을 수립하여야 한다.

02

2025 신용한 행정학 합격노트 p.152, 153

우리나라 공무원의 보수제도에 대한 설명으로 옳지 않은 것은?

① 직무성과급적 연봉제는 고위공무원단 소속 공무원에게 적용된다.

② 성과상여금은 5급 이하의 공무원에 대해 전년도 업무 실적의 평가결과에 따라 지급하는 수당의 일종이다.

③ 고위공무원단의 기본연봉은 기준급과 직무급으로 구성된다.

④ 호봉 간 승급에 필요한 기간은 1년이며, 직종별로 여러 개의 봉급표가 적용된다.

🔍 ②

①, ③ ◎ 직무성과급적 연봉제를 적용하는 고위공무원의 기본연봉은 개인의 경력 및 누적성과를 반영하여 책정되는 기준급과 직무의 곤란성 및 책임의 정도를 반영하여 직무등급에 따라 책정되는 직무급으로 구성한다.

② ❌ 성과상여금은 **6급 이하의 공무원**에 대해 전년도 업무 실적의 평가결과(근평결과)에 따라 예산의 범위 내에서 4개 등급으로 차등 지급하는 수당의 일종이다.

④ ◎ 공무원의 호봉 간 승급에 필요한 기간은 1년이며, 공무원의 봉급은 직종별로 여러 개의 봉급표(일반직, 전문경력관, 지도직, 연구직, 우정직, 경찰·소방, 군인 등 11개)로 구성되어 있다.

04회 신용한 행정학 문제+해설 **111**

SUMMARY 공무원의 보수제도

보수제도		적용 대상	보수구조					
			기본급여	성과급여(지급기준)				
연봉제	고정급적 연봉제	정무직	기본연봉	–				
	직무성과급적 연봉제	고위 공무원단	기본연봉 (기준급+ 직무급)	성과 연봉	매우우수	우수	보통	미흡· 매우미흡
					18%	12%	8%	0%
	성과급적 연봉제	5급(상당) 이상	기본연봉	성과 연봉	최상20%	상위30%	하위40%	최하10%
					8%	6%	4%	0%
호봉제		6급 이하	봉급 (직급과 근무연한)	성과 상여금	S등급 (최상20%)	A등급 (상위 20%초과 60%이내)	B등급 (상위 60%초과 90%이내)	C등급 (최하10%)
					172.5% 이상	125%	85%이하	0%

관련 OX

01 공무원의 보수체계는 기본적으로 성과급적 연봉제를 채택하며, 성과연봉이 보수총액의 주된 부분을 이룬다.
| 19 국가 7 인사조직 | ○|X

02 직무성과급적 연봉제는 고위공무원단에 속하는 모든 공무원에 대하여 적용한다. | 17 지방 9 | ○|X

03 직무성과급적 연봉제에서 기본연봉은 기준급과 직무급으로 구성된다. | 16 지방 7 | ○|X

04 직무성과급적 연봉제의 기준급은 개인의 경력 및 누적성과를 반영하여 책정된다. | 17 지방 9 | ○|X

01 X **02** X **03** ○ **04** ○

---

03   2025 신용한 행정학 합격노트 p.109

다음 중 동기부여에 대한 내용이론만을 모두 고른 것은?

> ㄱ. 샤인(E. Schein)의 복잡인모형
> ㄴ. 아지리스(Argyris)의 성숙·미성숙이론
> ㄷ. 로크(Locke)의 목표설정이론
> ㄹ. 포터와 롤러(Porter & Lawler)의 성과 – 만족 이론

① ㄱ, ㄴ
② ㄷ, ㄹ
③ ㄱ, ㄴ, ㄷ
④ ㄱ, ㄴ, ㄹ

🔑 ①

ㄱ, ㄴ ◎ 샤인(E. Schein)의 복잡인모형, 아지리스(Argyris)의 성숙·미성숙이론은 내용이론에 해당한다.

ㄷ, ㄹ ❎ 로크(Locke)의 목표설정이론, 포터와 롤러(Porter & Lawler)의 성과 – 만족 이론은 **과정이론에 해당**된다.

SUMMARY 동기부여이론의 체계

내용 이론	① Maslow의 욕구계층이론	
	② Alderfer ERG이론	
	③ McGregor X·Y이론	
	④ Herzberg 동기·위생요인이론	
	⑤ Argyris 성숙·미성숙이론	
	⑥ Likert 4대 관리체제론	
	⑦ McClelland 성취동기	
	⑧ E. Schein 복잡인 모형	
	⑨ Z이론 모형	
과정 이론	기대이론	① Vroom의 V.I.E 기대이론 ② Porter와 Lawler의 성과–만족 이론 ③ Georgopoulos의 통로–목표이론
	형평성이론	Adams의 형평성(equity)이론
	목표설정이론	Locke의 목표설정이론
	학습이론	① 고전적 조건화이론(Pavlov) ② 수단적 조건화이론(Thorndike) ③ 조작적 조건화이론(Skinner)
	직무특성이론	Hackman & Oldham 직무특성

관련 OX

01 동기부여에 대한 과정이론에는 애덤스의 형평성이론, 브룸의 기대이론, 매클리랜드의 성취동기이론, 로크의 목표설정이론 등이 있다. | 14 지방 9 | ○|X

02 동기이론 중 과정이론에는 브룸(Vroom)의 선호–기대이론, 애덤스(Adams)의 형평이론, 포터와 로울러(Porter and Lawler)의 성과–만족이론, 조고폴러스(Georgopoulos)의 통로–목표이론, 아지리스(Argyris)의 미성숙–성숙이론 등이 있다.
| 16 국회 9 | ○|X

03 내용이론의 범주로 분류되는 것으로는 머슬로(Maslow)의 욕구계층이론, 맥그리거(Mcgregor)의 X·Y이론을 들 수 있다.
| 21 군무원 7 | ○|X

04 동기유발의 과정을 설명하는 '과정이론'에는 브룸(Vroom)의 기대이론, 애덤스(Adams)의 공정성이론, 로크(Locke)의 목표설정이론, 앨더퍼(Alderfer)의 ERG이론, 맥그리거(McGregor)의 X이론·Y이론 등이 있다. | 22 국가 9 | ○|X

05 브룸(Vroom)의 기대이론은 과정이론에 해당한다. | 22 국가 7 |
                                                         ○|X

01 X **02** X **03** ○ **04** X **05** ○

112   2025 신용한 행정학 국가직 9급 모의고사

04

2025 신용한 행정학 합격노트 p.81, 82

정책평가에 대한 설명으로 가장 옳지 않은 것은?

① 평가성 사정은 본격적인 평가가능 여부와 평가결과의 프로그램 개선가능성 등을 진단하는 일종의 예비적 평가이다.

② 목표모형은 정책이 달성하려는 장기목표와 중단기목표들을 잘 달성했는지에 초점을 맞춘 평가모형이다.

③ 계량평가는 계량적 기법을 응용하여 수치화된 지표를 통해 정책의 결과를 측정한다.

④ 총괄평가는 주로 정책집행 과정에서 발생하는 문제들을 해결하여 사업계획 개선과 효율적 집행전략을 수립하기 위한 목적으로 수행된다.

🔍 ④

① ◉ 평가성 사정에서는 정책평가를 본격적으로 시작하기 직전 조망적 차원에서 평가를 기획하는 착수직전분석이 이루어진다.

② ◉ 목표모형은 정책이 달성하려는 장기 목적과 중단기 목표들을 잘 달성했는지에 초점을 맞춘 평가모형이다.

③ ◉ 계량평가(양적평가)는 정책집행결과를 나타내는 성과에 초점을 맞추는 평가로, 연역적 방법을 활용하며, 대부분 통계, 실적치, 비율 등 강성자료 활용에 초점을 둔다.

④ ✖ 형성평가(총괄평가 ✕)는 주로 정책집행 과정에서 발생하는 문제들을 해결하여 사업계획 개선과 효율적 집행전략을 수립하기 위한 목적으로 수행된다.

SUMMARY 정책평가의 유형

- 시기: 형성평가(집행도중) VS 총괄평가(집행완료 후)
- 목적: 과정평가 VS 영향평가(정책이 사회에 미친 영향)
  - 협의의 과정 평가 : 인과관계의 경로를 검증 & 확인
  - 집행분석 : Plan의 준수 & 확인

SUMMARY 평가시가에 따른 구분 : 형성 vs 총괄

	형성(formative) 평가	총괄(summative) 평가
시기	정책이 집행되는 도중, 사업계획을 형성·개발하는 과정에서 수행되는 평가	정책이 집행된 후에 수행되는 평가
목적	정책집행 과정에서 발생하는 문제점을 해결	목적을 달성했는지의 여부를 판단하는 정책효과성 평가나 능률성 평가를 위한 목적으로 수행
주체	주로 내부 평가자와 외부 평가자의 자문에 의해 평가를 진행	주로 외부 평가자에 의해 수행

SUMMARY 논리모형(Logic model)과 목표모형

	논리모형 or 정책 프로그램 논리모형	목표모형 or 목적달성 평가모형
개념	정책 프로그램의 요소들과 정책 프로그램이 해결하려고 하는 문제들 사이의 논리적 인과관계를 투입 → 활동 → 산출 → 결과로 정리해 표현	정책이 달성하려는 장기 목적과 중단기 목표들을 잘 달성했는지에 초점을 맞춘 평가모형
특징	① 논리적 인과구조를 가지고 있는지 보여주어 정책집행 과정 및 성과를 평가할 수 있음. ② 정책문제 및 정책의 결과물을 명확히 하여 평가의 타당성 제고(인과관계 오류와 집행 실패를 구분할 수 있게 함) ③ 이해관계자의 정책이해를 높이고 논리적 문제를 해결할 수 있도록 함.	① 목적 달성 여부를 선별적으로 보여줌. ② 명확성과 단순성이 주요 특징

관련 OX

01 형성평가(formative evaluation)는 정책집행 도중에 과정의 적절성과 수단·목표 간 인과성 등을 평가하는 것이다. |16 국가 7| ○ ✕

02 총괄평가(summative evaluation)는 정책이 종료된 후에 그 정책이 당초 의도했던 효과를 가져왔는지의 여부를 판단하는 활동이다. |18 서울 9| ○ ✕

03 총괄평가는 주로 내부 평가자에 의해 수행되며, 평가결과를 환류하여 최종안을 개선하는 것이 목적이다. |16 국가 7| ○ ✕

04 정책평가의 양적 기법으로는 참여관찰법, 심층면접법 등을 들 수 있다. |14 국가 7| ○ ✕

05 질적평가(비계량평가)는 연구자의 주관이 개입될 여지가 있다. |22 국회 9| ○ ✕

06 논리모형은 정책 프로그램이 특정 성과를 산출하기 위해 어떤 논리적 인과구조를 가지고 있는지를 명시적으로 보여준다. |17 국가 9 추가채용| ○ ✕

07 논리모형은 정책이 달성하려는 장기목표와 중단기목표들을 잘 달성했는지에 초점을 맞춘 평가모형이다. |17 국가 9 추가채용| ○ ✕

01 ○ 02 ○ 03 ✕ 04 ✕ 05 ○ 06 ○ 07 ✕

05

2025 신용한 행정학 합격노트 p.184, 185

발생주의 회계제도에 대한 설명으로 옳지 않은 것을 모두 고르면?

> ㄱ. 현금의 수불과는 관계없이 거래가 발생된 시점에 거래를 인식하는 방식이다.
> ㄴ. 미지급비용과 미수수익은 발생주의에서는 인식되지 않는다.
> ㄷ. 복식부기 기장방식을 채택하는 것이 일반적이다.
> ㄹ. 자의적인 회계처리가 불가능하여 통제가 용이하다.

① ㄱ, ㄷ
② ㄴ, ㄹ
③ ㄱ, ㄴ, ㄷ
④ ㄴ, ㄷ, ㄹ

🔍 ②

ㄱ 🔘 발생주의는 현금의 수불과는 관계없이 거래가 발생된 시점에 거래를 인식하는 방식인 반면, 현금주의는 현금을 수취하거나 지급한 시점에 거래를 인식하는 방식이다.

ㄴ ❌ 미지급비용과 미수수익은 현금주의에서는 인식되지 않는데 반해 **발생주의에서는 부채와 자산으로 인식**된다.

ㄷ 🔘 복식부기는 거래의 이중성을 회계처리에 반영해 기록하는 기장방식으로 발생주의 회계제도에서는 복식부기 기장방식을 채택하는 것이 일반적이다.

ㄹ ❌ **자의적인 회계처리는 발생주의 회계방식의 부정적 효과에 해당**한다. 발생주의는 채권채무의 자의적 추정이 불가피하며, 자산평가나 감가상각의 주관성이 개입될 수 있다.

SUMMARY 현금주의와 발생주의의 차이점

구 분	현금주의	발생주의
거래의 해석과 분류	현금 수불의 측면	쌍방 흐름(이원거래 개념) 측면
수익비용의 인식기준	현금의 수취·지출	수익의 획득 / 비용의 발생
선급비용· 선급수익	수익·비용으로 인식	자산과 부채로 인식
미지급비용· 미수수익	인식 안 됨.	부채와 자산으로 인식
감가상각, 대손상각, 제품보증비, 퇴직급여충당금	인식 안 됨.	비용으로 인식
상환이자지급액	지급 시기에 비용으로 인식	기간별 인식
무상거래	인식 안 됨.	이중거래로 인식
정보 활용원	개별 자료 우선	통합 자료 우선
추가 정보 요구	별도 작업 필요	기본 시스템에 존재
적용 예	가계부, 비영리 공공부문	기업, 일부 비영리부문

SUMMARY 현금주의 vs 발생주의의 장단점

구분	장점	단점
현금 주의	• 절차가 간편하고 이해와 통제가 용이 • 회계제도 운영상 경비 절감 • 회계처리의 객관성, 외형상 수지균형 확보가 용이	• 거래의 실질 및 원가 미반영 • 비용편익분석 등 재정성과측정 곤란
발생 주의	• 재정의 실질적 객관성 확보 (감가상각비, 유동부채나 자산의 변동 등의 인식) • 경영성과 파악 용이(총량정보의 제공) • 복식부기와 결합, 자기검증 기능으로 회계오류 시정 • 정보의 적시성 확보 • 자동 이월기능	• 채권채무의 자의적 추정이 불가피함. • 자산평가나 감가상각의 주관성 • 회수불가능한 부실채권 파악이 어려움. • 절차가 복잡하고, 숙련된 회계직 공무원 필요

관련 OX

01 현금주의 회계방식은 화폐자산과 차입금을 측정대상으로 하며, 발생주의 회계방식은 재무자원, 비재무자원을 포함한 모든 경제자원을 측정대상으로 한다. | 22 국회 8 | ○ X

02 발생주의는 현금의 수불과는 관계없이 경제적 자원에 변동을 주는 사건이 발생된 시점에 거래를 인식하는 방식이다. | 18 서울 9 | ○ X

03 발생주의 회계제도는 부채규모와 총자산의 파악이 용이하지 않다. | 21 군무원 9 | ○ X

04 현금주의 회계방식은 정보의 적시성을 확보할 수 있으며, 발생주의 회계방식은 회계처리의 객관성 확보에 용이하다. | 22 국회 8 | ○ X

05 현금주의 회계방식은 의회통제를 회피하기 위해 악용될 가능성이 있으며, 발생주의 회계방식 또한 의회통제와는 거리가 있다. | 22 국회 8 | ○ X

01 ○ **02** ○ **03** X **04** X **05** X

06

2025 신용한 행정학 합격노트 p.120

변혁적 리더십에 대한 설명으로 옳지 않은 것은?

① 조직에서 변화를 주도하고 관리하는 리더십이다.
② 카리스마적 리더십, 영감적 동기부여, 개별적 배려, 지적 자극 등을 특징으로 한다.
③ 적극적 보상이나 소극적 보상을 통해 영향력을 행사한다.
④ 기계적 조직체제보다는 유기적 조직체계에 적합하다.

🔍 ③

114 2025 신용한 행정학 국가직 9급 모의고사

①, ② ◎ 변혁적 리더십은 카리스마, 영감, 지적 자극, 개인적 배려에 치중하고, 조직 합병을 주도하고 신규 부서를 만들어 내며, 조직문화를 새로 창출해 내는 등 조직에서 변화를 주도하고 관리하는 리더십이다.

③ ✕ 리더가 부하와의 **교환관계**를 통해 영향력을 행사하는 리더십은 변혁적 리더십이 아닌 **거래적 리더십에 대한 설명**이다.

④ ◎ 변혁적 리더십은 기계적 조직체제보다는 유기적 조직체계에 좀 더 적합하다.

SUMMARY 거래적 리더십 vs 변혁적 리더십

	거래적 리더십	변혁적 리더십
초 점	일반 관리층	최고 관리층
관리전략	합리적 교환관계와 통제 하급욕구의 충족	비전공유를 통한 내적 동기유발 고급욕구의 만족
변화관	안전지향(폐쇄적)	변화지향(개방적), 환경적응지향
조직구조	고전적 관료제	탈관료제(구조의 융통성 중시)

관련 OX

01 서번트 리더십은 조직에서 변화를 주도하고 관리하는 리더십이다. |20 국가 7 인사조직| ○ | ✕

02 변혁적(transformational) 리더십은 부하에게 새로운 비전을 제시하며, 지적 자극을 통한 동기부여를 강조한다. |21 지방 9| ○ | ✕

03 변혁적 리더십(transformational leadership)에 따르면 리더는 조직이 나아갈 비전을 제시하고 구성원들과의 소통을 통하여 이를 공유하고자 한다. |15 지방 7| ○ | ✕

04 변혁적(transformational) 리더십은 리더가 부하로 하여금 형식적 관례와 사고를 다시 생각하게 함으로써 새로운 관념을 촉발시킨다. |18 경간| ○ | ✕

05 번스(Burns)의 리더십이론에서 거래적 리더십은 카리스마적 리더십을 기반으로 하므로 카리스마적 리더십과 중첩되는 측면이 있다. |19 국가 9| ○ | ✕

06 변혁적(transformational) 리더십은 리더와 부하의 관계를 경제적 교환관계로 인식하고, 보상에 관심을 둔다. |21 지방 9| ○ | ✕

07 거래적(transactional) 리더십은 보수적·현상유지적이라는 평가를 받기도 한다. |18 경간| ○ | ✕

01 ✕　02 ○　03 ○　04 ○　05 ✕　06 ✕　07 ○

07 　2025 신용한 행정학 합격노트 p.28

롤즈(J. Rawls)의 정의론에 대한 설명으로 옳지 않은 것은?

① 롤즈는 사회계약론의 입장에서 정의의 원리를 도출한다.

② 기회균등의 원리와 차등의 원리 양자가 충돌할 경우 차등의 원리가 기회균등의 원리에 우선한다.

③ 기본적 자유의 평등 원리란, 개인은 다른 사람의 유사한 자유와 상충되지 않는 한도 내에서 최대한의 기본적 자유에의 평등한 권리가 인정되어야 한다는 원리이다.

④ 최소극대화 원리에 입각하여 사회의 모든 가치는 평등하게 배분되어야 하며, 불평등한 배분은 그것이 사회의 최소 수혜자에게 유리한 경우에 정당하다고 본다.

🔍 ②

롤즈의 정의론은 특수한 사실의 유불리 여부에 대한 판단이 불확실한 무지의 베일에 가려진 **원초적 상태에서 구성원들이** 합의하는 규칙 또는 원칙이 공정할 것이라고 전제하고 있으며, **최소극대화(최대최소, maximin)원칙**을 주장한다. 최소극대화 원리란 사회적으로 불리한 조건에 있는 사람들에게 혜택이 돌아가도록 행정이 이뤄져야 한다는 것을 의미한다. 롤즈의 정의론에서 제1원리가 '기본적 자유에 대한 평등'이며 제2원리는 '정당한 불평등의 원리'(차등조정의 원리)이다. **제1원리가 제2원리에 우선하고, 제2원리 내에서는 '기회균등의 원리'가 '차등의 원리'에 각각 우선되어야** 한다.

① ◎ 롤즈는 사회계약론의 입장으로 원초 상태에서 합의되는 일련의 법칙이 곧 사회 정의의 원칙으로서 계약 당사자들의 사회협동체를 규제하게 된다고 본다.

② ✕ 롤즈의 사회정의의 원리에 의하면 정의의 제1원리는 기본적 자유의 평등(동등)원리이며, 제2원리는 차등조정의 원리이다. 차등조정의 원리는 기회균등의 원리와 차등의 원리가 있으며, 양자가 충돌할 경우 **'기회균등의 원리'가 '차등의 원리'에 우선되어야** 한다.

③ ◎ 롤즈의 제1원리인 '기본적 자유의 평등 원리'는 개개인에 대해서, 다른 사람의 유사한 자유와 상충되지 않는 한도 내에서 최대한의 기본적 자유에의 평등한 권리가 인정되어야 한다는 것이다.

④ ◎ 최소극대화 원리에 입각해 사회의 최소수혜자에게 유리한 경우에 정당하다고 본다.

관련 OX

01 원초적 자연상태(state of nature) 하에서 구성원들의 이성적 판단에 따른 사회형태는 극히 합리적일 것이라고 가정하는 사회계약론적 전통에 따른다. |18 국가 9| ○ | ✕

02 롤즈는 사회계약론의 입장에서 정의의 원리를 도출한다. |17 서울 7| ○ | ✕

03 롤스(Rawls)는 사회정의의 제1원리와 제2원리가 충돌한 경우 제1원리가 우선이라고 주장한다. |20 지방 9| ○ | ✕

04 롤즈(J. Rawls)가 정의론에서 제시한 '기본적 자유의 평등 원리'는 개개인의 권리가 다른 사람의 유사한 자유와 상충되더라도 최대한의 기본적 자유가 인정되어야 한다는 것이다. |14 국가 7| ○|×

05 롤즈(J. Rawls)의 정의론에서 제1의 원리는 사회적 약자의 편익을 최대화하는 것이다. |17 서울 7| ○|×

06 롤즈의 정의론은 사회의 모든 가치는 평등하게 배분되어야 (J. Rawls) 하며, 불평등한 배분은 그것이 사회의 최소수혜자에게도 유리한 경우에 정당하다고 본다. |18 국가 9| ○|×

07 롤즈(Rawls)의 최소최대 원칙(minimax principle)은 사회에서 가장 취약한 집단에게 최대의 편익이 돌아가게 하는 정책이 바람직하다는 기준을 의미한다. |18 서울 7 추가채용| ○|×

01 ○ **02** ○ **03** ○ **04** × **05** × **06** ○ **07** ×

ㄹ ☒ 단층제에서는 중앙정부가 지방자치단체를 직접 감독, 통제할 수 있고 따라서 중앙집권화로 흐를 수 있다. 또한 중앙정부의 **통솔범위가 넓어져서 중앙정부의 비대화로 이어질 수 있다.**

SUMMARY 중층제와 단층제의 장·단점

구분	중층제	단층제
장점	• 공공기능의 분업적 수행을 가능케 함 • 국가의 감독기능 유지 (중간단체에 감독기능 부여) • 민주주의 원리의 확산 (국가의 직접 개입 차단) • 기초자치단체의 기능 보완	• 신속한 행정을 도모 • 이중행정과 감독의 폐해 방지 • 행정낭비 제거와 효율성 도모 • 지방의 특수성·개별성 고려에 유리 • 행정책임의 명확화
단점	• 이중행정의 폐단 • 행정책임의 모호성 • 행정지체와 낭비로 인한 불합리성 • 지역적 특성을 도외시할 가능성 • 주민의 의사전달과 중앙행정의 침투가 왜곡 저해될 우려	• 넓은 국토, 많은 인구에 적용이 불리함. • 중앙집권화로 흐를 가능성 • 중앙정부의 비대화로 이어질 가능성 • 광역행정사무 처리의 어려움.

관련OX

01 중층제는 국가의 감독기능 유지를 어렵게 한다. |19 경간| ○|×

02 중층제에서는 단층제에서보다 기초자치단체와 중앙정부의 의사소통이 원활하지 못할 수 있다. |19 경간| ○|×

03 단층제는 중층제보다 중복행정으로 인한 행정지연의 낭비를 줄일 수 있다. |19 경간| ○|×

04 단층제는 중앙집권화의 우려가 크다. |19 경간| ○|×

01 × **02** ○ **03** ○ **04** ○

08

2025 신용한 행정학 합격노트 p.215

지방자치단체의 계층구조에 대한 설명으로 옳은 것을 모두 고르면?

> ㄱ. 중층제에서는 기초자치단체의 의사가 중앙정부에 신속하게 전달될 수 있다.
> ㄴ. 단층제는 중층제에 비해 업무에 대한 행정책임이 명확하다.
> ㄷ. 중층제에서는 광역행정수요에 효과적으로 대응할 수 있다.
> ㄹ. 중층제보다 단층제에서 중앙정부의 직접적인 통솔범위가 좁아진다.

① ㄱ, ㄴ
② ㄴ, ㄷ
③ ㄴ, ㄷ, ㄹ
④ ㄱ, ㄴ, ㄷ

🔍 ②

ㄱ ☒ 기초자치단체의 의사를 중앙정부에 신속하게 전달하고, 의사전달의 왜곡을 방지할 수 있는 것은 단층제의 장점이다. 중층제는 주민의 중앙정부에 대한 의사전달과 중앙행정의 주민에 대한 침투가 중간지방정부에 의해 왜곡될 수 있으며, **의사전달이 지연될 수 있다.**

ㄴ ◉ 단층제는 중간계층을 두지 않음으로써 책임의 소재를 불명확하게 만든다는 문제를 방지할 수 있다.

ㄷ ◉ 중층제는 광역자치단체는 광역사무를 처리하고 기초자치단체는 주민의 일상생활에 직결되는 공공사무를 담당하게 함으로써 공공기능의 분업적 수행을 가능하게 한다.

09

2025 신용한 행정학 합격노트 p.75, 76

정책집행의 하향적 접근방법에 대한 설명으로 옳은 것은?

① 정책결정과 집행 간의 엄밀한 구분에 의문을 제기한다.
② 집행네트워크 행위자들 사이의 전략적 상호작용에 초점을 두고 있다.
③ 집행현장에서 다양한 공공프로그램과 민간부문의 프로그램이 적용되는 집행영역을 다룰 수 있다.
④ 정책은 목표의 실현을 위한 명확하게 정의된 정책수단을 가지고 있다.

④

하향적 접근은 정책집행을 정책목표 달성을 위해 채택된 정책결정 내용을 충실히 이행하는 과정으로 인식하므로 명확하고 일관된 정책목표와 그 실현을 위한 정책수단을 가지고 있는 것으로 가정하며, 정책집행의 영향요인의 발견과 성공적 집행조건과 전략을 규명하여 집행이론을 구축하고 정책결정자에게 규범적 처방을 제시한다.

상향적 접근은 정책집행을 다수의 참여자들 사이에서 발생하는 상호작용으로 인식하며, 일선관료와 대상집단의 입장에서 정책집행이 현장에서 실제 어떻게 이루어지는가를 기술(description)하고 설명하는 데 중점을 두고 있다.

① ✕ 상향식 접근방법에 대한 설명이다. 상향식 접근방법은 실제 정책결정은 일선 집행권자의 집행과정에서 구체화되므로, **정책결정과 집행 간의 엄밀한 구분에 의문을** 제기한다.

② ✕ 상향식 접근방법에 대한 설명이다. 하향적 접근방법에서는 정책결정자가 의도한 **정책목표를 달성하기 위해 집행체계를 어떻게 운영**하는지에 관심을 가진다. 반면 상향적 접근방법에서는 **집행네트워크 행위자들 사이의 전략적 상호작용**에 초점을 두고 있다.

③ ✕ 상향식 접근방법에 대한 설명이다. 상향식 접근방법은 **집행현장에서 여러 정책들이 동시에 추진되어 어느 하나의 정책도 지배적이지 못한** 채 다양한 공적 또는 사적인 정책 프로그램이 교차하는 **집행영역을 보다 잘 다룰 수 있다.**

④ ◎ 하향식 접근방법에서는 정책집행을 정책목표 달성을 위해 채택된 정책결정 내용을 충실히 이행하는 과정으로 인식하므로 명확하고 일관된 정책목표와 그 실현을 위한 정책수단을 가지고 있는 것으로 가정한다.

SUMMARY 하향적 접근 vs 상향적 접근

	하향적 접근(위 ⇨ 아래) : 결정자의 시각	상향적 접근(아래 ⇨ 위) : 현장의 시각
결정과 집행	정책결정과 집행을 분리 (정치행정 이원론)	정책결정과 집행의 통합 (정치행정 일원론)
연구목적	일반론적·규범적 처방의 제시 (거시적·연역적 접근)	집행현장의 기술과 설명 ⇨ 개별집행문제의 해결(미시적·귀납적 접근)
집행의 성공요건	• 정책결정자의 리더십 • 집행과정의 법적 구조화	• 일선공무원의 전문지식과 문제해결 능력
집행자	**집행자의 결정자에 대한 순응과 집행자에 대한 결정자의 통제 강조**	집행자의 재량과 자율을 강조
Berman	**거시적·정형적 집행**	미시적·적응적 집행(강조)
Elmore	**전방향적 집행**	후방향적 집행(강조)
단점	• 민주주의체제하에서 명확한 목표설정의 어려움. • 정책반대자의 입장 및 전략적 행동파악의 한계	• 거시적 틀에 대한 간과 가능성 • 선출직 공무원의 결정과 책임이라는 민주주의 기본가치의 위배 가능성

관련 OX

01 상향식 접근방법은 정책결정과 정책집행 간의 엄밀한 구분에 의문을 제기한다. |15 국가 7| O✕

02 상향적 접근방법은 정책결정과 정책집행은 뚜렷하게 구분된다고 본다. |17 국가 9| O✕

03 상향식 접근은 집행이 일어나는 현장에 초점을 맞추고 그 현장을 미시적이고 현실적이며 상호작용적인 차원에서 관찰한다. |15 국회 8| O✕

04 하향식 접근(top-down approach)은 집행이 일어나는 현장에 초점을 맞춘다. |20 지방 9| O✕

05 하향식 접근은 하나의 정책에만 초점을 맞추므로 여러 정책이 동시에 집행되는 경우를 설명하기 곤란하다. |15 국회 8| O✕

06 하향식 접근방법은 공식적 정책목표를 중요한 변수로 취급하지 않는다. |15 국가 7| O✕

07 하향적 정책집행에 따르면 정책목표와 수단 간의 타당한 인과관계를 전제로 한다. |16 교행 9| O✕

01 O **02** ✕ **03** O **04** ✕ **05** O **06** ✕ **07** O

04회 신용한 행정학 문제+해설 **117**

10 2025 신용한 행정학 합격노트 p.102

거시조직이론에 대한 설명으로 옳은 것은?

① 전략적 선택이론, 공동체 생태학 이론은 임의론적 관점을 구조적 상황론, 조직경제학 이론은 결정론적 관점이다.

② 자원의존이론은 외부환경에 의해서 조직구조가 결정된다는 환경결정론적 입장을 취하고 있다.

③ 조직군 생태학 이론은 사회생태학에 근거하여 유리한 환경을 형성하려는 조직의 적극적 노력에 초점을 둔다.

④ 상황론적 조직이론은 모든 상황에 적합하고 유일한 최선의 조직설계와 관리방법을 찾을 수 있다고 본다.

🔍 ①

① ◎ 구조적 상황론, 조직군생태학이론, 조직경제학이론은 결정이며, 전략적 선택이론, 자원의존이론, 공동체 생태학 이론은 임의론적 관점이다.

② ✕ 자원의존이론은 환경에 대한 **임의론적 인식론에 입각한 전략적 선택이론**이다. 자원의존이론은 조직을 환경적 결정에 피동적인 존재로 보지 않고 스스로의 이익을 위해 주도적·능동적으로 환경에 대처하는 것으로 본다.

③ ✕ **조직군 생태학이론은 조직의 변화가 외부환경의 선택에 따라 좌우된다고 주장하는 가장 극단적인 환경결정론적 관점**이다.

④ ✕ 상황론적 조직이론은 번스(Burns)와 스토커(Stalker) 등에 의해 발전한 경험적 조직이론으로, 관료제 이론과 행정원리론에서 추구한 보편적인 조직 원리를 비판하면서 등장한 이론이다. 상황론적 조직이론에서 조직구조는 상황적 특성(규모, 기술, 환경 등)에 의해 결정되며, 조직의 효과성은 조직의 구조적 특성(조직구조, 관리체계, 관리과정등)과 상황적 특성이 얼마나 부합하는가에 달려 있다고 주장하는 조직이론이다. 따라서 **모든 상황에 적용되는 유일·최선의 조직구조나 관리방법은 없다**는 전제하에, 조직이 처해 있는 상황에 따라 조직설계 및 관리방법도 달라져야 한다고 주장한다.

SUMMARY 거시조직이론의 분류

환경인식 / 분석수준	결정론 : 조직은 환경에 대한 종속변수	임의론 : 조직은 환경에 대한 독립변수
개별조직	체제구조적 관점 ① 구조적 상황론	전략적 선택 관점 ① 전략적 선택이론 ② 자원의존이론
조직군	자연적 선택 관점 ① 조직군생태학 이론 ② 조직경제학(주인 – 대리인이론, 거래비용이론)	집단적 행동 관점 ① 공동체 생태학 이론

관련 OX

01 자원의존이론은 외부환경에 의해서 조직구조가 결정된다는 환경결정론적 입장을 취하고 있다. |24 경간| ○|✕

02 조직군생태론은 단일조직을 기본 분석단위로 하며, 환경에 대한 조직 적합도에 초점을 둔다. |22 지방 7| ○|✕

03 전략적 선택이론, 자원의존이론, 공동체 생태학 이론은 임의론적 관점을 채택하고 있다. |16 국가 7 인사조직| ○|✕

04 상황론은 조직구조를 상황요인으로 강조하면서 이러한 상황에 적합한 조직의 기술과 전략 등을 처방한다. |17 국가 7 추가채용| ○|✕

05 상황적응적 접근방법(contingency approach)은 체제이론의 거시적 관점에 따라 모든 상황에 적합한 유일최선의 관리방법을 모색한다. |18 국가 9| ○|✕

06 조직군 생태학은 조직을 외부환경의 선택에 영향을 받을 뿐만 아니라 적극적으로 영향을 끼치는 능동적인 존재로 이해한다. |20 국가 7| ○|✕

07 전략적 선택이론은 상황이 구조를 결정하기보다는 관리자의 상황 판단과 전략이 구조를 결정한다. |18 지방 9| ○|✕

08 자원의존이론에 따르면, 조직은 환경으로부터 필요한 자원을 획득하기 위하여 환경에 피동적으로 순응하여야 한다. |17 국가 9 추가채용| ○|✕

09 구조적 상황이론은 자원을 획득하고 유지할 수 있는 능력을 조직 생존의 핵심요인으로 파악한다. |16 국가 7 인사조직| ○|✕

10 공동체 생태학이론은 조직 간의 관계에 대해 논의를 전개한다. |22 군무원 7| ○|✕

01 ✕ **02** ✕ **03** ○ **04** ✕ **05** ✕ **06** ✕ **07** ○ **08** ✕ **09** ✕ **10** ○

11

2025 신용한 행정학 합격노트 p.20, 21

살라몬이 제시한 정책수단의 유형에서 간접적 수단으로만 묶은 것은?

ㄱ. 정부소비	ㄴ. 바우처
ㄷ. 직접 대출	ㄹ. 손해책임법
ㅁ. 경제적 규제	ㅂ. 계약

① ㄱ, ㄴ, ㅂ
② ㄱ, ㄷ, ㅁ
③ ㄴ, ㄷ, ㄹ
④ ㄴ, ㄹ, ㅂ

🔍 ④

ㄴ, ㄹ, ㅂ ◉ 살라몬의 분류에 의하면 바우처, 손해책임법, 계약은 간접적 수단에 해당한다.

ㄱ, ㄷ, ㅁ ❌ 정부소비, 직접대출, 경제적 규제는 직접적 수단에 해당한다.

SUMMARY 살라몬(Salamon)의 행정수단의 분류

직접제공	간접제공
정부소비, 직접 대출, 공기업, 경제적 규제 등	계약, 바우처, 대출보증, 보조금, 손해책임법, 공공기관을 통한 공적 보험 등

관련 OX

01 살라먼(Salamon)의 정책수단유형 중 간접수단에는 경제적 규제, 조세지출, 직접대출, 공기업 등이 있다. |16 국가 7|
O I X

02 살라몬(L. M. Salamon)의 행정수단 유형분류에 있어서 바우처는 민간위탁과 같이 직접성이 매우 높은 행정수단이다.
|17 국가 9 추가채용|
O I X

03 살라몬(Salamon)의 '직접성의 정도에 따른 행정(정책)수단 분류'에 의할 때 정부 소비는 직접성이 높은 수단이다.
|15 서울 9|
O I X

01 X **02** X **03** O

12

2025 신용한 행정학 합격노트 p.142

개방형인사제도에 대한 설명으로 옳지 않은 것은?

① 직업공무원제의 폐쇄형 임용제의 한계를 극복하기 위한 제도이다.

② 재직자의 승진기회가 많고 경력발전의 기회가 많다.

③ 공무원·행정의 전문성이 향상되지만, 조직 안정성과 행정의 일관성 저해될 수 있다.

④ 우리나라는 고위공무원단제, 개방형·공모직위제, 경력경쟁채용제 등을 시행하고 있다.

🔍 ②

① ◉ 개방형 인사제도는 일반적으로 공직의 개방에 따라 외부 전문가나 경력자에게 공직의 문호를 개방하여 새로운 지식과 기술, 그리고 새롭고 참신한 아이디어를 받아들임으로써 공직의 침체를 막고 공직을 새로운 기풍으로 진작시켜 행정의 효율성을 높이려는 의도에서 활용된다.

② ❌ 개방형은 하위직급은 물론, 상위직급의 채용에 있어서도 재직자(내부자)와 외부자간 경쟁을 통해 선발하는 임용방식으로 재직자만을 대상으로 상위직급을 채용하는 계급제에 비해 재직자의 승진기회가 제한적이다. 또한 개방형은 채용당시의 해당 직무에 대한 전문성을 기반으로 선발하고, 채용된 경우 그 직무만을 수행하기 때문에 경력발전의 기회가 여러 직무를 경험하며 성장할수 있는 폐쇄형에 비해 적다(승진기회·경력발전 : 폐쇄형↑, 개방형↓).

③ ◉ 개방형인사제도는 공직의 침체를 방지하고 공직의 전문성을 향상시키는 제도로 전문행정가 양성을 육성하는데 효과적이다. 반면, 공직내외의 인적교류가 활발해짐으로써 공무원의 신분보장은 약화되고, 행정의 안정성이 저해될 수 있다.

④ ◉ 우리나라에서 개방형 임용으로 운영되는 제도에는 고위공무원단제, 개방형·공모직위제, 경력경쟁채용제, 공무원의 민간부문 근무제, 민간전문가 공직파견제 등이 있다.

SUMMARY 개방형 vs 폐쇄형

구 분	개방형	폐쇄형
신규임용	전 등급에서 허용	최하위직에만 허용
임용자격	전문능력	일반능력
승진기준	최적격자(내·외부)	상위적격자(연공고려 내부 임용)
공직분류	직위분류제(직무 중심)	계급제(사람 중심)
신분보장	신분 불안정(임용권자가 좌우)	신분보장(법적 보장)

관련 OX

01 일반적으로 폐쇄형 인사제도는 직위분류제에 바탕을 두고 있으며, 일반행정가보다 전문가 중심의 인력구조를 선호한다. |21 국가 7|
O I X

02 개방형은 공직의 계급이나 직위와 상관없이 신규채용이 허용된다. |22 국가 7 인사조직|
O I X

04회 신용한 행정학 문제+해설 **119**

03 폐쇄형 인사제도는 개방형 인사제도에 비해 내부승진과 경력 발전을 위한 교육훈련의 기회가 적다. |21 국가 7| ○ㅣ×

04 개방형 직위로 지정된 직위에는 외부 적격자뿐만 아니라 내부 적격자도 임용할 수 있다. |16 지방 9| ○ㅣ×

05 개방형 인사제도는 폐쇄형 인사제도에 비해 안정적인 공직사회를 형성함으로써 공무원의 사기를 높이고 장기근무를 장려한다. |21 국가 7| ○ㅣ×

01 × **02** ○ **03** × **04** ○ **05** ×

관련 OX

01 의결위원회는 의사결정의 구속력은 있지만 집행권이 없다.
|18 서울 9| ○ㅣ×

02 행정위원회는 독립지위를 가진 행정관청으로 결정권은 없고 집행권만 갖는다. |18 서울 9| ○ㅣ×

03 중앙선거관리위원회와 공정거래위원회는 행정위원회에 속한다. |19 국회 8| ○ㅣ×

04 위원회 조직은 결정에 대한 책임의 공유와 분산이 특징이다.
|19 국가 9| ○ㅣ×

05 위원회 조직에서 이해관계가 서로 다른 사람들의 참여는 결정에 대한 보다 폭넓은 지지를 가능하게 한다.
|18 국가 7 인사조직| ○ㅣ×

01 ○ **02** × **03** ○ **04** ○ **05** ○

13
2025 신용한 행정학 합격노트 p.105

정부의 위원회 조직에 대한 설명으로 옳지 않은 것은?

① 위원회 조직은 복수인으로 구성된 합의형 조직의 한 형태다.
② 행정위원회는 독립지위를 가진 행정관청으로 의사결정의 법적 구속력이 있고, 행정집행권을 소유하고 있다.
③ 우리나라의 행정위원회에는 중앙선거관리위원회, 공정거래위원회 등이 있다.
④ 위원회 조직은 의사결정에 대한 책임성 확보가 용이하다.

🔍 ④

① ◎, ④ ✖ 위원회 조직은 복수의 의사결정권자로 구성되는 합의제 행정기관으로 **책임이 분산되어 책임전가 현상이 발생**할 수 있다.
② ◎ 행정위원회는 독립 지위를 가진 행정관청으로 의사결정의 법적 구속력이 있고, 행정집행권을 소유하고 있다.
③ ◎ 우리나라 행정위원회의 대표적인 예로 중앙선거관리위원회, 공정거래위원회 등을 들 수 있다.

SUMMARY 위원회의 유형

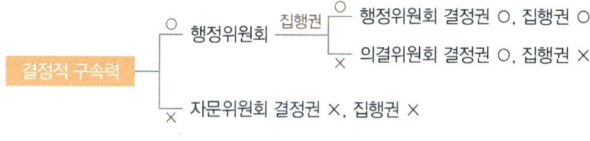

SUMMARY 위원회의 유형

구분	자문위원회	행정위원회	
		의결위원회	행정위원회
권한 및 성격	자문 목적의 참모기관으로 자문에 한정하며, 사안에 따라 조사분석 기능 수행, 의사결정의 구속력이 없음.	자문위원회와 행정위원회의 중간조직으로 국민의 권리·의무와 관련된 사무에 대한 의사결정 권한은 있으나 집행권은 없음.	독립 지위를 가진 행정관청으로 의사결정의 법적 구속력이 있고, 행정집행권을 소유. 경우에 따라 준입법권과 준사법권 보유
예	기업 및 부처(정책) 자문위원회	각 부처 징계위원회, 정부공직자윤리위원회	중앙선거관리위원회, 공정거래위원회

14
2025 신용한 행정학 합격노트 p.11

행정과 경영에 대한 설명으로 옳지 않은 것은?

① 공동 목표를 달성하기 위한 합리적이고 집단적인 협동행위인 점은 행정과 경영에서 공통적으로 나타난다.
② 행정은 사익이 아닌 공익을 우선적으로 추구한다.
③ 경영은 법적 테두리 안에서 활동이 이루어져 행정보다 엄격한 법적 규제를 받는다.
④ 행정에는 모든 국민에 대해 법 앞에 평등이라는 규범이 강하게 적용된다.

🔍 ③

① ◎ 행정과 경영은 공동 목표를 달성하기 위한 합리적이고 집단적인 협동행위인 점에서 유사하다. 이러한 관점에서 사이먼(Simon)은 행정의 본질을 의사결정이라고 본다. 즉, 행정과 경영 모두 여러 대안 중 최선의 대안을 선택·결정한다는 점에서 유사하다.
② ◎ 행정은 공익을 추구하지만 경영은 이윤의 극대화를 목적으로 삼는다.
③ ✖ **행정이 경영보다 엄격한 법적 규제**를 받는다. 경영도 법적 태두리 안에서 활동이 이루어지기는 하지만, 행정과 같은 직접적인 법적 규제는 받지 않는다.
④ ◎ 행정에는 모든 국민에 대해 법 앞에 평등이라는 규범이 강하게 적용된다. 반면에, 경영에서는 기업의 이윤 추구 목적을 실현하는 과정에서 고객들 간 차별 대우가 용인된다.

SUMMARY 행정과 경영의 차이점

구분	행정	경영
목적	공익추구	이윤극대화
정치권력적 성격	정치권력적 성격(공권력)	정치로부터 분리
법적 규제	엄격한 법적 규제(행정의 경직성)	직접적인 법적 규제 적용 안 됨.
평등성	모든 국민은 법 앞에 평등	고객 간 차별 대우
독점성	독점	경쟁관계
관할 및 영향	모든 국민이 대상	고객 관계 범위 내에 한정
성과척도	명확한 단일의 척도 없음.	이윤

관련 OX

01 행정과 경영은 어느 정도 관료제적 성격을 지니고 있다.
│21 군무원 9│   O | X

02 경영과 구분되는 행정의 속성으로 행정은 효과적인 업무수행을 위해 관리성이 강조된다. │14 국가 9│   O | X

03 행정과 경영은 관리기술이 유사하다. │21 군무원 9│   O | X

04 행정과 경영은 비슷한 수준의 법적 규제를 받는다.
│21 군무원 9│   O | X

05 경영과 구분되는 행정의 속성으로 행정은 모든 시민을 평등하게 대우하여야 한다. │14 국가 9│   O | X

01 O **02** X **03** O **04** X **05** O

③ 〇 일선관료의 업무환경에는 **모호하고 대립되는** 기대가 존재하므로 일선관료가 업무를 수행하는 기관에 대한 고객의 목표기대는 서로 일치하지 않는다.

④ 〇 일선관료는 인종, 성, 학력, 계급 등 고정관념을 가지고, **고객을 재정의** 한 후 고객에 책임을 전가하거나 사회문제 탓으로 하여 **책임을 회피**한다.

관련 OX

01 일선관료는 계층제의 하위에 위치하기 때문에, 직무의 자율성이 거의 없고 의사결정에 있어서 재량권의 범위가 좁다.
│18 국가 9│   O | X

02 일선관료는 일반 시민들과 끊임없이 상호작용하는 업무를 담당하고 있으며 상당한 자율성과 재량권을 가지고 있다.
│21 국회 8│   O | X

03 일선관료는 집행에 필요한 자원이 부족할 경우 대체로 부분적이고 간헐적으로 정책을 집행한다. │18 국가 9│ O | X

04 일선관료는 시간과 정보·기술적인 지원 등 업무수행에 필요한 자원이 불충분하기 때문에 체계적이고 계획적인 집행을 하게 된다. │21 국회 8│   O | X

05 일선관료제는 고객에 대한 고정관념(stereotype)을 타파함으로써 복잡한 문제와 불확실한 상황에 대처한다. │18 국가 9│
O | X

01 X **02** O **03** O **04** X **05** X

15

2025 신용한 행정학 합격노트 p.76

립스키(M. Lipsky)의 일선관료제 이론에 대한 설명으로 가장 옳지 않은 것은?

① 일선관료들은 직무의 자율성이 거의 없고 의사결정에 있어서 재량권의 범위가 좁은 편이다.
② 일선관료들은 인적·물적, 시간적·기술적 자원이 만성적으로 부족한 상태에서 업무를 수행한다.
③ 일선관료들은 모호하고 대립되는 기대들로 인해, 정책목표를 달성할 수 없는 경우가 많다.
④ 일선관료들은 고객을 재정의한 후 고객에 책임을 전가하거나 사회문제 탓으로 하여 책임을 회피하려고 한다.

🔍 ①

① ☒ **일선관료들은** 서비스 제공에 있어서 **상당한 재량권을 보유**한다. 집행현장등을 정형화하기 어렵고 업무가 기계적이기보다는 인간적 차원에서 대처해야 할 상황이 많으며, 일선행정관료들의 근무의욕 강화차원에서 많은 재량권을 부여한다.

16

2025 신용한 행정학 합격노트 p.47

신공공서비스론의 특성에 대한 설명으로 옳지 않은 것은?

① 행정가가 책임져야 하는 것은 행정 업무 수행에서 '효율성'이 아니라 모든 사람에게 '더 나은 생활'을 보장하는 것이다.
② 공익을 행정의 부산물이 아닌 목적으로 봐야 한다는 점을 강조한다.
③ 고객이 아닌 시민에 대해 봉사해야 한다.
④ 조직 내 주요 통제권이 유보된 분권화된 조직을 강조한다.

🔍 ④

신공공서비스는 **시민적 담론과 공익에 기반**을 두고 거기에 충실하게 통합된 행정을 행정개혁의 목표상태로 하여 이를 처방하는 규범적 모형이다. 신공공서비스론은 공익을 추구하려는 시민의 적극적 역할과 의욕을 존중하며, 시민에게 힘을 실어주고, **시민에게 봉사**하는 정부의 역할을 강조한다. 신공공서비스론의 7가지 기본원칙으로는 **시민에 대한 봉사, 공익의 중시, 시민의식의 중시, 전략적 사고와 민주적 행동, 책임의 다원성, 조종이 아닌 봉사, 인간존중**이 있다. 신공공서비스론은 서비스에 기반을 한 정부의 새로운 역할을 강조하는 등 규범적 가치에 관한 이론을 제시하고 있지만, 이러한 가치구현을 위해 필요한 **구체적 처방을 제시하지 못하고 있다는 한계**가 있다.

① ◎ 신공공관리론의 오류에 대한 반작용으로 대두된 신공공서비스론(new public service)은 주로 민주적 시민이론, 지역공동체와 시민사회모형, 조직인본주의와 담론 이론, 포스트모더니즘 등에 기초를 두고 있다. 행정가가 책임져야 하는 것은 행정 업무 수행에서 '효율성'이 아니라 모든 사람에게 '더 나은 생활'을 보장하는 것이다. 이것이 신공공서비스의 핵심이다.

② ◎ 신공공서비스론에서는 공익을 행정의 부산물이 아닌 목적으로 봐야 한다는 점을 강조한다. 즉, 공익이란 공유하고 있는 가치에 대해 대화와 담론을 통해 얻은 결과물로 본다. 따라서 관료는 시민들이 담론을 통해 공유된 가치를 표명하고 이와 함께 공익에 대한 집단적 의미로 발전시킬 수 있는 활동의 장을 만드는 데 기여해야 하는 것으로 본다.

③ ◎ 신공공서비스이론은 시민에 대한 봉사, 공익의 중시, 전략적 사고와 민주적 행동, 책임의 다원성 등의 특징을 가진다.

④ ✖ 조직 내 주요 통제권이 유보된 분권화된 조직을 강조하는 것은 신공공관리론이 기대하는 조직 구조에 해당한다. 신공공서비스론에서 기대하는 조직 구조는 **리더십을 공유하는 협동적 조직구조**이다.

SUMMARY 전통 행정이론 VS 신공공관리론 VS 신공공서비스론

구 분	전통 행정이론	신공공관리론	신공공서비스론
이론 및 인식토대	• 초기 사회과학이론	• 신고전파 경제이론, 성과관리론	• 민주주의 이론, 실증주의, 해석학, 비판이론, 포스트모더니즘 등 복합적
합리성과 인간행태	• 개괄적 합리성 • 행정인	• 기술적·경제적 합리성 • 경제인	• 전략적 합리성 • 정치적·경제적·조직적 합리성에 대한 다원적 검증
공 익	• 법률로 표현된 정치적 결정	• 개인 이익의 총합	• 공유가치에 대한 담론의 결과
대응대상	• 고객과 유권자	• 고객	• 시민
정부역할	• 노젓기(정치적으로 정의된 단일 목표에 초점을 둔 정책설계와 집행)	• 방향잡기(시장의 힘을 활용한 촉매자)	• 봉사(공유가치 창출을 위한 집단이익의 협상과 중재)
책임성 확보	• 위계적	• 시장 지향적	• 다면적
행정재량	• 공무원에게 제한된 재량 허용	• 목표달성을 위한 폭넓은 재량	• 재량이 필요하지만 제약과 책임 수반
조직구조	• 상명하복의 관료적 조직	• 분권화된 조직	• 리더십이 공유되는 협동적 조직
동기유발	• 보수와 편익, 공무원 보호	• 기업가정신	• 사회봉사, 사회이익에 기여하려는 욕구

관련 OX

01 신공공서비스론은 생산성과 더불어 사람의 가치를 강조한다.
│19 서울 7 추가채용│ ○│✕

02 신공공서비스론에서는 공익을 행정의 목적이 아닌 부산물로 보아야 한다는 점을 강조한다. │19 국가 9│ ○│✕

03 신공공서비스론(new public service)은 공익을 공유된 가치를 창출하는 담론의 결과물로 인식해야 한다는 원칙을 제시한다. │18 지방 7│ ○│✕

04 신공공서비스이론은 공유가치에 대한 담론의 결과를 공익으로 본다. │15 서울 9│ ○│✕

05 신공공서비스론에서는 시민을 주인이 아닌 고객의 관점으로 볼 것을 강조하였다. │15 국가 9│ ○│✕

06 신공공서비스론에서 정부의 역할은 시민에 대한 봉사여야 한다. │21 국가 9│ ○│✕

07 신공공서비스론에서 관료가 반응해야 하는 대상은 고객이 아닌 시민이다. │17 지방 9 추가채용│ ○│✕

08 신공공서비스(New Public Service)은 조직 내 주요 통제권이 유보된 분권화된 조직을 강조한다. │19 서울 7│ ○│✕

01 ○ **02** ✕ **03** ○ **04** ○ **05** ✕ **06** ○ **07** ○ **08** ✕

---

17 2025 신용한 행정학 합격노트 p.193, 194

「국가재정법」에 규정한 내용으로 옳지 않은 것은?

① 정부의 기금은 온실가스감축인지 예산제도의 대상에 포함된다.
② 기획재정부장관은 국가의 회계 또는 기금이 부담하는 금전채무에 대하여 매년 국가채무관리계획을 수립하여야 한다.
③ 공무원의 보수 인상을 위한 인건비 충당을 위하여 예비비의 사용목적을 지정할 수 있다.
④ 국가재정운용계획은 회계연도 개시 120일 전까지 국회에 제출하여야 한다.

🔑 ③

① ◎ 국가재정법 제68조의3 제1항

> **국가재정법 제68조의3【온실가스감축인지 기금운용계획서의 작성】** ① 정부는 기금이 온실가스 감축에 미칠 영향을 미리 분석한 보고서(이하 "온실가스감축인지 기금운용계획서"라 한다)를 작성하여야 한다.

② ◉ 국가재정법 제91조 제1항

> **동법 제91조【국가채무의 관리】** ① 기획재정부장관은 국가의 회계 또는 기금이 부담하는 금전채무에 대하여 매년 다음 각 호의 사항이 포함된 국가채무관리계획을 수립하여야 한다.
> 1. 전전년도 및 전년도 국채 또는 차입금의 차입 및 상환 실적
> 2. 해당 회계연도의 국채 발행 또는 차입금 등에 대한 추정액
> 3. 해당 회계연도부터 5회계연도 이상의 기간에 대한 국채 발행 계획 또는 차입 계획과 그에 따른 국채 또는 차입금의 상환 계획
> 4. 해당 회계연도부터 5회계연도 이상의 기간에 대한 채무의 증감 전망과 근거 및 관리계획
> 5. 그 밖에 대통령령으로 정하는 사항

③ ☒ 공무원의 보수 인상을 위한 인건비 충당을 위하여는 예비비의 사용목적을 지정할 수 없다.

> **동법 제22조【예비비】** ① 정부는 예측할 수 없는 예산 외의 지출 또는 예산초과지출에 충당하기 위하여 일반회계 예산총액의 100분의 1 이내의 금액을 예비비로 세입세출예산에 계상할 수 있다. 다만, 예산총칙 등에 따라 미리 사용목적을 지정해 놓은 예비비는 본문에도 불구하고 별도로 세입세출예산에 계상할 수 있다.
> ② 제1항 단서에도 불구하고 공무원의 보수 인상을 위한 인건비 충당을 위하여는 예비비의 사용목적을 지정할 수 없다.

④ ◉ 국가재정법 제7조 제1항

> **동법 제7조【국가재정운용계획의 수립 등】** ① 정부는 재정운용의 효율화와 건전화를 위하여 매년 해당 회계연도부터 5회계연도 이상의 기간에 대한 재정운용계획(이하 "국가재정운용계획"이라 한다)을 수립하여 회계연도 개시 120일 전까지 국회에 제출하여야 한다.

18

2025 신용한 행정학 합격노트 p.206, 207

옴브즈만(Ombudsman)제도에 대한 설명으로 옳지 않은 것은?

① 옴부즈만을 임명하는 주체는 입법기관, 행정수반 등 국가별로 상이하다.
② 옴부즈만은 행정기관의 결정에 대해 직접 취소·변경할 수 있는 권한을 갖지 않는다.
③ 우리나라의 경우 국무총리 소속의 국민권익위원회가 옴부즈만에 해당한다.
④ 우리나라 국민권익위원회의 위원장과 위원의 임기는 각각 3년으로 하되, 연임할 수는 없다.

🔍 ④

---

① ◉ 옴부즈만은 의회(입법부) 소속인 경우가 일반적이다. 그러나 우리나라처럼 행정부 소속인 경우도 있다.

② ◉ 옴부즈만은 일반적으로 시정조치의 법적 강제권한이나 정부부처의 결정을 무효화 또는 취소할 수 있는 직접적인 권한은 없다.

③ ◉ 우리나라의 경우 국무총리 소속의 국민권익위원회가 옴부즈만에 해당한다.

> **부패방지 및 국민권익위원회의 설치와 운영에 관한 법률 제11조【국민권익위원회의 설치】** 고충민원의 처리와 이에 관련된 불합리한 행정제도를 개선하고, 부패의 발생을 예방하며 부패행위를 효율적으로 규제하도록 하기 위하여 국무총리 소속으로 국민권익위원회를 둔다.

④ ☒ 국민권익위원회 위원장과 위원의 임기는 각각 3년으로 하되, 1차에 한하여 연임할 수 있다.

> **동법 제16조【직무상 독립과 신분보장】** ② 위원장과 위원의 임기는 각각 3년으로 하되 1차에 한하여 연임할 수 있다.

SUMMARY 일반적 옴부즈만

옴부즈만은 의회가 임명	의회소속인 경우가 일반적
임무수행상의 높은 자율성	행정부로부터 독립(외부적·공식적 통제수단)
직권조사 가능	주로 국민의 불평제기에 의해 촉발, 직권조사하는 경우도 있음.
조사대상의 다양성	불법행위는 물론 부당행위, 태만이나 과실도 조사 대상
간접적 통제	시정조치의 법적강제 권한은 없으며, 공표·보고·설득의 수단
간편·신속한 문제해결	사법부에 의한 판결에 비해, 비용이 적게 들고 신속함.

관련 OX

01 옴부즈만은 스웨덴에서는 19세기에 채택되었다. |19 지방 9|
○ ☒

02 옴부즈만 제도는 설치주체에 따라 크게 의회 소속형과 행정기관 소속형으로 구분된다. |16 지방 9|
○ ☒

03 옴부즈만은 시정조치를 법적으로 강제할 수 있는 권한이 있다. |21 국가 7|
○ ☒

04 국무총리 소속으로 설치한 국민권익위원회는 행정체제 외의 독립통제기관이며, 대통령이 임명하는 옴부즈만의 일종이다. |17 국회 8|
○ ☒

05 우리나라의 경우 1998년에 출범한 공정거래위원회가 옴부즈만 제도의 시초이다. |18 서울 7|
○ ☒

06 우리나라 지방자치단체는 시민고충처리위원회를 둘 수 있는데 이것은 지방자치단체의 옴부즈만이라고 할 수 있다. |17 국회 8|
○ ☒

01 ○ **02** ○ **03** ☒ **04** ☒ **05** ☒ **06** ○

19

2025 신용한 행정학 합격노트 p.219

우리나라 지방자치단체의 사무에 대한 설명으로 옳은 것은?

① 단체위임사무는 법령에 의하여 국가 또는 상급 지방자치단체로부터 지방자치단체의 집행기관에 위임된 사무이다.
② 자치사무에 대한 국가의 감독은 합법성과 합목적성의 교정적 감독이 가능하다.
③ 기관위임사무의 처리에 필요한 경비는 수임한 지방자치단체가 전액 부담한다.
④ 지방의회는 단체위임사무의 처리 과정에 관한 조례를 의결할 수 있다.

🔍 ④

① ✖ **기관위임사무에 대한 설명**이다. 단체위임사무는 법령에 의하여 국가 또는 상급 자치단체로부터 그 지방자치단체에 위임된 사무이다.
② ✖ 자치사무에 대해서 국가의 감독은 **합법성 중심의 교정적(사후)감독이 가능**하다.
③ ✖ 기관위임사무는 **위임기관이 전액 부담**하는 것이 원칙이다.
④ ⭕ 단체위임사무는 위임된 사무이지만 해당 자치단체 자체에 위임된 사무이기 때문에 해당 지방의회가 그 사무의 처리에 참여하며, 조례제정권을 가진다.

SUMMARY 지방자치단체의 사무의 유형

```
                        ┌── 자치사무 ─── 고유사무
지방자치단체의 사무 ──┤
                        └── 위임사무 ─┬─ 단체위임사무
                                       └─ 기관위임사무
```

SUMMARY 자치사무, 단체위임사무, 기관위임사무

구 분	자치사무	단체위임사무	기관위임사무
개 념	지방자치단체가 자기의 책임과 부담으로 처리하는 지방적 공공사무	법령에 의하여 국가 또는 상급 자치단체로부터 그 지방자치단체에 위임된 사무	법령에 의하여 국가 또는 상급 지방자치단체로부터 지방자치단체의 집행기관에 위임된 사무
결정 주체	지방의회 (본래의 사무)	지방의회 (지방자치단체에 위임)	국가 (지방자치단체 개입 불가)
사무 처리 주체	지방자치단체	지방자치단체	지방자치단체장 (일선행정기관의 성격)
조례 제정권	○	○	×
국가의 감독	합법성 중심의 교정적 (사후) 감독	합법성과 합목적성의 교정적 감독	교정적 감독 + 예방적 감독
경비의 부담	자치단체 부담 보조금 = 장려적 보조금	공동 부담 보조금 = 부담금	국가 부담 보조금 = 교부금

사무 예시	자치단체의 존립, 유지사무, 주민복지사무(상하수도, 지역민방위, 지역소방, 도서관, 주민등록, 학교, 병원, 도로, 도시계획, 쓰레기 처리 등)	보건소, 생활보호, 의료보호, 재해구호, 도세징수, 공과금 징수, 직업안정, 하천유지보수, 국도유지보수 등	대통령, 국회의원 선거, 근로기준설정, 가족관계등록, 의약사 면허, 도량형, 외국인 등록, 여권발급 등

관련 OX

01 우리나라 지방자치단체의 사무는 위임사무와 자치사무로 구분되며, 위임사무는 다시 기관위임사무와 단체위임사무로 구분된다. |17 국가 7 추가채용|　　○|✕

02 단체위임사무는 법령에 의해 하급 자치단체장에게 위임된 사무이며, 기관위임사무는 법령에 의해 국가 또는 다른 자치단체로부터 위임된 사무이다. |14 국가 9|　　○|✕

03 자치사무는 지방의회의 관여(의결, 사무감사 및 사무조사) 대상이지만, 단체위임사무와 기관위임사무는 관여 대상이 아니다. |14 국가 9|　　○|✕

04 자치사무(고유사무)와 달리 법령에 의하여 지방자치단체에 속하는 사무(단체위임사무)에 관해서는 조례로 규정할 수 없다. |16 국가 7|　　○|✕

05 기관위임사무의 처리에 드는 경비는 중앙정부와 지방정부가 공동 부담하는 것이 원칙이다. |23 지방 9|　　○|✕

06 병역자원의 관리업무 등 주로 국가적 이해관계가 크게 걸려 있는 사무는 단체위임사무에 속한다. |17 국가 7 추가채용|　　○|✕

07 기관위임사무는 국가와 지방자치단체 사이의 행정적 책임의 소재를 명확하게 해준다. |15 국가 9|　　○|✕

01 ○ **02** ✕ **03** ✕ **04** ✕ **05** ✕ **06** ✕ **07** ✕

20

2025 신용한 행정학 합격노트 p.159

공무원의 부패 유형에 대한 설명으로 옳지 않은 것은?

① 공금 횡령, 개인적인 이익의 편취, 회계 부정 등은 비거래형 부패에 해당한다.

② 인·허가와 관련된 업무를 처리할 때 소위 '급행료'를 지불하는 것을 당연시하는 관행은 제도화된 부패에 해당한다.

③ 선의의 목적으로 공직자가 국민에게 거짓말을 하는 백색부패는 엄밀한 의미에서 부패의 범주에 들어가지 않는다.

④ 무허가 업소를 단속하던 공무원이 정상적인 단속활동을 수행하다가 금품을 제공하는 특정 업소에 대해서는 단속을 하지 않는 것은 일탈형 부패이다.

🔍 ③

① ◎ 공금횡령, 개인적인 이익편취, 회계 부정 등은 사기형 부패에 해당한다. 사기형 부패는 비거래형 부패이다. 거래형 부패는 뇌물을 매개로 이권이나 특혜를 불법적으로 제공하는 전형적 부패유형이다.

② ◎ 소위 '급행료'의 지불을 당연시하는 것은 제도적 부패(제도화된 부패)이다.

③ ✕ 사회에 심각한 해가 없거나 사익추구가 없는 선의의 부패인 **백색부패도 흑색부패, 회색부패와 함께 부패의 범주에 들어간다.**

④ ◎ 무허가 업소를 단속하던 공무원이 정상적인 단속활동을 수행하다가 금품을 제공하는 특정 업소에 대해서는 단속을 하지 않는 것은 일탈형(우발적) 부패이다.

SUMMARY 부패의 유형

1. 일반적 유형

직무유기형 부패	복지부동 등에서 오는 부작위적 부패(물질적 이익추구 ×)
후원형 부패	정실이나 학연 등을 토대로 불법적으로 특정단체나 개인을 후원하는 부패
사기형 부패	직위를 남용하여 공금 유용, 횡령, 회계부정을 저지르는 부패(비거래형 부패)
거래형 부패	뇌물을 매개로 이권이나 특혜를 불법적으로 제공하는 가장 전형적인 부패

2. 권력형 부패와 생계형 부패

권력형 부패	상층부의 정치인들이 정치권력을 이용해 초과적인 막대한 이익을 부당하게 얻기 위한 부패
생계형 부패	하위직 행정관료들이 낮은 보수를 채우기 위해 생계 유지 차원에서 저지르는 부패(작은 부패)

3. 제도적 부패와 우발적 부패

제도적 부패	부패가 일상화되고 제도화되어 행정체제 내에서 부패가 실질적인 규범이 되고 바람직한 행동규범은 예외적인 것으로 전락되는 부패 (예 공모에 의한 조직부패, 관행화된 급행료, 커미션 지불)
우발적 부패 (일탈형 부패)	구조화되지 않은 일시적 부패, 개인의 일탈에 의하여 발생하게 되는 부패 (예 무허가 업소를 단속하던 단속원이 정상적인 단속활동을 수행하다가 금품을 제공하는 특정 업소에 대해 단속을 하지 않는 것)

4. 흑색·백색·회색부패

흑색 부패	사회에 명백하고 심각하게 해를 끼치는 부패로서 구성원 모두가 인정하고 처벌을 원하는 부패
백색 부패	사회에 심각한 해가 없거나 사익추구가 없는 선의의 부패. 구성원들이 어느 정도 용인하는 관례화된 부패 (예 금융위기가 심각함에도 국민들의 동요나 기업활동의 위축을 방지하기 위해 금융위기가 없다고 공무원이 거짓말 하는 경우)
회색 부패	사회에 잠재적으로 파괴적 영향이 있을 수 있는 부패로 구성원 일부는 처벌을 원하지만 일부는 원하지 않는 부패

관련 OX

01 개인부패는 공무원 개인이 직무를 수행하면서 공금을 횡령한 것이다. |12 지방 7| ○ ✕

02 대부분의 부패행위는 개인 수준에서 발생하는데, 일반적으로 잘 드러나는 부패는 조직 수준의 부패이다. |16 교행 9| ○ ✕

03 법원 공무원이 등기 업무를 처리하면서 급행료를 받는 것은 백색 부패이다. |19 국회 9| ○ ✕

04 부패저항자에 대한 제재와 보복, 부패행위자에 대한 보호와 관대한 처분, 실제로 지켜지지 않는 반부패 행동규범의 대외적 표방, 공식적 행동규범을 준수하려는 성향의 일상화 등은 제도화된 부패의 특징이다. |13 국가 7| ○ ✕

05 백색부패는 금융위기가 심각함에도 불구하고 국민들의 동요나 기업활동의 위축을 방지하기 위해 금융위기가 전혀 없다고 관련 공무원이 거짓말을 하는 것이다. |18 국가 9| ○ ✕

06 금융위기가 심각함에도 불구하고 국민들의 동요나 기업 활동의 위축을 막기 위해 공직자가 거짓말을 하는 것은 회색부패에 해당한다. |17 서울 9| ○ ✕

07 법에 규정하기는 곤란하여 윤리강령에 규정하는 부패의 유형은 회색부패에 속한다. |16 교행 9| ○ ✕

01 ○ 02 ✕ 03 ✕ 04 ✕ 05 ○ 06 ✕ 07 ○

제 05회

국가직 9급 대비 모의고사

행정학 문제 및 해설

정답 모아보기

01	02	03	04	05	06	07	08	09	10
③	③	②	④	③	①	②	④	④	②

11	12	13	14	15	16	17	18	19	20
③	①	②	③	②	①	④	④	④	③

01

2025 신용한 행정학 합격노트 p.170

우리나라 정부의 예산구조에 관한 설명으로 옳은 것은?

① 일반회계는 국가 고유의 일반적 재정활동을, 기금은 특정한 세입으로 특정한 사업을 운용하기 위해 설치된다.

② 특별회계는 국가가 특정한 목적을 위하여 특정한 자금을 신축적으로 운용할 필요가 있을 때 설치한다.

③ 국가재정법상 금융성 기금의 주요항목 지출금액의 변경범위가 30%를 초과하면 국회의 의결이 필요하다.

④ 정부는 주요항목 단위로 마련된 기금운용계획안을 회계연도 개시 60일 전까지 국회에 제출하여야 한다.

🔍 ③

① ❌ 후단의 설명은 **특별회계에 대한 설명**이다. 일반회계는 조세수입 등을 주요 세입으로 하여 국가의 일반적인 세출을 충당하기 위하여 설치한다.

> **국가재정법 제4조【회계구분】** ① 국가의 회계는 일반회계와 특별회계로 구분한다.
> ② 일반회계는 조세수입 등을 주요 세입으로 하여 국가의 일반적인 세출에 충당하기 위하여 설치한다.
> ③ 특별회계는 국가에서 특정한 사업을 운영하고자 할 때, 특정한 자금을 보유하여 운용하고자 할 때, 특정한 세입으로 특정한 세출에 충당함으로써 일반회계와 구분하여 회계처리할 필요가 있을 때에 법률로써 설치하되, 별표 1에 규정된 법률에 의하지 아니하고는 이를 설치할 수 없다.

② ❌ **기금에 대한 설명**이다.

> **동법 제5조【기금의 설치】** ① 기금은 국가가 특정한 목적을 위하여 특정한 자금을 신축적으로 운용할 필요가 있을 때에 한정하여 법률로서 설치하되, 정부의 출연금 또는 법률에 따른 민간부담금을 재원으로 하는 기금은 별표 2에 규정된 법률에 의하지 아니하고는 이를 설치할 수 없다.
> ② 제1항의 규정에 따른 기금은 세입세출예산에 의하지 아니하고 운용할 수 있다.

③ ⦿ 「국가재정법」상 주요항목 지출금액의 변경범위가 일반기금의 경우 20%, 금융성 기금의 경우 기금의 30%를 초과할 경우 국회의 의결이 필요하다.

④ ❌ 정부는 **기금운용계획안**을 회계연도 개시 120일(60일 ×) 전까지 국회에 제출하여야 한다.

> **제68조【기금운용계획안의 국회제출 등】** ① 정부는 제67조제3항의 규정에 따른 주요항목 단위로 마련된 기금운용계획안을 회계연도 개시 120일 전까지 국회에 제출하여야 한다. 이 경우 중앙관서의장이 관리하는 기금의 기금운용계획안에 계상된 국채발행 및 차입금의 한도액은 제20조의 규정에 따른 예산총칙에 규정하여야 한다.

관련 OX

01 일반회계는 조세수입 등을 주요 세입으로 하여 국가의 일반적인 세출에 충당하기 위하여 설치한다. |15 교행 9| O·X

02 일반회계예산의 세입은 원칙적으로 조세수입을 재원으로 하고 세출은 국가사업을 위한 기본적 경비지출로 구성된다. |16 국가 7| O·X

03 「국가재정법」에 따르면 특별회계는 국가에서 특정한 사업을 운영하고자 할 때나 특정한 자금을 보유하여 운용하고자 할 때 대통령령으로 설치 할 수 있다. |14 국회 8| O·X

04 국가가 특정한 목적을 위하여 특정한 자금을 신축적으로 운용할 필요가 있을 때에 법률로써 설치하는 기금은, 세입세출예산에 의하지 아니하고 운용할 수 있다. |15 국가 9| O·X

05 기금이란 국가가 특정한 목적을 위하여 특정한 자금을 신축적으로 운용할 필요가 있을 때에 한하여 법률로써 설치한다. |15 국가 7| O·X

06 특별회계는 국가가 특정한 목적을 위하여 특정한 자금을 신축적으로 운용할 필요가 있을 때 설치한다. |15 교행 9| O·X

01 O **02** O **03** ✕ **04** O **05** O **06** ✕

02

2025 신용한 행정학 합격노트 p.244

우리나라의 분쟁조정제도에 대한 설명으로 옳은 것은?

① 중앙정부와 지방정부 간 공식적인 갈등조정 기구는 대통령 소속의 행정협의조정위원회이다.

② 분쟁조정을 위해 행정안전부에는 지방자치단체지방분쟁조정위원회를 둔다.

③ 시·도를 달리하는 시·군 및 자치구 장 간의 분쟁은 중앙분쟁조정위원회의 심의·의결 대상이다.

④ 지방자치단체 간 의견이 달라 분쟁이 생길 경우 당사자의 신청 없이는 조정을 할 수 없다.

🔑 ③

① ✕ 중앙정부와 지방정부 간 관계에서 공식적인 갈등 조정 기구는 **국무총리**(대통령 ✕) **소속의 행정협의조정위원회**이다.

> **지방자치법 제187조【중앙행정기관과 지방자치단체 간 협의·조정】** ① 중앙행정기관의 장과 지방자치단체의 장이 사무를 처리할 때 의견을 달리하는 경우 이를 협의·조정하기 위하여 <u>국무총리 소속으로 행정협의조정위원회를 둔다.</u>

② ✕ 분쟁조정을 위해 **시·도**(행정안전부 ✕)에는 **지방자치단체지방분쟁조정위원회**를 둔다.

> **동법 제166조【지방자치단체중앙분쟁조정위원회 등의 설치와 구성】** ① 제165조제1항에 따른 분쟁의 조정과 제173조제1항에 따른 협의사항의 조정에 필요한 사항을 심의·의결하기 위하여 <u>행정안전부에 지방자치단체중앙분쟁조정위원회</u>(이하 "중앙분쟁조정위원회"라 한다)를, <u>시·도에 지방자치단체지방분쟁조정위원회</u>(이하 "지방분쟁조정위원회"라 한다)를 둔다.

③ ◎ 지방자치법 제166조 제2항

> **동법 제166조【지방자치단체중앙분쟁조정위원회 등의 설치와 구성 등】** ② 중앙분쟁조정위원회는 다음 각 호의 분쟁을 심의·의결한다.
> 2. 시·도를 달리하는 시·군 및 자치구 간 또는 그 장 간의 분쟁

④ ✕ 지방자치단체 간 의견이 달라 분쟁이 생길 경우 **당사자의 신청 없이도 조정을 할 수 있다.**

> **동법 제165조【지방자치단체 상호 간의 분쟁조정】** ① 지방자치단체 상호 간 또는 지방자치단체의 장 상호 간에 사무를 처리할 때 의견이 달라 다툼(이하 "분쟁"이라 한다)이 생기면 다른 법률에 특별한 규정이 없으면 행정안전부장관이나 시·도지사가 당사자의 신청을 받아 조정할 수 있다. 다만, 그 분쟁이 공익을 현저히 해쳐 조속한 조정이 필요하다고 인정되면 <u>당사자의 신청이 없어도 직권으로 조정할 수 있다.</u>

SUMMARY 우리나라 분쟁조정제도

구 분	자치단체 간 분쟁조정 : 분쟁조정위원회	중앙 – 자치단체 간 분쟁조정
조 정	• 중앙분쟁조정위원회 (행정안전부 장관) • 지방분쟁조정위원회 (시·도지사)	국무총리 소속 행정협의조정위원회
조정요건	당사자의 신청 or 직권	당사자의 신청(직권 ✕)
조정결정의 구속력	• 법적 구속력 ○, 강제력 ○ • 대집행 등 실질적 구속력 강함.	• 법적 구속력 ○, 강제력 ✕ • 실질적 구속력 약함.

관련 OX

01 중앙행정기관의 장과 지방자치단체의 장이 사무를 처리할 때 의견을 달리하는 경우 이를 협의·조정하기 위하여 국무총리 소속으로 행정협의조정위원회를 둔다. |13 국가 7| ○ ✕

02 중앙행정기관의 장과 지방자치단체의 장이 사무를 처리할 때 의견을 달리하는 경우 이를 협의·조정하기 위하여 국무총리 소속으로 행정협의조정위원회를 둔다. |17 국가 9| ○ ✕

03 중앙행정기관장과 지방자치단체장이 사무를 처리함에 있어서 의견을 달리하는 경우 이를 협의·조정하기 위하여 국무총리 소속으로 행정협의조정위원회를 둔다. |20 국회 8| ○ ✕

04 지방자치단체 상호간이나 지방자치단체의 장 상호간 사무를 처리할 때 의견이 달라 생긴 분쟁의 조정과 행정협의회에서 합의가 이루어지지 아니한 사항의 조정에 필요한 사항을 심의·의결하기 위하여 행정안전부에 지방자치단체 중앙분쟁조정위원회를 둔다. |13 국가 7| ○ ✕

05 지방자치단체 간 의견이 달라 분쟁이 생길 경우 당사자의 신청 없이는 조정을 할 수 없다. |15 교행 9| ○ ✕

01 ○ **02** ○ **03** ○ **04** ○ **05** ✕

03

2025 신용한 행정학 합격노트 p.94

기술과 조직구조의 관계에 대한 설명으로 옳지 않은 것은?

① 기술적인 다양성이 크면 조직구조는 분화하는 경향이 있다.

② 페로(Perrow)에 따르면 비정형화된(non-routine) 기술은 부하들에 대한 상사의 통솔범위를 넓힐 수밖에 없을 것이다.

③ 우드워드(J. Woodward)는 대량생산 기술에는 관료제와 같은 기계적 구조가 효과적이라고 주장하였다.

④ 톰슨(Thompson)의 기술 분류에 따르면 집약형 기술(intensive technology)은 교호적 상호의존성(reciprocal interdependence)을 갖는다.

🔑 ②

05회 신용한 행정학 문제+해설 **127**

① ◎ 기술적인 다양성이 크면 조직구조는 분화한다.

② ✕ 페로(Perrow)에 따르면 비일상적 기술일수록, 기술의 다양성이 높고, 조직의 분화의 정도는 높아지고 기술의 전문성들이 요구되므로 **통솔범위는 좁아지게 된다.**

③ ◎ 우드워드는 대량생산체제에는 기계적 구조가, 소량생산이나 연속 공정 생산기술을 사용하는 조직에서는 유기적 구조가 더 높은 효과를 달성할 수 있다고 주장하였다.

④ ◎ 톰슨(Thompson)의 기술 분류에 따르면 집약형 기술(intensive technology)은 교호적 상호의존성(reciprocal interdependence)을 갖고 부정기적 회의, 상호 조정, 수평적 의사전달, 예정표 등의 조정 형태가 나타난다.

SUMMARY 비일상적 기술

구 분	복잡성	공식성	집권성
비일상적 기술일수록	+	−	−

SUMMARY 페로우(Perrow)의 기술분류와 조직구조

		과업다양성	
		소수의 예외적 상황	다수의 예외적 상황
분석가능성	불가능	장인(craft) 기술 ⅰ) 조직구조 : 대체로 유기적 구조 ⅱ) 공식화 : 중간 공식화 ⅲ) 집권화 : 다소 분권화된 의사결정 ⅳ) 통솔범위 : 중간 통솔범위 ⅴ) 스태프의 자격 : 작업경험 ⅵ) 조정과 통제 : 수평적, 구두 의사 소통 예 고급 도자기 생산	비일상적(nonroutine) 기술 ⅰ) 조직구조 : 유기적 구조 ⅱ) 공식화 : 낮은 공식화 ⅲ) 집권화 : 분권화된 의사결정 ⅳ) 통솔범위 : 좁은 통솔범위 ⅴ) 스태프의 자격 : 훈련과 경험 ⅵ) 조정과 통제 : 수평적, 회의 예 원자력 추진장치 개발
	가능	일상적(routine) 기술 ⅰ) 조직구조 : 기계적 구조 ⅱ) 공식화 : 높은 공식화 ⅲ) 집권화 : 의사결정의 집권화 ⅳ) 통솔범위 : 넓은 통솔범위 ⅴ) 스태프의 자격 : 낮은 훈련 및 경험 ⅵ) 조정과 통제 : 수직적, 문서 의사소통 예 전열기 부품 등 표준화된 제품의 대량생산	공학적(engineering) 기술 ⅰ) 조직구조 : 대체로 기계적 구조 ⅱ) 공식화 : 중간 공식화 ⅲ) 집권화 : 다소 집권화 ⅳ) 통솔범위 : 중간 통솔범위 ⅴ) 스태프의 자격 : 공식훈련 ⅵ) 조정과 통제 : 문서 및 구두 의사소통 예 주문받은 전동기 등 기계생산

SUMMARY 톰슨(Thompson)의 기술분류와 조직구조

기술	상호의존성	의사전달의 빈도	조정형태
중개적 기술	집합적 상호의존성	낮음	규칙, 표준화
연계형 기술	연속적 상호의존성	중간	정기적 회의, 수직적 의사전달, 계획
집약적 기술	교호적 상호의존성	높음	부정기적 회의, 상호 조정, 수평적 의사전달, 예정표

관련 OX

01 기술적인 다양성이 크면 조직구조는 분화하는 경향이 있다. | 19 국가 7 인사조직 | O | X

02 비일상적 기술일 경우 공식화가 높아질 것이다. | 18 서울 7 | O | X

03 우드워드(Woodward)의 기술유형화에 따르면 집약적 기술을 이용하는 조직은 표준화가 중요하다. | 19 국가 7 인사조직 | O | X

04 톰슨(Thompson)의 기술 분류에 따르면 집약형 기술(intensive technology)은 연속적 상호의존성(sequential interdependence)을 갖고 정기적 회의, 수직적 의사전달 등의 조정형태가 나타난다. | 21 지방 7 | O | X

05 톰슨(Thompson)의 기술 분류에 따르면 연속형 기술(long-linked technology)은 교호적 상호의존성(reciprocal interdependence)을 갖고 상호 조정, 수평적 의사전달 등의 조정형태가 나타난다. | 21 지방 7 | O | X

06 톰슨(Thompson)의 기술 분류에 따르면 중개형 기술(mediating technology)은 집합적 상호의존성(pooled interdependence)을 갖고 규칙, 표준화 등의 조정형태가 나타난다. | 21 지방 7 | O | X

07 페로우(C. Perrow)는 과업의 다양성과 문제의 분석가능성을 기준으로 조직의 기술을 유형화했다. | 22 군무원 9 | O | X

08 톰슨(Thompson)의 기술 분류에 따르면 공학형 기술(engineering technology)은 연속적 상호의존성(sequential interdependence)을 갖고 사전계획, 예정표 등의 조정형태가 나타난다. | 21 지방 7 | O | X

09 번스(Burns)와 스토커(Stalker)의 기술유형화에 따르면, 연속공정 생산기술에는 관료제와 같은 기계적 구조가 효과적이다. | 19 국가 7 인사조직 | O | X

01 O **02** X **03** X **04** X **05** X **06** O **07** O **08** X **09** X

04

2025 신용한 행정학 합격노트 p.34, 35

행태론적 접근방법에 대한 설명으로 옳지 않은 것은?

① 행태의 규칙성을 경험적으로 관찰함으로써 가설을 검증한다.

② 특정 질문에 따른 반응을 통해 파악해 볼 수 있는 태도, 의견, 개성 등도 행태에 포함시키고 있다.

③ 집단의 고유한 특성을 인정하지 않는 방법론적 개체주의의 입장을 취한다.

④ 조직의 효과성을 높이기 위한 조직 내의 업무, 자원, 권한과 책임 등을 어떻게 합리적으로 구조화할 것인가에 관심을 집중한다.

🔍 ④

① ◉ 행태론적 접근방법은 사회현상 연구에 있어 기존의 거시적인 제도나 구조가 아닌 개인의 표출된 행태의 객관적·실증적인 분석에 초점을 두는 연구 방법이다.

② ◉ 행태론적 접근방법은 특정 질문에 따른 반응을 통해 파악해 볼 수 있는 태도, 의견, 개성 등을 행태에 포함시킨다.

③ ◉ 행태주의는 집단의 고유한 특성을 인정하지 않는 방법론적 개체주의의 입장에서 개별행위자의 행태를 분석한다.

④ ✕ **테일러의 과학적 관리론에 대한 설명**이다. 과학적 관리론은 조직의 효과성을 높이기 위한 조직 내의 업무, 자원, 권한과 책임 등을 어떻게 합리적으로 구조화할 것인가에 관심을 집중한다. 즉, 구조를 합리적으로 설계하여 도입하면 인간의 행동은 자동적으로 통제, 조정되어 조직의 효과성을 높일수 있다고 생각한 것이다.

SUMMARY 행정행태론의 특징

고전적 원리주의에 대한 비판	행정학 연구에 과학적 연구방법론(논리 실증주의) 도입
가치(Value)와 사실(Fact)의 분리	가치(Value)와 사실(Fact)을 분리하고, 사실(행태)을 대상으로 가치중립적 연구를 지향
방법론적 개체주의	집단고유의 특성을 인정하지 않는 방법론적 개체주의
계량적 분석	계량적 분석에 의한 행태의 규칙성, 인과관계의 경험적 입증에 초점
공사행정일원론 (정치행정새이원론)	행정을 목표달성을 위한 합리적 집단현상으로 보고, 행정조직과 기업조직의 동일시
태도, 의견, 개성 등도 행태에 포함	특정 질문에 따른 반응을 통해 파악해 볼 수 있는 태도, 의견, 개성 등도 행태에 포함
사회과학의 통합을 시도	심리학, 인류학, 사회학 등 인접학문과의 연계를 통한 사회과학의 통합을 시도

관련 OX

01 사이먼(H. Simon)은 원리주의의 원리들은 과학적인 실험을 거치지 않은 격언(proverb)에 불과하다고 주장하였다.
| 17 지방 9 추가채용 | ○ ✕

02 행태주의는 과학적 설명보다는 실질적인 처방을 강조하였다.
| 16 서울 9 | ○ ✕

03 행태주의는 논리실증주의를 인식론적 근거로 삼는다.
| 19 국회 9 | ○ ✕

04 행태주의는 사회적 문제의 개선에 기여할 수 있는 연구와 가치평가적 정책연구를 지향한다. | 17 서울 7 | ○ ✕

05 행태론적 접근방법은 집단의 고유한 특성을 인정하지 않는 방법론적 개체주의의 입장을 취한다. | 20 경간 | ○ ✕

06 행태주의는 행태의 규칙성과 인과성을 경험적으로 입증할 수 있다고 본다. | 19 국회 9 | ○ ✕

07 행태론적 접근방법은 정치와 행정현상에서 개별국가의 특수성을 중시하였다. | 20 경간 | ○ ✕

01 ○ **02** ✕ **03** ○ **04** ✕ **05** ○ **06** ○ **07** ✕

05

2025 신용한 행정학 합격노트 p.223, 224

지방선거제도에 대한 설명으로 옳지 않은 것은?

① 대선거구제의 경우 사표의 발생이 감소하는 장점이 있다.

② 우리나라는 광역·기초의원 및 광역·기초자치단체장 선거 모두 정당 참여가 허용되는 제도를 유지하고 있다.

③ 우리나라의 기초의원 선거는 소선거구제를 적용하고 있다.

④ 우리나라의 광역지방의회와 기초지방의회에는 지역구 의원과 비례대표 의원이 있다.

🔍 ③

① ◉ 대선거구제는 최고득표자 1명만이 당선되는 소선거구제에 비해 사표(死票)의 발생을 감소시킬 수 있다.

② ◉ 현재 우리나라는 정당공천제는 기초·광역지방의회 의원선거, 기초·광역자치단체장 선거에 모두 도입이 되었다.

SUMMARY 우리나라 지방선거의 유형

선거	절차		
	광역의회	기초의회	광역·기초단체장
1995년 제1회 전국동시지방선거	정당공천제		정당공천제
2002년 제3회 전국동시지방선거	비례대표제		
2006년 제4회 전국동시지방선거	유급제	유급제 정당공천제 비례대표제 중선거구제	
2010년 제5회 전국동시지방선거	지역구 지방의회의원선거에서의 여성할당제		

③ ✖ 현재 우리나라의 기초지방자치단체(시·군·자치구) 의회의원 선거구는 **중선거구제**로 하고 있다.

④ ◉ 현재 우리나라는 광역지방의회와 기초지방의회에는 지역구 의원과 비례대표 의원이 있다.

SUMMARY 우리나라 지방의회의원 선거

구분	지방의회의원	
	광역의회의원	기초의회의원
선거구	소선거구	중선거구(2~4인)
최소정수	22인(지역구 19인 / 비례 3인)	7인(지역구 6인 / 비례 1인)
정당공천제	○	○
비례대표제	○	○

관련 OX

01 이승만 정부에서 처음으로 시·읍·면 의회의원을 뽑는 지방선거가 실시되었다. |19 국가 9| ○|✕

02 박정희 정부부터 노태우 정부 시기까지는 지방선거가 실시되지 않았다. |19 국가 9| ○|✕

03 제헌의회가 성립하면서 1949년 전국에서 도의회의원 선거가 실시되었다. |22 국가 7| ○|✕

04 1960년 지방선거에서는 서울특별시장·도지사 선거는 실시되었으나, 시·읍·면장 선거는 실시되지 않았다. |22 국가 7| ○|✕

05 우리나라는 기관통합형 구조를 채택하고 있으며, 기초자치단체장 선거에서는 정당공천제를 실시하지 않고 있다. |17 지방 7| ○|✕

06 기초의회 지역구 선거는 기본적으로 소선거구제에 입각하고 있다. |18 서울 7| ○|✕

01 ○ 02 ✕ 03 ✕ 04 ✕ 05 ✕ 06 ✕

06
2025 신용한 행정학 합격노트 p.167

다음에서 설명하는 예산 원칙의 공통적인 예외사항으로 가장 적절한 것은?

> ㄱ. 특정 수입과 특정 지출이 연계되어서는 안 된다는 원칙
> ㄴ. 모든 수입과 지출은 예산에 계상되어야 한다는 원칙
> ㄷ. 예산은 가능한 모든 재정활동을 포괄하는 단일의 예산 내에서 정리되어야 한다는 원칙

① 기금
② 특별회계
③ 목적세
④ 수입대체경비

🔍 ①

① ◉ ㄱ – 통일성의 원칙, ㄴ – 완전성(예산총계주의)의 원칙, ㄷ – 단일성의 원칙으로 공통적인 예외사항으로는 기금이 있다.

ㄱ. 통일성의 원칙에 대한 설명이다. 통일성의 원칙에 대한 예외에는 목적세, 수입대체경비, 특별회계, **기금** 등이 있다.

ㄴ. 완전성(예산총계주의)의 원칙에 대한 설명이다. 완전성(예산총계주의)의 원칙에 대한 예외에는 전대차관, 순계예산, 수입대체경비, **기금** 등이 있다.

ㄷ. 단일성의 원칙에 대한 설명이다. 단일성의 원칙에 대한 예외에는 추가경정예산, 특별회계, **기금** 등이 있다.

SUMMARY 전통적 예산원칙(Neumark)

원칙	내용	예외
공개성의 원칙	국민들에게 공개!	국가정보원 예산 등
명확성(명료성)의 원칙	이해하기 쉽고 단순·명확해야!	**총액계상예산**
사전의결의 원칙	미리 국회가 의결!	전용, 사고이월, 준예산, **긴급명령**, **선결처분**, 예비비지출(사후승인)
한정성(한계성)의 원칙	① 목적 외 사용금지	이용과 전용
	② 계상된 금액 내 집행(초과지출금지)	예비비, 추가경정예산
	③ 회계연도 독립	이월, 계속비
통일성의 원칙	특정수입과 지출의 연계 금지!	목적세, 수입대체경비, 특별회계, 기금
단일성의 원칙	가급적 단일회계 내에 정리!	추가경정예산, 특별회계, 기금
완전성(예산총계주의)의 원칙	모든 세입·세출이 나열되어야!	전대차관, 순계예산, 수입대체경비, 기금
정확성(엄밀성)의 원칙	예산과 결산이 일치!	적자 or 불용액의 발생

관련 OX

01 예산 통일성 원칙에 대한 예외에는 특별회계, 목적세, 계속비, 수입대체경비 등이 있다. | 13 지방 7 | O | X

02 통일성 원칙의 예외로는 준예산, 기금, 목적세 등이 있다. | 12 국회 9 | O | X

03 특별회계는 예산 단일성과 예산 통일성 원칙에 대한 예외이다. | 14 지방 9 | O | X

04 단일성 원칙의 예외로는 특별회계, 목적세, 수입대체경비, 기금 등이 있다. | 19 지방 7 | O | X

05 완전성 원칙의 예외로는 순계예산, 기금, 특별회계 등이 있다. | 12 국회 9 | O | X

06 「국가재정법」상 예산총계주의 원칙의 예외에 따르면 국가가 현물로 출자하는 경우에는 이를 세입세출예산외로 처리할 수 있다. | 17 지방 9 | O | X

01 ✕ **02** ✕ **03** ○ **04** ✕ **05** ✕ **06** ○

07

2025 신용한 행정학 합격노트 p.134

대표관료제에 대한 설명으로 옳지 않은 것은?

① 관료들이 출신집단의 가치와 이익을 정책에 반영할 것이라는 가정에 기반한다.

② 다양한 집단의 이익을 반영하는 실적주의 이념에 부합하는 인사제도이다.

③ 할당제 강요는 역차별의 문제를 야기할 수 있다.

④ 정부관료제 내에 민주성과 형평성의 가치를 내재화시킬 수 있다.

✎ ②

① ◎ 킹슬리(Kingsley)의 대표관료제는 관료들이 출신집단의 가치와 이익을 정책에 반영할 것이라는 전제하에 사회집단의 구성비에 따라 관료를 충원하는 관료제의 구성을 제안하였다. 대표관료제는 관료제의 민주적 대응성을 제고하는 내부통제장치로서 기능할 수 있다.

② ✕ 대표관료제는 **실적주의의 폐단과 직업공무원제의 한계를 극복하기 위해 등장**한 인사제도이다.

③ ◎ 대표관료제는 능력과 업적에 따른 인사관리를 강조하는 실적주의와의 마찰 가능성이 있으며, 할당제의 강요와 역차별에 대한 우려가 있다는 한계가 있다.

④ ◎ 대표관료제는 사회의 인적 구성을 잘 반영하도록 함으로써 관료제 내에 민주적 가치를 주입하며, 국민의 다양한 요구에 대한 정부의 대응성을 향상시키고, 정부정책에 대한 관료의 책임성을 제고시킨다.

SUMMARY 대표관료제

| 대표관료제 | 사회집단의 구성비 = 관료제 구성비 |

임용기준 ➕ 사회집단 실적주의에 대한 수정

실적주의 ⟶ 대표관료제

형식적인 기회균등 (엘리트에 의한 공직독점) ⟶ 실질적인 기회균등

소외계층에 대한 대응성↓ ⟶ 대응성↑

사후적 외부통제 가능성↓ ⟶ 사전적 내부 통제↑

★핵심가정

출신 ⟶ 태도 ⟶ 행동

소극적대표 (구성론적) 적극적대표 (역할론적)

SUMMARY 대표관료제의 효용·한계

기능(효용)	단점(한계)
① 관료제의 국민대표성 강화 ② 실질적 기회균등 보장과 수직적 형평성 제고 : 사회경제적 여건이 불리한 계층에 대한 공직진출에 실질적 기회를 보장 ③ 관료제의 대응성과 책임성 제고 ④ 대중통제의 내재화 : 관료집단 간의 견제와 균형을 통해 사회집단 간 이익을 균형있게 대변 가능	① 공직 전문성·생산성 저하 ⇨ 실적주의와의 마찰 가능성 ② 반(反)자유주의 원리 : 개인의 선택에 대한 인위적 간섭을 초래 ⇨ 개인권익의 침해 ③ 역차별(reverse discrimination)의 우려 : 수평적 형평성의 저해 ('같은 것은 같게') ④ 실현과정에서의 인사기술상의 한계 : 구성론적 대표성 확보의 어려움. ⑤ 재사회화에 대한 고려부족

관련 OX

01 대표관료제는 사회 각계각층의 이해를 공공정책에 반영하여 사회적 정의 실현에 이바지할 수 있다. | 19 서울 7 | O | X

02 대표관료제는 개인의 출신 및 성장배경, 사회화 과정 등에 의해 개인의 주관적 책무성이 형성된다고 본다. | 23 국회 8 | O | X

03 대표관료제는 현대 인사행정의 기본 원칙인 실적주의를 강화시킨다. | 14 지방 9 | O | X

04 대표관료제는 정부 관료의 증원에 있어서 다양한 집단을 참여시킴으로써 정부 관료제의 민주화에 기여할 수 있다. | 23 국회 8 | O | X

05 대표관료제는 소극적 대표가 자동적으로 적극적 대표를 보장한다는 가정에서 출발한다. | 23 국회 8 | O | X

06 대표관료제는 국민에 대한 관료의 대응성을 향상시킬 수 있다. | 19 서울 7 | O | X

07 대표관료제는 관료의 전문성과 생산성 제고에 기여한다. | 19 서울 7 | O | X

08 대표관료제는 할당제를 강요하는 결과를 초래하고, 특정 집단에 대한 역차별 문제를 야기할 수 있다. | 23 지방 9 | O | X

01 ○ **02** ○ **03** ✕ **04** ○ **05** ○ **06** ○ **07** ✕ **08** ○

08

2025 신용한 행정학 합격노트 p.131

전략적 인적자원관리에 대한 설명으로 옳지 않은 것은?

① 조직의 성공적인 목표달성을 위해 조직 내 인적자원을 매우 가치 있는 자산으로 인식한다.
② 조직의 전략적 요구와 개인의 욕구를 모두 충족시킬 수 있는 방향으로 인적자원을 관리하고자 한다.
③ 모든 인적자원관리 활동을 조직목표 달성과 연계해 운영하고자 한다.
④ 인사관리상의 개별적 단계의 효율성을 강조한다.

🔍 ④

① ◉ 전략적 인적자원관리는 조직의 성공적인 목표달성을 위해 조직 내 인적자원을 매우 가치 있는 자산으로 인식하며, 인적자원에 대해 적극적인 투자를 함으로써 가치를 증대해야 한다고 주장한다.

② ◉ 전략적 인적자원관리는 조직의 전략적 요구와 개인의 욕구를 모두 충족시킬 수 있는 방향으로 인적자원을 관리하고자 한다.

③ ◉ 전략적 인적자원관리의 근본적인 목적은 조직의 목표 달성과 성과향상이기에 우수한 인재의 충원, 인재의 능력발전, 다양한 동기부여 요인 제공, 환경변화에 따른 인적자원의 신축전관리 등 모든 인적자원관리 활동을 조직목표 달성과 연계해 운영하고자 한다.

④ ✖ 전통적 인사관리는 인사 관리상의 개별적 단계의 효율성만을 강조한 측면이 있다면, 전략적 인적자원관리는 조직의 미션, 비전, 전략을 중심으로 채용, 훈련, 보상 등 **인사기능들이 상호 보완적으로 운영될 수 있도록 한다.**

SUMMARY 전통적 인사관리 vs 전략적 인적 자원관리

구 분	전통적 인사관리	전략적 인적자원관리
분석 초점	개인의 심리적 측면	조직의 전략 및 성과와 인적 자원관리 활동 연계
관점	미시적 : 인적자원관리 기능 부분 최적화	거시적·통합적 : 인적자원관리 기능 간 연계 및 수직적·수평적 통합을 통한 전체 최적화
범위	단기 : 인사관리상의 단기적 문제 해결	장기 : 조직의 전략수립에 관여 및 인적자원 육성
역할	통제 메커니즘	권한 부여 및 자율성 확대, 인적자원의 체계적 육성 및 개발
인사담당자 책임	스태프(인사부서 소속)	라인(현장의 책임자)
핵심기능	종업원관계관리(수직적)	내부·외부 고객과의 파트너(수평적)
인사부서 역할	거래적 리더, 수동적 변화 추종자	변혁적 리더, 변화주동자 역할

주도권	느림, 피동적, 반응적, 개별적	신속, 능동적, 주도적, 통합적
통제수단	관료적, 규정, 절차	유기적, 유연함
시간	단기적	중·장기적
직무설계	노동의 분업화, 전문화	팀, 교차기능, 집단
투자대상	제품, 자본	교육, 정보, 지식
권한과 책임	비용 감축(비용 센터)	가치 창출(투자 센터)

관련 OX

01 성과주의는 고정적이고 엄격한 서열화로 인한 조직의 경직성을 완화시킨다. |22 국회 9| ○ ✕

02 성과주의는 성과를 중심으로 개인을 평가한다. |22 국회 9| ○ ✕

03 전략적 인적자원관리는 조직의 전략 및 성과와 인적자원관리 활동 간의 연계에 중점을 둔다. |17 국가 9| ○ ✕

04 전략적 인적 자원 관리는 개인의 욕구는 조직의 전략적 목표 달성을 위해 희생해야 한다는 입장이다. |23 군무원 9| ○ ✕

05 연공주의(seniority system)는 개인의 성과에 따른 적절한 보상을 통해 사기를 높인다. |23 국가 9| ○ ✕

01 ○ **02** ○ **03** ○ **04** ✕ **05** ✕

09

2025 신용한 행정학 합격노트 p.71

다음 중 쓰레기통 모형(Garbagge can model)에 대한 설명으로 옳지 않은 것은?

① 쓰레기통 모형은 조직화된 무정부상태에서 조직이 어떠한 의사결정 행태를 나타내는가를 설명하는 모형이다.
② 쓰레기통 모형은 불명확한 인과관계, 문제성 있는 선호 등으로 높은 불확실성에 직면한 집단이 어떤 결정행태를 보이는지 분석한다.
③ 다당제인 의회, 상하관계가 분명하지 않은 대학 조직에서 의사결정이 이루어지는 경우에 쓰레기통 모형을 적용하기 용이하다.
④ 정책의 흐름, 정치의 흐름, 문제의 흐름이 독자적으로 흘러다니다가 상호 연관될 때 정책결정이 이루어진다.

🔍 ④

① ◉ 쓰레기통 모형은 코헨(Cohen), 마치(March), 올젠(Olsen) 등이 주장한 모형으로, 조직의 구성단위나 구성원 사이의 응집성이 아주 약한 혼란상태[조직화된 혼란(무정부) 상태]에서 이루어지는 의사결정의 특징을 강조한 모형이다.

② ◉ 쓰레기통 모형은 문제성 있는 선호, 유동적 참여자, 불명확한 인과관계를 가정한다.

문제성 있는 선호 (불분명한 선호)	의사결정이 진행되면서 선호를 발견 (참여자가 스스로의 선호에 대해 불분명한 상황) or 선호가 서로 다른 상황
유동적 참여자	시간적 제약으로 참여자들이 유동적임
불명확한 인과관계	목표와 수단 사이의 인과관계에 관한 불분명한 지식과 기술

③ ◉ 상·하관계가 분명하지 않은 대학조직, 다당제하의 의회 조직, 정책결정에 행정부 내의 여러 부처가 관련되는 경우에 쓰레기통 모형을 적용하기 용이하다.

④ ✖ 킹던(Kingdon)의 정책창 모형에 대한 설명이다. 쓰레기통의 모형의 의사결정의 네 가지 요소는, 문제, 해결책, 기회, 참여자이다.

관련 OX

01 쓰레기통 모형은 조직화된 무정부상태에서 조직이 어떠한 의사결정 행태를 나타내는가를 설명하는 모형이다.
|16 국가 7 인사조직| ○ ✕

02 쓰레기통모형은 조직화된 무질서 상태에서 어떠한 계기로 인해 우연히 정책이 결정된다. |17 국가 9| ○ ✕

03 쓰레기통모형에서 가정하는 결정상황은 불확실성과 혼란이 심한 상태로 정상적인 권위구조와 결정규칙이 작동하지 않는 경우이다. |17 국회 8| ○ ✕

04 쓰레기통 의사결정모형은 불명확한 인과관계, 문제성 있는 선호 등으로 높은 불확실성에 직면한 개인이 어떤 결정행태를 보이는지 분석한다. |18 국가 7 인사조직| ○ ✕

05 엘리슨모형은 정책문제, 해결책, 선택기회, 참여자의 네 요소가 독자적으로 흘러 다니다가 어떤 계기로 교차하여 만나게 될 때 의사결정이 이루어진다고 보는 것이다. |14 국가 7| ○ ✕

06 쓰레기통 모형에서 의사결정의 4가지 요소는 문제, 해결책, 선택기회, 참여자이다. |20 지방 9| ○ ✕

01 ○ **02** ○ **03** ○ **04** ✕ **05** ✕ **06** ○

10

2025 신용한 행정학 합격노트 p.44

신공공관리와 뉴거버넌스에 대한 설명으로 옳지 않은 것은?

① 신공공관리론의 인식론적 기초는 신자유주의이다.
② 신공공관리론은 과정보다는 결과에 초점을 맞추고 있으며 조직 내 관계보다 조직 간 관계를 주로 다루고 있다.
③ 신공공관리론은 부문 간 경쟁을, 뉴거버넌스는 부문 간 협력을 강조한다.
④ 신공공관리론은 관료의 역할로 공공기업가의 역할을 강조하였다.

🔍 ②

---

① ◉ 신공공관리의 인식론적 기초는 신자유주의인데 비해, 뉴거버넌스의 인식론적 기초는 공동체 주의이다.
② ✖ 신공공관리론은 조직 간 관계보다 조직 내 관계에 초점을 두고 있다. 조직 간 관계에 초점을 두는 것은 뉴거버넌스론이다.
③ ◉ 신공공관리론은 시장주의에 따른 경쟁의 원리를, 뉴거버넌스는 신뢰를 기반으로 네트워크를 통한 조정과 협조를 중시한다.
④ ◉ 신공공관리론에서 관료의 역할은 공공기업가이며, 뉴거버넌스론에서 관료의 역할은 조정자이다.

SUMMARY 신공공관리론과 뉴거버넌스의 비교

구 분	신공공관리	뉴거버넌스
정부역할	방향잡기(steering)	
인식론적 기초	신자유주의	공동체주의
관리기구	시장	연계망(network)
관리가치	결과(outcomes)	신뢰(trust)
관료역할	공공기업가	조정자
작동원리	경쟁(시장 메커니즘)	협력체제(partnership)
서비스 공급	민영화, 민간위탁 등	공동공급(시민, 기업 등 참여)
관리방식	고객지향	임무중심
분석수준	조직 내 (intra-organizational)	조직 간 (inter-organizational)

관련 OX

01 신거버넌스(New Governance)는 구성원 간의 참여와 합의를 바탕으로 행정의 민주성과 신뢰성을 강조한다. |15 국회 9| ○ ✕

02 뉴거버넌스는 정책과정에서 정부와 민간부문 및 비영리부문 간의 네트워크를 활용한다. |14 국가 7| ○ ✕

03 신공공관리의 인식론적 기초는 공동체주의이다. |21 국가 9| ○ ✕

04 신공공관리론은 관료의 역할로 조정자(coordinator)의 역할을 강조하였다. |16 서울 7| ○ ✕

05 NPM이 정부 내부 관리의 문제를 다루는 반면 뉴거버넌스는 시장 및 시민사회와의 관계에서 정부의 역할과 기능을 다룬다. |15 국회 8| ○ ✕

06 NPM과 뉴거버넌스는 모두 방향잡기(steering) 역할을 중시하며 NPM에서는 기업을 방향잡기의 중심에, 뉴거버넌스에서는 정부를 방향잡기의 중심에 놓는다. |15 국회 8| ○ ✕

01 ○ **02** ○ **03** ✕ **04** ✕ **05** ○ **06** ✕

11

2025 신용한 행정학 합격노트 p.234

우리나라의 지방재정에 대한 설명으로 옳지 않은 것은?

① 지방자치단체의 세입재원 중 자주재원에는 지방세와 세외수입이 있다.
② 지방교부세의 종류는 보통교부세, 특별교부세, 소방안전교부세, 부동산 교부세로 구분한다.
③ 의존재원은 지방교부세, 국고보조금, 조정교부금, 지방채로 구성된다.
④ 의존재원은 지방재정의 안정성 확보, 지방재정의 지역 간 불균형 시정 등의 기능을 한다.

🔍 ③

① ◎ 자주재원에는 지방세, 세외수입 등이 있다.
② ◎ 현재 지방교부세의 종류로는 보통교부세, 특별교부세, 소방안전교부세, 부동산교부세 등으로 구분한다.
③ ✖ **의존재원**은 중앙정부나 상급지방정부 등 외부로부터 받는 자금을 의미하는 것으로 **지방교부세, 국고보조금, 조정교부금**(지방채 ×)으로 **구성**된다.
④ ◎ 의존재원은 국가나 상급 지방자치단체에 의해 결정·실현되는 재원으로 지방자치단체에 대한 유도·조정을 통한 국가차원의 통합성 유지, 지방재정의 안정성 확보, 지방재정의 지역 간 불균형 시정 등의 기능을 한다.

SUMMARY 지방재정의 구성

자주재원	• 해당자치단체가 자주적으로 결정·실현하는 재원 • 지방세(시·도세, 자치구세 등)와 세외수입(수수료, 사용료 등)
의존재원	• 해당자치단체 외의 주체, 즉 국가나 상급 지방자치단체에 의해 결정·실현되는 재원 • 국가에 의한 재정조정(국가 ⇨ 지자체) : 지방교부세(보통·특별·소방안전·부동산 교부세), 국고보조금 • 상급자치단체에 의한 재정조정(광역자치단체 ⇨ 기초자치단체) : 시·군 조정교부금(시·도가 관내 시·군), 자치구 조정교부금(특별시·광역시가 관내 자치구)
지방채	자치단체가 재정수입의 부족액을 보전하기 위하여 그 과세권을 실질적인 담보로 하여 조달하는 차입자금으로 그 상환기간이 일 회계연도를 넘는 것

✏️ 세입 : 자주 VS 의존 → 재정자립도(자주재원)
　세출 : 일반 VS 특정 → 재정자주도(일반재원)

관련 OX

01 지방재정의 세입구조는 수입원에 따라 자주재원과 의존재원으로, 용도의 제한성에 따라 일반재원과 특정재원으로 분류된다. |15 교행| 　　　　　　　　　O|X

02 지방수입에 있어서 자주재원의 핵심은 지방세와 세외수입으로 지방세는 법률이 정하는 바에 따라 강제적으로 징수하고, 세외수입은 지방세 외의 모든 수입을 포함하는 개념이다.
|19 서울 7 추가채용| 　　　　　　　　　O|X

03 세외수입은 자주재원이지만 그 용도가 제한되는 경우가 있다.
|15 교행| 　　　　　　　　　O|X

04 보통교부세, 특별교부세, 분권교부세, 부동산교부세 등의 지방교부세가 운영되고 있다. |16 지방 7| 　　O|X

05 「지방교부세법」상 지방교부세는 보통교부세, 특별교부세, 부동산교부세 및 소방안전 교부세로 구분된다. |21 지방 7|
　　　　　　　　　O|X

06 지방자치단체의 세입재원 중 자주재원에는 지방세와 세외수입이 있고, 의존재원에는 국고보조금과 지방교부세 등이 있다. |18 국회 9| 　　　　　　　O|X

07 의존재원은 지방교부세, 국고보조금, 조정교부금, 지방채로 구성되며, 지방자치단체에서 필요로 하거나, 부족한 재원을 외부에서 조달한다는 특징이 있다. |19 서울 7 추가채용| O|X

08 의존재원은 지방자치단체에 대한 유도·조정을 통한 국가차원의 통합성 유지, 지방재정의 안정성 확보, 지방재정의 지역 간 불균형 시정, 지방자치단체의 다양성과 지방분권화 촉진 등의 기능을 한다. |18 국가 7| 　　O|X

09 의존재원의 비중이 높아지면 재정분권이 취약해질 수 있다.
|17 국가 9 추가채용| 　　　　　　　　O|X

01 O **02** O **03** O **04** × **05** O **06** O **07** × **08** × **09** O

12

2025 신용한 행정학 합격노트 p.126, 127

다음에서 설명하는 조직의 혁신 방법으로 가장 옳은 것은?

> Richard Beckhard는 "행태과학의 지식을 활용하여 조직의 여러 과정에 계획적으로 개입함으로써 조직의 효율성과 건강을 향상시키려는 노력이며 조직 전반에 걸쳐 하향적으로 관리되는 계획적 노력이다"고 정의하였다.

① OD(Organization Development)
② BSC(Balanced Score Card)
③ TQM(Total Quality Management)
④ MBO(Management by objective)

🔍 ①

134　2025 신용한 행정학 국가직 9급 모의고사

① ◎ 조직발전(OD)에 대한 설명이다. 조직발전(OD)은 조직 구성원의 행태변화를 통한 '조직의 생산성과 환경 적응능력 향상'을 목표로 변동 담당자에 의해 조직전반에 걸쳐 진행되는 관리전략(조직문화의 변화를 포함)이다.

관련 OX

01 목표관리(Management by Objective, MBO)는 결과지향적 관리전략으로, X이론적 인간관에 기초한다. |23 국회 8| ○ ×

02 총체적 품질관리(TQM)에서는 품질관리가 서비스 생산 및 공급이 이루어지는 과정의 매 단계에서 이루어진다. |14 지방 7| ○ ×

03 조직발전(Organization Development)은 과정지향적이며 아래로부터의 자율적이고 자발적인 접근방법이다. |16 국가 7 인사조직| ○ ×

04 SWOT분석에서 조직 외부 환경은 기회와 위협으로, 조직 내부 자원·역량은 강점과 약점으로 구분한다. |17 국가 7| ○ ×

05 균형성과표(BSC)는 재무적 정보 외에 고객, 내부 절차, 학습과 성장 등 조직 운영에 필요한 관점을 추가한 것이다. |21 지방 9| ○ ×

01 × **02** ○ **03** × **04** ○ **05** ○

13

2025 신용한 행정학 합격노트 p.15

정부규제에 대한 설명으로 옳지 않은 것은?

① 규제는 지대(rent)를 창출하고 민간의 지대추구행위(rent seeking behavior)를 조장해 비효율을 유발할 수 있다.

② 규제개혁은 규제품질관리 → 규제완화 → 규제관리 등의 단계로 진행되는 것이 일반적이다.

③ 규제 피라미드(regulation pyramid)는 규제가 규제를 낳은 결과 피규제자의 규제 부담이 점점 증가하는 현황을 말한다.

④ 과도한 규제는 과소한 규제가 된다는 것이 규제의 역설(reaulatory paradox)이다.

🔑 ②

---

① ◎ 지대란 경제적인 이권을 의미하는 것으로 정부가 특정 사업이나 경제 주제를 보호하는 경우 발생하는 혜택을 일컫는 것으로 규제는 지대(rent)를 창출하고 민간의 지대추구행위(rent seeking behavior)를 조장해 비효율을 유발할 수 있다.

② ☒ 규제개혁은 **규제완화 → 규제품질관리 → 규제관리** 등의 단계로 진행되는 것이 일반적이다.

③ ◎ 규제 피라미드(regulation pyramid)는 규제가 규제를 낳은 결과 피규제자의 규제 부담이 점점 증가하는 현황을 말한다. 어떤 규제이든지 비용을 부담하는 집단이 있기 때문에 불응은 항상 발생할 수 있다. 그런데 규제불응이 발생하면 정부는 새로운 규제를 도입해 이를 해결하려 하는데, 그 결과 피규제자의 규제 부담은 점점 증가하게 되는 것이다.

④ ◎ 규제의 역설(reaulatory paradox)은 불합리한 규제는 오히려 민간의 비효율성을 유도하고 의도한 것과는 다른 왜곡을 초래한다는 것이다.

SUMMARY 규제의 역설

① 과도한 규제는 과소한 규제가 된다.
② 새로운 위험만 규제하다 보면 사회의 전체 위험 수준은 증가한다.
③ 최고의 기술을 요구하는 규제는 기술 개발을 지연시킨다.
④ 소득재분배를 위한 규제가 오히려 사회적으로 가장 어려운 사람들에게 해를 끼칠 수 있다.
⑤ 기업체에 자기 상품에 대한 정보 공개를 의무화할수록 소비자들의 실질적인 정보량이 줄어든다.

관련 OX

01 포획이론은 정부가 규제의 편익자에게 포획됨으로써 일반 시민이 아닌 특정집단의 사익을 옹호하는 것을 지적한다. |15 국회 8| ○ ×

02 지대추구이론은 규제나 개발계획과 같은 정부의 시장개입이 클수록 지대추구 행태가 증가하고 그에 따른 사회적 손실도 증가한다고 주장한다. |17 국가 9| ○ ×

03 '지대추구'는 정부개입에 따라 발생하는 인위적 지대를 획득하기 위해 자원을 낭비하는 활동이다. |22 국가 7| ○ ×

04 규제의 역설은 기업의 상품정보공개가 의무화될수록 소비자의 실질적 정보량은 줄어든다는 것이다. |15 국회 8| ○ ×

01 ○ **02** ○ **03** ○ **04** ○

14

2025 신용한 행정학 합격노트 p.25, 26

우리나라 정보공개제도에 관한 설명으로 옳지 않은 것을 모두 고르면?

ㄱ. 모든 국민은 정보의 공개를 청구할 권리를 가지지만, 외국인의 경우 청구할 수 없다.

ㄴ. 「공공기관의 운영에 관한 법률」제2조에 따른 공공기관은 포함되지만 「지방공기업법」에 따른 지방공사 및 지방공단은 포함되지 않는다.

ㄷ. 과학기술정보통신부장관은 「정보공개법」에 의한 정보공개제도의 정책수립 및 제도개선사항 등에 관한 기획·총괄 업무를 관장한다.

ㄹ. 청구인은 비공개의 결정이 있는 것으로 보는 날부터 '30일 이내'에 공공기관에 이의신청을 할 수 있다.

---

① ㄱ

② ㄱ, ㄴ

③ ㄱ, ㄴ, ㄷ

④ ㄱ, ㄴ, ㄷ, ㄹ

🔍 ③

ㄱ ❌ 모든 국민은 정보의 공개를 청구할 권리를 가지며, **외국인의 정보공개 청구에 관하여는 대통령령으로 정한다.**

> **공공기관의 정보공개에 관한 법률 제5조【정보공개 청구권자】**
> ① 모든 국민은 정보의 공개를 청구할 권리를 가진다.
> ② 외국인의 정보공개 청구에 관하여는 대통령령으로 정한다.

ㄴ ❌ 「지방공기업법」에 따른 지방공사 및 지방공단도 포함된다.

> **동법 제2조【정의】** 이 법에서 사용하는 용어의 뜻은 다음과 같다.
> 3. "공공기관"이란 다음 각 목의 기관을 말한다.
>   다. 「공공기관의 운영에 관한 법률」제2조에 따른 공공기관
>   라. 그 밖에 대통령령으로 정하는 기관
> **동법 시행령 제2조【공공기관의 범위】** 「공공기관의 정보공개에 관한 법률」(이하 "법"이라 한다) 제2조제3호라목에서 "대통령령으로 정하는 기관"이란 다음 각 호의 기관 또는 단체를 말한다.
> 2. 「지방공기업법」에 따른 지방공사 및 지방공단

ㄷ ❌ **행정안전부장관**(과학기술정보통신부장관 ×)은 「정보공개법」에 의한 정보공개제도의 정책수립 및 제도개선사항 등에 관한 기획·총괄 업무를 관장한다.

ㄹ ⭕ 공공기관의 정보공개에 관한 법률 제18조 제1항

> **동법 제18조【이의신청】** ① 청구인이 정보공개와 관련한 공공기관의 비공개 결정 또는 부분 공개 결정에 대하여 불복이 있거나 정보공개 청구 후 20일이 경과하도록 정보공개 결정이 없는 때에는 공공기관으로부터 정보공개 여부의 결정 통지를 받은 날 또는 정보공개 청구 후 20일이 경과한 날부터 30일 이내에 해당 공공기관에 문서로 이의신청을 할 수 있다.

관련 OX

01 정보공개 청구는 말로써도 할 수 있으나 외국인은 청구할 수 없다. |14 국가 9| ⭕⏐×

02 정보의 공개 및 우송 등에 드는 비용은 실비 범위에서 청구인이 부담한다. |14 국가 9| ⭕⏐×

03 정보공개제도는 청구에 의한 공개도 가능하지만 특정 정보는 별도의 청구 없이도 사전에 공개해야 한다. |22 국가 7| ⭕⏐×

04 정보공개제도는 비공개 대상 정보를 제외한 모든 정보를 공개 대상으로 하는 네거티브 방식을 취하고 있다. |22 국가 7| ⭕⏐×

05 정보공개제도의 정보목록은 비공개 대상 정보가 포함된 경우라도 공공기관이 작성, 공개하여야 한다. |22 국가 7| ⭕⏐×

01 × 02 ⭕ 03 ⭕ 04 ⭕ 05 ×

15

2025 신용한 행정학 합격노트 p.31

다음에서 설명하는 경쟁가치모형에 해당하는 조직문화로 가장 적절한 것은?

- 외부지향적이며 조직의 유연성을 강조하는 경우의 평가유형이다.
- 조직의 성장 및 자원획득의 목표를 강조하는 관점이다.

---

① 관계지향문화

② 혁신지향문화

③ 위계지향문화

④ 과업지향문화

🔍 ②

퀸과 로보그(Quinne & Rohbaugh)의 경합가치모형은 조직이 내부·외부 중 어디에 초점을 두고 있는가, 조직구조가 통제(안정)를 강조하는가 아니면 변화와 융통성을 강조하는가를 기준으로 조직효과성에 대한 네 가지 경쟁적인 모형을 도출한 모형이다.

② ⭕ 개방체제모형에 대한 설명이다. 개방체제모형은 조직구성원보다 조직 자체를 중시하고, 구조의 유연성을 중시하는 것으로 가치목표는 성장, 자원확보이고 수단은 융통성, 외적평가가 강조된다. 개방체제모형에 해당하는 조직문화는 혁신지향문화이다.

SUMMARY 경쟁가치모형

구분	조직(외부)	인간(내부)
통제	• 합리적 목표모형 : 조직 구성원보다 조직 그 자체를 중시하고, 안정을 강조 • 목표 : 생산성, 능률성 • 수단 : 기획, 목표 설정 • 효과성 기준 : 조직의 생산성, 이윤 **과업지향문화(합리문화)**	• 내부과정모형 : 조직 그 자체보다는 구성원을 중시하고, 조직의 안정을 강조 • 목표 : 안정성, 균형 • 수단 : 정보관리 • 효과성 기준 : 조직의 안정성과 균형유지 **위계지향문화(위계문화)**
유연성 (융통성)	• 개방체제모형 : 조직 구성원보다 조직 자체를 중시하고, 구조의 유연성을 중시 • 목표 : 성장, 자원확보 • 수단 : 융통성, 외적 평가 • 효과성 기준 : 환경과의 바람직한 관계정립을 통한 조직성장여부가 효과성 기준 **혁신지향문화**	• 인간관계모형 : 조직 그 자체보다 구성원을 중시하고, 유연한 구조를 중시 • 목표 : 인적자원 개발 • 수단 : 응집력, 사기 • 효과성 기준 : 조직 내 인적자원가치의 개발 **관계지향문화(집단문화)**

관련 OX

01 경쟁가치 접근법은 조직효과성에 대한 세 개의 경쟁적 모델을 통합하며, 조직의 성과를 평가하고 관리하는 단일 척도를 강조한다. |19 국가 7 인사조직| ○ ✕

02 퀸과 로보그(Quinne & Rohrbaugh)의 경합가치모형 중 개방체제모형은 조직의 외부에 초점을 두며 융통성을 강조하는 경우의 평가유형이다. |14 서울 7| ○ ✕

03 퀸과 로보그(Quinne & Rohrbaugh)의 경합가치모형 중 인간관계모형은 조직구성원들의 응집력과 사기를 높이는 것을 중시한다. |20 군무원 7| ○ ✕

04 퀸과 로보그(Quinne & Rohrbaugh)의 경합가치모형 중 내부과정모형(internal process model)은 인적자원개발 및 내부구성원의 가치인정을 목적으로 한다. |20 국가 7 인사조직| ○ ✕

05 퀸과 로보그(Quinne & Rohrbaugh)의 경합가치모형 중 개방체제모형은 조직의 균형을 확보하는 것이 목표가치이며, 그 수단으로서 정보관리와 의사소통 등이 강조된다. |17 지방 7| ○ ✕

06 조직문화의 경쟁가치모형 중 혁신지향 문화는 창의성을 강조한다. |22 지방 9| ○ ✕

01 ✕ 02 ○ 03 ○ 04 ✕ 05 ✕ 06 ○

16

2025 신용한 행정학 합격노트 p.77

다음에서 설명하는 정책집행모형으로 가장 적절한 것은?

> 정부가 코로나 환자의 치료를 원활히 하기 위해 전문가들의 의견 등 여러 정보를 토대로 민간병원에 음압병실과 치료인력을 최대한 확보하는 정책수단을 채택했지만, 실제 이를 집행해야 할 지역의 보건소나 민간병원에서는 예산부족과 기존환자 치료 때문에 실행이 어려운 경우가 있을 수 있다. 이 때 집행자인 지역보건소에서 민간병원 시설확충보다는 임시 공공치료소를 빨리 설치하여 환자들을 수용하는 것이 더 현실적이라는 제안을 하면 이를 수용하여 정책을 변경하여 집행하는 것이 필요하다는 것이다.

① 엘모어(Elmore)의 통합모형
② 정책지지연합모형
③ 비교우위적 접근법
④ 마틀랜드(Matland)의 통합모형

🔍 ①

① ◉ 엘모어(Elmore)의 통합모형에 대한 설명이다. 엘모어(Elmore)는 정책프로그램 설계 시 우선 전방향적(하향적) 접근방법에 의해 정책목표를 명확히 설정하되, 후방향적(상향적) 접근에서 제시하는 방법을 수용(일선관료와 대상집단의 바람직한 행동 유도를 위한 조직운용절차 등)하여 가장 집행가능성이 높은 정책수단을 선택하는 방안을 제시하였다.

관련 OX

01 정책지지연합모형(Advocacy Coalition Framework)은 정책변화의 과정과 정책지향적 학습의 역할을 이해하려면 단기보다는 5년 정도의 중기 기간이 필요하다고 전제한다. |22 국회 8| ○ ✕

02 사바티어(Sabatier)의 통합모형은 정책하위시스템 참여자의 활동에 영향을 미치는 요소는 상향식 접근방법으로 도출하였다. |19 서울 7| ○ ✕

03 정책옹호연합모형(advocacy coalition framework)은 정책학습을 통해 행위자들의 기저 핵심 신념(deep core beliefs)을 쉽게 변화시킬 수 있다고 본다. |21 지방 9| ○ ✕

04 정책옹호연합모형(advocacy coalition framework)은 옹호연합 사이에서 정치적 갈등 발생 시 정책중개자가 이를 조정할 수 있다고 본다. |21 지방 9| ○ ✕

05 매틀랜드(Matland)의 통합모형에서 모호성이 낮고 갈등이 높은 상황의 정책집행과정은 대립적 이해관계를 가진 집행조직 외부의 행위자에 의해 영향을 많이 받는다. |15 지방 7| ○ ✕

01 ✕ 02 ✕ 03 ✕ 04 ○ 05 ○

05회 신용한 행정학 문제+해설 **137**

17

2025 신용한 행정학 합격노트 p.58

문제의 구조화 과정에서 범하는 오류(error)와 그에 대한 설명이 바르게 연결된 것은?

> ㄱ. 영가설 자체가 잘못 설정되어, 틀린 문제를 푸는 것
> ㄴ. 영가설이 옳은데 이를 기각할 때 발생하는 오류
> ㄷ. 영가설이 거짓인데도 이를 채택할 때 발생하는 오류

	ㄱ	ㄴ	ㄷ
①	제1종 오류	제2종 오류	제3종 오류
②	제2종 오류	제1종 오류	제3종 오류
③	제3종 오류	제2종 오류	제1종 오류
④	제3종 오류	제1종 오류	제2종 오류

🔍 ④

④ ◎ ㄱ – 제3종 오류, ㄴ – 제1종 오류, ㄷ – 제2종 오류에 대한 설명이다.

ㄱ. 제3종 오류는 가설의 검증이나 정책결정에는 문제가 없었으나 정책의 문제 자체를 잘못 인지하여 정책문제가 해결되지 못하는 근원적 오류이다.

ㄴ. 제1종 오류는 옳은 영가설(귀무가설)을 기각(배제)하는 오류이다.

ㄷ. 제2종 오류는 틀린 영가설(귀무가설)을 채택하는 오류이다.

SUMMARY 제1종 오류 vs 제2종 오류 vs 제3종 오류

1종 오류	2종 오류	3종 오류(Meta error)
옳은 영가설(귀무가설)을 기각(배제)하는 오류	틀린 영가설(귀무가설)을 채택하는 오류	가설의 검증이나 정책결정에는 문제가 없었으나 정책의 문제 자체를 잘못 인지하여 정책문제가 해결되지 못하는 근원적 오류
틀린 연구가설(대립가설)을 채택하는 오류	옳은 연구가설(대립가설)을 기각(배제)하는 오류	
정책효과가 없는데 있다고 판단하는 오류	정책효과가 있는데 없다고 판단하는 오류	

관련 OX

01 제1종 오류는 정책이나 프로그램의 효과가, 실제로 발생하였음에도 불구하고 통계적으로 효과가 나타나지 않은 것으로 결론을 내리는 경우이다. | 15 국가 9 | ○ | ✕

02 제2종 오류는 모집단의 특성이 영가설과 같지 않은데 영가설을 기각하지 않는 경우에 발생한다. | 21 국가 7 | ○ | ✕

03 제3종 오류는 정책의 대상이 되는 문제 자체에 대한 정의를 잘못 내리는 경우이다. | 15 국가 9 | ○ | ✕

04 제1종 오류는 α로 표시하고, 제2종 오류는 β로 표시한다. | 21 국가 7 | ○ | ✕

05 통계적 가설검정의 오류에서 확률 1−α는 검정력을 나타내며, 확률 1−β는 신뢰수준을 나타낸다. | 21 국가 7 | ○ | ✕

01 ✕ **02** ○ **03** ○ **04** ○ **05** ✕

18

2025 신용한 행정학 합격노트 p.111~113

동기부여 이론에 대한 설명으로 옳지 않은 것은?

① 맥그리거(D. McGregor)의 X이론은 매슬로우(A. Maslow)가 주장했던 욕구계층 중에서 주로 하위욕구를, Y이론은 주로 상위욕구를 중요시하였다.

② 샤인(E. H. Schein)의 복잡 인간관에서는 구성원의 맞춤형 관리전략의 필요성을 강조한다.

③ 맥클리랜드(McClelland)의 성취동기이론에 의하면 세 가지 욕구 중에서 조직의 생산성에 가장 중요한 영향을 미칠 수 있는 욕구는 성취욕구이다.

④ 아담스(Adams)는 자기의 노력과 그 결과로 얻어지는 보상을 준거인물과 비교하여 공정하다고 인식할 때 동기가 유발된다고 주장하였다.

🔍 ④

① ◎ 맥그리거의 X이론은 매슬로우가 주장했던 욕구계층 중에서 주로 하위욕구를, Y이론은 주로 상위욕구를 중요시하였다.

② ◎ 샤인(E. H. Schein)은 인간은 다양한 욕구와 잠재력을 가진 복잡한 존재이며 복잡성의 유형도 사람마다 다름을 설명하고, 구성원들의 욕구와 동기가 서로 다르기 때문에 맞춤형 관리전략의 필요성을 강조하였다.

③ ◎ 맥클리랜드의 성취동기이론은 학습된 욕구들을 성취욕구, 권력욕구, 친교욕구로 분류하고 조직 내 성취욕구의 중요성에 중점을 둔 성취동기이론을 제시하였다. 특히 성취욕구가 높을수록 생산성이 높아진다는 점을 입증하고자 한 이론이다.

④ ✕ 아담스(Adams)의 형평성 이론에 따르면 개인은 자신의 직무에 대한 공헌도와 부상을 준거인물과 비교하고, **불형평성(불공정성)을 느끼는 경우 이를 해소하는 방향으로 동기가** 유발된다고 설명한다.

SUMMARY 아담스의 형평성이론

Adams → 준거인물 비교 ⟨판단의 기준⟩
① 호혜주의 → '공정한 교환'
② 인지일관성 → 생각 = 행동
과소 : 투입감소 / 조직이탈 산출왜곡
형평 : 기존수준유지
과다 : 투입증대 / 편익감소요청
형평감을 유지하려는 행동을 유발

SUMMARY 불형평성 해소를 위한 행동의 유형

① 자신의 산출/투입 〈 준거인물의 산출/투입(과소보상) : 투입감소, 준거인물변경, 조직이탈 등

② 자신의 산출/투입 〉 준거인물의 산출/투입(과다보상) : 투입증대, 편익 감소요청 등

③ 자신의 산출/투입 = 준거인물의 산출/투입(형평감) : 동기는 유발되지 않음.

관련 OX

01 맥그리거(McGregor)의 X이론에 따르면 업무 평가 결과에 따른 엄격한 상벌의 원칙을 제시한다. |18 서울 7| ○ ×

02 맥그리거(McGregor)의 X이론에 따르면 의사결정 시 부하직원은 참여시키고 권한을 확대해서 자율적으로 업무를 수행할 수 있게 한다. |18 서울 7| ○ ×

03 맥클랜드(D. McClelland)는 성취동기이론에서 공식 조직이 개인의 행태에 미치는 영향 연구를 통하여 미성숙 상태에서 성숙 상태로 발전하는 성격 변화의 경험이 성취동기의 기본이 된다고 주장하였다. |19 서울 7 추가채용| ○ ×

04 브룸(V. Vroom)의 기대이론은 성취욕구, 권력욕구, 자율욕구가 구성될 때 동기부여가 기대될 수 있다고 본다. |16 서울 9| ○ ×

05 Y이론은 하위욕구를 중요시하며, X이론은 상위욕구를 중요시한다. |19 국회 9| ○ ×

06 애덤스(J. Adams)는 개인의 행위는 타인과의 비교를 통하여 공정성을 실현하는 방향으로 동기가 부여된다고 주장하였다. |23 국회 8| ○ ×

07 아담스(J. S. Adams)의 형평성(공정성) 이론은 개인이 지각하는 산출-투입비율이 타인의 산출-투입비율과 대등하면 동기가 유발되지 않는다고 주장한다. |22 경간| ○ ×

08 공정성(형평성) 이론에서 자신(A)과 준거인물(B)을 비교하여 보상이 불공정하다고 느낄 때, 이를 해소하기 위해 자신(A)의 전략적 대응은 준거인물(B)의 업무 방식을 참고하여 배울 점을 찾는 것이다. |18 서울 7| ○ ×

01 ○ 02 × 03 × 04 × 05 × 06 ○ 07 ○ 08 ×

19

2025 신용한 행정학 합격노트 p.187~189

예산제도에 대한 설명으로 옳은 것은?

① 품목별 예산제도는 일에 대한 정보를 제공하며, 세입과 세출의 유기적 연계를 고려한다.

② 성과주의 예산제도는 예산 산출근거가 제시되지만 복잡하여 의회의 심의기능을 약화시킨다.

③ 계획 예산제도는 의사결정이 지나치게 분권화되고 전문화되어 외부통제가 어렵다.

④ 영기준 예산제도는 사업의 우선순위를 설정할 때 의사결정자들의 주관적 판단이 개입될 여지가 있다.

🔍 ④

① ✕ 품목별 예산제도는 지출 대상별로 분류되기 때문에 정부가 무엇을 구매하는지는 밝혀지지만 **왜 구매하는지는 밝혀지지 않는다**. 즉, 정부가 예산 항목의 지출을 통해 무슨 사업을 추진하는지 파악할 수 없다.

② ✕ 성과주의 예산제도는 사업별로 예산 산출근거가 제시되기 때문에 의회에서 **예산심의가 용이하다**. 의회의 심의기능을 약화시키는 것은 계획예산제도이다.

③ ✕ 계획예산제도는 정보와 **의사결정 권한이 과도하게 중앙집권화 되는 경향**이 있어, 외부통제가 어렵고, 재정민주주의를 저해할 수 있다.

④ ◎ 영기준 예산제도는 방대한 우선순위 결정 시 시간제약과 최종적 우선순위의 판단 시 주관성(대안수준 설정의 임의성)이 개입될 수 있다.

SUMMARY 예산제도의 특징

예산제도	중점	기획책임	장점	단점
품목별 예산 (LIBS)	통제 지향	분산적	• 회계책임 명확 • 재정통제 용이	• 융통성 저해 • 지출 목표의식 결여
성과주의 예산 (PBS)	관리 지향	분산적	• 사업목적과 내용의 이해 • 집행의 신축성	• 회계책임 불분명 • 총괄계정에 부적합
계획 예산 (PPBS)	기획 지향	집권적	• 자원배분의 합리화 • 부서 간 장벽 타파 • 목표와 수단의 연계	• 사업구조작성 어려움. • 의사결정의 집권화 • 공무원과 의회의 이해부족
목표 관리 예산 (MBO)	관리 기능	분산적	민주화, 창의적 참여	• 단기목표에 치중 • 평가기준개발의 어려움
영기준 예산 (ZBB)	감축 지향	분산적	• 예산절감 • 관리자의 참여 확대	• 사업축소 및 폐지 곤란 • 분석기법의 적용 한계

05회 신용한 행정학 문제+해설 **139**

관련 OX

01 품목별 예산제도는 지출을 통제하고 공무원들로 하여금 회계적 책임을 쉽게 확보할 수 있는 데 용이하다. | 19 국가 9 |
O ×

02 품목별 예산제도(line-item budget system)는 예산 집행의 책임성을 확보할 수 있는 통제지향 예산제도이다. | 23 지방 9 |
O ×

03 성과주의 예산제도(PBS)는 의회의 심의기능을 약화시킨다. | 20 국회 9 |
O ×

04 성과주의 예산제도(Performance Budgeting System)는 계량화된 정보를 통해 합리적인 의사결정과 관리개선에 기여할 수 있다는 장점이 있다. | 21 국회 9 |
O ×

05 계획예산제도에서는 장기적인 기획과 단기적인 예산편성을 연계하여 합리적 예산 배분을 시도한다. | 21 지방 9 | O ×

06 기획예산제도(PPBS)는 모든 사업이 목표달성을 위해 유기적으로 연계되어 있어 부처 간의 경계를 뛰어넘는 자원배분의 합리화를 가져올 수 있다. | 17 국회 8 | O ×

07 품목별 예산제도는 능률적인 관리를 위하여 구성원의 참여를 촉진한다는 점에서는 목표에 의한 관리(MBO)와 비슷하다. | 19 국가 9 |
O ×

08 영기준 예산제도(Zero-based Budgeting System)는 합리적 선택을 강조하는 총체주의 방식의 예산제도로 예산 편성에 비용·노력의 과다한 투입을 요구한다는 비판을 받는다. | 21 국회 9 | O ×

01 O **02** O **03** × **04** O **05** O **06** O **07** × **08** O

20

2025 신용한 행정학 합격노트 p.140

직위분류제 용어에 대한 설명 중 옳은 것을 모두 고른 것은?

> 가. 직위란 동일 직렬 내에서 담당 분야가 같은 직무의 군을 말한다.
> 나. 직렬은 직무의 종류가 유사하나 난이도와 책임도가 다른 직급의 군을 말한다.
> 다. 직급이란 직무의 종류와 곤란성과 책임도가 상당히 유사한 직위의 군을 말한다.
> 라. 직군이란 직무의 곤란성과 책임도가 상당히 유사한 직위의 군을 말한다.

① 가, 나   ② 가, 다
③ 나, 다   ④ 나, 라

🔑 ③

---

③ ◉ 나 - 직렬, 다 - 직급에 대한 옳은 설명이다.

가 ⊠ **직류에 대한 설명**이다. 직위란 한 사람의 근무를 요하는 직무와 책임을 말한다.

라 ⊠ **등급에 대한 설명**이다. 직군이란 직무 성질이 유사한 직렬의 군을 말한다.

SUMMARY 직위분류제의 구조

직위(position)		한 사람의 근무를 요하는 직무와 책임 (○○ 담당)
직무 분석	직류 (sub-series)	동일 직렬 내에서 **담당 분야**가 같은 직무의 군 (행정직렬 내 일반행정직류와 재경직류)
	직렬 (series)	**직무 종류가 유사**하나 난이도와 책임도가 다른 직급의 군(행정직군 내 행정직렬과 세무직렬)
	직군 (group)	**직무 성질이 유사**한 직렬의 군(행정직군, 기술직군)
직무 평가	직급 (class)	직무의 **종류·곤란성과 책임도가 상당히 유사**한 직위의 군 직위가 내포하는 직무의 성질·난이도·책임의 정도가 유사해 채용·보수 등에서 동일하게 다룰 수 있는 직위의 집단(행정 9급, 세무 9급)
	직무등급 (grade)	직무의 **곤란성과 책임도가 상당히 유사**한 직위의 군. **직무의 종류는 다르나**, 직무 수행의 책임도와 자격 요건이 유사해 동일한 보수를 지급할 수 있는 직위의 횡적 군(9급)

관련 OX

01 직렬은 직무 종류는 유사하나 난이도와 책임 수준이 다른 직급 계열이다. | 16 국가 9 | O ×

02 동일한 직급 내에 담당 분야가 동일한 직무의 군으로 세분화한 것을 직류라고 한다. | 18 서울 9 | O ×

03 직군은 동일 직렬 내에서 담당 직책이 유사한 직무군이다. | 16 국가 9 | O ×

04 직무수행의 책임도와 자격 요건이 다르지만, 직무의 종류가 유사해 동일한 보수를 지급할 수 있는 직위의 횡적 군을 등급이라고 한다. | 15 국회 8 | O ×

05 등급이란 직무의 종류는 다르지만, 그 곤란성·책임수준 및 자격 수준이 상당히 유사하여 동일한 보수를 지급할 수 있는 모든 직위를 포함하는 것이다. | 13 지방 7 | O ×

06 직무의 종류는 다르나 곤란도와 책임도가 상당히 유사한 직위의 군을 직렬이라고 한다. | 18 서울 9 | O ×

01 O **02** × **03** × **04** × **05** O **06** ×

제06회 국가직 9급 대비 모의고사
행정학 문제 및 해설

정답 모아보기

01	02	03	04	05	06	07	08	09	10
①	①	①	④	④	④	③	③	①	②

11	12	13	14	15	16	17	18	19	20
①	③	③	④	③	④	③	①	④	②

01　　　　　　2025 신용한 행정학 합격노트 p.40, 41

합리선택적 신제도주의의 주요 이론에 대한 설명으로 옳지 않은 것은?

① 주인-대리인 이론은 주인인 국민과 대리인인 공무원 사이에 정보는 균형을 이루고 있다고 가정한다.
② 주인-대리인 이론에서 역선택은 주인이 대리인의 업무처리 능력과 지식을 충분히 알지 못해 기준 미달의 대리인을 선택하는 현상이다.
③ 거래비용이론은 조직이 시장보다 더 효율적인 이유로 조직이 시장실패 문제를 해결할 수 있기 때문이라고 본다.
④ 거래비용이론은 시장에서의 거래비용이 내부조직화 비용보다 작으면 거래를 외부화시키는 것이 효율적이라고 본다.

🔍 ①

주인 - 대리인 이론은 사회구성원 간의 관계를 주인과 대리인 간의 계약 관계로 상정하고, 주인과 대리인 간에는 정보격차(정보의 불균형)와 근본적 이해관계의 상충으로 기회주의적 행동이 나타나고 이로 인해 대리손실(역선택과 도덕적 해이)이 발생함을 설명한다. 주인 - 대리인 이론은 대리손실의 최소화를 위한 제도적 설계에 연구의 초점을 둔다.

거래비용이론은 조직이 시장보다 효율적인 이유와 어떤 거래가 조직을 통해 더욱 효율적으로 조직화 될 수 있는가에 관심을 갖는 이론이다. 거래비용이론에 따르면 외부 시장과의 거래비용이 많이 발생한다면, 조직으로 거래비용을 내부화시켜야 한다. 만약 내부의 조정비용이 오히려 시장에서의 거래비용보다 많이 발생한다면, 이 때에는 시장거래가 효율적이다.

① ✖ 주인-대리인 이론에서 **주인과 대리인 간에는 정보격차(정보불균형)와 근본적 이해관계의 상충으로 기회주의 속성이 나타나고 이로 인해 대리손실이 발생**함을 설명하는 이론이다.

② ◉ 주인-대리인 이론에서 역선택은 계약 전 감춰진 특성으로 부적격자가 대리인으로 선임되는 사전손실을 말한다.

③ ◉ 윌리엄슨(O. Williamson)에 의하면 조직이 시장보다 더 효율적인 이유는 조직이 시장실패 문제를 해결할 수 있기 때문이다. 조직은 적응적·연속적 의사결정을 통해 시장보다 인간의 제한된 합리성을 완화시킬 수 있으며, 소수 교환관계를 통해 기회주의를 줄일 수 있고, 조직 내 구성원들의 기대가 어느 정도 수렴될 수 있어 불확실성을 감소시킬 수 있다는 것이다. 뿐만 아니라, 조직 내 정보밀집성(정보비대칭성)이 극복될 수 있어 시장보다 조직이 더 효율적이라는 것이다. 이와 같이 조직은 거래비용을 최소화하기 위하여 설립되는 것이다.

④ ◉ 거래비용이론은 내부의 조정비용이 오히려 시장에서의 거래비용보다 많이 발생한다면 시장거래가 효율적이고, 외부 시장과의 거래비용이 많이 발생한다면, 조직으로 거래비용을 내부화시켜야 한다고 본다.

SUMMARY 주인 - 대리인 이론

주인 - 대리인 (합리적 경제인) → 정보의 비대칭 (주인 < 대리인) / 이해관계의 상충 (주인의 이해 ≠ 대리인의 이해) → 기회주의적 속성 (대리인의) (대리인이 자신의 이익을 추구) → 대리손실의 발생 (주인의) → 역선택 (계약전 정보 비대칭) / 도덕적 해이 (계약후 정보 비대칭)

대리손실의 최소화 방법
① 정보의 균형화
② 합리적 계약관계 설정
(주인의 이해 = 대리인의 이해)

SUMMARY 주인 - 대리인 이론의 특징

합리적·경제적 인간관	개인을 자기 이익을 극대화하는 합리적 이기주의자로 가정 방법론적 개체주의, 경제학적 관점의 미시적 접근
주인–대리인의 계약관계	사회구성원 간의 관계를 주인과 대리인의 계약관계로 상정 ① 국민(주인) ⇨ 의회(대리인) ② 의회(주인) ⇨ 정부(대리인)
비대칭적 정보와 이해관계의 충돌	주인과 대리인 간에는 불완전정보와 비대칭적 정보의 상황이 존재 주인과 대리인 간의 이해관계가 상충적인 상황인 경우 더 많은 정보를 보유한 대리인은 자신의 이익을 추구하려는 기회주의적 속성을 갖게 됨.
대리손실의 발생 (역선택과 도덕적 해이)	대리인의 기회주의적 행태로 인한 '대리손실'(agency loss)이 발생 ① 역선택 : 계약 전 감춰진 특성으로 부적격자가 대리인으로 선임되는 사전손실 ② 도덕적 해이 : 계약 후 대리인이 권력남용으로 자신의 이익을 추구하는 사후손실

06회 신용한 행정학 문제+해설　141

관련 OX

01 대리인이론에서 주인–대리인 관계의 효율성을 제약하는 요인으로는 인간의 인지적 한계와 정보 부족 등으로 인한 합리성 제약, 정보 비대칭성 혹은 정보 불균형, 대리인의 기회주의적 행동 성향, 대리 관계를 설정할 수 있는 다수의 잠재적 당사자(대리인) 존재 등이 있다. |20 지방 7| ○|X

02 주인–대리인 이론에서 역선택과 도덕적 해이 모두 정보비대칭성으로 인해 생기는 문제이다. |22 국가 7| ○|X
·

03 주인–대리인 이론에서 도덕적 해이는 주인이 대리인의 업무처리 능력과 지식을 충분히 알지 못해 기준 미달의 대리인을 선택하는 현상이다. |14 국회 8| ○|X

04 대리인 이론은 주인·대리인의 정보 비대칭 문제를 해결하기 위해 대리인에게 대폭 권한을 위임한다. |18 지방 9| ○|X

05 주인–대리인 이론에서 주인이 다수의 대리인을 고용하여 대리인들 간 경쟁과 상호 통제를 유도하면 대리손실을 줄일 수 있다. |22 국가 7| ○|X

06 거래비용이론에서는 당사자 간의 협상 및 커뮤니케이션 비용과 계약의 준수를 감시하는 비용도 거래비용으로 포함한다. |17 국가 9| ○|X

07 거래비용이론에 따르면, 시장의 자발적인 교환행위에서 발생하는 거래비용이 관료제의 조정비용보다 클 경우 거래를 내부화하는 것이 효율적이다. |17 국가 9 추가채용| ○|X

01 X **02** ○ **03** X **04** X **05** ○ **06** ○ **07** ○

02

2025 신용한 행정학 합격노트 p.145

선발시험의 구성타당성(construct validity)에 대한 설명으로 옳은 것은?

① 심리적·행태과학적 측면에서 추상적인 개념들을 얼마나 정확하게 측정하고 있는가이다.
② 직무를 성공적으로 수행하는 데 필요한 지식이나 기술의 내용을 시험에 얼마나 반영시키는가의 정도이다.
③ 선발도구의 시험성적과 본래 시험으로 예측하고자 했던 기준 사이의 상관관계이다.
④ 측정도구의 결과가 얼마나 일관되게 나타나는가와 같은 일관성의 정도이다.

🔍 ①

---

① ◎ 구성타당성(construct validity)에 대한 설명이다. 구성타당성은 시험이 이론적으로 구성한 능력요소를 얼마나 정확하게 측정할 수 있느냐에 관한 타당성이다.
② ☒ 내용타당성(content validity)에 대한 설명이다. 내용타당성은 직무수행에 필요한 능력요소와 시험문제의 부합정도를 말한다.
③ ☒ 기준타당성(criterion validity)에 대한 설명이다. 기준타당성이란 시험이 실제 시험대상자의 직무수행능력을 얼마나 정확하게 예측했는가의 정도를 나타낸다.
④ ☒ 신뢰성(reliability)에 대한 설명이다. 신뢰성은 시험결과로 나온 성적의 일관성을 말한다.

SUMMARY 시험의 타당성

기준 타당성	① 개념 : 시험성적＝직무수행 실적(직무수행능력) ② 예측적 타당성 검증 : 시험합격자의 시험성적과 근무를 시작하여 일정기간이 지난 후 평가한 근무실적 간의 상관관계를 분석 ③ 동시적 타당성 검증 : 재직자에게 시험을 실시하여 얻은 시험성적과 그들의 근무실적에 대한 자료를 수집하여 상관관계를 분석
내용 타당성	① 개념 : 시험내용＝직무수행에 필요한 능력요소 ② 검증 : 전문가 집단이 시험의 구체적 내용과 직무수행의 적합성 여부를 주관적으로 판단하여 검증.
구성 타당성	① 개념 : 시험내용＝직무능력과 관련한 이론적 구성요소 ② 시험이 이론적으로 구성(추정)한 능력요소를 얼마나 정확하게 측정할 수 있느냐에 관한 타당성

관련 OX

01 현재 근무하고 있는 재직자에게 시험을 실시한 결과 근무실적이 좋은 재직자가 시험성적도 좋았다면, 그 시험은 구성적 타당성을 갖추었다고 인정할 수 있다. |17 지방 7| ○|X

02 기준타당성이란 직무수행능력의 예측이 얼마나 정확한가에 대한 타당성이다. |23 국회 8| ○|X

03 기준타당성은 시험내용이 실제 직무에 관한 내용인가를 의미한다. |19 국가 7 인사조직| ○|X

04 내용타당성은 직무에 정통한 전문가 집단이 시험의 구체적 내용이나 항목이 직무의 성공적 임무 수행에 얼마나 적합한지를 판단하여 검증하게 된다. |17 지방 7| ○|X

05 기준타당성은 시험내용이 직무수행에 필요한 구성요소와 이론적으로 유의하게 연계되었는가를 의미한다. |19 국가 7 인사조직| ○|X

06 신뢰성은 하나의 시험유형 내에서 각 문항 간의 상관관계를 종합하여 시험의 일관성을 검증한다. |22 지방 7| ○|X

07 종적 일관성이란 서로 다른 시점에서의 측정결과가 안정된 값을 가지는 것을 의미한다. |23 국회 8| ○|X

01 X **02** ○ **03** X **04** ○ **05** X **06** ○ **07** ○

03

2025 신용한 행정학 합격노트 p.106

다음의 기준에 해당하는 공공기관의 사례로 가장 적절한 것은?

- 직원 정원이 300명 이상, 총수입액 200억원 이상, 자산규모 30억원 이상인 공공기관
- 자체수입액이 총수입액의 1/2을 초과하는 기관
- 자산규모가 2조 이상이고, 자체수입액이 대통령령이 정하는 기준 이상인 기관

① 인천국제공항공사　　② 한국마사회
③ 국민연금공단　　　　④ 한국연구재단

🔍 ①

① ◎ 직원 정원이 300명 이상, 총수입액 200억원 이상, 자산규모 30억원 이상인 공공기관이며, 자체수입액이 총수입액의 1/2을 초과하는 기관으로 자산규모가 2조 이상이고, 자체수입액이 대통령령이 정하는 기준 이상인 기관은 시장형 공기업으로 인천국제공항공사가 해당한다.
② ✕ 한국마사회 **준시장형 공기업**에 해당한다.
③ ✕ 국민연금공단은 **기금관리형 준정부기관**에 해당한다.
④ ✕ 한국연구재단은 **위탁집행형 준정부기관**에 해당한다.

SUMMARY 공공기관의 구성

관련 OX

01 한국마사회는 준시장형 공기업이다. |14 서울 9|　　○|✕

02 한국철도공사는 시장형 공기업에 해당한다. |21 국회 8|
○|✕

03 한국조폐공사는 공공기관 유형 중 시장형 공기업에 해당한다.
|22 국회 9|　　○|✕

04 국민연금공단은 위탁집행형 준정부기관이다. |14 서울 9|
○|✕

05 기금관리형 준정부기관에는 예금보험공사, 한국지역난방공사, 한국자산관리공사, 한국주택금융공사, 한국무역보험공사 등이 있다. |21 국회 9|　　○|✕

06 한국연구재단은 기금관리형 준정부기관에 해당한다. |17 국가 9|
○|✕

07 한국관광공사는 준시장형 공기업에 해당한다. |21 국회 8|
○|✕

08 「공공기관의 운영에 관한 법률」상 한국방송공사는 공공기관 유형 중 준시장형 공기업에 해당한다. |22 국회 9|　　○|✕

09 「공공기관의 운영에 관한 법률」상 지방자치단체가 설립하고 그 운영에 관여하는 기관을 공공기관으로 지정할 수 있다.
|22 국회 9|　　○|✕

01 ○ **02** ✕ **03** ✕ **04** ✕ **05** ✕ **06** ✕ **07** ✕ **08** ✕ **09** ✕

04

2025 신용한 행정학 합격노트 p.36, 37

행정학의 접근 방법에 대한 설명으로 옳지 않은 것은?

① 생태론은 행정현상을 하나의 유기체로 보아 행정을 둘러싸고 있는 다른 환경적 요소와의 관련성 속에서 행정상태를 연구하려는 개방체제적 접근법이다.
② 비교행정론은 행정을 지나치게 과소평가함으로써 행정의 독자성을 무시하고 행정의 종속성을 강조하고 있다.
③ 발전행정론은 후진국 발전을 위한 행정을 구축하려는 목적을 가지며, 처방적이고 많은 부분에서 가치판단을 요한다.
④ 체제론적 접근 방법은 권력, 의사전달, 정책결정의 문제와 행정의 가치문제를 중시한다.

🔍 ④

① ◎ 생태론적 접근방법은 행정을 유기체로 파악하고 행정현상을 자연·사회·문화적 환경과 관련시켜 이해하려는 접근법으로 생태론자들은 서구의 행정제도가 후진국에 잘 작동되지 않는 이유는 사회문화적 환경이 다르기 때문으로 분석한다.
② ◎ 비교행정론은 행정환경에 대한 행정의 적극적·주체적 역할을 간과하여 행정의 독자성을 과소평가하고, 행정을 환경에 대한 종속변수로 취급하였다.
③ ◎ 발전행정론은 주로 개발도상국가의 발전과 관련해 행정의 역할 문제를 다루며, 국가발전을 촉진하기 위한 수단으로서 행정의 역할에 초점을 두고, 전략과 처방을 제시하는 데 연구의 목적이 있다(환경에 대한 행정의 독립변수적 측면을 강조). 또한 발전행정론은 규범적이고 정책지향적 연구의 성격을 띠고 있다.
④ ✕ 체제론은 행정 현상에서 중요한 요소인 **권력, 의사전달, 정책결정의 문제나 행정의 가치문제를 고려하지 못한다.**

05

2025 신용한 행정학 합격노트 p.110

마슬로우(Maslow)의 욕구계층이론에 대한 설명으로 옳지 않은 것은?

① 가장 낮은 생리적 욕구부터 시작하여 다섯 가지의 위계적 욕구 단계가 존재한다.
② 사회적 욕구는 소속감을 느끼는 상호관계를 유지하고자 하는 욕구이다.
③ 욕구가 상위 수준에서 하위 수준으로 후퇴하지 못한다고 본다.
④ 두 가지 이상의 욕구가 복합적으로 작용하여 하나의 행동을 유발한다고 주장한다.

🔍 ④

마슬로우(Malsow)는 **동기를 중요성에 따라 욕구를 5가지(㉠ 생리, ㉡ 안전, ㉢ 소속, ㉣ 존경, ㉤ 자아실현) 계층으로 분류**하고, 각 단계의 욕구가 순차적으로 유발됨을 설명하였다. 또한 인간의 행동을 작동시키는 동기를 이해하고 조직구성원들 개인의 문제를 해결하는 데 개념적 틀을 제시하였다.

① ◎ 마슬로우(Maslow)는 가장 낮은 생리적 욕구부터 시작하여 다섯 가지의 위계적 욕구 순으로 '생리적욕구 - 안전욕구 - 사회적욕구 - 존중욕구 - 자기실현의 욕구'를 제시하였다.

② ◎ 사회적 욕구는 소속감을 느끼는 상호관계를 유지하고자 하는 욕구로 우정, 친교 등과 같은 것이다.

③ ◎ 마슬로우(Maslow)의 욕구계층이론에서는 욕구의 후진적·퇴행적 진행을 고려하지 못한다. 즉, 욕구는 순차적으로 유발되는 것이지 상위 차원의 욕구가 충족되지 못하거나 좌절될 경우 하위욕구를 충족시키고자 하지 않는다. 좌절-퇴행 접근법을 주장한 것은 앨더퍼(Alderfer)이다.

④ ✕ 앨더퍼(Alderfer)의 ERG 이론에 대한 설명이다. 마슬로우(Maslow)의 욕구계층이론은 각 욕구의 단계가 명확히 구분되지 않는다는 비판이 있으며, **욕구의 중복현상(두 가지 이상의 욕구가 한 가지 행동의 동기로 작동)이 가능하지만 이를 설명하지 못한다.**

관련 OX

01 머슬로(A. Maslow)의 이론은 인간의 동기가 생리적 욕구, 안전의 욕구, 소속의 욕구, 존경의 욕구, 자아실현의 욕구라는 순서에 따라 순차적으로 유발된다고 본다. | 15 국회 8 |
O | X

02 매슬로의 욕구단계이론은 가장 낮은 안전의 욕구부터 시작하여 (Maslow) 다섯 가지의 위계적 욕구 단계가 존재한다. | 17 국가 7 |
O | X

03 매슬로(Maslow)의 욕구단계이론에 따르면 어느 한 단계의 욕구가 완전히 충족되어야만 다음 단계의 욕구를 추구하게 되는 것은 아니다. | 17 국가 7 |
O | X

04 매슬로우(A.H. Maslow)의 욕구단계이론은 인간의 욕구를 다섯가지로 구분하고 하위 욕구를 완전히 충족해야 상위욕구를 추구하게 된다고 주장한다. | 22 경간 |
O | X

05 머슬로(A. Maslow)는 욕구를 하위 욕구부터 상위 욕구까지 총 5단계로 분류하면서, 하위욕구를 충족 하게 되면 상위욕구를 추구하게 되나, 하위욕구인 생리적 욕구와 안전 욕구는 충족되더라도 필수적 욕구로 동기 유발이 지속된다고 주장하였다. | 19 서울 7 추가채용 |
O | X

06 앨더퍼(C. P. Alderfer)는 ERG이론에서 두 가지 이상의 욕구가 동시에 작용되기도 한다고 주장한다. | 16 사회복지직 9 |
O | X

01 O 02 X 03 O 04 X 05 X 06 O

06

2025 신용한 행정학 합격노트 p.162

「국가공무원법」에 규정된 징계에 대한 내용으로 옳지 않은 것은?

① 징계는 파면·해임·강등·정직·감봉·견책으로 구분한다.
② 정직은 1개월 이상 3개월 이하의 기간으로 하고, 정직 처분을 받은 자는 그 기간 중 공무원의 신분은 보유하나 직무에 종사하지 못하며 보수는 전액을 감한다.
③ 감봉은 1개월 이상 3개월 이하의 기간 동안 보수의 3분의 1을 감한다.
④ 파면은 공무원신분을 완전히 잃는 것으로 3년간 재임용자격이 제한된다.

🔍 ④

---

① ◎ 국가공무원법 제79조

> **국가공무원법 제79조 【징계의 종류】** 징계는 파면·해임·강등·정직·감봉·견책(譴責)으로 구분한다.

② ◎ 국가공무원법 제80조 제3항

> **동법 제80조 【징계의 효력】** ③ 정직은 1개월 이상 3개월 이하의 기간으로 하고, 정직 처분을 받은 자는 그 기간 중 공무원의 신분은 보유하나 직무에 종사하지 못하며 보수는 전액을 감한다.

③ ◎ 국가공무원법 제80조

> **동법 제80조 【징계의 효력】** ④ 감봉은 1개월 이상 3개월 이하의 기간 동안 보수의 3분의 1을 감한다.

④ ✖ 파면은 공무원신분을 완전히 잃는 것으로 5년(3년 ✕)간 재임용자격이 제한된다.

> **동법 제33조 【결격사유】** 다음 각 호의 어느 하나에 해당하는 자는 공무원으로 임용될 수 없다.
> 7. 징계로 <u>파면처분</u>을 받은 때부터 <u>5년</u>이 지나지 아니한 자
> 8. 징계로 해임처분을 받은 때부터 3년이 지나지 아니한 자

SUMMARY 징계

구분	승급제한	보수(기간)	직무수행	기 타
견책	6개월	영향 ✕	영향 ✕	훈계 · 회개
감봉	12개월	1/3(1~3개월)	영향 ✕	
정직	18개월	전액(1~3개월)	1~3개월 정지	
강등	18개월	전액(3개월)	3개월 정지	1계급 강등

구분	처 분	공직취임 제한	퇴직급여	퇴직급여 제한 범위
해임	강제 퇴직	3년간	원칙적으로 제한 ✕ (금전문제 해임시 제한 ○)	5년 미만 : 1/8 5년 이상 : 1/4
파면	강제 퇴직	5년간	제한 ○	5년 미만 : 1/4 5년 이상 : 1/2

관련 OX

01 「국가공무원법」상 징계는 파면 · 해임 · 정직 · 감봉 · 견책으로 구분한다. |18 국가 9| ○✕

02 「국가공무원법」상 정직은 1개월 이상 3개월 이하의 기간으로 하고, 정직 처분을 받은 자는 그 기간 중 공무원의 신분은 보유하나 직무에 종사하지 못하며 보수는 전액을 감한다. |15 지방 7| ○✕

03 감봉은 1개월 이상 3개월 이하의 기간 동안 보수의 3분의 1을 감한다. |18 국가 9| ○✕

04 감봉은 보수의 불이익을 받는 것으로 1개월 이상 3개월 이하의 기간 동안 보수액의 2/3을 감한다. |21 국회 8| ○✕

05 「국가공무원법」상 파면 처분을 받은 때부터 5년이 지나지 아니하면 공무원으로 임용될 수 없다. |17 사회복지직 9| ○✕

06 파면은 공무원신분을 완전히 잃는 것으로 5년간 재임용자격이 제한된다. |21 국회 8| ○✕

01 ✕ **02** ○ **03** ○ **04** ✕ **05** ○ **06** ○

07

2025 신용한 행정학 합격노트 p.23

정부규모팽창에 대한 이론의 설명으로 옳지 않은 것은?

① 리바이어던(Leviathan) 가설은 집권화된 정부일수록 예산규모는 증대된다는 것이다.
② 파킨슨의 법칙(Parkinson's Law)에 따르면 업무의 강도나 양과는 관계없이 공무원의 수는 항상 일정한 비율로 증가한다.
③ 머스그레이브(Musgrave)는 공공재의 경우 자신이 부담한 것에 비해 적은 편익을 누린다고 생각하게 된다고 보았다.
④ 보몰병은 낮은 공공부문의 생산성이 정부지출을 증가시키고, 사회 전체 경쟁력을 저하시키는 현상이다.

🔍 ③

① ◉ 리바이어던(Leviathan) 가설은 브레넌(Brennan, H. G.)과 뷰캐넌(Buchanan, J. M.)이 제시한 가설로 '집권화된 정부일수록 예산규모는 증대된다.'는 것이다. 공공지출에 대한 권한이 집중화될 경우 정치인과 관료들의 선호가 재정정책에 반영됨으로써 정부의 재정지출이 늘어나고 규모가 과도하게 팽창하게 된다고 설명한다.
② ◉ 파킨슨의 법칙(Parkinson's Law)은 공무원 수가 업무량과 직접적인 관계없이 증가한다는 법칙이다.
③ ✖ 머스그래이브(Musgrave)의 조세저항은 정부기능 축소에 관한 이론적 논의(과소공급설)에 해당한다. 머스그래이브(Musgrave)는 사적재의 경우 부담한 만큼 소비하고, 부담한 만큼 직접 자신의 편익으로 돌아오지만, 공공재의 경우 자신이 부담한 것에 비해 적은 편익을 누린다고 생각(재정착각)하게 된다고 보았다.
④ ◉ 보몰병은 공공부문 서비스의 노동집약적 성격으로 인해 민간부문에 비해 공공부문의 생산성 증가가 느리고, 이러한 낮은 공공부문의 생산성이 정부지출을 증가시키고, 사회 전체 경쟁력을 저하시키는 현상이다.

SUMMARY 공공재의 과다공급설 vs 과소공급설

1. 과다공급설

Wagner의 법칙	국민소득이 증가할 때, **공공재 수요의 소득 탄력적 특성**으로 국민경제에서 차지하는 공공부문의 상대적 크기가 증대되는 현상
Peacock–Wiseman 전위효과 및 대체효과	전쟁 등 위기상황 발생 시 공공지출이 상향 조정되어 위기상황 해소 후에도 공공지출의 크기가 감소하지 않고, **공공지출이 민간지출을 대체**하는 현상
Niskanen의 관료예산극대화가설	**관료들이 공익이 아닌 자신과 자기부서의 효용(권력)을 극대화**하기 위해 **적정수준 이상으로 자기부서의 예산을 극대화**하는 현상
Parkinson 법칙 (상승하는 피라미드의 법칙)	공무원 수가 업무량과 직접적 관계없이 증가하는 현상. 행정수요에 상관없이 **'제1공리'와 '제2공리'의 순환과정을 통해 발생**하는 정부팽창을 설명(제1공리 : 부하배증, 제2공리 : 업무배증)

06회 신용한 행정학 문제+해설 145

Baumol 효과 (보몰병)	공공부문 서비스의 노동집약적 성격으로 인해 민간부문에 비해 생산성 증가가 느리고, 이러한 낮은 공공부문의 생산성이 사회 전체 경쟁력을 저하시키는 현상
Brennan–Buchanan 리바이어던 가설	집권화 된 정부일수록 예산규모는 증대된다는 것. 공공지출에 대한 권한이 집중될 경우 정치인과 관료들의 선호가 재정정책에 반영됨으로써 정부 규모가 과도하게 팽창하게 됨.

2. 과소공급설

Galbraith의 의존(선전)효과	사적재에 비해 **공공재는 광고나 선전이 이루어지지 않아** 소비욕구를 자극시키지 못하며, 따라서 공공 서비스에 대한 투자가 미흡해짐.
Duesenberry의 전시효과	민간재는 과시(전시)효과로 소비가 자극되고, 주위를 의식한 체면유지 때문에 실제 필요한 지출보다 많은 지출을 하게 됨. 이에 비해 **공공재는 그렇지 않으므로** 소비가 민간재에 쏠리는 현상이 발생
Musgrave의 조세저항	사적재의 경우 부담한 만큼 소비하고, 부담한 만큼 직접 자신의 편익으로 돌아오지만, 공공재의 경우 자신이 부담(조세)한 것에 비해 적은 편익을 누린다고 생각(재정착각). 따라서 **재정착각**(조세 – 소비 간의 불분명한 연계)으로 자신의 부담(**조세)에 대한 저항이 발생**하고, 이로 인한 **공공재의 과소공급**이 발생하게 됨.
Downs의 합리적 무지	공공서비스의 경우 개인적 차원에서 정보수집으로 인한 편익에 비해 비용이 크므로 정보를 수집하지 않는 **합리적 무지의 상태가 발생**함. 이로 인해 공공서비스의 공급의 편익과 비용에 대해 정확하게 평가하지 못하고, **공공서비스(조세) 확대에 저항하는** 일이 발생하게 됨.

관련 OX

01 바그너(Wagner)는 경제 발전에 따라 국민의 욕구 부응을 위한 공공재 증가로 인해 정부 예산이 증가한다고 주장한다.
| 23 지방 9 |
○ | ✕

02 피코크(Peacock)와 와이즈맨(Wiseman)은 전쟁과 같은 사회적 변동이 끝난 후에도 공공지출이 그 이전 수준으로 되돌아가지 않는 데에서 예산팽창의 원인을 찾고 있다.
| 23 지방 9 |
○ | ✕

03 파킨슨의 법칙(Parkinson's Law)은 관료는 본질적인 업무가 증가하지 않으면 파생적인 업무도 줄이려는 무사안일의 경향을 가진다고 본다. | 19 지방 7 |
○ | ✕

04 보몰(Baumol)은 정부 부문과 민간 부문 간의 생산성 격차를 통해 정부 예산의 팽창 원인을 설명하고 있다. | 23 지방 9 |
○ | ✕

05 재정권을 독점한 정부에서 정치가나 관료들이 독점적 권력을 국민에게 남용하여 재정규모를 과도하게 팽창시키는 행위를 의미한다는 것은 리바이어던(Leviathan) 가설에 대한 설명이다. | 19 국회 8 |
○ | ✕

01 ○ **02** ○ **03** ✕ **04** ○ **05** ○

08
2025 신용한 행정학 합격노트 p.53

정책의 유형에 대한 설명으로 옳지 않은 것은?

① 배분정책에서는 로그롤링(log rolling)이나 포크배럴(pork barrel)과 같은 정치적 현상이 나타난다.

② 규제정책은 법령을 근거로 국민들의 권리를 제약하거나 강제적으로 특정한 의무를 부과하는 것이다.

③ 경쟁적 규제 정책에는 국유지 불하정책, 신공항 건설, 항공노선 허가 등이 해당한다.

④ 재분배정책은 사회계급적인 접근에 기반해서 이루어지기 때문에 규제정책보다 갈등이 좀 더 가시적이다.

🔍 ③

---

① ◉ 배분정책에서는 로그롤링이나 포크배럴과 같은 정치적 현상이 나타난다. 로그롤링(log-rolling)은 이권이 결부된 몇 개의 법안을 관련 의원들이 서로 투표의 거래나 투표 담합 행위를 통해 통과시키는 행태를 협력하여 통나무를 굴리는 현상에 빗대어 말하는 용어이다. 포크배럴(pork-barrel)은 구유통 정치 또는 돼지고기통 정치라고도 하며, 이권 또는 정책 교부금을 얻으려고 모여드는 의원들이 마치 美남부의 농장에서 농장주가 돼지고기통에서 한 조각의 고기를 던져 줄 때 모여드는 노예와 같다는 뜻에서 유래된 용어이다.

② ◉ 규제정책은 개인이나 일부 집단에 대한 권리행사의 제한이나 의무를 부과하는 정책유형으로 그 행사에 있어서 강제력을 갖는 것이 특정이다.

③ ✕ **국유지 불하 정책, 신공항 건설 등은 분배정책에 해당하지만, 항공노선 허가는 경쟁적 규제 정책에** 해당한다.

④ ◉ 재분배정책은 사회계급적인 접근에 기반해서 이루어지기 때문에 규제정책보다 갈등이 좀 더 가시적이다.

SUMMARY 정책의 유형

분배정책	권리나 이익, 또는 서비스의 배분 / 포크배럴, 로그롤링 현상이 발생 **예** 수출 특혜 금융, 지방자치단체에 대한 국가보조금 지급, 주택자금 대출, 국유지 불하, 농민을 위한 영농정보 제공 등
재분배정책	고소득층으로부터 저소득층으로 소득이전 / 계급대립적 성격으로 치열한 갈등 **예** 누진소득세 제도, 영세민 취로사업, 임대주택의 건설 등
규제정책	개인이나 일부집단에 대한 권리행사의 제한이나 의무부과 ① 경쟁적 규제 : 다수 경쟁자 중 특정 개인이나 집단에게 특정권리나 서비스를 제공하는 것과 관련된 정책(방송국 설립인가, 항공노선 허가) ② 보호적 규제 : 일반 대중보호를 목적으로 하는 규제정책 **예** 최저임금제, 독점규제 및 공정거래에 관한 법률 등
구성정책	체제의 구조와 운영에 관련된 정책 / 대외적 가치배분에는 영향이 없지만, 대내적으로 게임의 법칙발생, 총체적 기능과 권위적 성격을 나타냄. **예** 정부기관 신설, 선거구 조정 등

146 2025 신용한 행정학 국가직 9급 모의고사

추출정책	정책적 목표에 의해 국민들에게 인적·물적 자원을 부담시키는 정책 예 조세, 병역, 물자수송, 노력동원 등과 관련된 정책
상징정책	정치체제에 대한 정당성과 신뢰성 및 국민통합성을 증진시키기 위하여 국내외 환경에 산출시키는 이미지나 상징과 관련된 정책 예 88 서울올림픽경기, 2002 한·일월드컵경기, 남대문 복원

관련 OX

01 분배정책은 이해당사자 간 제로섬(zero sum) 게임이 벌어지고 갈등이 발생될 가능성이 규제정책에 비해 상대적으로 더 크다. |15 서울 9| ○ X

02 분배정책은 참여자들 간의 정면대결보다는 갈라먹기식(log-rolling)에 의해 이루어지며, 이해관계보다는 이데올로기가 작용한다. |15 서울 7| ○ X

03 재분배정책의 사례로는 지방자치단체에 지원되는 국고보조금이 있다. |14 국가 7| ○ X

04 재분배정책은 고소득층으로부터 저소득층으로 소득이전을 목적으로 하기 때문에 계급대립적 성격을 지닌다. |21 국가 9| ○ X

05 규제정책은 특정 개인이나 집단에 대한 선택의 자유를 제한하는 유형의 정책으로 강제력이 특징이다. |21 국가 9| ○ X

06 규제정책은 분배정책에 비해 피규제자(피해자)와 수혜자가 명확하게 구분된다. |22 경간| ○ X

07 규제정책의 예로는 기업의 대기오염 방지시설 의무화가 있다. |15 국회 9| ○ X

08 경쟁적 규제정책(competitive regulatory policy)은 배분정책적 성격과 규제정책적 성격을 동시에 지니고 있고 규제정책은 거의 대부분 이러한 경쟁적 규제정책에 해당된다. |18 지방 7| ○ X

09 리플리와 프랭클린(R. B Ripley & G. A. Franklin)의 정책유형 중 일반 대중 보호를 목적으로 하는 규제 정책의 사례는 개발제한구역이다. |21 국회 9| ○ X

10 구성정책은 정부기관의 신설과 선거구 조정 등과 같이 정부기구의 구성 및 조정과 관련된 정책이다. |21 국가 9| ○ X

11 정책의 유형 중에서 추출정책은 정책목표에 의해 일반 국민에게 인적·물적 자원을 부담시키는 정책이다. |22 국가 9| ○ X

12 국경일의 제정, 정부기관 개편은 구성정책이다. |20 군무원 9| ○ X

01 X 02 X 03 X 04 ○ 05 ○ 06 ○ 07 ○ 08 X
09 ○ 10 ○ 11 ○ 12 X

09
2025 신용한 행정학 합격노트 p.238

〈보기〉의 특징을 갖는 지방 재정력의 평가 지표는?

- 지방세수입과 세외수입을 합친 액수를 세입총액으로 나누고, 100을 곱한 값이다.
- 자주재원의 많고 적음에 관계없이 중앙정부의 지원이 많고 적음에 따라 그 값이 달라진다는 문제점이 있다.

① 재정자립도
② 재정자주도
③ 재정력지수
④ 건전재정지수

🔍 ①

① ◉ 재정자립도는 지방자치단체의 세입총액 가운데 자주재원이 차지하는 비중을 말한다. 즉 자주재원인 지방세수입과 세외수입을 합친 액수에서 일반회계 세입총액으로 나누고 100을 곱한 값이다. 분모와 분자에 자주재원이 포함되므로, 의존재원인 중앙정부의 지원의 많고 적음에 따라 그 값이 크게 달라진다. 즉 의존재원이 전혀 없으면, 자주재원이 아무리 작아도 재정자립도는 100%가 된다.

10
2025 신용한 행정학 합격노트 p.64

델파이기법에 대한 설명으로 옳은 것은?

① 문제해결에 참여하는 개인들이 개별적으로 해결방안을 구상하고 집단토론을 거쳐 해결방안에 대해 표결하는 방법이다.
② 완전한 익명성을 전제로 하므로 집단사고(group think)를 피할 수 있다.
③ 전문성 보다는 이해관계와 식견에 바탕을 두므로, 개인의 이해관계나 가치판단이 개입될 수 있다.
④ 형식이 정해지지 않은 집단토론 상황에서 구성원들이 아이디어와 문제해결 대안들을 자유롭게 토론하는 방법이다.

🔍 ②

① ☒ **명목집단기법에 대한 설명**이다. 명목집단기법은 관련자들이 의사결정에 참여하지 않은 채 개별적으로 해결방안을 구상하고, 서면으로 대안에 대한 아이디어를 제출하도록 하여, 모든 아이디어가 제시된 이후 제한된 토의를 거쳐 투표로 의사결정을 하는 기법을 말한다.

② ◉ 델파이 기법은 완전한 익명성을 전제로 하므로, 대면 토론 시 나타날 수 있는 성격마찰 또는 감정대립, 지배적 성향을 가진 사람의 독주, 다수의견의 횡포, 집단사고 등을 방지할 수 있다.

③ ☒ **정책델파이에 대한 설명**이다. 정책델파이는 정반대의 입장에 있는 관련자로서 서로 대립되는 의견을 표출시키는 것이 목적이다. 따라서 정책델파이는 개인의 이해관계나 가치판단과는 관계없이 객관적인 입장에서 지혜를 모으려는 일반적인 델파이의 목적과 다르다.

④ ☒ **브레인스토밍에 대한 설명**이다. 브레인스토밍은 직접적·대면적 접촉을 유지하되, 즉흥적이고 자유스러운 분위기하에서 조직구성원 및 전문가의 창의적 의견이나 독창적인 사람들의 기발한 아이디어를 직접적인 대면접촉 토의를 통하여 창안하는 주관적·질적 분석기법이다.

관련 **OX**

01 델파이(delphi) 기법은 전문가들이 상호 간 신분을 노출시키지 않고 서면으로 여러 차례 상호 피드백을 통해 미래를 예측하는 기법이다. | 21 국회 9 | ○ | ×

02 델파이 기법에서 전문가집단은 익명성이 보장된 상태에서 답변하며 자신의 답변을 수정할 수 있다. | 17 국가 9 추가채용 | ○ | ×

03 델파이 기법은 불확실한 먼 미래보다는 가까운 미래를 예측하기 위하여 통계분석을 활용하는 객관적 미래예측방법이다. | 17 국가 9 추가채용 | ○ | ×

04 전통적 델파이 기법은 전문가들의 다양성을 고려해 의견일치를 유도하지 않는다. | 19 지방 9 | ○ | ×

05 델파이 기법을 쓰면 지배적 성향을 가진 사람의 독주와 다수의견의 횡포 등을 피할 수 있다. | 20 국회 9 | ○ | ×

01 ○ **02** ○ **03** × **04** × **05** ○

---

11   2025 신용한 행정학 합격노트 p.16

사바스(Savas)가 구분한 네 가지 공공서비스 유형과 내용에 대한 설명으로 옳지 않은 것을 모두 고르면?

> ㄱ. 요금재는 경합성과 배제성을 동시에 가진 서비스를 주로 시장에서 제공해 공공부문 개입이 최소화되는 부분이다.
> ㄴ. 시장재는 창출하는 독점이익의 왜곡을 방지하기 위해 원칙적으로 공공기관에서 서비스 공급을 담당한다.
> ㄷ. 공유재는 소비는 경합되지만 정당한 대가를 지불하지 않아도 배제시킬 수 없기 때문에 비용 회피와 과잉 소비로 인해 공유재 파괴라는 비극이 초래된다.
> ㄹ. 공공재는 국방, 외교와 같은 순수공공재와 복지, 지역 개발, 공중 의료 등의 준공공재가 여기에 속한다.

① ㄱ, ㄴ   ② ㄱ, ㄴ, ㄷ
③ ㄴ, ㄷ   ④ ㄱ, ㄴ, ㄹ

🔍 ①

ㄱ ☒ 배제성과 경합성을 동시에 가진 서비스를 시장재(private goods)라고 하며, 주로 시장에서 제공돼 공공부문 개입이 최소화되는 부분이다. 다만 소비자 보호 측면에서 서비스의 안전과 규격 등을 규제하기 위해 집단적 대응이 요청되고 있다. 또한 기본적인 수요조차도 스스로 충족하기 어려운 저소득층이나 영세민들을 배려하는 부분적인 정부 개입도 필요하다. 시장재의 예에는 노인돌보미, 보육서비스 지원 등이 있다.

ㄴ ☒ 요금제에 대한 설명이다. 요금재의 상당부분을 정부가 공급하는 이유는 자연독점으로 시장실패의 가능성이 큰 분야에 대응해야하기 때문이다. 그러나 공기업의 비효율성이 정부실패로 지적되고 있어 최근 민간기업의 참여가 활성화되고 있다. 요금재의 예에는 전기, 가스, 상하수도, 도로 등의 사회기반시설 등이 있다.

ㄷ ◉ 비배제성과 경합성을 동시에 가진 서비스는 공유재(common-pool goods)이다. 공유재는 배제불가능성으로 인한 비용회피의 발생과 '공유재의 비극(common tragedy)'이라고 표현하듯이 과잉소비의 문제가 발생할 수 있다. 공유재의 예에는 천연자원, 국립공원, 희귀동식물, 하천, 녹지, 연안어장, 목초지, 관개시설 등이 있다.

ㄹ ◉ 비배제성과 비경합성을 동시에 가진 서비스는 공공재(집합재, collective goods)이다. 공공재는 비경합성과 비배제성의 특징 때문에 비용부담에 따른 서비스의 차별화나 서비스 혜택으로부터의 배제가 불가능하고 무임승차 현상이 발생할 수 있고, 항상 과소공급과 과다공급의 쟁점을 야기시킨다. 원칙적으로 공공부문에서 공급할 필요성이 발생하는 전형적 공공서비스로 국방, 외교, 치안 등의 순수공공재, 복지, 지역개발, 공중의료 등의 준공공재가 해당한다.

SUMMARY 공공서비스의 유형

유형	특징	정부개입의 원인 및 방식	예
공공재 (집합재)	비배제성, 비경합성	무임승차 등으로 시장형성 × ⇨ 정부의 직접공급	• 국방, 외교, 치안 등 순수공공재
공유재	비배제성, 경합성	무임승차, 과잉소비 ⇨ 합리적 이용규칙(제도)의 설정	• 천연자원, 국립공원, 하천, 녹지
요금재	배제성, 비경합성	자연독점 ⇨ 정부나 공기업이 직접공급	• 전기 가스, 상하수도, 도로 등
시장재	배제성, 경합성	공공부문 개입의 최소화 ⇨ 저소득층이나 영세민 배려	• 노인돌보미, 보육 등

관련 OX

01 공공서비스 공급에 정부가 개입해야 하는 것은 배제성과 경합성이라는 특성 때문이다. |12 국회 8| O｜X

02 공공재(public goods)에는 국립도서관, 고속도로, 등대, 올림픽 주경기장 등이 해당한다. |14 국가 9| O｜X

03 공유재는 잠재적 사용자의 배제가 불가능 또는 곤란한 자원이다. |14 서울 7| O｜X

04 전기와 고속도로는 공유재의 성격을 가지는 공공서비스이다. |14 국가 7| O｜X

05 요금재(toll goods)는 대가를 지불하지 않는 소비자를 배제할 수 없다. |15 국가 7| O｜X

06 시장재(private goods)는 경합성과 배제성을 동시에 갖는 서비스이다. |15 국가 7| O｜X

01 × **02** × **03** O **04** × **05** × **06** O

---

12   2025 신용한 행정학 합격노트 p.205

듀브닉과 롬젝(Dubnic & Romzek)의 행정책임성 유형 중 보기의 내용에 해당되는 책임성은?

> 대통령, 국회의원, 이익단체 등 주요 이해관계자들의 필요와 요구를 충족시키는가를 중요한 요소로 보는 유형이다.

① 관료적 책임성
② 법률적 책임성
③ 정치적 책임성
④ 전문적 책임성

🔑 ③

구분		관료조직 통제의 소재	
		내부	외부
조직의 자율성 (통제의 정도)	낮음 (높음)	관료적(위계적) 책임성	법률적 책임성
	높음 (낮음)	전문적 책임성	정치적 책임성

③ ◎ 정치적 책임성은 조직의 자율성 정도가 높고, 관료조직 통제의 소재가 외부에 있는 경우로, 대통령, 국회의원, 이익단체 등 주요 이해관계자들의 필요와 요구를 충족시키는가를 중요한 요소로 보는 유형이다.

---

13   2025 신용한 행정학 합격노트 p.177

예산결정이론에 대한 설명으로 옳은 것은?

① 단절균형예산이론은 급격한 단절적 예산변화를 설명하고, 나아가 그러한 변화를 예측할 수 있는 장점이 있다.
② 다중합리성모형은 정부예산의 결과론적 접근방법에 근거하여 미시적 수준의 예산상의 의사결정을 설명하고 탐구한다.
③ 니스카넨(W. Niskanen)에 의하면 예산결정에 있어 관료의 최적수준은 정치인의 최적수준보다 높다.
④ 루빈(Rubin)의 실시간 예산운영에서 세출 흐름에서 의사결정은 '누가, 얼마만큼 부담할 것인가'에 관한 의사결정으로 의사결정의 흐름 속에는 설득의 정치가 내재해 있다.

🔑 ③

---

① ✕ 단절균형예산이론은 사후 분석적으로는 적절하지만 **단절균형이 발생할 수 있는 시점을 예측하지 못하기 때문에** 미래지향성 측면에서 한계가 있는 접근방법이다.

② ✕ 다중합리성모형은 정부예산의 **과정적 접근방법**에 근거한다. 또한 다중합리성모형은 미시적 수준의 예산상의 의사 결정을 설명하고 탐구하고자 한다. 구체적으로 각 예산주기 간의 관계, 정보의 흐름, 예산상의 역할, 최종 지출계획을 결정하는 개인의 선택을 이해하고자 하는 것이다.

③ ◎ 관료는 자신의 효용극대화를 추구하며, 관료의 효용은 부처 예산이 증가할수록 상승하므로 부처의 예산극대화를 추구한다. 따라서 총편익곡선과 총비용곡선이 교차하는 (TB = TC) 지점에서 공공서비스를 공급하려 한다. 반면 정치인은 사회후생의 극대화를 추구하여, 총편익과 총비용의 차이인 순편익이 최대가 되는 수준(한계편익 = 한계비용)에서 공공서비스를 공급하려고 한다. 따라서 관료의 최적수준이 정치인의 최적수준보다 높다.

④ ✕ 루빈(Rubin)의 실시간 예산운영에서 **세입(세출 ×) 흐름에서 의사결정**은 '누가, 얼마만큼 부담할 것인가'에 관한 의사결정으로 의사결정의 흐름 속에는 설득의 정치가 내재해 있다.

06회 신용한 행정학 문제+해설   **149**

SUMMARY 실시간 예산운영모형

의사결정의 흐름	특징	예산 정치
세입흐름에서 의사결정	누가(who), 얼마만큼(how much) 부담할 것인가?에 관한 의사결정	설득의 정치
세출흐름에서 의사결정	누구에게 배분할 것인가?에 관한 의사결정으로 예산 획득을 위한 경쟁과 예산의 배분에 관한 것	선택의 정치
예산 균형 흐름에서 의사결정	예산균형을 어떻게 정의할 것인가? 어떻게 달성할 것인가?에 관한 의사결정	제약 조건의 정치
예산 집행 흐름에서 의사결정	예산 계획에 따른 집행과 수정 및 일탈의 허용 범위에 관한 문제	책임성의 정치
예산 과정 흐름에서 의사결정	행정부와 입법부 간, 납세자인 시민과 예산 배분 결정자인 정부관료 간의 결정 권한의 균형에 관한 문제	어떻게 예산을 결정하는가, 누가 예산을 결정하는가의 정치

관련 OX

01 다중합리성 모형은 정부 예산의 성공을 위해서는 예산과정 각 단계에서 예산활동과 행태를 구분해서는 안 된다고 주장하였다. |19 서울 7 추가채용|　○ | ×

02 다중합리성 모형은 예산 혹은 정책과정의 각 단계에 영향을 미치는 합리성은 경제적 측면뿐 아니라 정치·사회·법적 측면에서 다양한 형태로 존재한다. 따라서 관료들은 예산주기의 다양한 시점에서 단계별로 적용하는 합리적 기준에 따라 서로 다른 형태의 의사결정을 한다. |21 국회 8|　○ | ×

03 윌로비와 서메이어(Willoughby & Thurmaier)의 다중합리성 모형은 의원들의 복수의 합리성 기준이 의회의 예산결정에 미치는 영향을 주로 분석한다. |17 국가 7|　○ | ×

04 킹던(kingdon)의 의제설정 모형은 정책과정의 복잡하고 불확실한 역동성을 부각시킨다는 점에서 다중합리성 모형의 중요한 모태라고 할 수 있다. |20 국가 7|　○ | ×

05 다중합리성 모형은 예산재원의 배분 형태가 항상 일정하게 유지되는 것이 아니라 특정 사건이나 상황에 따라 균형 상태에서 급격한 변화를 경험한 이후 다시 합리적 균형을 지속하게 된다. |21 국회 8|　○ | ×

06 다중합리성 모형은 관료를 공익을 대변하는 합리적 대리인이 아니라 자신의 효용을 극대화하는 이기적 합리성을 따르는 경제적 주체로 본다. |21 국회 8|　○ | ×

07 니스카넨(Niskanen)의 예산극대화 모형은 의회 의원들의 재선 가능성을 높이기 위해 지역구 예산을 극대화하는 형태에 분석초점을 둔다. |17 국가 7|　○ | ×

08 모호성 모형은 독립적인 조직들이나 조직의 하위단위들이 서로 느슨하게 연결되어 독립성과 자율성을 누릴 수 있는 조직의 예산결정에 적합한 예산이론(모형)이다. |19 국회 8|　○ | ×

09 루빈(Rubin)의 실시간 예산운영(real-time budgeting) 모형에서 다섯 가지의 의사결정 흐름은 느슨하게 연계된 상호 의존성을 가지고 있다. |20 국가 7|　○ | ×

01 × **02** ○ **03** × **04** ○ **05** × **06** × **07** × **08** ○ **09** ○

14
2025 신용한 행정학 합격노트 p.55

정책참여자의 권력관계 모형에 대한 설명으로 옳지 않은 것은?

① 고전적 엘리트이론에서 엘리트들은 다른 계층에 대해 책임을 지지 않는다.
② 다원주의는 이익집단 간의 영향력 차이를 인정하지만 전반적으로 균형이 유지되고 있다는 입장을 지닌다.
③ 신다원론에서는 특정집단이 다른 집단보다 더욱 강력할 수 있다는 점을 인정하였다.
④ 조합주의에서 정부활동은 다양한 이익집단 간 이익의 소극적 중재자 역할에 한정된다.

🔍 ④

① ◎ 고전적 엘리트론에서 엘리트들은 다른 계층에 대해 책임을 지지 않으면서 중요한 정책문제는 사회 전체의 이익과 상관없이 자신들의 이해관계를 고려하여 결정하였다.
② ◎ 다원주의에 따르면, 사회의 각종 이익집단은 정부의 정책과정에 동등한 접근기회를 가지고 있으나, 이익집단들 간에 영향력의 차이가 있다고 인정한다. 다만, 잠재집단에 대한 고려나 중복가입 등을 통해 전체적으로 균형을 유지하고 있다고 본다.
③ ◎ 신다원론은 고전적 다원주의가 자본주의 국가의 현실에서 기업집단에 대한 특권적 지위를 제대로 고려하지 못했음을 비판하고, 기업집단에 대한 특권이 실제 정책과정에서 나타나고 있음을 인정한다.
④ ☒ 조합주의는 **정부의 보다 적극적인 역할을 강조**한다. 정부를 다양한 이익집단 간 이익의 소극적 중재자 역할에 한정된다고 보는 것은 다원주의이다.

SUMMARY 엘리트이론 vs 다원주의이론

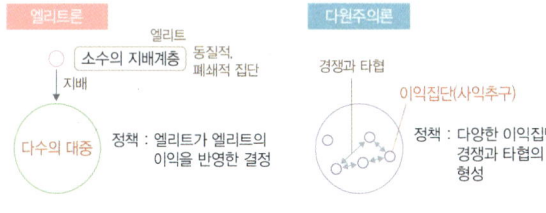

SUMMARY 정책참여자간 관계모형

관계모형	정책참여자간 관계
엘리트 이론	권력엘리트가 정치체제를 지배 – 엘리트의 가치와 선호에 의해 정책결정
다원주의 이론	국가는 여러 이익집단으로 구성 – 여러 집단 간의 협상과 타협에 의해 정책결정
베버주의	국가의 절대적 자율성을 긍정 – 관료제를 공동체의 번영을 위한 국가권력의 합리적 행사주체로 파악함. 정부주도의 정책결정
마르크스 주의	자본가 계급과 노동자 계급으로 구성 – 국가(정부)는 자본가계급의 도구에 불과함. 자본가 계급에 의한 정책결정

조합주의	다원주의에 대한 대안적 이익대표체계. 정책결정에서 정부의 보다 적극적 역할을 인정하고, 정부와 이익집단과의 상호협력을 중시하는 체제 • 국가조합주의 : 제3세계 및 후진자본주의에서 나타나는 형태. 국가주도의 강제적 조합주의 • 사회조합주의 : 서구 선진자본주의에서 나타나는 형태. 이익집단의 자발적 시도에 의해 등장한 자유주의적 조합주의

관련 OX

01 엘리트주의는 대중에게 영향력을 행사할 수 있는 위치에 있는 소수의 리더들에 의해서 정책결정이 지배된다고 본다. |21 군무원 9| ○ X

02 밀스(Mills)의 지위접근법은 사회적 명성이 있는 소수자들이 결정한 정책을 일반대중이 수용한다는 입장이다. |14 국회 8| ○ X

03 다원주의이론은 정부정책을 다양한 행위자들 간의 협상과 경쟁의 결과로 본다. |17 지방 9 추가채용| ○ X

04 다원주의(Pluralism)는 정책영역별로 영향력을 행사하는 엘리트들이 각기 다르다고 본다. |19 서울 9| ○ X

05 다원주의는 이익집단 간의 영향력 차이를 인정하지만 전반적으로 균형이 유지되고 있다는 입장을 지닌다. |20 지방 7| ○ X

06 조합주의는 정부활동은 다양한 이익집단 간 이익의 소극적 중재자 역할에 한정된다고 본다. |16 국가 7| ○ X

01 ○ **02** X **03** ○ **04** ○ **05** ○ **06** X

15

2025 신용한 행정학 합격노트 p.245

「지방자치법」상 특별지방자치단체에 대한 설명으로 옳지 않은 것은?

① 2개 이상의 지방자치단체가 공동으로 특정한 목적을 위하여 광역적으로 사무를 처리할 필요가 있을 때 설치할 수 있다.

② 지방의회의원은 특별지방자치단체의 의회의원을 겸할 수 있다.

③ 특별지방자치단체는 보통의 지방자치단체와 달리 법인격을 갖지 못한다.

④ 특별지방자치단체의 운영 및 사무처리에 필요한 경비는 특별회계를 설치하여 운영하여야 한다.

🔑 ③

---

① ◉ 지방자치법 제199조 제1항

> **지방자치법 제199조【설치】** ① 2개 이상의 지방자치단체가 공동으로 특정한 목적을 위하여 광역적으로 사무를 처리할 필요가 있을 때에는 특별지방자치단체를 설치할 수 있다. 이 경우 특별지방자치단체를 구성하는 지방자치단체(이하 "구성 지방자치단체"라 한다)는 상호 협의에 따른 규약을 정하여 구성 지방자치단체의 지방의회 의결을 거쳐 행정안전부장관의 승인을 받아야 한다.

② ◉ 지방자치법 제204조 제2항

> **동법 제204조【의회의 조직 등】** ① 특별지방자치단체의 의회는 규약으로 정하는 바에 따라 구성 지방자치단체의 의회 의원으로 구성한다.
② 제1항의 지방의회의원은 제43조제1항에도 불구하고 특별지방자치단체의 의회 의원을 겸할 수 있다.

③ ⊠ 특별지방자치단체는 보통지방자치단체와 마찬가지로 **법인격을 갖는다.**

> **동법 제199조【설치】** ③ 특별지방자치단체는 법인으로 한다.

④ ◉ 지방자치법 제206조 제1항, 제2항

> **동법 제206조【경비의 부담】** ① 특별지방자치단체의 운영 및 사무처리에 필요한 경비는 구성 지방자치단체의 인구, 사무처리의 수혜 범위 등을 고려하여 규약으로 정하는 바에 따라 구성 지방자치단체가 분담한다.
② 구성 지방자치단체는 제1항의 경비에 대하여 특별회계를 설치하여 운영하여야 한다.

관련 OX

01 우리나라는 「지방자치법」에서 특별지방자치단체의 설치 및 운영에 관한 사항을 규정하고 있다. |20 군무원 7| ○ X

02 특별지방자치단체의 장은 규약으로 정하는 바에 따라 특별지방자치단체의 의회에서 선출한다. |24 경간| ○ X

03 특별지방자치단체는 보통의 지방자치단체와 같이 법인격을 갖는다. |22 국가 9| ○ X

04 특별지방자치단체의 의회는 규약으로 정하는 바에 따라 구성 지방자치단체의 의회 의원으로 구성한다. |22 국가 9| ○ X

05 구성 지방자치단체의 장은 「지방자치법」상 겸임 제한 규정에 의해 특별지방자치단체의 장을 겸할 수 없다. |22 국가 9| ○ X

01 ○ **02** ○ **03** ○ **04** ○ **05** X

16

2025 신용한 행정학 합격노트 p.157

「국가공무원법」상 공무원의 의무에 해당하지 않는 것은?

① 직장 이탈 금지의 의무
② 비밀엄수의 의무
③ 종교중립의 의무
④ 선물수수 신고·등록의 의무

🔍 ④

① ◎ 국가공무원법 제58조 제1항

> 국가공무원법 제58조【직장 이탈 금지】① 공무원은 소속 상관의 허가 또는 정당한 사유가 없으면 직장을 이탈하지 못한다.

② ◎ 국가공무원법 제60조

> 국가공무원법 제60조【비밀 엄수의 의무】공무원은 재직 중은 물론 퇴직 후에도 직무상 알게 된 비밀을 엄수(嚴守)하여야 한다.

③ ◎ 국가공무원법 제59조의2 제1항

> 국가공무원법 제59조의2【종교중립의 의무】① 공무원은 종교에 따른 차별 없이 직무를 수행하여야 한다.

④ ✖ 선물수수 신고·등록의 의무는 「공직자윤리법」에 명시된 공무원의 의무에 해당한다.

> 공직자윤리법 제15조【외국 정부 등으로부터 받은 선물의 신고】① 공무원(지방의회의원을 포함한다. 이하 제22조에서 같다) 또는 공직유관단체의 임직원은 외국으로부터 선물(대가 없이 제공되는 물품 및 그 밖에 이에 준하는 것을 말하되, 현금은 제외한다. 이하 같다)을 받거나 그 직무와 관련하여 외국인(외국단체를 포함한다. 이하 같다)에게 선물을 받으면 지체 없이 소속 기관·단체의 장에게 신고하고 그 선물을 인도하여야 한다. 이들의 가족이 외국으로부터 선물을 받거나 그 공무원이나 공직유관단체 임직원의 직무와 관련하여 외국인에게 선물을 받은 경우에도 또한 같다

SUMMARY 우리나라 공직윤리 관련 의무

헌법상 의무	「국가공무원법」(13대 의무)	「공직자 윤리법」
충성의 의무	① 성실의무 ② 복종의무 ③ 직장이탈 금지의 의무 ④ 친절·공정의 의무 ⑤ 비밀엄수의 의무 ⑥ 청렴의 의무 ⑦ 외국정부의 영예 등 수령 규제 ⑧ 품위유지의 의무 ⑨ 영리 업무 및 겸직 금지 ⑩ 정치 운동의 금지 ⑪ 집단 행위의 금지 ⑫ 선서의 의무 ⑬ 종교중립의 의무	① 이해충돌방지 의무 ② 재산등록의무 ③ 재산공개의무 ④ 선물수수 신고·등록의 의무 ⑤ 주식백지신탁의무 ⑥ 퇴직공직자 등에 대한 업무 취급제한 및 취업제한 ⑦ 재직자 등의 취업청탁 등 제한

* 기타 개별법
• 공직자 병역사항 신고 및 공개의무(「공직자 등의 병역사항 신고 및 공개에 관한 법률」)
• 부패행위 신고의무(「부패방지 및 국민권익위원회 설치와 운영에 관한 법률」)
• 부정청탁 및 금품등의 수수 금지의무, 위반행위 신고의무, 신고자 등의 보호의무(「부정청탁 및 금품등 수수의 금지에 관한 법률」)
• 부패행위 발생의 사전예방(「공직자의 이해충돌방지법」)

관련 OX

01 「국가공무원법」에 따르면 공무원은 소속 상관의 허가 또는 정당한 사유가 없으면 직장을 이탈하지 못한다. |16 국회 8|
O|X

02 수사기관이 현행범인 공무원 丙을 소속 기관의 장에게 미리 통보하지 않고 구속하였다면 「국가공무원법」상 공직윤리에 위배되지 않는다. |20 지방 7|
O|X

03 공무원 甲은 소속 상관에게 직무상 관계가 없는 증여를 하였다면 「국가공무원법」상 공직윤리에 위배되지 않는다. |20 지방 7|
O|X

04 「국가공무원법」에 따르면 공무원이 외국 정부로부터 영예나 증여를 받을 경우에는 소속 기관장의 허가를 받아야 한다. |20 군무원 7|
O|X

05 공무원 乙은 소속 기관장의 허가를 받아 다른 직무를 겸하였다면 「국가공무원법」상 공직윤리에 위배되지 않는다. |20 지방 7|
O|X

06 「공직자윤리법」에는 주식백지신탁, 퇴직공직자의 취업제한, 선물신고, 상벌사항 공개 등이 규정되어 있다. |21 군무원 9|
O|X

07 「공직자윤리법」상 지방의회 의원은 외국 정부 등으로부터 받은 선물의 신고 의무가 없다. |20 국가 7|
O|X

01 O **02** O **03** X **04** X **05** O **06** X **07** X

17

2025 신용한 행정학 합격노트 p.96, 97

조직의 통합 및 조정 방법에 대한 설명으로 옳은 것은?

① 연락역할 담당자는 상당한 공식적 권한을 부여받아 조직 내 부문 간 의사전달 문제를 처리한다.
② 태스크포스는 부서들을 횡적으로 연결하여 현안 문제를 해결하기 때문에 목적을 달성한 후에도 유지된다.
③ 수직적 연결은 상위계층의 관리자가 하위계층의 관리자를 통제하고 하위계층 간 활동을 조정하는 것을 목적으로 한다.
④ 프로젝트 팀(project team)은 가장 강력한 수직적 연결장치로 사업팀은 사업추진을 위해 관련 부서 간 장기간 강력한 협동을 요할 때 적합한 장치이다.

🔍 ③

① ❌ 연락 역할 담당자는 **공식적인 권한은 없으나 비공식적 권한을 상당히 부여받아 업무를 수행**하게 된다. 연락 역할 담당자란 조직이 여러 부서로 세분화되어 부서 간 의사전달 문제가 중요하게 대두될 때 종적 경로를 거치지 않고 부서 간의 직접적인 의사전달로 효과적인 조직활동이 가능하도록 하는 방법을 말한다.
② ❌ 태스크포스는 **부서들을 횡적으로 연결**하여 현안 문제를 해결하는 임시 위원회로 **일시적인 과제가 해결되면 태스크포스는 해산**된다.
③ ⭕ 수직적 연결은 조직 상하 간의 활동을 조정하는 연결장치로 계층제, 규칙과 계획, 계층직위의 추가 등이 있다. 수평적 연결은 조직 부서 간 수평적 조정과 의사소통을 증가시키는 연결장치로 정보시스템, 직접접촉, 임시작업단(태스크포스), 프로젝트 매니저, 프로젝트 팀 등이 있다.
④ ❌ 프로젝트 팀(project team)은 **가장 강력한 수평적(수직적 ×) 연결장치**로 사업팀은 영구적인 사업단으로 사업추진을 위해 관련 부서 간 장기간 강력한 협동을 요할 때 적합한 장치이다.

SUMMARY 수직 · 수평연결기제

높음
수직적 조정 통제 필요량
수직정보 시스템
계층직위의 추가
규칙과 계획
계층제
낮음 · 조정비용 · 높음
수직 연결기제

높음
수평적 조정 통제 필요량
사업팀
사업관리자
임시작업단
직접 접촉
정보시스템
낮음 · 조정비용 · 높음
수평 연결기제

관련 OX

01 민츠버그(Mintzberg)에 의하면 연락 역할 담당자는 상당한 공식적 권한을 부여받아 조직 내 부문 간 의사전달 문제를 처리한다. |16 국가 9| ○|×

02 수평적 연결방법으로는 다수 부서 간의 긴밀한 연결과 조정을 위한 태스크포스(task force)의 설치 등이 있다. |18 국가 9| ○|×

03 태스크포스는 여러 부서에서 차출된 직원들로 구성되며 특정 과업이 해결된 후에는 해체된다. |16 국가 9| ○|×

04 태스크포스는 부서들을 횡적으로 연결하여 현안 문제를 해결하기 때문에 목적을 달성한 후에도 유지된다. |22 국가 7| ○|×

05 프로젝트팀은 전략적으로 중요하거나 창의성이 요구되는 프로젝트를 진행하기 위해 여러 부서에서 프로젝트 목적에 적합한 사람들을 선발해 구성한 조직이다. |20 지방 7| ○|×

06 태스크포스는 관련 부서들을 종적으로 연결시켜 여러 부서가 관련된 현안 문제를 해결하는 데 효과적인 조직 유형이다. |23 국회 8| ○|×

07 수직적 연결은 상위계층의 관리자가 하위계층의 관리자를 통제하고 하위계층 간 활동을 조정하는 것을 목적으로 한다. |18 국가 9| ○|×

01 × **02** ○ **03** ○ **04** × **05** ○ **06** × **07** ○

18

2025 신용한 행정학 합격노트 p.203

다음에서 설명하는 정보자원관리의 개념으로 가장 옳은 것은?

> 일정한 기준 · 절차에 따라 조직의 업무와 정보, 이를 지원하기 위한 조직 전체의 정보화 요소들을 통합적으로 분석한 뒤, 이들 간의 관계를 구조적으로 정리한 체제 및 이를 바탕으로 정보시스템을 효율적으로 구성하기 위한 방법을 의미한다.

① 정보기술아키텍처
② 정보화책임자
③ 정보시스템
④ 통합전산환경

🔍 ①

06회 신용한 행정학 문제+해설 **153**

① ⊙ 정보기술아키텍처(ITA : Information Technology Architecture)에 대한 설명이다. 정보기술아키텍처는 일정한 기준·절차에 따라 조직의 업무와 정보, 이를 지원하기 위한 조직 전체의 정보화 요소들을 통합적으로 분석한 뒤, 이들 간의 관계를 구조적으로 정리한 체제 및 이를 바탕으로 정보시스템을 효율적으로 구성하기 위한 방법을 의미한다. 우리나라 「전자정부법」에서는 정보기술아키텍처를 다음과 같이 규정하고 있다.

> 전자정부법 제2조 【정의】 이 법에서 사용하는 용어의 뜻은 다음과 같다.
> 12. "정보기술아키텍처"란 일정한 기준과 절차에 따라 업무, 응용, 데이터, 기술, 보안 등 조직 전체의 구성요소들을 통합적으로 분석한 뒤 이들 간의 관계를 구조적으로 정리한 체제 및 이를 바탕으로 정보화 등을 통하여 구성요소들을 최적화하기 위한 방법을 말한다.

관련 OX

01 중앙행정기관의 장과 지방자치단체의 장은 해당기관의 지능정보사회 시책의 효율적 수립·시행과 대통령령이 정하는 업무를 총괄하는 '지능정보화책임관'을 임명하여야 한다. |23 국가 9| ○ |×

02 「전자정부법」상 일정한 기준과 절차에 따라 업무, 응용, 데이터, 기술, 보안 등 조직 전체의 구성요소들을 통합적으로 분석한 뒤 이들 간의 관계를 구조적으로 정리한 체제 및 이를 바탕으로 정보화 등을 통하여 구성요소들을 최적화하기 위한 방법은 정보기술아키텍처이다. |22 국가 9| ○ |×

03 「전자정부법」상 "정보기술아키텍처"란 정보의 수집·가공·저장·검색·송신·수신 및 그 활용과 관련되는 기기와 소프트웨어의 조직화된 체계를 말한다. |20 국회 8| ○ |×

04 행정안전부장관은 관계 행정기관 등의 장과 협의하여 정보기술아키텍처를 체계적으로 도입하고 확산시키기 위한 기본계획을 수립하여야 한다. |15 국가 9| ○ |×

01 ○ **02** ○ **03** × **04** ○

---

19   2025 신용한 행정학 합격노트 p.224, 225

우리나라 지방의회의 권한에 해당하지 않는 것은?

① 조례 제정 및 개폐
② 예산의 의결 및 결산 승인
③ 행정감시권
④ 예산불성립 시 예산집행

🔍 ④

①, ②, ③ ⊙ 조례 제정 및 개폐, 예산의 의결 및 결산 승인, 행정감시권 등은 지방의회의 권한이다.
④ ✖ 예산불성립 시 준예산 집행은 **지방자치단체 장의 권한**이다.

SUMMARY 지방의회의 권한 vs 지방자치단체장의 권한

지방의회	지방자치단체의 장
① 조례 제정 및 개폐	① 자치단체의 대표 및 사무총괄권
② 예산의 의결 및 결산 승인	② 사무의 관리집행권
③ 중요정책의 심의·결정 : 사용료·수수료·분담금의 부과·징수·감면 등	③ 소속행정청관할자치단체에 대한 지도감독권
④ 기타 법률이 정하는 사항의 의결	④ 소속직원에 대한 임면 및 지휘감독권
⑤ 소속 사무직원에 대한 임면 및 지휘감독권	⑤ 지방의회에의 발안권
⑥ 행정감시권(행정사무처리상황보고 요구, 행정사무조사, 행정사무감사)	⑥ 규칙제정권
⑦ 청원수리·처리권	⑦ 지방의회에 대한 견제권(재의요구 및 제소)
⑧ 기관선출 및 자율운영권	⑧ 선결처분
	⑨ 임시회소집요구권(총선거후 최초 임시회 소집권은 지방의회 사무국에서 함)

✏ 주의 : 지방의회와 지방자치단체장 간의 견제와 균형을 위한 장치 중 하나인 '의회의 단체장에 대한 불신임 의결권'과 '단체장의 의회해산권'은 우리나라에서는 1956년에 폐지되어 현재까지 인정되지 않고 있음.

20

2025 신용한 행정학 합격노트 p.155, 156

우리나라 공무원 노동조합에 대한 설명으로 옳은 것은?

① 일반직공무원, 퇴직공무원, 소방공무원, 자치경찰공무원 등은 노동조합에 가입할 수 있다.
② 단체협약의 내용 중 법령, 조례 또는 예산에 의하여 규정되는 내용은 단체협약으로서의 효력이 인정되지 않는다.
③ 공무원은 고용노동부장관의 동의를 받아 노동조합의 업무에만 종사할 수 있다.
④ 정책결정에 관한 사항, 임용권의 행사, 공무원 보수에 관한 사항은 단체교섭 대상에 포함되지 않는다.

🔍 ②

① ❌ **경찰공무원은 공무원 노조에 가입할 수 없다.**

> **공무원의 노동조합 설립 및 운영 등에 관한 법률 제6조【가입범위】** ① 노동조합에 가입할 수 있는 사람의 범위는 다음 각 호와 같다.
> 1. 일반직공무원
> 2. 특정직공무원 중 외무영사직렬·외교정보기술직렬 외무공무원, 소방공무원 및 교육공무원(다만, 교원은 제외한다)
> 3. 별정직공무원
> 4. 제1호부터 제3호까지의 어느 하나에 해당하는 공무원이었던 사람으로서 노동조합 규약으로 정하는 사람

② ⭕ 정부 측 대표는 단체협약의 내용 중 법령, 조례 또는 예산에 의하여 규정되는 내용은 성실히 노력해야 할 의무를 가질 뿐, **단체협약으로서의 효력은 인정되지 않는다.**

> **동법 제10조【단체협약의 효력】** ① 제9조에 따라 체결된 단체협약의 내용 중 법령·조례 또는 예산에 의하여 규정되는 내용과 법령 또는 조례에 의하여 위임을 받아 규정되는 내용은 단체협약으로서의 효력을 가지지 아니한다.
> ② 정부교섭대표는 제1항에 따라 단체협약으로서의 효력을 가지지 아니하는 내용에 대하여는 그 내용이 이행될 수 있도록 성실하게 노력하여야 한다.

③ ❌ 공무원은 **임용권자(고용노동부장관 ×)의 동의**를 받아 노동조합 업무에만 종사할 수 있다.

> **동법 제7조【노동조합 전임자의 지위】** ① 공무원은 임용권자의 동의를 받아 노동조합의 업무에만 종사할 수 있다.

④ ❌ 공무원 노동조합의 교섭대상으로는 노동조합에 관한 사항, 조합원의 보수·복지 그 밖의 근무조건에 관한 사항으로, **공무원 보수에 관한 사항은 단체교섭에 포함**이 된다.

> **동법 제8조【교섭 및 체결 권한 등】** ① 노동조합의 대표자는 그 노동조합에 관한 사항 또는 조합원의 보수·복지, 그 밖의 근무조건에 관하여 국회사무총장·법원행정처장·헌법재판소사무처장·중앙선거관리위원회사무총장·인사혁신처장·특별시장·광역시장·특별자치시장·도지사·특별자치도지사·시장·군수·구청장 또는 특별시·광역시·특별자치시·도·특별자치도의 교육감 중 어느 하나에 해당하는 사람과 각각 교섭하고 단체협약을 체결할 권한을 가진다. 다만, 법령 등에 따라 국가나 지방자치단체가 그 권한으로 행하는 정책결정에 관한 사항, 임용권의 행사 등 그 기관의 관리·운영에 관한 사항으로서 근무조건과 직접 관련되지 아니하는 사항은 교섭의 대상이 될 수 없다.

관련 OX

01 「공무원의 노동조합 설립 및 운영 등에 관한 법률」상 6급 이하의 일반직 공무원에 상당하는 별정직 공무원은 노동조합에 가입할 수 있다. |20 국회 9| ⭕ ❌

02 특정직 공무원 중 6급 이하의 일반직 공무원에 상당하는 외무행정직 공무원은 공무원 노조에 가입할 수 있다. |18 국회 9| ⭕ ❌

03 공무원 보수는 노사협상의 대상에 포함되며, 협상 결과는 법적 구속력을 가진다. |19 국가 7 인사조직| ⭕ ❌

04 공무원 노동조합 활동을 전담하는 전임자는 인정되지 않는다. |20 국회 8| ⭕ ❌

05 「공무원의 노동조합 설립 및 운영 등에 관한 법률」상 공무원은 임용권자의 동의를 받아 노동조합의 업무에만 종사할 수 있다. |20 국회 9| ⭕ ❌

06 「공무원 노동조합 설립 및 운영 등에 관한 법률」상 국가와 지방자치단체는 전임자에게 그 전임기간 중 보수를 지급해야 한다. |17 국가 7 인사조직| ⭕ ❌

07 단체교섭 대상에는 노동조합에 관한 사항 또는 복지 및 그 밖의 근무조건에 관한 사항 외에 보수도 포함된다. |16 국가 7 인사조직| ⭕ ❌

08 「공무원의 노동조합 설립 및 운영 등에 관한 법률」상 단체교섭대상은 기관의 조직 및 정원에 관한 사항, 조합원의 보수에 관한 사항, 예산·기금의 편성 및 집행에 관한 사항, 정책의 기획 등 정책결정에 관한 사항 등이다. |17 국가| ⭕ ❌

09 단체교섭의 대상은 조합원의 보수·복지, 그 밖의 근무조건 등에 관한 사항이다. |20 국회 8| ⭕ ❌

01 ⭕ **02** ⭕ **03** ❌ **04** ❌ **05** ⭕ **06** ❌ **07** ⭕ **08** ❌ **09** ⭕

제07회

국가직 9급 대비 모의고사

행정학 문제 및 해설

정답 모아보기

01	02	03	04	05	06	07	08	09	10
④	④	④	①	②	①	②	①	③	③
11	12	13	14	15	16	17	18	19	20
③	①	①	②	③	④	③	②	②	②

01

2025 신용한 행정학 합격노트 p.55

정책결정 과정에서 정책의제에 영향을 미치는 공식적 참여자에 해당되지 않은 것을 모두 고른 것은?

ㄱ. 국민권익위원회 상임위원
ㄴ. 대통령 비서실장
ㄷ. 정당 사무국장
ㄹ. 국회의장
ㅁ. 언론

① ㄱ, ㄴ
② ㄴ, ㄷ
③ ㄷ, ㄹ
④ ㄷ, ㅁ

🔍 ④

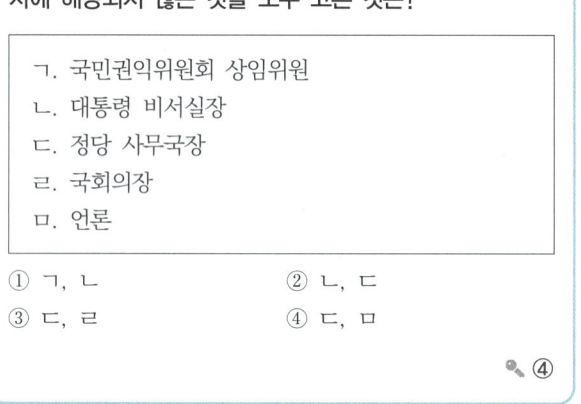

ㄷ, ㅁ ❌ 정당 사무국장, 언론, NGO, 정책 전문가 등은 비공식적 참여자에 해당한다.

ㄱ, ㄴ, ㄹ ◎ 국민권익위원회 상임위원, 대통령 비서실장, 국회의장 등은 공식적 참여자에 해당한다.

02

포스트모더니티이론에 대한 설명으로 옳지 않은 것은?

① 이성과 합리성으로 요약되는 현대주의 사조를 전면적으로 거부한다.
② 행정은 객관적으로 연구될 수 있다는 설화를 해체해야 한다.
③ 상상은 규칙에 얽매이지 않는 행정의 운영이나 특수성을 인정하는 것이다.
④ 해체의 개념을 통해 타인을 도덕적 타인으로 인정하고 개방적인 태도를 가져야 한다는 점을 강조한다.

🔍 ④

포스트모더니티는 모더니티 (현대주의)의 핵심가정인 '인간 이성(reason)'과 '합리성'에 대한 신뢰, 그리고 객관주의·경험주의적 접근방법을 거부하고 해체하려는 새로운 철학적 관점이다. 포스트모더니티에서는 "진리의 기준은 맥락의존적(context dependent)"이라고 보고 있으며, 거시이론, 거대한 설화, 거시 정치 등을 부인한다.

① ◎ 포스트모더니티이론은 모더니즘(현대주의)의 핵심가정인 이성과 합리성을 부인하는 새로운 철학적 관점이다.
② ◎ 포스트모더니티는 진리의 기준은 맥락 의존적이라고 보고 있으며, 거시이론, 거대한 설화, 거시 정치 등을 부인한다.
③ ◎ 포스트모더니티이론에서 상상(imagination)은 현실의 관례에서 해방되어 새로운 사고와 판단을 요구하는 것으로, 규칙에 얽매이지 않는 행정의 운영이나 문제의 특수성에 대한 인정 등을 말한다.
④ ❌ 포스트모더니티이론에서는 '타자성'(해체 ×)의 개념을 통해 타인을 하나의 인식적 객체가 아닌 도덕적 타자로 인정해야 한다는 점을 강조한다.

SUMMARY 포스트모더니티 이론의 핵심개념(D. Farmer)

상상	• 새로운 사고와 판단 • **규칙에 얽매이지 않는 행정의 운영, 문제의 특수성에 대한 인정**
해체	• 언어, 몸짓, 이야기, 설화, 이론 등의 근거를 파헤쳐 보는 것 • '행정은 능률적이어야 한다'는 **기존 명제에 대한 의문제기와 근거를 해부**
영역해체	• **지식, 조직 등에 있어 고유영역의 타파(탈영역화를 의미)** • 공공부문에서 정부의 독점적 지위를 해체, 탈관료제적 처방의 제시 등
타자성	• **다른 사람을 인식적 객체가 아닌 도덕적 타자로 인정**(즉 자성과의 반대개념) • '타인'에 대한 개방성, 다양성의 선호, 기존질서에 대한 반대 등

관련 OX

01 포스트모더니즘의 세계관은 상대주의적이며 다원주의적이고 개방주의적인 경향을 지닌다. |17 경간| O|X

02 포스트모더니즘(Post-Modernism)은 이성, 합리성 및 과학 등에 기초한 모더니즘(Modernism)을 비판하면서, 상상, 해체, 영역파괴, 타자성 등의 개념을 중심으로 한 거시이론, 거시정치 등을 통하여 행정현상을 설명하고자 한다. |12 경간| O|X

03 포스트모더니즘에 따르면 진리의 기준은 맥락 의존적이다. |17 경간| O|X

04 포스트모더니티이론은 행정에 있어서의 상상, 해체, 타자성 등을 강조하였다. |16 서울 7| ○|X

05 D. Farmer가 언급한 타자성(alterity)이란 타인을 인식적 객체로 받아들이는 것을 말한다. |17 경간| ○|X

06 포스트모더니즘은 고유한 이론의 영역을 거부한다. |18 서울 9| ○|X

07 포스트모더니티 행정이론에서는 행정에서도 지식과 학문의 영역 간 경계가 사라지는 탈영역화(deterritorialization)가 나타난다고 본다. |20 지방 7| ○|X

01 ○ **02** X **03** ○ **04** ○ **05** X **06** ○ **07** ○

03

2025 신용한 행정학 합격노트 p.41

거래비용이론에 대한 설명으로 옳지 않은 것은?

① 조직이 생겨나고 일정한 구조를 가지는 이유를 조직경제학적으로 설명하는 접근방법이다.
② 생산보다는 비용에 관심을 갖고 조직을 거래비용 감소를 위한 장치로 본다.
③ 거래비용은 거래 상대방이 기회주의적 행동을 할 것인가에 대한 탐색비용을 포함한다.
④ 거래비용의 최소화를 위해서는 거래를 외부화(outsourcing)하는 것이 효율적이다.

🔍 ④

거래비용이론은 시장에서 이루어지는 개인 간·조직 간 거래를 분석단위(미시적 분석)로 하여, 재화·용역의 거래에 드는 비용을 최소화하기 위한 효율적 메커니즘을 연구하였으며, 대리인이론과 함께 신제도주의 경제학 이론에 해당한다.

① ◎ 거래비용이론은 민간부문의 조직들이 생겨나고 일정한 구조를 갖게 되는 이유를 경제학적으로 설명한 이론이다.
② ◎ 거래비용이론에 의하면 조직은 재화·용역의 거래비용을 줄이기 위해 만들어지는 장치로 설명한다.
③ ◎ 거래비용은 거래 상대방이 기회주의적 행동을 할 것인가에 대한 탐색비용, 거래의 이행 및 감시비용을 포함한다.
④ ⊠ 시장의 자발적인 교환행위에서 발생하는 거래비용이 관료제의 조정비용보다 크면, **거래비용의 최소화를 위해 거래를 내부화**(조직통합, 내부 조직화; insourcing)하는 것이 효율적이 된다.

SUMMARY 거래비용이론의 주요 내용

1. 거래비용의 유형

사전거래비용	협상비용, 합의사항 작성비용, 정보이용비용 등
사후거래비용	부적합조정비용, 이행비용, 감시비용, 분쟁조정 관련비용, 계약이행보증비용 등

2. 거래의 속성과 거래비용

인간적 요인	제한된 합리성, 인간의 기회주의적 속성
자산 전속성	자산의 이전이 힘든 정도를 의미하는 것으로, 자산의 특정성이 높을수록 거래비용이 증가하므로, 내부조직화의 요인이 됨.
거래빈도	거래빈도가 늘어날수록 거래비용은 증가
환경의 불확실성	환경의 불확실성이 높을수록 거래비용이 증가

관련 OX

01 거래비용이론은 조직통합이나 내부 조직화는 조정비용이 거래비용보다 클 때 효과적이라고 본다. |14 서울 7| ○|X

02 거래비용이론의 조직가설에 따르면, 정보의 비대칭성과 기회주의에 의한 거래비용의 증가 때문에 계층제가 필요하다. |15 국회 8| ○|X

03 거래비용이론에 따르면 기회주의적 행동을 제어하는 데에는 시장이 계층제보다 효율적인 수단이다. |21 국가 7| ○|X

04 거래비용이론에서 거래비용에는 거래 상대방의 기회주의적 행동에 대한 탐색비용은 포함되지 않는다. |14 서울 7| ○|X

05 거래비용이론에서는 당사자 간의 협상 및 커뮤니케이션 비용과 계약의 준수를 감시하는 비용도 거래비용으로 포함한다. |17 국가 9| ○|X

06 거래비용이론에서 거래비용은 탐색비용, 거래의 이행 및 감시비용 등을 포함한다. |21 국가 7| ○|X

07 거래비용이론에 따르면 시장의 자발적인 교환행위에서 발생하는 거래비용이 관료제의 조정비용보다 클 경우 거래를 내부화하는 것이 효율적이다. |17 국가 9 추가채용| ○X

08 거래비용이론에 따르면 시장의 자발적인 교환행위에서 발생하는 거래비용이 관료제의 조정비용보다 클 경우 거래를 외부화하는 것이 효율적이다. |19 경간| ○|X

09 거래비용이론에 따르면 시장의 자발적 교환행위에서 발생하는 거래비용이 계층제의 조정비용보다 크면 내부화하는 것이 효율적이다. |21 국가 7| ○|X

01 X **02** ○ **03** X **04** X **05** ○ **06** ○ **07** ○ **08** X **09** ○

04

2025 신용한 행정학 합격노트 p.32

M. Landau가 제시한 가외성(redundancy)의 개념에 대한 설명으로 옳지 않은 것을 모두 고른 것은?

> ㄱ. 중복성이란 기능이 기관별로 배타적이지 않고 혼합적으로 수행하는 것을 말한다.
> ㄴ. 중첩성의 예로는 다수의 정보채널, 자동차의 이중브레이크 등이 있다.
> ㄷ. 동등잠재력이란 주 기관이 작동하지 않을 때를 대비하여 동등한 역할 수행이 가능한 보조기관을 준비하는 것을 말한다.

① ㄱ, ㄴ
② ㄱ, ㄷ
③ ㄴ, ㄷ
④ ㄱ, ㄴ, ㄷ

🔍 ①

ㄱ ❌ **중첩성에 대한 설명**이다. 중복(반복)성이란 동일한 기능을 여러 기관이 독자적으로 수행하는 것을 의미한다.

ㄴ ❌ **중복성의 예시에 해당**한다. 중첩성은 기능이 기관별로 배타적이지 않고 혼합적으로 수행하는 것을 말하며 다중 공공관료장치 등이 해당한다.

ㄷ ◎ 동등잠재력은 주 기관이 작동하지 않을 때를 대비하여 동등한 역할수행이 가능한 보조기관을 준비하는 것을 말한다.

SUMMARY 가외성

중첩성	반복(중복)성	동등잠재력
혼합적 수행	각각 독자적 수행	보조기관 준비
기능이 기관별로 배타적이지 않고 **혼합적으로 수행**	동일한 기능을 여러 기관이 **독자적으로 수행**	주 기관이 작동하지 않을 때를 대비하여 동등한 역할수행이 가능한 **보조 기관을 준비**
예 다중공공관료장치 등	예 다수의 정보채널, 자동차의 이중브레이크 등	예 단전에 대비한 자가발전설비구축, 비행기보조엔진, 보조조명장치 등

관련 OX

01 가외성은 수단적 가치보다는 행정의 본질적 가치로서의 성격이 더 강하다. |19 국가 7| ○ X

02 가외성은 1960년대 정보과학, 컴퓨터 기술, Cybernetics이론 발달과 함께 논의되고, M. Landau가 행정학에 도입하였다. |13 해경간부| ○ X

03 가외성은 행정체제의 신뢰성과 안정성을 저하시킨다. |19 국가 7| ○ X

04 가외성은 불확실성에 대한 적극적 대처방안이다. |20 경간| ○ X

05 가외성의 장치로는 법원의 3심제도, 권력분립, 만장일치, 품의제 등이 있다. |15 국회 8| ○ X

06 가외성의 특성 중 중첩성(overlapping)은 동일한 기능을 여러 기관들이 독자적인 상태에서 수행하는 것을 뜻한다. |14 국회 8| ○ X

07 가외성은 환경에 대한 조직의 적응성을 높여준다. |20 경간| ○ X

08 가외성은 형평성과 상충관계에 있다. |19 국가 7| ○ X

01 X **02** ○ **03** X **04** X **05** X **06** X **07** ○ **08** X

05

2025 신용한 행정학 합격노트 p.95

귤릭(Gulick)의 조직 설계의 고전적 원리 중 명령통일의 원리에 대한 설명으로 옳은 것은?

① 공통의 목표달성을 위해 행동의 통일을 기할 수 있도록 집단적 노력의 순서있는 배열을 요구하는 원리를 의미한다.
② 조직 구성원들이 각자 한 사람의 상관으로부터만 명령과 지시를 받아야 한다는 원리를 말한다.
③ 명령의 전달이나 기타 수직적 의사전달은 반드시 각 계층을 포함하는 공식적 통로를 거쳐 이루어 져야 한다는 원리이다.
④ 상관의 능률적인 감독을 위해서는 통제하는 대상인원의 범위를 적정하게 제한해야 한다는 원리를 의미한다.

🔍 ②

① ❌ **조정의 원리에 대한 설명**이다.
③ ❌ **명령계통의 원리에 대한 설명**이다.
④ ❌ **통솔범위의 원리에 대한 설명**이다.

SUMMARY 조직구조의 형성원리

주요 원칙	주요 내용
조정의 원리	공통의 목표달성을 위해 행동의 통일을 기할 수 있도록 집단적 노력의 순서있는 배열을 요구하는 원리. 조정의 저해요인으로는 ㉠ 지나친 전문화와 분권화, ㉡ 조직의 대규모화, ㉢ 관리자의 조정능력부족, ㉣ 횡적 의사소통의 미흡 등이 있음.
계층제의 원리	조직 내 권한체제의 계층화를 요구하는 원리 수평적으로 발생한 갈등을 권위를 통해 수직적으로 조정하고 해결하는 기능을 수행 높은 수직적 계층제는 구성원의 소속감과 참여감의 저하를 초래함.
명령통일의 원리	조직 구성원들이 각자 한 사람의 상관으로부터만 명령과 지시를 받아야 한다는 원리
명령계통의 원리	명령의 전달이나 기타 수직적 의사전달은 반드시 각 계층을 포함하는 공식적 통로를 거쳐 이루어 져야 한다는 원리. 각 계층 감독자들의 부하들에 대한 통제력 및 조정능력 강화 기능.
통솔범위의 원리	상관의 능률적인 감독을 위해서는 통제하는 대상인원의 범위를 적정하게 제한해야 한다는 원리 / 피라미드형 조직구조(계층제) 형성에 결정적 작용

관련 OX

01 귤릭(Gulick)에 따르면 명령통일의 원리는 명령을 내리고 보고를 받는 사람이 한 사람이어야 한다는 것을 의미한다. |16 국가 7| ○ X

02 귤릭(Gulick)에 따르면 통솔범위의 원리는 부하들을 효과적으로 통솔하기 위해 부하의 수가 한정되어야 한다는 것을 의미한다. |16 국가 7| ○ X

03 통솔범위란 한 사람의 상관 또는 감독자가 효과적으로 통솔할 수 있는 부하 또는 조직단위의 수를 말하며, 감독자의 능력, 업무의 난이도, 돌발 상황의 발생 가능성 등 다양한 요소를 고려하여 정해진다. |17 지방 9| ○ X

04 통솔범위의 원리는 한 명의 상관이 감독하는 부하의 수는 상관의 통제능력 범위 내로 한정해야 한다는 것이다. |20 지방 9| ○ X

05 통솔범위가 넓은 조직은 일반적으로 고층구조를 갖는다. |17 국가 7| ○ X

06 계층제의 원리에 따르면 조직의 수직적 분화가 많이 이루어졌을 때 고층구조라 하고 수직적 분화가 적을 때 저층구조라 한다. |16 지방 9| ○ X

07 명령통일의 원리는 여러 상관이 지시한 명령이 서로 다를 경우 내용이 통일될 때까지 명령을 따르지 않아야 한다는 것이다. |20 지방 9| ○ X

01 ○ 02 ○ 03 ○ 04 ○ 05 × 06 ○ 07 ×

06

2025 신용한 행정학 합격노트 p.174

다음에서 설명하는 예산의 분류 방법에 해당하는 것은?

> 예산이 국민경제에 미치는 영향을 분석·평가하기 위해 예산을 경제적 성격에 따라 분류하는 방법으로 가장 전형적인 분류 방식은 경상계정과 자본계정으로 분류하는 것이다. 경상수입·지출 및 자본수입·지출 간에는 국민경제에 미치는 영향의 내용 및 정도가 다르기 때문이다.

① 경제 성질별 분류 ② 기능별 분류
③ 품목별 분류 ④ 조직별 분류

🔍 ①

① ◉ 경제성질별 분류에 대한 설명이다. 경제성질별 분류는 예산이 국민경제활동의 구성과 수준에 미치게 되는 영향을 파악할 수 있게 하여 정책을 결정하는 데 필요한 자료를 얻기 위한 분류로 고위정책결정자들에게 유용한 정보를 제공한다.

SUMMARY 예산의 분류

(1) 품목별 분류(지출대상별 분류)

효용	한계
① 정부지출 통제와 공무원 재량권 남용 방지 ② 회계책임의 명확화 → 행정부 통제 용이 ③ 정원에 대한 자료확보 → 인사행정에 유리	① 재정의 목적 및 우선순위 파악이 어려움 ② 예산집행의 신축성 저해 ③ 전체적 상황파악의 어려움

(2) 조직별 분류(편성과 집행책임을 담당하는 조직단위별로 분류)

효용	한계
① 국회 예산심의에 적합 ② 회계책임의 확보에 유리 ③ 주체별 구분으로 예산집행이 용이	① 사업의 우선순위 파악의 어려움 ② 경비지출 목적 파악의 어려움 ③ 예산 성과 파악의 어려움

(3) 기능별 분류(정부수행 기능별 분류)

효용	한계
① 정부업무에 관한 총괄적 정보제공 → 시민을 위한 분류 ② 예산의 전체적 윤곽을 밝히는 데 유용 → 미국 「예산개요」의 작성 시 주로 활용	① 큰 기능에는 몇 개 부처 예산이 동시에 포함 → 어느 부처 예산인지 파악이 곤란 → 입법부의 통제 곤란 → 회계책임 확보에 한계 ② 국민경제에 미치는 영향파악의 어려움

(4) 경제성질별 분류(정부수행 기능별 분류)

효용	한계
① 예산의 국민경제에 미치는 효과 파악에 유리 ② 고위 정책결정자들에게 유용한 정보 제공	① 경제적 효과측면만을 추정 ② 일선 공무원에게는 낮은 유용성

07회 신용한 행정학 문제+해설 159

관련 OX

01 예산의 품목별 분류의 단점은 예산집행의 신축성을 저해한다는 점이다. |21 지방 7| ○ ×

02 예산의 조직별 분류의 장점은 예산지출의 목적(대상)을 파악하기 쉽다는 점이다. |21 지방 7| ○ ×

03 시민을 위한 분류의 분류기준은 국민경제에 미치는 총체적인 효과가 어떠한가이다. |22 지방 7| ○ ×

04 국민경제활동의 구성과 수준에 미치는 영향을 파악하고, 고위정책결정자들에게 유용한 정보를 제공해 주는 예산의 분류는 경제성질별 분류이다. |17 국회 8| ○ ×

05 예산의 기능별 분류의 단점은 회계 책임이 불명확하다는 점이다. |21 지방 7| ○ ×

01 ○ **02** × **03** × **04** ○ **05** ○

관련 OX

01 국가공무원과 지방공무원에 대해 고위공무원단제도는 동일하게 시행되고 있다. |14 국가 7| ○ ×

02 우리나라의 고위공무원단제도 도입 배경에는 계급제 틀과 연공서열의 관행을 벗어나 개방과 경쟁을 통해 임용하고 성과관리를 강화하려는 의도가 있었다. |20 국가 7 인사조직| ○ ×

03 고위공무원단으로 관리되는 풀(pool)에는 일반직공무원 뿐만 아니라 외무공무원도 포함된다. |17 국가 7| ○ ×

04 고위공무원단 직위 총수의 30%인 공모직위는 민간과 경쟁하는 직위이다. |16 국가 7 인사조직| ○ ×

05 적격 심사에서 부적격 결정을 받은 경우에 한해서만 직권면직이 가능하므로 제도 도입 전보다 고위공무원의 신분보장이 강화되었다. |17 국가 7| ○ ×

06 고위공무원단의 성과연봉은 전년도 근무성과에 따라 결정된다. |16 국회 8| ○ ×

07 고위공무원의 근무성적평정은 4급 이상 공무원에게 적용되는 성과계약 등 평가에 의한다. |20 국가 7 인사조직| ○ ×

01 × **02** ○ **03** ○ **04** × **05** × **06** ○ **07** ○

07
2025 신용한 행정학 합격노트 p.135, 136

우리나라 고위공무원단 제도에 대한 설명으로 옳은 것은?

① 고위공무원단 제도는 국가공무원과 지방공무원을 효율적으로 인사관리하기 위해 2006년 도입하였다.

② 인사권자들의 인사상 재량 범위를 넓혀 정책추진의 통제력을 강화시키는 장점이 있다.

③ 정치적 오염 및 정실개입의 문제를 최소화시킬 수 있으나, 신분불안 때문에 공무원들의 사기가 떨어지고 직무수행의 자율성이 손상될 수 있다.

④ 고위공무원단의 구성은 소속 장관별로 개방형 직위 30%, 공모 직위 20%, 기관자율 직위 50%로 이루어져 있다.

🔍 ②

① ☒ **고위공무원단 제도에 지방공무원은 포함되지 않는다.** 고위공무원단 제도는 국가의 정책과 행정에 커다란 영향을 미치는 행정부의 고위직 계급을 폐지하고 직무분석을 통한 직무 등급에 따라 인재를 적재적소에 배치하고 관리하기 위해 2006년 7월 1일 도입하였다.

③ ☒ 고위공무원단의 운용에서 빚어질 수 있는 폐단으로는 **정치적 오염 및 정실개입의 우려가 있다는 것**, 임용결정이나 성과관리에 필요한 각종 평가의 적정성을 보장하기 어렵다는 것, 신분불안 때문에 공무원들의 사기가 떨어지고 직무수행의 자율성이 손상될 수 있다는 것, 직무수행의 경험에서 축적하게 되는 전문성이 저하될 수 있다는 것을 들 수 있다.

④ ☒ 고위공무원단은 **개방형 직위(20%), 공모 직위(30%), 기관자율인사직위(50%)**로 이루어져 있다.

08
2025 신용한 행정학 합격노트 p.109~116

동기부여이론에 대한 설명으로 옳지 않은 것은?

① 과정이론은 주로 어떤 요인이 동기 유발을 하는가에 관심이 있다.

② 허즈버그(Herzberg)의 욕구충족요인이원론은 조직구성원에게 불만을 주는 요인과 만족을 주는 요인은 상호 독립 되어 있다는 것을 제시한다.

③ 해크먼(Hackman)과 올드햄(Oldham)이 제시하는 잠재적 동기지수(MPS) 공식은 자율성과 환류의 중요성을 가장 강조한다.

④ 브룸(Vroom)의 기대이론에서 개인이 지각하기에 어떤 특정한 수준의 성과를 달성하면 바람직한 보상이 주어지리라고 믿는 정도를 수단성(Instrumentality)이라고 한다.

🔍 ①

① ☒ **내용이론에 대한 설명**이다. 과정이론은 '인간의 행동이 어떤 과정을 통해 동기유발이 되는가(how?)'를 설명하는 이론으로 과정이론은 사람들이 어떠한 방법을 통해 욕구를 충족시키고, 욕구충족을 위한 여러 가지 행동대안 중 어떠한 방법으로 행동선택을 하는가에 중점을 둔다.

② ◉ 허즈버그(Herzberg)의 욕구충족요인이원론은 조직구성원에게 불만을 주는 요인(위생요인)과 만족을 주는 요인(동기요인)은 상호독립 되어 있다는 것을 제시한다.

③ ◉ 잠재적 동기지수(MPS) 공식은 전술한 다섯 가지 직무의 특성(기술 다양성, 직무 정체성, 직무 중요성, 자율성, 환류)이 모두 영향을 미치지만 그 중에서 자율성과 환류의 중요성을 가장 강조하였다.

④ ◉ 브룸(Vroom)의 기대이론에서 동기의 강도는 기대감(Expectation), 수단성(Instrumentality), 유의성(Valence)에 의해 결정이 된다. 사례에서 '노력한 만큼 좋은 성적이 나올 것' = 기대감 / '좋은 성적을 받으면 공무원에 임용될 수 있다는 보상' = 수단성 / '공무원이라는 직업을 매우 원하였다는 점' = 유의성으로 동기부여의 과정을 설명할 수 있다.

관련 OX

01 과정이론은 동기를 유발하는 내용이 무엇인지 설명하는 이론이다. |19 국회 9| ○ ✕

02 과정이론은 인간의 행동이 어떻게 동기 유발이 되는가에 중점을 둔다. |21 군무원 7| ○ ✕

03 허츠버그(Herzberg)는 욕구충족요인 이원론에서 불만족 요인(위생요인)을 제거한다고 해서 만족을 보장하는 것은 아니라고 주장하였다. |16 지방 9| ○ ✕

04 허즈버그(Herzberg)의 욕구충족요인 이원론에서 불만요인은 개인의 불만족을 방지하는 효과를 가져오는 요인으로서 충족되면 만족감을 갖게 되어 동기가 유발된다. |16 서울 7| ○ ✕

05 Hackman과 Oldham은 직무가 조직화되는 방법에 따라 조직원의 노력 정도가 달라졌다는 점에 착안하여 모든 직무를 다섯 가지 핵심 직무 차원으로 구분했다. |18 국가 7| ○ ✕

06 Hackman과 Oldham의 직무특성이론은 업무수행에 있어서 갖는 자율성을 강조한다. |15 국회 9| ○ ✕

07 브룸(Vroom)의 기대이론에서 기대감은 특정 결과는 특정한 노력으로 인해 나타날 수 있다는 가능성에 대한 개인의 신념으로 통상 주관적 확률로 표시된다. |21 국가 9| ○ ✕

08 브룸(Vroom)의 기대이론에 따를 경우 조직구성원의 직무수행동기를 유발하기 위해서는 내가 높은 등급의 실적평가를 받으면 많은 보상을 받을 수 있다는 수단치(instrumentality)가 충족되어야 한다. |17 지방 9| ○ ✕

09 브룸(Vroom)의 기대이론에서 수단성(instrumen-tality)은 특정한 결과에 대한 선호의 강도를 의미한다. |19 국가 9| ○ ✕

01 ✕ 02 ○ 03 ○ 04 ✕ 05 ○ 06 ○ 07 ○ 08 ○ 09 ✕

09

2025 신용한 행정학 합격노트 p.215~217

우리나라 지방자치단체에 대한 설명으로 옳지 않은 것은?

① 시는 도 또는 특별자치도의 관할 구역 안에, 군은 광역시·도 또는 특별자치도의 관할 구역 안에 둔다.

② 구성 지방자치단체의 장은 「지방자치법」상 겸임 제한 규정에도 불구하고 특별지방자치단체의 장을 겸할 수 있다.

③ 세종특별자치시의 관할구역으로 자치구를 둘 수 있다.

④ 특별시·광역시 및 특별자치시가 아닌 인구 50만 이상의 시에는 자치구가 아닌 구를 둘 수 있다.

🔍 ③

① ◉ 지방자치법 제3조 제2항

> **지방자치법 제3조 【지방자치단체의 법인격과 관할】** ① 지방자치단체는 법인으로 한다.
> ② 특별시, 광역시, 특별자치시, 도, 특별자치도(이하 "시·도"라 한다)는 정부의 직할(直轄)로 두고, 시는 도 또는 특별자치도의 관할 구역 안에, 군은 광역시·도 또는 특별자치도의 관할 구역 안에 두며, 자치구는 특별시와 광역시의 관할 구역 안에 둔다. 다만, 특별자치도의 경우에는 법률이 정하는 바에 따라 관할 구역 안에 시 또는 군을 두지 아니할 수 있다.

② ◉ 지방자치법 제205조 제2항

> **지방자치법 제205조 【집행기관의 조직 등】** ① 특별지방자치단체의 장은 규약으로 정하는 바에 따라 특별지방자치단체의 의회에서 선출한다.
> ② 구성 지방자치단체의 장은 제109조에도 불구하고 특별지방자치단체의 장을 겸할 수 있다.
>
> **동법 제109조 【겸임 등의 제한】** ① 지방자치단체의 장은 다음 각 호의 어느 하나에 해당하는 직을 겸임할 수 없다.
> 　1. 대통령, 국회의원, 헌법재판소 재판관, 각급 선거관리위원회 위원, 지방의회의원
> 　2. 「국가공무원법」 제2조에 따른 국가공무원과 「지방공무원법」 제2조에 따른 지방공무원
> 　3. 다른 법령에 따라 공무원의 신분을 가지는 직
> 　4. 「공공기관의 운영에 관한 법률」 제4조에 따른 공공기관(한국방송공사, 한국교육방송공사 및 한국은행을 포함한다)의 임직원
> 　5. 농업협동조합, 수산업협동조합, 산림조합, 엽연초생산협동조합, 신용협동조합 및 새마을금고(이들 조합·금고의 중앙회와 연합회를 포함한다)의 임직원
> 　6. 교원
> 　7. 「지방공기업법」 제2조에 따른 지방공사와 지방공단의 임직원
> 　8. 그 밖에 다른 법률에서 겸임할 수 없도록 정하는 직

③ ✕ 세종특별자치시에의 관할 구역으로 **자치구를 둘 수 없다.**

> **세종특별자치시 설치 등에 관한 특별법 제6조 【설치 등】** ② 세종특별자치시의 관할구역에는 「지방자치법」 제2조제1항제2호의 **지방자치단체를 두지 아니한다.**

④ ◉ 지방자치법 제3조 제3항

> **지방자치법 제3조【지방자치단체의 법인격과 관할】** ③ 특별시·광역시 또는 특별자치시가 아닌 인구 50만 이상의 시에는 자치구가 아닌 구를 둘 수 있고, 군에는 읍·면을 두며, 시와 구(자치구를 포함한다)에는 동을, 읍·면에는 리를 둔다.

관련 OX

01 자치계층으로 군을 두고 있는 광역시가 있다. |17 국가 9|
　　　　　　　　　　　　　　　　　　　　　　　　O | X

02 제주특별자치도는 자치계층 측면에서 단층제로 운영되고 있다.
|17 국가 9|
　　　　　　　　　　　　　　　　　　　　　　　　O | X

03 '세종특별자치시'와 제주특별자치도의 '제주시'는 기초자치단체로서 자치권을 가지고 있다. |20 국가 9|
　　　　　　　　　　　　　　　　　　　　　　　　O | X

04 「지방자치법」상 인구 30만 이상의 시에 대해서는 도가 처리하는 사무의 일부를 직접 처리하게 할 수 있다. |22 국가 7|
　　　　　　　　　　　　　　　　　　　　　　　　O | X

05 특별시·광역시 및 특별자치시가 아닌 인구 50만 이상의 시에는 자치구가 아닌 구를 둘 수 있다. |19 국회 9|
　　　　　　　　　　　　　　　　　　　　　　　　O | X

06 2개 이상의 지방자치단체가 공동으로 특정한 목적을 위하여 광역적으로 사무를 처리할 필요가 있을 때에는 특별지방자치단체를 설치할 수 있다. |22 국가 9|
　　　　　　　　　　　　　　　　　　　　　　　　O | X

07 특별지방자치단체는 보통의 지방자치단체와 같이 법인격을 갖는다. |22 국가 9|
　　　　　　　　　　　　　　　　　　　　　　　　O | X

01 O **02** O **03** X **04** X **05** O **06** O **07** O

10
2025 신용한 행정학 합격노트 p.73

정책딜레마 상황에 대한 설명으로 옳지 않은 것은?

① 대안들이 상충되고 각각 기회손실이 비슷한 경우에 발생한다.
② 제한된 시간 내에 결정해야 하는 시간의 제약이 존재한다.
③ 두 대안이 추구하는 가치 간 충돌이 있는 경우 결국 절충안을 선택하게 된다.
④ 정책결정자는 정책결정의 회피와 지연, 정책문제의 재규정, 상충되는 정책대안의 동시선택 등의 대응행동을 보일 수 있다.

🔍 ③

정책딜레마(policy dilemma)란 정책결정을 해야 하지만 상충되는 정책대안들 가운데서 어떤 것도 선택하기 어려운 상태로 어느 한 대안의 선택이 가져올 기회손실(opportunity loss)이 용인의 한계를 벗어나기 때문에 선택이 불가능하거나 매우 어려운 상태를 지칭한다.

---

① ◉ 정책딜레마는 상호갈등적인 정책대안들이 구체적이고 명료하지만, 대안들이 상충적·단절적이어서 상호절충이 불가능하며, 각 대안들의 기회손실이 비슷한 경우 발생한다.
② ◉ 딜레마 상황을 구성하는 요소에는 제한된 시간 내에 결정해야 한다는 것이 있다. 즉, 딜레마 상황은 시간의 제약이 존재하기 때문에 어떤 식의 결정이든 할 수밖에 없는 상황이 존재해야 한다.
③ ☒ 딜레마 상황이 발생하려면 대안 간 절충이 불가능한 상황이어야 한다(**분절성, 단절성**).
④ ◉ 정책딜레마 상황에서 정책결정자는 정책결정의 회피와 지연, 정책문제의 재규정, 상충되는 정책대안의 동시선택 등의 대응행동을 보일 수 있다.

SUMMARY 정책딜레마 상황에 대한 대응행동

소극적 대응	① 정책결정의 회피(포기) ② 결정의 지연 ③ 결정책임의 전가 ④ **상황의 호도 : 다른 정책에 의해 문제가 해결된 것처럼 보이게 하는 것**
적극적 대응	① 딜레마 상황의 변화를 유도하는 것 ② 하나의 딜레마상황에서 관심을 돌리기 위해 새로운 딜레마상황을 조성하는 것 ③ 정책문제의 재규정을 시도하는 것 ④ 상충되는 정책대안들을 동시에 선택하는 것 ⑤ 스톱고 정책(Stop-go policy)을 채택하는 것 ⑥ 선택한 대안의 정당성을 높이기 위해 상징조작을 하는 것

11
2025 신용한 행정학 합격노트 p.148

우리나라 성과평가제도에 대한 설명으로 옳은 것은?

① 근무성적평가는 4급 이상 공무원을 대상으로 한다.
② 성과계약등 평가는 6월 30일과 12월 31일을 기준으로 실시한다.
③ 다면평가의 결과는 승진, 전보, 성과급 지급 등에 참고 자료로 활용될 수 있다.
④ 6급 이하 공무원에게는 직무성과계약제가 적용되고 있다.

🔍 ③

① ☒ 4급 이상 공무원을 대상으로 하는 것은 성과계약등 평가이다.

> **공무원 성과평가 등에 관한 규정 제7조【평가 대상】** 4급 이상 공무원(고위공무원단에 속하는 공무원을 포함한다)과 연구관·지도관(「연구직 및 지도직공무원의 임용 등에 관한 규정」제9조에 따른 연구관 및 지도관은 제외한다) 및 전문직공무원에 대한 근무성적평정은 성과계약등 평가에 의한다.

제12조【근무성적평가의 대상】5급 이하 공무원, 우정직공무원, 「연구직 및 지도직공무원의 임용 등에 관한 규정」(이하 "연구직및지도직규정"이라 한다) 제9조에 따른 연구직 및 지도직공무원에 대한 근무성적평정은 근무성적평가에 의한다.

② ❌ 근무성적평가는 매년 6월 30일과 12월 31일 연 2회 실시를 원칙으로 한다.

동규정 제5조【평가 시기】③ 제2항에 따른 정기평가 또는 정기평정은 6월 30일과 12월 31일을 기준으로 실시한다.

③ ◉ 다면평가의 결과는 역량개발, 교육훈련 등에 활용토록 하고, 승진, 전보, 성과급 지급 등에는 참고자료로 활용한다.

④ ❌ 우리나라의 4급 이상 공무원에게 직무성과계약제가 적용되고 있다.

SUMMARY 우리나라의 근무성적평정제도

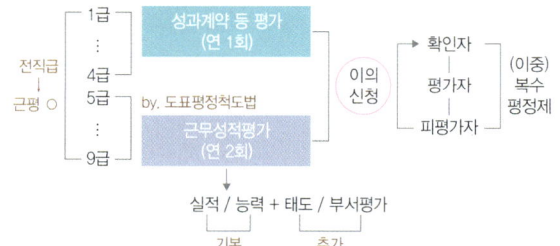

대상	평가제도	평가기준
4급 이상	성과계약 등 평가(연 1회)	체결한 성과계약이 기준
5급 이하	근무성적 평가(연 2회)	근무실적 및 직무수행 능력 (필요시 직무수행태도 추가)

* 복수평정제(이중평정제) : 피평가자 – 평가자 – 확인자의 구조
① 근무성적평정결과의 공개 : 평정자는 근평 결과를 본인에게 공개하는 것이 원칙
② 이의신청 : 피평가자 → 확인자
③ 이의신청에 대한 결과설명 : 확인자 or 평정자 → 피평가자
④ 조정신청 : 이의신청 결과에 불복시 피평가자는 근무성적평가위원회에 조정신청 가능(but 소청심사의 대상 X)

관련 OX

01 일반직공무원의 근무성적평정은 크게 5급 이상을 대상으로 한 '성과계약 등 평가'와 6급 이하를 대상으로 한 '근무성적평가'로 구분된다. |17 국가 7| ○ ✕

02 '성과계약 등 평가'는 정기평가와 수시평가로 나눌 수 있으며, 정기평가는 6월 30일과 12월 31일 기준으로 연 2회 실시한다. |17 국가 7| ○ ✕

03 근무성적평정제도는 평정대상자의 근무실적과 직무수행능력을 평가하지만 적성, 근무태도 등은 평가하지 않는다. |19 지방 9| ○ ✕

04 직무성과계약제는 실·국장 등과 5급 이하 공무원 간에 공식적 성과계약을 체결한다. |17 서울 7| ○ ✕

05 직무성과계약제는 주로 개인의 성과평가제도로 조직 전반의 성과관리를 중심으로 하는 균형성과지표(BSC)와 구분된다. |17 서울 7| ○ ✕

01 ✕ **02** ✕ **03** ✕ **04** ✕ **05** ○

12

다원주의론에 대한 설명으로 옳지 않은 것을 모두 고르면?

> ㄱ. 잠재이익집단론은 이익집단 구성원은 여러 집단에 중복소속(multiple membership)되므로 일정 집단의 특수이익을 극대화하지 못함을 설명한다.
> ㄴ. 엘리트집단은 대중의 요구에 민감하게 움직이게 되며, 대중의 선호가 최대한 정책에 반영된다.
> ㄷ. 다양한 이익집단은 정책과정에 상이한 접근기회를 가지기 때문에 영향력의 차이가 존재한다.
> ㄹ. 다원주의적 민주국가에서 정책의제설정은 대부분 외부주도형에 따라 이루어진다.

① ㄱ, ㄷ
② ㄱ, ㄴ, ㄷ
③ ㄴ, ㄹ
④ ㄴ, ㄷ, ㄹ

🔍 ①

ㄱ ❌ **중복회원이론에 대한 설명**이다. 잠재이익집단론은 정책결정자들은 잠재집단(potential group)을 염두에 두기 때문에 소수의 특수이익이 정책을 지나치게 좌우하지는 못함을 설명한다.

ㄴ ◉ 달(Dahl)의 다원론에 따르면 엘리트가 존재하긴 하지만 정치적 자원이 분산되어 있으며 따라서 각 정책 영역별로 영향력을 행사하는 엘리트들이 각기 다르게 존재한다. 따라서 다양한 엘리트 간 정치적 경쟁(선거와 정당 간 경쟁 등)이 발생하고, 엘리트집단은 대중의 요구에 민감하게 움직이게 되며, 대중의 선호가 최대한 정책에 반영됨을 설명한다.

ㄷ ❌ 사회의 각종 이익집단은 **정부의 정책과정에 동등한**(상이한 ✕) **접근기회**를 가지고 있으나 이익집단들 간의 영향력에 차이가 있지만 잠재집단에 대한 고려나 중복가입 등을 통해 전체적으로 균형을 유지하고 있다.

ㄹ ◉ 다원주의론에서는 정책권력이 소수의 지배집단이 아닌 다수의 이해집단에 분산되어 있어 정책의제설정은 대부분 외부주도형에 따라 이루어진다.

관련 OX

01 다원주의(Pluralism)는 권력은 다양한 세력들에게 분산되어 있다고 본다. |19 서울 9| ○ ✕

02 다원주의는 소수의 개인이나 집단이 아니라 다수의 집단이 정책결정의 장을 주도하고 이들이 정치적 조정과 타협을 거쳐 도달한 합의가 정책이 된다고 본다. |21 군무원 9| ○ ✕

03 이익집단들 간에 상호 경쟁적이지만 기본적으로는 게임의 규칙을 준수해야 하는 데 합의를 하고 있다고 보는 것은 집단과정이론과 다원적 권력 이론의 공통된 다원주의 특성이다. |19 서울 7 추가채용| ○ ✕

04 다원주의(Pluralism)는 정책영역별로 영향력을 행사하는 엘리트들이 각기 다르다고 본다. |19 서울 9| ○ ✕

05 다원주의(Pluralism)는 이익집단들 간의 영향력 차이는 주로 정부의 정책과정에 대한 상이한 접근기회에 기인한다고 본다.
| 19 서울 9 |
○ | ✕

01 ○ **02** ○ **03** ○ **04** ○ **05** ✕

관련 OX

01 조직구조의 형태를 기계적 구조와 유기적 구조로 구분할 수 있다. | 22 국가 7 |
○ | ✕

02 유기적 조직의 특성에는 넓은 직무범위, 분명한 책임관계, 몰인간적 대면관계, 다원화된 의사소통채널, 높은 공식화 수준, 모호한 책임관계 등이 있다. | 15 국가 9 |
○ | ✕

03 유기적 구조의 특성은 분업적 과제, 성과측정이 용이, 넓은 직무 범위, 표준 운영절차, 권위의 정당성 확보, 예측가능성 등이 있다. | 19 경간 |
○ | ✕

04 번스(Burns)와 스토커(Stalker)가 제시한 조직의 유형 중 유기적 구조의 특성에는 낮은 공식화, 집권화된 의사결정, 엄격한 계층구조, 수평적 의사소통, 모호한 책임 관계 등이 있다. | 21 국가 7 인사조직 |
○ | ✕

01 ○ **02** ✕ **03** ✕ **04** ✕

13
2025 신용한 행정학 합격노트 p.89

기계적 구조의 특징으로 가장 옳지 않은 것은?

① 분화된 채널
② 성과 측정이 가능
③ 좁은 직무 범위
④ 분업적 과제

🔑 ①

기계적 구조는 엄격히 규정된 직무, 많은 규칙과 규정(높은 공식화), 집권적 권한, 분명한 명령체계, 좁은 통솔범위, 낮은 팀워크를 특징으로 하는 조직구조이다.

유기적 구조는 적은 규칙과 규정(낮은 공식화), 분권적 권한, 광범위한 직무, 넓은 통솔범위, 높은 팀워크를 특징으로 하는 조직구조로, 환경에 대한 뛰어난 적응성이 장점인 조직구조이다.

① ✕ **분화된 채널은 유기적 구조의 특징이다.**

②, ③, ④ ◎ 기계적 구조는 좁은 직무 범위, 성과 측정이 가능, 분업적 과제를 특징으로 하는 조직구조이다.

SUMMARY 기계적 구조 vs 유기적 구조

구분	기계적 구조	유기적 구조
장점	예측가능성	적응성
조직 특성	좁은 직무범위 표준운영절차 분명한 책임관계 계층제 공식적/몰인간적 대면관계	넓은 직무범위 적은 규칙/절차 모호한 책임관계 분화된 채널 비공식적/인간적 대면관계
상황 조건	명확한 조직목표와 과제 분업적 과제 단순한 과제 성과측정이 가능 금전적 동기부여 권위의 정당성 확보	모호한 조직목표와 과제 분업이 어려운 과제 복합적 과제 성과측정이 어려움 복합적 동기부여 도전받는 권위

14
2025 신용한 행정학 합격노트 p.151

우리나라의 공무원고충처리제도에 대한 설명으로 옳지 않은 것은?

① 공무원은 인사·조직·처우 등 각종 직무 조건과 관련한 고충에 대하여 심사를 청구할 수 있다.
② 고충심사위원회의 결정은 관계기관의 장을 기속한다.
③ 5급 이상은 중앙고충심사위원회가 담당하며, 중앙고충심사위원회의 기능은 소청심사위원회에서 관장한다.
④ 보통고충심사위원회는 위원장 1명을 포함하여 7명 이상 15명 이하의 공무원위원과 민간위원으로 구성한다.

🔑 ②

① ◎ 국가공무원법 제76조의2 제1항

> **국가공무원법 제76조의2 【고충처리】** ① 공무원은 인사·조직·처우 등 각종 직무 조건과 그 밖에 신상 문제와 관련한 고충에 대하여 상담을 신청하거나 심사를 청구할 수 있으며, 누구나 기관 내 성폭력 범죄 또는 성희롱 발생 사실을 알게 된 경우 이를 신고할 수 있다. 이 경우 상담 신청이나 심사 청구 또는 신고를 이유로 불이익한 처분이나 대우를 받지 아니한다.

② ✕ **고충심사위원회의 결정은 권고적인 것으로 법적 구속력이 없다.** 임용권자에게 결정결과에 따라 고충 해소를 위한 노력의무를 부과하게 된다.

---

164 2025 신용한 행정학 국가직 9급 모의고사

③ ◉ 국가공무원법 제76조의2 제4항 및 제5항

> **국가공무원법 제76조의2【고충처리】** ④ 공무원의 고충을 심사하기 위하여 중앙인사관장기관에 중앙고충심사위원회를, 임용권자 또는 임용제청권자 단위로 보통고충심사위원회를 두되, 중앙고충심사위원회의 기능은 소청심사위원회에서 관장한다. ⑤ 중앙고충심사위원회는 보통고충심사위원회의 심사를 거친 재심청구와 5급 이상 공무원 및 고위공무원단에 속하는 일반직공무원의 고충을, 보통고충심사위원회는 소속 6급 이하의 공무원의 고충을 각각 심사한다.

④ ◉ 공무원고충처리규정 제3조 제2항

> **공무원고충처리규정 제3조【일반공무원 보통고충심사위원회】** ② 보통고충심사위원회는 위원장 1명을 포함하여 7명 이상 15명 이하의 공무원위원과 민간위원으로 구성한다. 이 경우 민간위원의 수는 위원장을 제외한 위원 수의 2분의 1 이상이어야 한다.

관련 OX

01 우리나라는 공무원의 고충을 심사하기 위하여 행정안전부에 중앙고충심사위원회를 둔다. |17 지방 9| ○|×

02 5급 이상 공무원 및 고위공무원단에 속하는 일반직공무원의 고충을 다루는 중앙고충심사위원회의 기능은 소청심사위원회가 관장한다. |21 지방 7| ○|×

03 고충처리제도와 소청심사제도는 양자 모두 공무원의 권익보호를 위한 제도이다. |15 지방 9| ○|×

04 소청심사위원회의 결정은 처분청에 대한 법적 기속력이 있지만, 고충심사위원회의 결정은 처분청에 대한 법적 기속력이 없다. |21 지방 7| ○|×

01 × **02** ○ **03** ○ **04** ○

---

15   2025 신용한 행정학 합격노트 p.228~232

우리나라의 주민참여제도에 대한 설명으로 옳은 것은?

① 조례의 제정과 개폐 청구는 해당 지방자치단체의 장에게 할 수 있다.

② 주민소환투표에 부쳐진 사항은 주민소환투표권자 총수의 4분의 1 이상의 투표와 유효투표수 과반수의 득표로 확정된다.

③ 지방세·사용료·수수료·과태료 등 공금의 부과·징수에 관한 사항도 주민소송의 대상이 될 수 있다.

④ 시·군·자치구의 경우 18세 이상 주민 300명 이상의 연서를 받아 감사를 청구할 수 있다.

🔍 ③

---

① ☒ 지방자치단체의 조례로 정하는 18세 이상의 일정 주민 수 이상의 연서로 해당 **지방자치단체의 의회**(지방자치단체의 장 ×)에게 조례를 제정하거나 개정하거나 폐지할 것을 청구할 수 있다.

> **주민조례발안에 관한 법률 제2조【주민조례청구권자】** 18세 이상의 주민으로서 다음 각 호의 어느 하나에 해당하는 사람(「공직선거법」 제18조에 따른 선거권이 없는 사람은 제외한다. 이하 "청구권자"라 한다)은 해당 지방자치단체의 의회(이하 "지방의회"라 한다)에 조례를 제정하거나 개정 또는 폐지할 것을 청구(이하 "주민조례청구"라 한다)할 수 있다.
> 1. 해당 지방자치단체의 관할 구역에 주민등록이 되어 있는 사람
> 2. 「출입국관리법」 제10조에 따른 영주(永住)할 수 있는 체류자격 취득일 후 3년이 지난 외국인으로서 같은 법 제34조에 따라 해당 지방자치단체의 외국인등록대장에 올라 있는 사람

② ☒ 주민소환은 **주민소환투표권자 총수의 3분의 1 이상의 투표와 유효투표 총수 과반수의 찬성**으로 확정된다.

> **주민소환에 관한 법률 제22조【주민소환투표결과의 확정】** ① 주민소환은 제3조의 규정에 의한 주민소환투표권자(이하 "주민소환투표권자"라 한다) 총수의 3분의 1이상의 투표와 유효투표 총수 과반수의 찬성으로 확정된다.
> ② 전체 주민소환투표자의 수가 주민소환투표권자 총수의 3분의 1에 미달하는 때에는 개표를 하지 아니한다.

③ ◉ 지방자치법 제22조 제1항

> **지방자치법 제22조【주민소송】** ① 제21조제1항에 따라 공금의 지출에 관한 사항, 재산의 취득·관리·처분에 관한 사항, 해당 지방자치단체를 당사자로 하는 매매·임차·도급 계약이나 그 밖의 계약의 체결·이행에 관한 사항 또는 지방세·사용료·수수료·과태료 등 공금의 부과·징수를 게을리한 사항을 감사 청구한 주민은 다음 각 호의 어느 하나에 해당하는 경우에 그 감사 청구한 사항과 관련이 있는 위법한 행위나 업무를 게을리한 사실에 대하여 해당 지방자치단체의 장(해당 사항의 사무처리에 관한 권한을 소속 기관의 장에게 위임한 경우에는 그 소속 기관의 장을 말한다. 이하 이 조에서 같다)을 상대방으로 하여 소송을 제기할 수 있다.

④ ☒ **시·군 및 자치구는 150명을 넘지 아니하는 범위에서** 그 지방자치단체의 조례로 정하는 18세 이상의 주민 수 이상의 연서(連署)로 감사를 청구할 수 있도록 규정하고 있다.

> **지방자치법 제21조【주민의 감사청구】** ① 지방자치단체의 18세 이상의 주민으로서 다음 각 호의 어느 하나에 해당하는 사람(「공직선거법」 제18조에 따른 선거권이 없는 사람은 제외한다. 이하 이 조에서 "18세 이상의 주민"이라 한다)은 시·도는 300명, 제198조에 따른 인구 50만 이상 대도시는 200명, 그 밖의 시·군 및 자치구는 150명 이내에서 그 지방자치단체의 조례로 정하는 수 이상의 18세 이상의 주민이 연대 서명하여 그 지방자치단체와 그 장의 권한에 속하는 사무의 처리가 법령에 위반되거나 공익을 현저히 해친다고 인정되면 시·도의 경우에는 주무부장관에게, 시·군 및 자치구의 경우에는 시·도지사에게 감사를 청구할 수 있다.

07회 신용한 행정학 문제+해설   **165**

관련 OX

01 주민발의제도는 주민이 직접 조례의 제정 및 개폐를 청구할 수 있는 제도로, 주민은 지방자치단체의 장에게 이를 청구하게 되어 있다. |14 지방 7| ○|×

02 「주민조례발안법」상 주민에 의한 조례의 제정 및 개폐청구대상에 포함되지 않는 것은 지방세의 부과·징수에 관한 사항, 행정기구를 설치하거나 변경하는 것에 관한 사항, 공공시설의 설치를 반대하는 사항이다. |16 국가 7| ○|×

03 주민은 주민에게 과도한 부담을 주거나 중대한 영향을 미치는 지방자치단체의 주요 결정사항 등에 대하여 주민투표를 발의할 수 있다. |18 서울 7 추가채용| ○|×

04 주민투표에 부쳐진 사항은 주민투표권자 총수의 4분의 1 이상의 투표와 유효투표수 과반수의 득표로 확정된다. |23 경간| ○|×

05 18세 이상의 주민은 50만 이상의 대도시의 경우에는 18세 이상 주민 300명을 넘지 않는 범위 내에서 해당 지방자치단체가 조례로 정하는 주민 수 이상의 연대 서명하여 청구할 수 있다. |14 지방 7| ○|×

06 주무부장관이나 시·도지사는 감사청구를 수리한 날부터 60일 이내에 감사청구된 사항에 대하여 감사를 끝내는 것을 원칙으로 한다. |18 지방 9| ○|×

07 지방자치단체의 재무행위가 위법하다고 인정되는 경우에 주민들은 자신의 권익에 침해가 없는 경우에도 주민소송을 청구할 수 있다. |21 국회 8| ○|×

08 주민은 지방자치단체의 장을 상대로 소송을 제기할 수 있다. |22 군무원 9| ○|×

01 × **02** ○ **03** × **04** ○ **05** × **06** ○ **07** ○ **08** ○

---

16 2025 신용한 행정학 합격노트 p.178, 179

현행 「국가재정법」에 따른 우리나라 예산편성에 대한 설명으로 옳지 않은 것은?

① 각 중앙관서의 장은 매년 1월 31일까지 당해 회계연도부터 5회계연도 이상의 기간 동안의 신규사업 및 기획재정부장관이 정하는 주요 계속사업에 대한 중기사업계획서를 기획재정부장관에게 제출하여야 한다.

② 기획재정부장관은 각 중앙관서의 장에게 통보한 예산안편성지침을 국회 예산결산특별위원회에 보고하여야 한다.

③ 정부는 국회·대법원·헌법재판소 및 중앙선거관리위원회의 세출예산요구액을 감액하고자 할 때에는 국무회의에서 당해 독립기관의 장의 의견을 구하여야 한다.

④ 기획재정부장관은 국무회의의 심의를 거쳐 대통령의 승인을 얻은 다음 연도의 예산안편성지침을 매년 5월 31일까지 각 중앙관서의 장에게 통보하여야 한다.

🔍 ④

---

① ◎ 국가재정법 제28조

> **국가재정법 제28조【중기사업계획서의 제출】** 각 중앙관서의 장은 매년 1월 31일까지 해당 회계연도부터 5회계연도 이상의 기간 동안의 신규사업 및 기획재정부장관이 정하는 주요 계속사업에 대한 중기사업계획서를 기획재정부장관에게 제출하여야 한다.

② ◎ 국가재정법 제30조

> **동법 제30조【예산편성지침의 국회보고】** 기획재정부장관은 제29조제1항의 규정에 따라 각 중앙관서의 장에게 통보한 예산안편성지침을 국회 예산결산특별위원회에 보고하여야 한다.

③ ◎ 국가재정법 제40조 제1항

> **동법 제40조【독립기관의 예산】** ① 정부는 독립기관의 예산을 편성할 때 해당 독립기관의 장의 의견을 최대한 존중하여야 하며, 국가재정상황 등에 따라 조정이 필요한 때에는 해당 독립기관의 장과 미리 협의하여야 한다.
> ② 정부는 제1항의 규정에 따른 협의에도 불구하고 독립기관의 세출예산요구액을 감액하고자 할 때에는 국무회의에서 해당 독립기관의 장의 의견을 들어야 하며, 정부가 독립기관의 세출예산요구액을 감액한 때에는 그 규모 및 이유, 감액에 대한 독립기관의 장의 의견을 국회에 제출하여야 한다.

④ ☒ 기획재정부장관은 국무회의의 심의를 거쳐 대통령의 승인을 얻은 다음 연도의 예산안편성지침을 **매년 3월 31일까지** 각 중앙관서의 장에게 통보하여야 한다.

> **동법 제28조【예산편성지침의 통보】** ① 기획재정부장관은 국무회의의 심의를 거쳐 대통령의 승인을 얻은 다음 연도의 예산안편성지침을 매년 3월 31일까지 각 중앙관서의 장에게 통보하여야 한다.

관련 OX

01 중앙관서의 장은 매년 3월 31일까지 다음 회계연도의 신규사업계획서를 기획재정부장관에게 제출한다. |18 서울 7| ○|×

02 정부는 재정운용의 효율화와 건전화를 위하여 매년 해당 회계연도부터 5회계연도 이상의 기간에 대한 재정운용계획을 수립하여야 한다. |21 지방 7| ○|×

03 기획재정부장관은 국무총리의 승인을 얻어 예산안편성지침을 4월 30일까지 중앙관서의 장에게 통보한다. |18 서울 7| ○|×

04 중앙관서의 장은 6월 30일까지 예산요구서를 기획재정부장관과 국회예산결산특별위원회에 제출한다. |18 서울 7| ○|×

05 정부는 대통령의 승인을 얻은 예산안을 회계연도 개시 90일 전까지 국회에 제출하여야 한다. |14 국회 8| ○|×

06 예산안편성지침은 부처의 예산 편성을 위한 것이기 때문에 국무회의의 심의를 거쳐 대통령의 승인을 받아야 하지만 국회예산결산특별위원회에 보고할 필요는 없다. |15 국가 9| ○|×

01 × **02** ○ **03** × **04** × **05** × **06** ×

17

2025 신용한 행정학 합격노트 p.236, 237

지방교부세에 대한 설명으로 옳지 않은 것은?

① 지방교부세의 재원에는 종합부동산세 총액, 담배에 부과하는 개별소비세 총액의 일부 등이 포함한다.
② 보통교부세는 그 용도를 특정하지 아니한 일반재원이다.
③ 지방비 부담을 초래하여 지방재정의 압박 요인으로 작용하고 있다.
④ 부동산교부세는 종합부동산세를 재원으로 하며 전액을 지방자치단체에 교부한다.

🔍 ③

① ◎ 지방교부세는 내국세의 일정비율(19.24%), 종합부동산세 전액, 담배 개별소비세 45%를 재원으로 한다.
② ◎ 보통교부세는 중앙정부가 각 지방자치단체의 재정력 균형을 위해 각 자치단체의 재정 부족액을 산정해 용도에 제한을 두지 않고 교부하는 재원이다.
③ ✖ **국고보조금에 대한 설명**이다. 국고보조금을 받은 자치단체는 일반적으로 그 보조금에 따른 사무 또는 사업의 수행에 일정부분의 지방비를 부담을 하게되므로 이는 자치단체의 재정압박을 초래하는 하나의 요인으로 작용하고 있다.
④ ◎ 부동산교부세는 종합부동산세의 전액을 재원으로 자치단체의 재정 여건 등을 고려하여 교부하는 일반재원이다.

SUMMARY 지방교부세 vs 국고보조금

구분	지방교부세	국고보조금
법적 근거	지방교부세법	보조금 관리에 관한 법률
주무부처	행정안전부	기획재정부
재원	내국세의 19.24% + 종합부동산세 전액 + 담배개별소비세 45%	중앙정부의 일반회계와 특별회계
용도	일반재원(용도지정 X)	특정재원(국가시책 등 용도 지정 ○)
지방부담	없음(정액보조).	있음(정률보조).
성격	수직적·수평적 조정재원	수직적 조정재원
기능	재정의 형평화	자원의 효율적 배분
종류	① 보통교부세 : 내국세의 19.24%의 97% ② 특별교부세 : 내국세의 19.24%의 3% ③ 소방안전교부세 : 담배개별소비세의 45% ④ 부동산교부세 : 종합부동산세 총액	① 협의의 보조금(고유사무 장려) ② 부담금(단체위임사무 – 공동부담) ③ 교부금(기관위임사무 – 전액부담)

관련 OX

01 교부세의 재원에는 내국세 총액의 19.24%, 종합부동산세 총액, 담배에 부과하는 개별소비세 총액의 45%가 포함된다. |21 국회 8| ○ ✕

02 보통교부세, 특별교부세, 분권교부세, 부동산교부세 등의 지방교부세가 운영되고 있다. |16 지방 7| ○ ✕

03 중앙정부가 지방자치단체별로 지방교부세를 교부할 때 사용하는 기준지표는 지방재정자립도이다. |14 국회 8| ○ ✕

04 「지방교부세법」상 지방행정 및 재정운용 실적이 우수한 지방자치단체에 재정지원 등 특별한 재정수요가 있을 경우 특별교부세를 교부할 수 있다. |17 지방 9| ○ ✕

05 보통교부세는 중앙정부가 용도를 제한하여 지방자치단체의 재량권이 없는 재원이다. |17 국가 9 추가채용| ○ ✕

06 특별교부세는 그 교부 주체가 기획재정부장관으로 통합·일원화되었다. |21 국회 8| ○ ✕

07 지방교부세는 신청주의를 원칙으로 하며 각 중앙관서의 예산에 반영되어야 한다. |22 국가 9| ○ ✕

08 지방재정조정제도는 크게 지방자치단체에 재원 사용의 자율성을 전적으로 부여하는 국고보조금과 특정한 사업에 사용할 것을 조건으로 선택적으로 지원하는 지방교부세로 구분한다. |14 국가 7| ○ ✕

09 국고보조금은 자치단체 간 재정격차를 시정해 주는 기능을 한다. |15 국회 9| ○ ✕

01 ○ **02** ✕ **03** ✕ **04** ○ **05** ✕ **06** ✕ **07** ✕ **08** ✕ **09** ✕

18

2025 신용한 행정학 합격노트 p.172~174

재정정책을 위한 예산제도에 대한 설명으로 옳지 않은 것은?

① 조세지출예산제도는 불공정한 조세지출의 폐지, 재정 부담의 형평성 제고, 그리고 세수 인상을 위한 정책 자료가 된다.
② 통합재정 규모는 중앙재정과 지방재정을 포함하나 지방교육재정(교육비특별회계)는 제외한다.
③ 성인지 예산서는 기획재정부장관이 여성가족부장관과 협의하여 제시한 작성기준 및 방식 등에 따라 각 중앙관서의 장이 작성한다.
④ 자본예산은 불경기 극복의 수단이 될 수 있지만, 인플레이션을 조장할 가능성이 있다.

🔍 ②

① 🔵 조세지출의 내용과 규모를 예산서 작성을 통해 체계적으로 분류하고, 주기적으로 공표하여 행정부에 일임된 조세지출을 입법부 차원에서 통제하고, 정책효과를 판단하고자 하는 제도가 조세지출예산제도이다. 조세지출예산제도의 장점은 불공정한 조세지출의 폐지, 재정부담의 형평성과 투명성 제고, 세수 인상을 위한 정책자료로 활용 등이 있다.
② ❌ 통합재정 규모는 **중앙재정과 지방재정, 그리고 지방교육재정(교육비특별회계)을 모두 포함**한다.
③ 🔵 국가재정법 시행령 제9조 제2항

> **국가재정법 제9조 【성인지 예산서의 내용 및 작성기준 등】** ② 성인지 예산서는 기획재정부장관이 여성가족부장관과 협의하여 제시한 작성기준(성인지 예산서 작성 대상사업 선정 기준을 포함한다) 및 방식 등에 따라 각 중앙관서의 장이 작성한다.

④ 🔵 자본예산제도는 경기침체 시 국공채발행을 통해 재원을 조달하고, 이를 바탕으로 공공사업을 확대함으로써 일자리 창출과 유효수요를 증가시킴으로써 경기회복을 유도할 수 있다. 다만, 경기를 과열시킴에 따라 경제안정을 해치고, 과도한 인플레이션을 조장할 가능성이 있다.

관련 OX

01 조세지출예산제도는 국회 차원에서 조세감면의 내역을 통제하고 정책효과를 판단하기 위한 제도이다. |14 지방 9| ○ Ⓧ

02 통합재정은 중앙재정, 지방재정, 지방교육재정(교육비특별회계)을 포함한다. |15 서울 7| ○ Ⓧ

03 우리나라 통합재정 범위에는 중앙정부(일반정부), 지방정부(일반정부), 중앙정부 기업 특별회계, 지방정부 공기업 특별회계, 중앙은행 등 공공금융기관 등이 포함된다. |15 국회 9| Ⓞ Ⓧ

04 성인지 예산제도는 각 지출부처가 기획재정부와 여성가족부의 지휘 아래 대부분의 재정사업에 대해 성인지 예산서·결산서를 작성하도록 하고 있다. |19 국가 7| Ⓞ Ⓧ

05 정부는 예산과 기금이 여성과 남성에게 미칠 영향을 미리 분석한 보고서를 작성하여야 한다. |16 교행 9| Ⓞ Ⓧ

06 자본예산제도(CBS)는 경제 안정을 해치고 인플레이션을 조장할 가능성이 있다. |19 국회 9| Ⓞ Ⓧ

01 ⭕ **02** ⭕ **03** ❌ **04** ❌ **05** ⭕ **06** ⭕

19

2025 신용한 행정학 합격노트 p.123

호프스테드(Hofstede)의 문화차원에 대한 설명으로 옳지 않은 것은?

① 권력 거리란 한 사회에 있어서 권력이 어떻게 배분되어야 하는가에 대한 믿음을 말한다.
② 집단주의가 강한 문화는 개인주의가 강한 문화보다 상대적으로 느슨한 개인 간 관계를 더 중요시한다.
③ 불확실성 회피 정도가 강한 경우 공식적 규정을 많이 만들어 불확실한 요소를 최대한 통제하려 한다.
④ 장기성향이 강한 경우 과거의 전통을 중시하는 경향이 강하다.

🔍 ②

① 🔵 권력 거리란 한 사회에 있어서 권력이 어떻게 배분되어야 하는가에 대한 믿음으로 권력 거리가 약한 문화에서는 분권화나 권한 위임이 잘되어 있고 개방적 커뮤니케이션이 활성화되어있다.
② ❌ 집단주의는 가족 개념을 바탕으로 집단에 대한 소속감과 충성심을 중시하며, 집단 안에서 자신의 이익을 보호받으려 한다. 따라서 **개인 간 상호의존적인**(느슨한 ×) **관계를 중시**하게 된다.
③ 🔵 불확실성의 회피는 모호하고 불확실한 상황에 얼마나 불안을 느끼고 그것을 피하려고 노력하는가의 정도를 말한다. 불확실성 회피의 정도가 강하다는 것은 불안이나 반대 또는 대립을 기피하고 안정과 합의를 원하게 되므로, 공식적인 규정을 많이 만들어 불확실한 요소를 최대한 통제하려 한다.
④ 🔵 장기성향을 중시하는 경우 과거의 전통을 중시하며, 미래를 생각하는 긴 안목을 가진 경우, 현재 열심히 일한 결과에 대하여 장기적으로 보상 받을 것에 대한 기대를 가짐

168   2025 신용한 행정학 국가직 9급 모의고사

SUMMARY 호프스테드의 문화차원

권력거리 (Power distance)	• 개념 : 한 사회에 있어서 권력이 어떻게 배분되어야 하는가에 대한 믿음 • 권력거리가 약한 문화 : 분권화나 권한 위임이 잘되어 있고 개방적 커뮤니케이션이 활성화 • 권력거리가 강한 문화 : 집권화와 권위주의적 요소가 강하고 커뮤니케이션이 폐쇄적 권력자의 결정이나 자신과의 지위 차이를 자연스럽게 인정하게 됨
개인주의 vs 집단주의	• 개념 : 사회생활이나 조직에서의 업무수행이나 대인관계에서 개인을 우선하는지 집단을 우선하는지의 정도 • 개인주의 : 개인의 자유와 이익을 우선시하며 독립심이 강하고 대인관계가 소극적 • 집단주의 : 집단에 대한 소속감과 충성심, 사람들과의 화합과 상호의존적인 관계 등을 중시.
남성성 vs 여성성	• 개념 : 자기주장이 강하고 사회적 성공과 물질적인 부를 추구하는 현실적인 경향과, 다른 사람에 대한 배려와 삶의 질을 중시하는 문화적 가치의 차이 • 남성성이 강한 문화 : 야심차고 자기과시욕이 강하며 섬세함이 부족하고 남성과 여성의 역할에 대해 분명한 차이를 인정하려고 함. • 여성성이 강한 문화 : 돈이나 물건의 소유와 같은 외적이고 양적인 성공보다는 불행한 사람에 대한 동정심 등 인간적인삶에 더 관심 을 가지며 여성과 남성간에 차별이 아니라 평등을 선호
불확실성의 회피	• 개념 : 모호하고 불확실한 상황에 얼마나 불안을 느끼고 그것을 피하려고 노력하는가의 정도 • 불확실성 회피의 정도가 강한 경우 : 불안, 반대 또는 대립을 기피하고 안정과 합의를 원함. 공식적인 규정을 많이 만들어 불확실한 요소를 최대한 통제하려 함. • 불확실성 회피의 정도가 약한 경우 : 이견이나 다양성을 오히려 높이 평가. 위험을 피하지 않으며 새로운 변회를 시도하는 경향이 강함.
장기성향 vs 단기성향	• 장기성향 : 과거의 전통을 중시. 미래를 생각하는 긴 안목을 가진 경우. 현재 열심히 일한 결과에대하여 장기적으로 보상받을 것에 대한 기대를 가짐. • 단기성향 : 전통보다는 현재 직면한 문제를 더 중요하게 생각. 현실적응적이며 변화지향적 성향

20

2025 신용한 행정학 합격노트 p.208

행정개혁 저항에 대한 사회적·규범적 극복방안으로 옳은 것을 모두 고른 것은?

> ㄱ. 교육훈련
> ㄴ. 임용상 불이익방지
> ㄷ. 경제적 보상
> ㄹ. 긴장조성
> ㅁ. 의사소통과 참여 촉진

① ㄱ, ㄹ   ② ㄱ, ㅁ

③ ㄴ, ㄷ   ④ ㄷ, ㄹ

🔍 ②

ㄱ, ㅁ ◎ 교육훈련, 의사소통과 참여 촉진은 행정개혁 저항에 대한 사회적·규범적 극복방안에 해당한다.

ㄴ, ㄷ ❌ 임용상 불이익방지, 경제적 보상 등은 행정개혁 저항에 대한 **기술적·공리적 극복 방안**에 해당한다

ㄹ ❌ 긴장조성은 **강제적 극복방안**에 해당한다.

제08회

국가직 9급 대비 모의고사

행정학 문제 및 해설

정답 모아보기

01	02	03	04	05	06	07	08	09	10
④	③	②	③	①	②	①	③	②	③

11	12	13	14	15	16	17	18	19	20
②	③	②	③	②	②	④	④	③	②

01

2025 신용한 행정학 합격노트 p.72

사이버네틱스 모형에 대한 설명으로 옳지 않은 것은?

① 온도조절기와 같이 일정한 조건이 설정되면 자동적이고 반복적으로 작동하는 기계의 원리를 정책결정 현상에 응용한 것이다.

② 특정 정책목표를 설정해 놓으면 이 설정된 목표를 달성하기 위해 환류 메커니즘을 통해 일정 수준으로 행동을 조절해 나가는 것으로 가정한다.

③ 습관적 의사결정을 설명하는 데 활용된다.

④ 문제를 해결하고 목표를 달성하기 위해 정보와 대안의 광범위한 탐색을 강조한다.

🔑 ④

①, ② ◉ 사이버네틱스 모형은 온도조절기와 같이 일정한 조건이 설정되면 자동적이고 반복적으로 작동하는 기계의 원리를 정책결정 현상에 응용한 것이다. 이 모형은 온도조절기가 온도를 설정해 놓으면 온도를 유지하기 위해 일정한 조건을 충족시키는 경우 작동과 정지를 스스로 조절해 나가는 것처럼 특정 정책목표를 설정해 놓으면 이 설정된 목표를 달성하기 위해 환류 메커니즘을 통해 일정 수준으로 행동을 조절해 나가는 것으로 가정한다.

③ ◉ 이 모형은 습관적 의사결정을 설명하는 데 활용되며, 인과적 학습에 의한 반복적인 의사결정과 의사결정모형의 수정이 환류되는 것을 특징으로 한다. 이 모형의 환류 과정에서는 일정 수준의 정책목표를 달성하기 위한 적응적 의사결정과 인과적 학습에 의한 의사결정의 수정이 발생한다는 점이 특징이다.

④ ❌ **합리모형에 대한 설명**이다. 사이버네틱스 모형은 합리모형과 대립되는 적응적, 관습적 의사결정모형으로 대안의 탐색과정은 미리 정해진 대안의 래퍼토리 중에서 하나를 선택하여 환경에 적응하고자 하는 과정이다.

02

2025 신용한 행정학 합격노트 p.206

우리나라 국민권익위원회에 대한 설명으로 옳지 않은 것은?

① 국민권익위원회는 행정체제 내의 독립통제기관으로 옴부즈만의 일종이라고 할 수 있다.

② 국민권익위원회는 고충민원을 처리하고 그에 관련된 불합리한 행정제도 개선을 권고할 수 있다.

③ 국민권익위원회는 국무총리 소속이며, 상임위원은 국무총리가 제청하고 대통령이 임명한다.

④ 국민권익위원회는 헌법상 기관이 아닌 법률상 기관에 해당한다.

🔑 ③

① ◉ 국민권익위원회는 국무총리 소속으로 행정체제 내의 독립통제기관이며, 대통령이 임명하는 옴부즈만의 일종이다.

② ◉ 국민권익위원회는 고충민원에 대한 조사결과 처분 등이 위법·부당하다고 인정할 만한 상당한 이유가 있는 경우에는 관계 행정기관 등의 장에게 적절한 시정을 권고할 수 있고(시정의 권고 및 의견 표명), 고충민원을 조사·처리하는 과정에서 법령 그 밖의 제도나 정책 등의 개선이 필요하다고 인정되는 경우에는 관계 행정기관의 장에게 이에 대한 합리적인 개선을 권고하거나 의결을 표명할 수 있다.

③ ❌ 국민권익위원회의 위원장 및 부위원장은 국무총리의 제청으로 대통령이 임명하고, **상임위원은 위원장의 제청으로 대통령이 임명**하며, 상임이 아닌 위원은 대통령이 임명 또는 위촉한다.

④ ◉ 국민권익위원회는 부패방지 및 국민권익위원회의 설치와 운영에 관한 법률에 근거를 둔 법률상의 기관이다.

03

2025 신용한 행정학 합격노트 p.166

우리나라 예산에 대한 설명으로 옳지 않은 것은?

① 법률과 달리 예산은 정부만이 편성하여 제출할 수 있다.
② 일반적으로 예산은 국가기관과 국민에 대해 구속력을 갖는다.
③ 예산은 국회에서 의결되면 효력을 갖는다.
④ 국회에서 의결된 예산에 대해서 대통령이 거부권을 행사할 수 없다.

🔍 ②

① ◎ 우리나라의 경우 행정부 제출예산제도를 택하고 있다.
② ✕ 법률의 경우 국가기관과 국민 모두를 구속하지만, **예산의 경우에는 국가기관만을 구속**한다.
③ ◎ 법률은 공포로써 효력이 발생하지만 예산은 공포가 필요 없으며 국회 의결로 확정되고 대통령은 국민에게 공고할 뿐이다.
④ ◎ 법률에 대해서는 대통령의 거부권 행사가 가능하지만 예산은 거부권을 행사할 수 없다.

SUMMARY 예산과 법률의 차이

	예산	법률
제출권자	정부	국회, 정부
제출기간	회계연도 개시 120일 전	제한 없음
국회심의권	정부 동의 없이 예산 증액 및 새비목 설치 불가. 삭감은 가능	자유로운 수정가능
대통령거부권	거부권 행사 불가	거부권 행사 가능
대인적 효력	국가기관을 구속	국가기관·국민 모두를 구속
시간적 효력	회계연도에 국한	폐지 시까지 계속적 효력

관련 OX

01 우리나라의 예산은 행정부가 제출하고 국회가 심의·확정하지만, 미국과 같은 세출예산법률의 형식은 아니다. |18 국가 9| ○ ✕

02 예산은 정부만이 제안권을 갖고 있고 국회는 제안권을 갖고 있지 않다. |14 서울 7| ○ ✕

03 예산안을 심의할 때 국회는 정부가 제출한 예산안의 범위 내에서 삭감할 수 있고, 정부의 동의 없이 지출예산의 각 항의 금액을 증가하거나 새 비목을 설치할 수 없다. |18 서울 9| ○ ✕

04 국회에서 의결된 예산에 대해서 대통령이 거부권을 행사할 수 있다. |14 서울 7| ○ ✕

05 예산은 국가기관만을 구속한다. |14 서울 7| ○ ✕

06 예산은 법률의 개폐가 불가능하지만, 법률로는 예산을 변경할 수 있다. |18 서울 9| ○ ✕

07 예산은 국회의 의결로 성립되지만 정부의 수입 지출의 권한과 의무는 별도의 법률로 규정된다. |14 서울 7| ○ ✕

01 ○ **02** ○ **03** ○ **04** ✕ **05** ○ **06** ✕ **07** ○

04

2025 신용한 행정학 합격노트 p.158

「공직자의 이해충돌 방지법」에 대한 설명으로 옳지 않은 것은?

① 이해충돌방지법은 기존 반부패 관련 법령들이 부패행위에 대한 사후 제재를 중심으로 구성되어 있는 것과 달리 부패행위 발생을 사전에 예방하는 데 초점을 두고 있다.
② 공직자의 직무수행과 관련하여 이익 또는 불이익을 직접적으로 받는 다른 공직자는 '직무관련자'에 해당한다.
③ 인사혁신처는 「공직자의 이해충돌 방지법」에 따른 이해충돌방지 제도 개선, 계획의 수립 및 시행 업무를 관장한다.
④ 누구든지 위반행위가 발생하였거나 발생하고 있다는 사실을 알게 된 경우에는 위반행위가 발생한 공공기관, 감사원, 수사기관 또는 국민권익위원회에 신고할 수 있다.

🔍 ③

① ◎ 이해충돌방지법은 공직자의 공적 의무와 사적 이익이 충돌하는 이해충돌 상황을 예방·규제하고자 하는 것으로, 기존 반부패 관련 법령들이 부패행위에 대한 사후 제재를 중심으로 구성되어 있는 것과 달리 부패행위 발생을 사전에 예방하는 데 초점을 두고 있다.

② ◎ 공직자의 이해충돌 방지법 제2조

> **공직자의 이해충돌 방지법 제2조【정의】** 이 법에서 사용하는 용어의 뜻은 다음과 같다.
> 5. "직무관련자"란 공직자가 법령(조례·규칙을 포함한다. 이하 같다)·기준(제1호라목부터 바목까지의 공공기관의 규정·사규 및 기준 등을 포함한다. 이하 같다)에 따라 수행하는 직무와 관련되는 자로서 다음 각 목의 어느 하나에 해당하는 개인·법인·단체 및 공직자를 말한다.
> 라. 공직자의 직무수행과 관련하여 이익 또는 불이익을 직접적으로 받는 다른 공직자. 다만, 공공기관이 이익 또는 불이익을 직접적으로 받는 경우에는 그 공공기관에 소속되어 해당 이익 또는 불이익과 관련된 업무를 담당하는 공직자를 말한다.

③ ✕ **국민권익위원회**(인사혁신처 ✕)는 「공직자의 이해충돌 방지법」

> **동법 제17조【공직자의 이해충돌 방지에 관한 업무의 총괄】** <u>국민권익위원회</u>는 이 법에 따른 다음 각 호의 사항에 관한 업무를 관장한다.
> 1. 공직자의 이해충돌 방지에 관한 제도개선 및 교육·홍보 계획의 수립 및 시행
> 2. 이 법에 따른 신고 등의 안내·상담·접수·처리 등
> 3. 제18조제1항에 따른 신고를 한 자(이하 "신고자"라 한다) 등에 대한 보호 및 보상
> 4. 제1호부터 제3호까지의 업무 수행에 필요한 실태조사 및 자료의 수집·관리·분석

④ ◎ 공직자의 이해충돌 방지법 제18조

> **동법 제18조【위반행위의 신고 등】** ① 누구든지 이 법의 위반행위가 발생하였거나 발생하고 있다는 사실을 알게 된 경우에는 다음 각 호의 어느 하나에 해당하는 기관에 신고할 수 있다.
> 1. 이 법의 위반행위가 발생한 공공기관 또는 그 감독기관
> 2. 감사원 또는 수사기관
> 3. 국민권익위원회

08회 신용한 행정학 문제+해설 **171**

05

2025 신용한 행정학 합격노트 p.161

공무원의 정치적 중립의 한계에 대한 설명으로 옳지 않은 것은?

① 공무원의 정치적 중립성 강화는 공무원 집단의 참정권을 확대할 수 있다.
② 공무원의 정치적 중립성 강화는 공무원의 자율성과 책임성 강화와 상충될 수 있다.
③ 공무원의 정치적 참여 제한은 공무원 개인의 권리를 저해하며 정당정치 발전을 저해할 수 있다.
④ 공무원의 정치적 중립성 강화는 소극행정의 원인이 될 수 있다.

🔑 ①

① ❎, ②, ③, ④ ◉ 공무원의 정치적 중립성은 다음과 같은 한계를 지닌다. 첫째, 공무원의 정치적 중립성 강화는 **공무원 집단의 참정권을 제한할 수 있다.** 둘째, 공무원의 정치적 중립성 강화는 공무원의 자율성과 책임성 강화와 상충될 수 있다. 셋째, 공무원의 정치적 참여 제한은 공무원 개인의 권리를 저해하며 정당정치 발전을 저해할 수 있다. 넷째, 공무원의 정치적 중립성 강화는 소극행정의 원인이 될 수 있다.

관련 OX

01 우리나라의 공무원은 정치적 중립을 지키도록 법률로 명문화되어 있다. | 17 국회 8 | ○ ×

02 해치법(Hatch Act), 직업공무원제 확립, 국민 전체에 대한 봉사, 관료의 정책형성 기능 확대 등은 공무원의 정치적 중립성과 관련이 있다. | 16 교행 9 | ○ ×

03 공무원은 국민 전체의 이익을 위해 공평무사하게 봉사해야 하는 신분이라는 것은 공무원의 정치적 중립의 정당화 근거이다. | 22 국가 9 | ○ ×

04 공무원의 정치적 기본권을 강화하여 공직의 계속성을 제고할 수 있다는 것은 공무원의 정치적 중립의 정당화 근거이다. | 22 국가 9 | ○ ×

01 ○ 02 × 03 ○ 04 ×

06

2025 신용한 행정학 합격노트 p.70

다음 중 사이어트와 마치(Cyert & March)의 회사모형(연합모형)의 특징이 아닌 것은?

① 불확실성의 회피
② 포괄적 대안탐색
③ 표준운영절차 중시
④ 갈등의 준해결

🔑 ②

①, ③, ④ ◉ 회사모형의 특징은 갈등의 불완전한 해결(갈등의 준해결), 불확실성의 회피, 불완전한 합리성, 문제 중심적 탐색, 표준운영절차 중시 등이다.
② ❎ **포괄적 대안탐색은 합리모형의 특징**에 해당한다.

07

2025 신용한 행정학 합격노트 p.144

공무원의 인사이동에 대한 설명으로 옳지 않은 것은?

① 전보는 상이한 직렬의 동일한 계급 또는 등급으로 수평이동하는 것을 말한다.
② 승급은 같은 계급 또는 등급 내에서 호봉이 높아지는 것을 말한다.
③ 강임은 현재의 직급(계급)에서 일시적으로 하위 직급(계급)으로 이동하는 것을 말한다.
④ 겸임은 한 사람에게 둘 이상의 직위를 부여하는 것으로 그 대상은 경력직 공무원이며, 겸임 기간은 2년 이내로 한다.

🔑 ①

① ❎ 전직은 상이한 직렬의 동일한 계급 또는 등급으로 수평이동하는 것을 말하며, **전보는 동일한 직렬·직급 내에서 직위만 바꾸는 것을** 의미한다.
② ◉ 승급은 같은 계급에서 호봉이 높아짐에 따라 생기는 보수의 증가를 의미한다.
③ ◉ 강임은 현재의 직급에서 하위 직급으로 이동하는 것으로, 강등과 달리 징계는 아니다.
④ ◉ 겸임이란 직위·직무내용이 유사하고 수행에 지장이 없을 경우 한 공무원에게 둘 이상의 직위를 부여하는 것을 말한다. 겸임은 필요한 인력을 확보할 준비가 안 된 경우나 교육훈련 기관의 교관 요원을 임용하는 경우 등에 이용된다.

> **국가공무원법 제32조의3 【겸임】** 직위와 직무 내용이 유사하고 담당 직무수행에 지장이 없다고 인정하면 대통령령 등으로 정하는 바에 따라 경력직 공무원 상호 간에 겸임하게 하거나 경력직공무원과 대통령령으로 정하는 관련 교육·연구기관, 그 밖의 기관·단체의 임직원 간에 서로 겸임하게 할 수 있다.

공무원임용령 제40조【겸임】③ 제2항에 따른 겸임기간은 2년 이내로 하며, 특히 필요한 경우 2년의 범위에서 연장할 수 있다.

SUMMARY 수평적 이동의 특징

전직	상이한 직렬, 동일 계급·등급으로 수평이동. 전직시험 필요
전보	동일한 직렬, 직급 내 직위만 바꿈.
파견	공무원의 소속을 바꾸지 않고 일시적으로 다른 기관이나 국가기관 이외의 기관 및 단체에서 근무하는 것
겸임	직위·직무 내용이 유사하고, 수행에 지장이 없을 경우 한 공무원에게 둘 이상의 직위를 부여하는 것

SUMMARY 수직적 이동의 특징

승진	• 하위직급에서 상위직급으로 상향이동(보수의 증액) • 승급 : 보수 인상은 승진과 유사, but 승급은 같은 계급에서 호봉이 높아지는 것(계급·직책 변동 ×)
강임 (demotion)	• 같은 직렬 내에서 하위직급으로 임명 • 강등 : 하향적 이동이라는 점은 동일, but 강등은 징계의 한 방법

관련 OX

01 전직은 인사 관할을 달리하는 기관 사이의 수평적 인사이동에 해당하며, 예외적인 경우에만 전직시험을 거치도록 하고 있다. |20 국가 9| ○|✕

02 전직은 동일한 직렬과 직급 내에서 직위만 바꾸는 것을 의미한다. |21 국가 7 인사조직| ○|✕

03 전보는 상이한 직렬의 동일한 계급 또는 등급으로 수평 이동하는 것을 말한다. |21 국가 7 인사조직| ○|✕

04 강임은 현재의 직급에서 하위 직급으로 이동하는 것으로, 강등과 달리 징계는 아니다. |21 국가 7 인사조직| ○|✕

05 승급은 하위 직급에서 상위 직급으로 이동하는 것을 의미하며, 일반적으로 직무의 곤란도와 책임 증대 및 보수의 증액을 수반한다. |21 국가 7 인사조직| ○|✕

01 ✕ **02** ✕ **03** ✕ **04** ○ **05** ✕

08

2025 신용한 행정학 합격노트 p.77

정책지지연합모형(Advocacy Coalition Framework)에 대한 설명으로 옳은 것은?

① 신념체계와 정책변화는 정책지향적 학습에 의해서만 가능하다고 가정한다.

② 정책변화의 과정과 정책지향적 학습의 역할을 이해하려면 단기보다는 5년 정도의 중기 기간이 필요하다고 전제한다.

③ 정책변화를 분석하기 위한 분석단위로 정책하위체제를 설정한다.

④ 신념 체계 구조에서 규범적 핵심 신념은 관심 있는 특정 정책 규범에 적용되며, 이차적 측면(secondary aspects)보다 변화 가능성이 작다.

🔍 ③

① ✕ 상호작용과 시간의 흐름에 따른 **정책학습뿐만 아니라 사회경제적 변동과 정치체제구조의 변화로 정책변화 등이 일어난다고** 가정한다.

② ✕ 정책변화의 과정과 정책지향적 학습의 역할을 이해하기 위해서는 **10년 이상의 장기간이** 필요하다고 전제한다.

③ ◉ 정책변화를 이해하기 위한 분석단위로 다양한 수준의 정부에서 활동하는 행위자들을 모두 포함하는 정책하위체제에 중점을 둔 모형으로 정책하위체제 안에는 신념체계를 공유하는 정책지지연합이 존재한다고 본다.

④ ✕ 신념 체계 구조에서 **규범적 핵심 신념은 모든 정책영역에 대하여 적용**되며, 이차적 측면(secondary aspects)보다 변화가능성이 적다.

09

2025 신용한 행정학 합격노트 p.145

빈칸에 알맞은 선발시험의 효용성 기준은 무엇인가?

- 같은 시험을 같은 집단에 시간간격을 두고 두 번 실시하여 성적을 비교한 결과 비슷한 분포를 이루는 것으로 나타났다면 시험의 (ㄱ)가 높다고 본다.
- 시험문제가 주관식(서술형)이었는데, 채점위원 A교수의 채점결과 평균점수와 다른 시험위원 B교수의 채점결과 평균점수가 상당한 차이를 보였다면 시험의 (ㄴ)가 낮다고 여겨진다.

	ㄱ	ㄴ
①	타당도	난이도
②	신뢰성	객관성
③	신뢰성	타당도
④	타당도	객관성

🔑 ②

ㄱ ◉ 신뢰성이란 시험결과로 나온 성적의 일관성이므로 같은 시험을 같은 집단에 시간간격을 두고 두 번 실시하여 성적을 비교한 결과 비슷한 분포를 이루는 것으로 나타났다면 시험의 신뢰도가 높은 것으로 평가할 수 있다.

ㄴ ◉ 동일한 시험에 대한 A교수, B교수의 채점결과가 큰 차이를 보였으므로, 채점의 공정성을 의미하는 객관성이 떨어진 시험이라고 판단할 수 있다.

10

2025 신용한 행정학 합격노트 p.35

신행정학에 대한 설명으로 가장 옳지 않은 것은?

① 1968년에 개최된 미노부르크(Minnowbrook)회의를 신행정학의 출발점으로 보고 있다.
② 신행정학이라는 움직임의 대두는 당시 미국 사회와 학계의 형편을 반영한 것으로, 인종갈등의 심화, 월남전을 둘러싼 정치적 사회적 뒤틀림 등으로 표출된 미국 사회의 소용돌이가 조성한 일종의 위기감에서 비롯되었다.
③ 인간주의 심리학, 현상학 등에 대한 강한 비판과 엄격한 실증주의의 적용으로 현실문제를 해결하려 한다.
④ 전통적 접근방법을 비판했다고 하는 점에서 신행정학을 비판행정학이라고 부르는 사람들도 있다.

🔑 ③

① ◉ 1968년 시라큐스 대학의 왈도를 중심으로 50여 명의 소장학자들이 참여한 미노부르크 회의를 신행정학의 출발점으로 본다.
② ◉ 1960년대 미국 내 급박한 사회문제(인종갈등, 월남전)들에 대해 행태주의가 해결에 도움을 주지 못하자 후기 행태주의가 등장하게 되었으며, 신행정론자들은 이런 후기 행태주의의 접근방법을 도입하였다.
③ ☒ **신행정론은** 행태주의를 비판하고, 인간의 주관적 인식과 신념 등 주체성을 강조하는 **현상학적 접근방법을 제시하였다.**
④ ◉ 신행정학은 기존의 행정이론인 행태이론을 비판한 비판행정학이라고 평가될 수 있다.

11

2025 신용한 행정학 합격노트 p.231

「지방자치법」상 주민소송에 대한 설명으로 옳은 것은?

① 주민감사청구를 하지 않은 주민도 주민소송을 제기할 수 있다.
② 동일한 사항에 대해 주민소송이 진행되고 있을 때에는 소송을 제기할 수 없다.
③ 주민이 감사청구한 모든 사항에 대해서 해당 지방자치단체의 장을 상대로 제기할 수 있다.
④ 소송제기의 기한은 결과통지를 받은 날로부터 60일 이내이다.

🔑 ②

① ☒ 주민소송은 지방자치단체의 기관 및 직원의 공금지출·회계 등 재무행위가 위법하다고 인정되어 주민이 **감사기관에 감사를 청구하고도 그 감사결과에 불만족 하는 경우에 법원에 재판을 청구하는** 제도이다.

> **지방자치법 제22조【주민소송】** ① 제21조제1항에 따라 공금의 지출에 관한 사항, 재산의 취득·관리·처분에 관한 사항, 해당 지방자치단체를 당사자로 하는 매매·임차·도급 계약이나 그 밖의 계약의 체결·이행에 관한 사항 또는 지방세·사용료·수수료·과태료 등 공금의 부과·징수를 게을리한 사항을 감사 청구한 주민은 다음 각 호의 어느 하나에 해당하는 경우에 그 감사 청구한 사항과 관련이 있는 위법한 행위나 업무를 게을리한 사실에 대하여 해당 지방자치단체의 장(해당 사항의 사무처리에 관한 권한을 소속 기관의 장에게 위임한 경우에는 그 소속 기관의 장을 말한다. 이하 이 조에서 같다)을 상대방으로 하여 <u>소송을 제기할 수 있다.</u>

② ◉ 지방자치법 제22조 제5항

> **지방자치법 제22조【주민소송】** ⑤ 제2항 각 호의 소송이 진행 중이면 다른 주민은 같은 사항에 대하여 별도의 소송을 제기할 수 없다.

174　2025 신용한 행정학 국가직 9급 모의고사

③ ☒ 모든 사항이 아니라 **감사청구를 거친 사항 중 재무행정에 관한 사항**에 한정된다.

④ ☒ **결과통지를 받은 날로부터 90일 이내**(60일 이내 ×)에 제기하여야 한다.

> **동법 제22조 【주민소송】** ④ 제2항에 따른 소송은 다음 각 호의 구분에 따른 날부터 90일 이내에 제기하여야 한다.
> 　　2. 제1항제2호 : 해당 감사 결과나 조치 요구 내용에 대한 통지를 받은 날

SUMMARY 주민소송의 절차

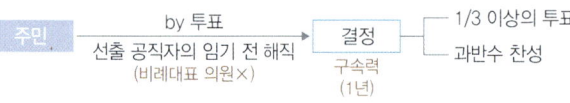

관련 OX

01 지방자치단체의 재무행위가 위법하다고 인정되는 경우에 주민들은 자신의 권익에 침해가 없는 경우에도 주민소송을 청구할 수 있다. | 21 국회 8 |　　　　　　　　　　　○ ☒

02 「지방자치법」에서는 주민소송에 관한 사항을 명시하고 있다. | 19 지방 9 |　　　　　　　　　　　○ ☒

03 주민은 지방자치단체의 장을 상대로 소송을 제기할 수 있다. | 22 군무원 9 |　　　　　　　　　　　○ ☒

04 우리나라는 중앙정부와 지방정부를 대상으로 국민소송제도를 입법화했다. | 12 서울 9 |　　　　　　　　　　　○ ☒

01 ○ **02** ○ **03** ○ **04** ×

12

2025 신용한 행정학 합격노트 p.121

토마스(Thomas)의 갈등해소 전략에 대한 설명으로 옳은 것은?

① 타협 전략 – 갈등 당사자 간의 관계를 좋은 상태로 유지하면서 상호 간의 이익을 추구하는 상생(win-win)전략이다.

② 협동 전략 – 갈등 당사자들이 서로 양보하여 갈등을 해결하는 것으로 분명한 승자나 패자가 없다.

③ 경쟁 전략 – 신속하고 결단력이 필요한 경우나 구성원들에게 인기 없는 조치를 실행할 경우 사용될 수 있다.

④ 회피 전략 – 자신의 이익은 희생하면서 상대방의 이익을 만족시킨다.

🔍 ③

① ☒ 타협전략은 자신과 상대방 이익의 중간정도를 만족시키려는 행태를 말한다. **상대방과 자신의 이익을 모두 만족시키려는 상생 전략은 협동전략**이다.

② ☒ **타협전략**이다. 타협전략은 상호 희생을 반영한다.

④ ☒ **순응전략에 대한 설명**이다. 회피전략은 자신의 이익과 상대방의 이익 모두에 무관심한 행태이다.

13

2025 신용한 행정학 합격노트 p.231

우리나라의 주민소환제에 대한 설명으로 옳지 않은 것은?

① 대상자는 지방자치단체의 장 및 지방의회의원이지만 비례대표 지방의회의원은 제외된다.

② 지역선거구시·도의회의원의 소환청구 요건은 주민소환투표청구권자 총수의 100분의 10 이상이다.

③ 주민소환투표를 실시한 후 1년 미만인 경우에는 주민소환을 실시할 수 없다.

④ 주민소환투표권자 총수의 3분의 1 이상의 투표와 유효투표 총수 과반수의 찬성으로 확정된다.

🔍 ②

① ◉ 지방자치법 제25조 제1항

> **지방자치법 제25조 【주민소환】** ① 주민은 그 지방자치단체의 장 및 지방의회의원(비례대표 지방의회의원은 제외한다)을 소환할 권리를 가진다.

② ☒ 지역선거구 시·도의회의원의 소환청구 요건은 주민소환투표청구권자 총수의 **100분의 20 이상**이다.

> **주민소환에 관한 법률 제7조 【주민소환투표의 청구】** ① 전년도 12월 31일 현재 주민등록표 및 외국인등록표에 등록된 제3조제1항제1호 및 제2호에 해당하는 자(이하 "주민소환투표청구권자"라 한다)는 해당 지방자치단체의 장 및 지방의회의원(비례대표선거구시·도의회의원 및 비례대표선거구자치구·시·군의회의원은 제외하며, 이하 "선출직 지방공직자"라 한다)에 대하여 다음 각 호에 해당하는 주민의 서명으로 그 소환사유를 서면에 구체적으로 명시하여 관할선거관리위원회에 주민소환투표의 실시를 청구할 수 있다.
> 　　1. 특별시장·광역시장·도지사(이하 "시·도지사"라 한다) : 당해 지방자치단체의 주민소환투표청구권자 총수의 100분의 10이상
> 　　2. 시장·군수·자치구의 구청장 : 당해 지방자치단체의 주민소환투표청구권자 총수의 100분의 15이상
> 　　3. 지역선거구시·도의회의원(이하 "지역구시·도의원"이라 한다) 및 지역선거구자치구·시·군의회의원(이하 "지역구자치구·시·군의원"이라 한다) : 당해 지방의회의원의 선거구 안의 주민소환투표청구권자 총수의 100분의 20이상

③ ◉ 주민소환에 관한 법률 제8조

> **주민소환에 관한 법률 제8조【주민소환투표의 청구제한기간】**
> 제7조제1항 내지 제3항의 규정에 불구하고, 다음 각 호의 어느 하나에 해당하는 때에는 주민소환투표의 실시를 청구할 수 없다.
> 1. 선출직 지방공직자의 임기개시일부터 1년이 경과하지 아니한 때
> 2. 선출직 지방공직자의 임기만료일부터 1년 미만일 때
> 3. 해당선출직 지방공직자에 대한 주민소환투표를 실시한 날부터 1년 이내인 때

④ ◉ 주민소환에 관한 법률 제22조 제1항

> **주민소환에 관한 법률 제22조【주민소환투표결과의 확정】**① 주민소환은 제3조의 규정에 의한 주민소환투표권자(이하 "주민소환투표권자"라 한다) 총수의 3분의 1이상의 투표와 유효투표 총수 과반수의 찬성으로 확정된다.

SUMMARY 주민소환의 절차

주민 → by 투표 / 선출 공직자의 임기 전 해직 (비례대표 의원×) → 결정 구속력 (1년) → 1/3 이상의 투표 / 과반수 찬성

관련 OX

01 지방자치단체장에 대한 주민소환투표가 실시된 적이 있다. | 16 지방 7 |　　　○ X

02 주민은 그 지방자치단체의 장 및 비례대표를 포함한 지방의회의원을 소환할 권리를 가진다. | 14 서울 7 |　○ X

03 주민소환제도는 군수를 소환하려고 할 경우에는 해당 군의 주민소환투표청구권자 총수의 100분의 10 이상의 서명을 받아 청구해야 한다. | 21 국가 9 |　　　○ X

04 주민소환은 주민소환투표권자 총수의 2분의 1 이상의 투표와 유효투표 총수 과반수의 찬성으로 확정된다. | 14 서울 7 |　　　　　　　　　　　　　　　　　○ X

05 지방자치단체장, 지방의회의원에 대한 주민소환제도는 임기만료 1년 미만일 때는 청구할 수 없다. | 21 국회 8 |　○ X

06 지역구지방의회의원에 대한 주민소환투표는 당해 지방의회의원의 지역선거구를 대상으로 한다. | 19 지방 9 |　　○ X

01 ○ **02** × **03** × **04** × **05** ○ **06** ○

14　　　　　　　　　2025 신용한 행정학 합격노트 p.16

경합성과 배제성을 기준으로 분류한 재화의 유형에 관한 설명으로 옳지 않은 것은?

① 공유재는 경합성과 비배제성을 지니고 있다.
② 유료재(toll goods)는 고속도로나 공원 같이 배제원칙의 적용이 가능한 공공서비스를 포함한다.
③ 순수공공재의 공급은 정부가 담당하지만 그 비용은 수익자가 자신의 편익에 정비례하여 직접 부담한다.
④ 순수민간재는 경합성과 배제성을 동시에 지니고 있다.

🔍 ③

① ◉ 공유재는 경합성은 있으나 배제가 불가능한 서비스로 공유지의 비극이라고 표현하듯이 과잉소비의 문제가 발생할 수 있다.

② ◉ 요금재(toll goods)의 경우 경합성은 없지만 배제가 가능한 공공서비스로서 서비스의 상당부분이 정부에서 공급된다.

③ ❌ 공공재는 비경합성과 비재성의 특징 때문에 비용부담에 따른 서비스의 차별화나 서비스 혜택으로부터의 배제가 불가능하고 무임승차 현상이 발생한다.

④ ◉ 순수민간재(시장재)는 경합성과 배제성을 동시에 지닌다. 일반적으로 시장에 의한 서비스 공급이 활성화될 수 있어 공공부문의 개입이 최소화되는 영역이다.

15　　　　　　　　2025 신용한 행정학 합격노트 p.181, 182

예산집행의 목표를 구현하는 수단 중 신축성 확보방안을 모두 고른 것은?

> ㄱ. 총사업비관리　　　ㄴ. 예산의 전용
> ㄷ. 예산의 재배정　　　ㄹ. 예비타당성조사
> ㅁ. 국고채무부담행위

① ㄱ, ㄴ　　　　　　② ㄴ, ㅁ
③ ㄴ, ㄹ　　　　　　④ ㄷ, ㄹ

🔍 ②

ㄴ, ㅁ ◉ 예산의 전용, 국고채무부담행위는 예산집행의 신축성 확보방안이다.

ㄱ, ㄷ, ㄹ ❌ 총사업비관리, 예산의 재배정, 예비타당성조사는 예산집행의 재정통제 제도에 해당한다.

16

2025 신용한 행정학 합격노트 p.98

관료제의 병리현상에 대한 설명으로 옳지 않은 것은?

① 자신이 소속된 기관이나 부서만을 생각하고 다른 기관이나 부서를 배려하지 않는 '부처할거주의'가 나타난다.

② 세분화된 특정 업무에서는 전문적 능력이 있지만 그 밖의 업무에 대해서는 문외한이 되는 '피터(Peter)의 원리'가 나타난다.

③ 상관의 계서적 권한과 부하의 전문적 권력이 이원화됨에 따라 조직 내 비효율을 유발시킨다.

④ 출퇴근 시간에 안전벨트를 착용하지 않은 운전자에게 딱지를 끊느라 오히려 차량의 흐름을 막아 정체현상을 야기하는 경우가 대표적인 '목표대치' 현상이다.

🔑 ②

② ❌ **훈련된 무능에 대한 설명**이다. 피터의 원리는 신분보장이 강한 폐쇄적·계층제적 조직에서 각 계층별로 유능한 자는 승진하고, 무능한 자만 남게 되어 궁극적으로 관료제의 각 계층은 무능력자로만 채워지게 되는 부작용을 지적한 원칙이다.

③ ◎ 권력구조의 이원화에 따른 갈등과 조직 내 비효율에 대한 설명이다.

④ ◎ 법규만능주의 또는 목표대치 현상과 관련된 사례이다. 즉, 업무수행지침을 규정한 공식적인 법규정만을 너무 고집하고 상황에 유연한 대응을 하지 못하는 관료의 행태이다. 이렇게 실질적인 목표 달성보다도 수단적 가치인 규정준수를 더 중시하는 경우 목표의 대치현상이 나타나게 된다.

17

2025 신용한 행정학 합격노트 p.38

티부이론(Tiebout Theory)에서 전제한 가정으로 옳지 않은 것은?

① 주민들은 자신들이 거주할 장소를 자유롭게 선택할 수 있다.

② 주민들은 자신이 살고 있는 지방자치단체의 정책과 서비스 뿐만 아니라 이러한 서비스 제공에 수반되는 비용(조세)에 관한 완전한 정보를 알고 있다.

③ 주민이 선택할 수많은 지방자치단체가 존재한다.

④ 특정 지방자치단체의 의도하지 않은 서비스공급이 인접 지방자치단체에 긍정적 또는 부정적 파급효과를 미칠 수 있다.

🔑 ④

① ◎ 주민들은 자신들이 거주할 장소를 자유롭게 선택할 수 있다. 이는 이동에 따른 비용이 수반되지 않는다는 것을 의미하며, 완전한 이동이 보장되어 있다는 것을 의미한다.

② ◎ 주민들은 자신이 살고 있는 지방자치단체의 정책과 서비스 뿐만 아니라 이러한 서비스 제공에 수반되는 비용(조세)에 관한 완전한 정보를 알고 있다. 아울러 인접 지자체의 서비스 및 조세 수준에 관한 완벽한 정보를 가지고 있기 때문에 자신이 속한 지자체의 그것과 비교할 수 있다.

③ ◎ 주민이 선택할 수많은 지자체가 존재한다. 이는 상이한 가격(조세)으로 서로 다른 서비스를 제공하는 수많은 지자체가 존재하여야 한다.

④ ❌ **외부효과가 존재하지 않는다고 가정한다.** 특정 지자체의 의도하지 않은 서비스공급이 인접 지자체에 긍정적 또는 부정적 파급효과를 미치지 않는다는 것을 의미한다.

18

2025 신용한 행정학 합격노트 p.120

프렌치와 라벤(French & Raven)의 권력의 원천에 대한 설명으로 옳지 않은 것은?

① 권한과 유사한 개념인 합법적 권력은 상사가 보유하고 있는 직위에 기반을 둔 권력이다.
② 보상적 권력은 봉급, 승진, 직위부여와 같은 다른 사람들에게 보상을 제공할 수 있는 능력에 기반을 둔다.
③ 강압적 권력은 인간의 공포에 기반을 둔 권력으로 어떤 사람이 다른 사람을 처벌할 수 있는 능력을 가진 경우에 발생한다.
④ 전문적 권력은 대부분 공식적 직위와 관련이 깊지만, 합법적 권력, 보상적 권력, 강압적 권력 등은 직위와 직무를 초월하여 조직 내의 누구나 가질 수 있다.

🔍 ④

④ ☒ 합법적 권력, 보상적 권력, 강압적 권력은 조직 내 공식적 직위(직위권력)와 관련성이 깊지만, **전문적 권력과 준거적 권력은 공식적 지위와 일치하지 않을 수 있다.**

19

2025 신용한 행정학 합격노트 p.34

인간관계론에 대한 설명으로 옳지 않은 것은?

① 당초 작업환경과 작업 능률성과의 관계를 규명하려는 호손실험에서 촉발됐다.
② 감독자의 행태가 구성원의 사기와 생산성에 영향을 준다는 것을 발견하였다.
③ 조직 내 사회적 관계는 물론 환경과의 관계를 중시했다는 평가를 받고 있다.
④ 인간은 사회적 요인으로 동기가 유발된다고 보았다.

🔍 ③

①, ② ◉ 호손실험은 당초 과학적 관리론의 바탕 위에서 작업장의 조명, 휴식시간 등 물리적·육체적 작업조건과 물질적 보상방법의 변화가 근로자의 동기유발과 노동생산성에 미치는 영향을 분석하려고 설계되었으나 연구의 결과 생산성은 누구와 같이 일하고, 사람의 대접을 받고 있으며, 자기의 능력을 인정받고 있는가의 인간적이고 사회심리적 요소에 의해서 결정된다는 사실을 발견하게 되었다.
③ ☒ 인간관계론 역시 **환경과의 관계를 제대로 취급하지 않았다는 비판**을 받고 있다.
④ ◉ 인간관계론은 과학적 관리론과 달리 인간을 사회적 유인에 따라 움직이는 존재로 파악하고 조직 내에서 사회적 능률을 향상시킬 수 있는 관리방법을 탐구한 접근방법이다.

20

2025 신용한 행정학 합격노트 p.128

조직혁신(OI : Organization Innovation) 기법에 대한 설명이 잘못된 것은?

① 벤치마킹(Benchmarking) - 탁월한 성과를 내는 우수한 조직을 조사하여 성과의 차이를 가져오는 근본적인 원인을 분석하여 조직의 성격에 맞게 도입하는 기법이다.
② SWOT분석 - 기존 프로그램의 축소 또는 폐지는 약점 - 기회를 고려한 방어적 전략이라고 볼 수 있다.
③ TQM(Total Quality Management) - 품질 개선은 생산공정 뿐만 아니라 디자인에서부터 그 후 홍보, 영업, 판매, 사후관리 등 모든 공정에 이르기까지의 품질 개선을 의미한다.
④ 리엔지니어링(Reengineering) - 효과적인 리엔지니어링을 위해서는 먼저 철저한 직무분석이 이루어져야 한다.

🔍 ②

① ◉ 벤치마킹은 탁월한 성과를 내는 우수한 조직을 조사하여 성과의 차이를 가져오는 근본적인 원인을 분석하여 조직의 성격에 맞게 도입함으로써 조직혁신을 추구하는 기법이다.
② ☒ 기존 프로그램의 축소 또는 폐지는 약점 - 위협을 고려한 **방어적 전략**(WT전략)이다. 약점 - 기회를 고려한 것은 방향전환전략(WO)이다.
③ ◉ TQM은 조직의 품질개선을 통해 조직혁신을 추구하는 기법이다. 품질 개선은 기업에 있어서는 생존의 문제이다. 기능적 품질뿐만 아니라, 궁극적으로는 고객을 만족시키는 품질이어야 한다. 따라서 여기에서 품질이란 생산공정뿐만 아니라 디자인에서부터 그 후 홍보, 영업, 판매, 사후관리 등 모든 공정에 이르기까지의 품질을 의미한다.
④ ◉ 리엔지니어링은 조직의 기능 혹은 직무프로세스 재설계에 기초한 조직혁신을 의미한다. 효과적인 리엔지니어링을 위해서는 먼저 철저한 직무분석이 이루어져야 하며, 이를 통해 직무의 재설계가 이루어져야 한다. 직무분석은 조직구조의 재설계와 맞물려 수행되는 경우가 많으므로, 조직구조 개편을 고려한 직무프로세스 재설계가 되어야 한다.

2025년도 9급 공무원 공개경쟁채용 필기시험 답안지

2025년도 9급 공무원 공개경쟁채용 필기시험 답안지

메가 공무원

컴퓨터용 흑색사인펜만 사용

책 형
㉮ ㉯ ㉰ ㉱ ㉲

【필적감정용 기재】
*아래 예시문을 옮겨 기재하시기 바랍니다.
예시 : 본인은 ○○○ (응시자성명)임을 확인함

기 재 란

성 명	
자필성명	본인 성명 기재
응시직렬	
응시지역	
시험장소	

응 시 번 호							
	⓪	⓪	⓪	⓪	⓪	⓪	⓪
	①	①	①	①	①	①	①
	②	②	②	②	②	②	②
	③	③	③	③	③	③	③
	④	④	④	④	④	④	④
	⑤	⑤	⑤	⑤	⑤	⑤	⑤
⑥	⑥	⑥	⑥	⑥	⑥	⑥	⑥
⑦	⑦	⑦	⑦	⑦	⑦	⑦	⑦
	⑧	⑧	⑧	⑧	⑧	⑧	⑧
	⑨	⑨	⑨	⑨	⑨	⑨	⑨

생 년 월 일					
⓪	⓪		⓪	⓪	⓪
	①	①	①	①	①
	②		②	②	②
	③		③	③	③
	④		④		④
⑤	⑤		⑤		⑤
⑥	⑥		⑥		⑥
⑦	⑦		⑦		⑦
⑧	⑧		⑧		⑧
⑨	⑨		⑨		⑨

※ 시험감독관 서명
(서명을 정자로 기재하시기 바랍니다.)

적색 볼펜만 사용

문번	제 1 과 목	문번	제 2 과 목	문번	제 3 과 목	문번	제 4 과 목	문번	제 5 과 목
1	① ② ③ ④	1	① ② ③ ④	1	① ② ③ ④	1	① ② ③ ④	1	① ② ③ ④
2	① ② ③ ④	2	① ② ③ ④	2	① ② ③ ④	2	① ② ③ ④	2	① ② ③ ④
3	① ② ③ ④	3	① ② ③ ④	3	① ② ③ ④	3	① ② ③ ④	3	① ② ③ ④
4	① ② ③ ④	4	① ② ③ ④	4	① ② ③ ④	4	① ② ③ ④	4	① ② ③ ④
5	① ② ③ ④	5	① ② ③ ④	5	① ② ③ ④	5	① ② ③ ④	5	① ② ③ ④
6	① ② ③ ④	6	① ② ③ ④	6	① ② ③ ④	6	① ② ③ ④	6	① ② ③ ④
7	① ② ③ ④	7	① ② ③ ④	7	① ② ③ ④	7	① ② ③ ④	7	① ② ③ ④
8	① ② ③ ④	8	① ② ③ ④	8	① ② ③ ④	8	① ② ③ ④	8	① ② ③ ④
9	① ② ③ ④	9	① ② ③ ④	9	① ② ③ ④	9	① ② ③ ④	9	① ② ③ ④
10	① ② ③ ④	10	① ② ③ ④	10	① ② ③ ④	10	① ② ③ ④	10	① ② ③ ④
11	① ② ③ ④	11	① ② ③ ④	11	① ② ③ ④	11	① ② ③ ④	11	① ② ③ ④
12	① ② ③ ④	12	① ② ③ ④	12	① ② ③ ④	12	① ② ③ ④	12	① ② ③ ④
13	① ② ③ ④	13	① ② ③ ④	13	① ② ③ ④	13	① ② ③ ④	13	① ② ③ ④
14	① ② ③ ④	14	① ② ③ ④	14	① ② ③ ④	14	① ② ③ ④	14	① ② ③ ④
15	① ② ③ ④	15	① ② ③ ④	15	① ② ③ ④	15	① ② ③ ④	15	① ② ③ ④
16	① ② ③ ④	16	① ② ③ ④	16	① ② ③ ④	16	① ② ③ ④	16	① ② ③ ④
17	① ② ③ ④	17	① ② ③ ④	17	① ② ③ ④	17	① ② ③ ④	17	① ② ③ ④
18	① ② ③ ④	18	① ② ③ ④	18	① ② ③ ④	18	① ② ③ ④	18	① ② ③ ④
19	① ② ③ ④	19	① ② ③ ④	19	① ② ③ ④	19	① ② ③ ④	19	① ② ③ ④
20	① ② ③ ④	20	① ② ③ ④	20	① ② ③ ④	20	① ② ③ ④	20	① ② ③ ④

2025년도 9급 공무원 공개경쟁채용 필기시험 답안지

2025년도 9급 공무원 공개경쟁채용 필기시험 답안지

컴퓨터용 흑색사인펜만 사용

2025년도 9급 공무원 공개경쟁채용 필기시험 답안지

2025년도 9급 공무원 공개경쟁채용 필기시험 답안지

2025년도 9급 공무원 공개경쟁채용 필기시험 답안지

2025년도 9급 공무원 공개경쟁채용 필기시험 답안지